成功的销售员不仅要会说,还要会听。
只有精通听与说的技巧,业绩才会不断提升。

销售要会说，更要会听

如何说 客户才会听
怎么听 客户才会说

大 全 集

陈荣赋　尹培培◎编著

买卖不成话不到，话语一到卖三俏。想成为出色的销售人员，就应掌握听与说的技巧。只要会说与会听，客户就能感受到你的魅力，并乐于购买你的产品、接受你的服务。

图书在版编目（CIP）数据

如何说客户才会听怎么听客户才会说大全集/陈荣赋，尹培培编著. —上海：立信会计出版社，2011.5

（超值金版）

ISBN 978-7-5429-2838-2

Ⅰ.①如… Ⅱ.①陈… ②尹… Ⅲ.①企业管理：销售管理 Ⅳ.①F274

中国版本图书馆CIP数据核字（2011）第047188号

策划编辑　蔡伟莉
责任编辑　蔡伟莉
封面设计　久品轩

如何说客户才会听怎么听客户才会说大全集

出版发行	立信会计出版社
地　　址	上海市中山西路2230号　邮政编码　200235
电　　话	(021) 64411389　传　真　(021) 64411325
网　　址	www.lixinaph.com　电子邮箱　lxaph@sh163.net
网上书店	www.shlx.net　电　话　(021) 64411071
经　　销	各地新华书店
印　　刷	廊坊市华北石油华星印务有限公司
开　　本	787毫米×1092毫米　1/16
印　　张	23.5
字　　数	415千字
版　　次	2011年5月第1版
印　　次	2015年4月第6次
书　　号	ISBN 978-7-5429-2838-2/F
定　　价	29.00元

如有印订差错，请与本社联系调换

前 言

在如今竞争激烈的市场中，如果一个销售员拥有能言善辩、幽默机智等"会说话"的能力，通常能收到事半功倍的效果，获得意想不到的成功。但是，一个销售员仅仅拥有能说会道的"口才"是不够的，要成为一个顶尖的销售员还要具备另一种能力，那就是倾听。

在销售圈中，只要有人的地方，就需要交流，就需要对话，就需要高超的讲话能力和卓越的口才。"口才、金钱、电脑"是最有力气的三大法宝。口才独冠"三宝"之首，可见其作用和价值非同小可。古有使楚的晏子，口才不凡，挣回颜面；苏秦以雄辩之才挂起六国相印；张仪四处游说，建功立业；诸葛亮联吴抗曹，舌战群儒……到了近现代，也出了梁启超、孙中山、鲁迅、毛泽东、周恩来、闻一多等诸多能言善讲的口才巨擘。

周恩来总理在万隆会议上慷慨陈词，掷地有声地讲出了中国人自己的声音，口才的威力让中国人昂首挺胸、扬眉吐气；国务委员吴仪在中国加入世贸组织的谈判桌前，妙语连珠、语出惊人，口才体现了"说得出的能力，做得到的成就"。

雄辩是银，倾听是金。销售员通过听要比通过说能做成更多的交易。一个成功的销售员不仅要会说，还要会听。销售员只有掌握了说话和倾听的技巧，业绩才会不断提高。

原一平曾经露宿公园，三餐不济，只能通过一场美梦来体验吃到午饭的感觉——因为推销，他成为日本寿险业声名显赫的人物，到43岁后连续保持15年全国推销冠军，连续17年推销额达百万美元，从而衣食无忧，财富滚滚而来。

乔·吉拉德出生于美国底特律的一个贫民窟，他患有严重口吃，35岁之前，他的人生简直是一败涂地——因为推销，他从1963—1977年间，共卖出了13 000辆汽车，成为世界上最伟大的推销员。1978年，他急流勇退，居住在底特律市郊东边的葛洛斯角高级住宅区，与世界汽车工业先驱亨利·福特继承人福特二世毗邻而居。

推销并不只是把产品和服务售卖给客户那么简单，它背后的旨意也并非只是获得佣金那么浅显。推销意味着全面革新自我、不断挑战着生命的极限，它为所有进取的人提供了这样一种机会：只要你不断付出，你就能够获得成功，而这种成功没有上限，你的心有多大，你的舞台便有多大，如果你确实进取有道，甚至你可以成为百万富翁、千万富翁。

　　本书从两个方面来告诉你如何成为一名优秀的推销员，分别从如何说、如何听两个方面来阐述。本书还从实用性出发，针对销售工作中最常见的口才问题，结合实际案例，为刚进入销售行业和正在从事销售工作的朋友提供了切实可行的提高方法，希望可以帮助你提高说话和听话的水平，进而提高销售业绩，成为一名优秀的销售人员。

目 录

上篇 如何说客户才会听——用口才征服客户

第1章 成功推销始于自我,要说服客户先说服自己
- 成功的推销首先要有积极的心态 ………………………………… 2
- 锲而不舍,不因一次失败就中断推销 …………………………… 3
- 确立目标,坚持到底,直到成功 …………………………………… 4
- 诚实是开启客户心扉的一把金钥匙 …………………………… 5
- 对销售的产品要有信心 …………………………………………… 8
- 热情是获利的法宝 ………………………………………………… 9

第2章 客户通常迷信专家的话,先做专家再做销售
- 客户都有相信权威、专家或行家的心理 ……………………… 12
- 专家式的销售人员受客户喜爱 ………………………………… 14
- 扮演好专家的角色 ……………………………………………… 16
- 成为产品专家 …………………………………………………… 17
- 用权威的数字来说话 …………………………………………… 18
- 多谈产品的价值,尽量少谈产品的价格 ……………………… 21
- 通过专业性的话语来吸引客户 ………………………………… 22
- 专业化演示产品可给客户带来利益 …………………………… 23
- 以专家的眼光来介绍产品 ……………………………………… 24

第3章 知己知彼,猜透"上帝"的心思好说话
- 及时搜集客户的信息 …………………………………………… 26
- 敏锐地判断对方是否是潜在客户 ……………………………… 28

对客户的了解，要像了解老朋友一样 ……… 29
满足客户的自尊需要，然后得到与之相关的生意 ……… 30
先了解客户再去"攻城" ……… 31
让客户感到你的关心 ……… 32
猜透客户对稀少的东西想占有的心理 ……… 33
猜透客户的贪便宜心理 ……… 36
猜透客户的从众心理 ……… 38
适时试探客户的购买意图 ……… 41

第4章 精彩开场,好的开场白是成功的一半

好的开场白是成功的一半 ……… 44
设计好开场白 ……… 46
开场白的常用方法 ……… 47
坦承来意的开场白 ……… 49
借助第三方开场 ……… 50
借助权威完成开场白 ……… 51
开场白要有创意 ……… 52
精彩开场白八招搞定 ……… 54

第5章 心急吃不了热豆腐,循序渐进地与客户沟通

以拉家常的方式进行推销预热 ……… 59
利用机智的语言拉近与客户的关系 ……… 61
在说服的过程中恰当地运用停顿 ……… 62
先赞同后发问，让客户说出他的真实想法 ……… 63
有意识培养与客户交流的魅力 ……… 65
以静制动，变被动为主动 ……… 67

第6章 捕捉客户的兴趣点,与客户达成共识

善于发现顾客的兴趣 ……… 69
有意逢迎，从对方的成功经历谈起 ……… 71
投其所好，打动客户 ……… 72
建立亲和力，努力打动对方 ……… 75
寻找共同话题来接近客户 ……… 76
充分调动客户的想象力 ……… 77

借助一些细节暗示调动客户的兴趣 …………………………… 79
将客户的兴趣转化为购买欲望 ……………………………… 80

第7章 激发客户的好奇心,唤起客户的注意力
让你的客户对产品感到好奇 ………………………………… 82
新品上市:引发顾客的好奇心 ……………………………… 84
对客户有时要"穷追猛打" …………………………………… 85
用激将战术攻克特殊客户 …………………………………… 86
运用激将法,使客户为"面子"成交 ………………………… 87
震惊接近法:"刺激"客户的好奇感 ………………………… 90

第8章 投石问路,连环发问打开客户话匣子
以发问探寻客户的真正需要 ………………………………… 92
能请教您一个问题吗? ……………………………………… 94
请问您一直就是做这个的吗? ……………………………… 96
能否问一下…… ……………………………………………… 98
很多顾客都用这种产品,您觉得不好吗? ………………… 99
问题接近法:善于提出一个问题 …………………………… 100
问得越多,离成交越近 ……………………………………… 102
用提问接近陌生客户 ………………………………………… 103
站在客户的立场提问题 ……………………………………… 103
请问您是怎么做的? ………………………………………… 104
请问您如何能够做得这样好? ……………………………… 105
您是要A还是要B? …………………………………………… 107
"6+1"问题成交法 …………………………………………… 108

第9章 巧设圈套,不动声色牵着客户的鼻子走
巧妙的语言诱导是征服客户的好办法 …………………… 110
对客户进行反复的心理暗示 ………………………………… 111
运用催眠术销售策略 ………………………………………… 113
多用积极的说服字眼 ………………………………………… 114
因势利导,引导顾客消费 …………………………………… 115
切中客户的要害进行说服 …………………………………… 116
以"小"藏"大"谈价格 ……………………………………… 117

引导客户说"是" …………………………………………………… 118
对客户说"不",让客户乖乖听你的话 …………………………… 120

第10章　虚心说话客户洗耳恭听,谦虚向客户请教

用谦虚的姿态向客户请教 …………………………………………… 123
请您帮我一个忙 ……………………………………………………… 124
放低自己,请教别人 ………………………………………………… 126
向客户表达你的认同 ………………………………………………… 127
客户都希望被尊重和肯定 …………………………………………… 128
真心请教客户,就会受益无穷 ……………………………………… 131

第11章　一句赞美胜过十万雄兵,多多赞美客户吧

用赞美的话语去接近客户 …………………………………………… 133
赞美是挽回客户的良策 ……………………………………………… 134
赞美的几点具体事项 ………………………………………………… 135
赞美要建立在真实的基础上 ………………………………………… 136
赞美对方,让他感到自己很重要 …………………………………… 137
戴高帽,让客户"无路可走" ……………………………………… 138
常用的赞美客户的语言 ……………………………………………… 140
真诚的赞美没有人会拒绝 …………………………………………… 141
借用他人的言辞赞美客户 …………………………………………… 143
恰到好处地赞美客户 ………………………………………………… 144
赞美要把握分寸 ……………………………………………………… 145

第12章　幽默是销售成功的金钥匙

幽默是消除顾客戒心的极好方法 …………………………………… 148
幽默帮助你达成交易 ………………………………………………… 150
用幽默引起客户的兴趣 ……………………………………………… 151
幽默销售更易接近客户 ……………………………………………… 152
语言表达幽默化 ……………………………………………………… 153
以幽默语言说服谈判对手 …………………………………………… 154
幽默不同于开玩笑,要适度 ………………………………………… 154
如何掌握销售中的幽默语言与技巧 ………………………………… 156

第13章 微笑是最有魅力的语言,为你带来更多的客户
- 微笑带给你的价值 ········· 159
- 积极乐观的微笑价值百万 ········· 160
- 面带微笑地与客户交谈 ········· 163
- 让你的微笑更自然、更动人 ········· 165
- 微笑常在,生意主动来 ········· 167

第14章 凭借他人影响力,找个"第三者"为你说话
- 通过第三者介绍加强与客户的亲密度 ········· 170
- 让老客户与"局外人"为你宣传 ········· 171
- 让满意客户为你介绍新客户 ········· 172
- 让客户群为你介绍潜在客户 ········· 174
- 让客户成为你的兼职推销员 ········· 176

第15章 善用肢体语言,让客户不知不觉地听你的话
- 从客户的肢体语言判断他们的想法 ········· 179
- 运用手势提升自己的人气和魅力 ········· 180
- 模仿客户的肢体语言 ········· 181
- 销售中不可或缺的肢体语言 ········· 183
- 客户表示积极态度的肢体语言 ········· 184

第16章 客户不听可能只缺一个字,多说"我们"少说"我"
- 用言语唤起客户的关注 ········· 186
- 把客户的错误揽到自己身上 ········· 188
- 客户的利益是"我们"共同的利益 ········· 190
- "我代表客户" ········· 191
- 先交朋友,后做生意 ········· 192
- 掌握逆反心理,获得客户的信任 ········· 194

第17章 站在客户的立场说话,学着用客户的说话方式说话
- 站在客户的立场说话,为客户多着想 ········· 196
- 客户才是推销员真正的上司 ········· 197
- 善于运用易于被客户接受的说法 ········· 198
- 为客户着想,拉近彼此间的距离 ········· 199

　　　　　站在客户的立场考虑和说话 …………………………………… 200
　　　　　站在双赢的角度向客户推销 …………………………………… 201

第18章　这样说话,让客户的拒绝话无法说出口
　　　　　从"不"到"是" ……………………………………………………… 203
　　　　　让对方不停地说"是、是" ……………………………………… 204
　　　　　先肯定顾客的眼光然后再找理由 …………………………… 206
　　　　　主动出击,引导全面成交 ………………………………………… 206
　　　　　不急着排除反对意见,让客户在你的肩膀上哭诉 ……… 208
　　　　　不轻易否决顾客的意见,不妨多说"是" …………………… 208
　　　　　学会附和对方 ……………………………………………………… 209

第19章　量体裁衣因地制宜,因人说话因景说话
　　　　　对待十分难缠型客户,要以退为进 ………………………… 212
　　　　　对待忠厚老实型客户,要真诚以待 ………………………… 213
　　　　　对待专家型客户,要以守为攻 ………………………………… 214
　　　　　对待自命不凡型客户,要显示自己的专业 ……………… 215
　　　　　对待夸耀财富型客户,要满足其虚荣心 …………………… 217
　　　　　对待精明严肃型客户,以推销自己为先 …………………… 217
　　　　　对待沉默寡言型客户,忌施压催促 ………………………… 218
　　　　　对待吹毛求疵型客户,要付出耐心 ………………………… 219

第20章　逆鳞莫触,销售中不能踩的话术地雷
　　　　　说了不该说的话 …………………………………………………… 221
　　　　　妄自贬低对手 ……………………………………………………… 223
　　　　　用语不慎伤害对方 ………………………………………………… 224
　　　　　不会掩饰自己的情绪 …………………………………………… 225
　　　　　不要急于求成 ……………………………………………………… 226
　　　　　东拉西扯没有重点 ………………………………………………… 227
　　　　　心不在焉注意力不集中 ………………………………………… 228
　　　　　开场后直奔主题 …………………………………………………… 229

第21章　绘声绘色讲故事,用故事将客户引入佳境
　　　　　用讲故事的方法来介绍 ………………………………………… 232

为客户编一个属于"他"自己的故事 ………………………… 233
讲好故事的七大诀窍 ……………………………………… 234
用比喻来推销 ……………………………………………… 236
用故事来渲染枯燥的谈话 ………………………………… 238

下篇 怎么听客户才会说——靠倾听赢得客户

第22章 销售成功并非夸夸其谈,倾听可以四两拨千斤
用倾听打开你的销售之门 ………………………………… 240
倾听是对别人的一种尊重 ………………………………… 241
倾听的百万价值 …………………………………………… 242
会说的同时还要会听 ……………………………………… 243
倾听的九大原则 …………………………………………… 244
倾听有法可寻 ……………………………………………… 246
多听少说的艺术 …………………………………………… 248

第23章 销售不是唱独角戏,要给客户说话的机会
尽量创造倾听的机会 ……………………………………… 250
少说多听:倾听是沟通的开始 …………………………… 251
某些时候,我们要学会闭嘴 ……………………………… 252
倾听客户话语,尊重客户需求 …………………………… 254
不给别人说话的机会,永远拿不到订单 ………………… 254
要把耳朵而不是嘴巴借给客户 …………………………… 256
不要把销售沟通变成一场独白 …………………………… 257

第24章 认真地倾听,认真倾听胜过一味地推销
学会倾听,做一名好听众 ………………………………… 260
认真倾听,跟随客户的情绪 ……………………………… 261
有效倾听:听见、听清和听懂 …………………………… 262
静静地倾听,敞开自己的心扉 …………………………… 264
倾听客户内心的想法,与客户进行心理沟通 …………… 265
倾听有效,与客户心灵相通 ……………………………… 266
对客户的话要找到兴趣点 ………………………………… 267

如何进行有效的倾听 …………………………………… 268
"尼尔拉克姆模式"的倾听法 …………………………… 269

第25章 耐心地倾听,坚持到客户说完最后一句话

面对烦躁不安的客户,聆听是个好办法 ……………… 271
尊重客户,不随意打断他的话 …………………………… 273
即使你对客户的话不感兴趣,也要耐心听完 ………… 274
耐心地倾听,化干戈为玉帛 ……………………………… 275
只要有耐心,再挑剔的客户也会被你折服 …………… 278
用心听对方说话,不要急于否定客户 ………………… 280
友好地"反驳"顾客的意见 ……………………………… 281

第26章 不要只听你想听的,重要的是要听客户想说的

倾听顾客的心声 …………………………………………… 283
善于倾听客户的意见和建议 ……………………………… 285
有时候眼见未必为虚,耳听未必不是实 ……………… 287
不要只顾着自己的想法,倾听客户想说的 …………… 289
做个好听众,从倾听中了解客户的需要 ……………… 290
及时领会客户的每一句话 ………………………………… 292
站在对方的立场,倾听对方的需要 …………………… 293

第27章 善听大于善辩,与客户争辩导致倾听功败垂成

不要和顾客争吵 …………………………………………… 296
不与客户争辩,输赢不重要 ……………………………… 298
善听比善辩更重要 ………………………………………… 299
微笑应对抱怨,切莫争辩 ………………………………… 299

第28章 沉默是金,客户的语言在静静倾听中哗哗流淌

沉默比夸夸其谈更有力量 ………………………………… 302
多用耳朵,少用嘴巴 ……………………………………… 303
轻松诙谐的自嘲也是一种幽默 ………………………… 305

第29章 会倾听能让客户的抱怨烟消云散

尊重客户,倾听抱怨,真心安慰 ………………………… 307

用心倾听可以平息客户的怒气 …………………………………………… 309
　　　让客户高兴起来——巧妙处理客户异议 …………………………… 310
　　　在客户的抱怨中让自己学会倾听 …………………………………… 313
　　　悉心处理客户的抱怨 ………………………………………………… 315
　　　倾听顾客的抱怨，让顾客转怒为喜 ………………………………… 318

第30章　聆听弦外之音，听出客户话语背后的潜台词
　　　找出客户异议背后的真实意图 ……………………………………… 321
　　　心有灵犀：用心体会话中味 ………………………………………… 322
　　　细心聆听：知晓对方的弦外之音 …………………………………… 324
　　　交谈中能听出客户真实的想法 ……………………………………… 326
　　　客户说"我想到别家再看看"怎么办 ……………………………… 327
　　　怎样应对"改天再来"的客户 ……………………………………… 328

第31章　听不等于不说，倾听中要运用的插话技巧
　　　倾听中说出自己的不懂 ……………………………………………… 330
　　　会倾听，让客户感到满足感 ………………………………………… 332
　　　适当的时候说出自己的想法 ………………………………………… 333
　　　使用一些语言技巧处理客户的异议 ………………………………… 334
　　　化解客户的拒绝，让他主动答应见面 ……………………………… 335

第32章　小习惯引发大纰漏，丢掉倾听中的恶习
　　　重视客户的想法 ……………………………………………………… 337
　　　专心听对方说话，不要三心二意 …………………………………… 338
　　　和客户交谈要听到最后，不要轻易下结论 ………………………… 340
　　　在和客户交谈时，不耐烦的表情坚决不能出现 …………………… 341
　　　在没有理解对方的意思的情况下少发表看法 ……………………… 343
　　　多多检讨，多多倾听 ………………………………………………… 344

第33章　察言观色，在倾听中把握成交的契机
　　　从客户谈话中掌握有用的信息 ……………………………………… 346
　　　在倾听时学会让客户跟着自己的思路走 …………………………… 347
　　　察言观色，在倾听中找到成交的机会 ……………………………… 349
　　　倾听中抓住成交信息，获得成交主动权 …………………………… 350

捕捉到成交信息后，不要失去成交的机会 …………………… 351
倾听客户的购买心理，促成交易 ……………………………… 352
准确判断客户的想法和态度 …………………………………… 353
密切注意成交信号，伺机而动 ………………………………… 355
抓住八个促成交易的信号 ……………………………………… 356

上篇　如何说客户才会听

用口才征服客户

第1章

成功推销始于自我，要说服客户先说服自己

成功的推销首先要有积极的心态

成功的自我推销主要取决于你对别人的态度，而你对别人的态度主要取决于你对自己的态度。

大部分新推销员以及部分经验老到的推销员都有一个相同的问题，他们对自己的态度而非对他们的产品或服务的态度，需要更积极、更宽广一点。

不论你从事什么职业——医生、律师、商人、首长、高级工程师、高级秘书、第一等的妻子或母亲——不论你从事的是谋生或持家的工作，正面、积极的心态都用得上。你对自己的态度是什么？你是一个具有正面想法的人吗？你很乐观、开朗，自信但不过分骄傲，谦逊但不过分顺从吗？你的心态很消极、挫败、被动吗？

暂时把你自己变成消费者，试想这种情况：假设你要买台新车，你比较了一下，然后选出一种厂牌和款式。你已经做好选择，而且对于价格也有了清楚的了解；

现在把态度这个因素列入考量范围。两个销售员提供给你两种不同的交易。其中一个只卖车给你，外加一些配件、安全设施和汽车马力，但完全将自己置身于买卖之外。另一个除了能让你充分享受商品的好处之外，还十分亲切、自信、乐意帮忙，并且细心体贴，他卖给你的不只是车子而已。

你会跟哪一个买？我们都知道答案。当然是那个不仅拥有产品知识，而且很清楚自己，把自己当做销售的一部分的业务员。

想要更成功地自我推销，你也需改变自己的心态。就像生命中的每件事物一样，心态也有两种对立的极端：积极和消极，建设性和损坏性，宽广和狭隘，开朗和绝望。在运动比赛中就是毅力和弃权，在音乐中就是上拍和下拍。

你要学习的秘诀是如何培养更积极的心态，这会引导你对他人抱持正面的心态，然后，不论你是为了什么目的向别人自我推销，都会容易多了。

锲而不舍，不因一次失败就中断推销

"锲而舍之，朽木不折；锲而不舍，金石可镂。"这句话说明了成功是需要一种精神的。张楠告诉我们说："如果每个业务员都能在比别人提前一半的时间内，完成超过平常人一倍的工作定额，也就是说，别人在三个月内完成3 000万元的话，我就要一个半月完成3 000万元，也就是把自己的业务提升了两倍。"

"全力以赴地去搞推销，必定能达到目标。要有无论如何也要完成的坚定信念，像这样的业务员占20%，但是他们创造了80%的业务量总和，这就是所谓的80/20原则。"

许多人都害怕如果要求对方成交的时间过早，做成生意的机会可能会被毁掉。然而，这种在客户做好准备之前就提出成交要求的过失并不像看上去的那样可怕。一旦发现客户尚未准备好，还可以返回去重新推荐商品，再次争取成交，这并不困难。

这就是说，你必须不止一次地争取成交。在精心准备推荐活动时，应当设计好几种成交法，如果头一次努力没有成功，下一次努力可能就会碰到一笔大买卖。

一个业绩卓越的业务员，一次拜访就能获得成功的买卖，在他做成的所有买卖当中只占1/20还要少。他在签合同前做好了被拒绝一次、两次、五次，甚至八次的准备。他根本不怕遭到对方的拒绝，那样反而能增加他进一步争取成交的动力。张楠曾经成交过100万美元的保单，很多人说他太幸运了。其实幸运背后隐藏着一个秘密，那就是他曾经拜访了这位客户15年之久。

所以说，99%的汗水才能换回1%的幸运机会。那么自然只有那些对所有客户锲而不舍的业务员，才有可能碰到上述情况。当然，懒惰的业务员肯定会说幸运并非绝对不存在，持有这种心理的总是等待那本不属于他的1%的幸运机会。

一般，优秀的业务员碰到困难时，他不会放弃，而是说："噢！对不起！我可能还没有说明白。"接着便展开另一个推销要点，多方面歼灭自己眼前的问题。

张楠认为：只要业务员在推销产品时觉得他已经引起了客户的购买欲望，就应该尝试着去争取成交，并且数次尝试，锲而不舍，直到缔结合同为止。

确立目标，坚持到底，直到成功

如果在你的面前有两条路：一条成功之路和一条失败之路，你肯定会选择成功之路，但是没准儿也会误入失败歧途，不过这都是选择一条路的结果。

推销员侯林指出，要想达到成功，必须选择一条路，那就是冲刺！就犹如百米赛跑一样，冠军和亚军只差零点几秒的时间，不过就这零点几秒的瞬间，就有可能塑造出一个世界冠军！对于这个冠军来说，他成功了。这就是人生中最残酷的游戏，所以你必须有勇气去冲刺，永不退缩。

正是被侯林的勇气和顽强所感动，明治保险公司才打算试试他，给了他一个见习推销员的头衔。他不是正式员工，所以没有薪水和办公位置。对这些条件，侯林都非常干脆地答应了下来。他只有一个想法：只要让我留在明治保险公司，我一定要冲刺成功让你们瞧瞧。从此以后，侯林经常面对镜子中的自己说："我没有退路，只有一条路选择，不能回头。"

侯林这条路没选择错，但他在这条路上遇到了太多的坎坷。

侯林是一个乐观的人，他告诫自己，一个人在面临困境之时，如果从消极面去想的话，势必越想越糟，最后变得委靡不振，陷入万劫不复之地；如果从积极面去想的话，这正是难得的磨炼机会，这是光明之前必然有的黑暗，也是成功之前必须伴随的苦难。这就正如中国人所说的"天将降大任于斯人也，必先苦其心志，劳其筋骨，饿其体肤……"要想成功当然需要这种信念。

对于侯林，总而言之，一定要撑下去，这是通向成功彼岸唯一的道路，放弃就等于选择了失败。有的时候，人生本很单纯，你的面前没有别的路可选，只有一条路，只要你走下去，定能成功。

中国的民族企业——海尔集团，就是因为张瑞敏选择了一条路，而且是唯一的一条路，终于使日后的海尔走上了世界名牌的道路。

17年前，海尔的前身——青岛电冰箱总厂还是一个濒临倒闭的小厂。为了发展，这个小厂引进了德国电冰箱生产线，随后，海尔总裁张瑞敏发现自己的产品有较大的质量问题，他义无反顾地选择了一条路，那就是销毁这种不合格产品，从我做起，继而从这个小工厂传出了震撼全国的"砸冰箱"事件，海尔人走名牌战略的道路，使企业摆脱濒临倒闭的命运而起死回生。17年后，外国人知道在中国有家企业Haier，产品已出口到世界160多个国家和地区，而且把工厂办到了美国！

创立于1984年的海尔集团，在17年的时间里创造了从无到有、从小到大、从弱到强、从国内到海外的卓著业绩，17年间海尔保持了年平均80%的增长率。在中国，海尔每年有1 000万台家用电器进入人们的家庭；在海外，海尔已销售了400多万台家电。

其实，在当时只有这一条路可以真正地选择，不过选择这一条路使海尔人付出了许多，但是最终海尔人可以自豪地放声大笑了。

诚实是开启客户心扉的一把金钥匙

人人都喜欢真诚的人，因为与诚实的人交往，就会少一分担忧，不会让自己神经紧绷，时刻处于戒备状态。与诚实的人相处，会让我们的情绪处于平和稳定的状态，让人神情愉悦，并能提高工作效率。可以说，诚实就是一把打开陌生的金钥匙。一旦这把钥匙不在，或丢失，那么你与陌生人之间将永远是陌生关系，很多原本可以被你争取到的机会就会白白流失。

美国西雅图市新成立的一家大公司招聘一名女出纳员，工资待遇优厚得足够让人跌破眼镜。一时间，全市女性就像疯了一般，每人交纳一百美元报名费，然后面试、笔试，折腾了将近一个月。经过激烈的角逐后，最后只剩下十人。这意味着那个最幸运的人就藏在这些人中间。

吉玛是一家中等公司的在职职员，人聪明漂亮，她也是剩下十位中的一名幸运儿。经她观察，其他几名竞争对手无论从年龄、口才和相貌，还是风度方面都略差自己一筹，如果不出意外，她一定能顺利胜出。想着马上要去一家当地最大的公司上班，有优厚的薪水等待着自己，吉玛便高兴得芳心乱跳，夜夜从梦中笑醒。

但是，让吉玛难挨的是，进入决赛阶段后，用人单位反倒没有了动静。"难道人员已经确定？""公司内部出了什么问题？"……吉玛胡思乱想，从以前的夜夜从梦中笑醒变得坐立不安，一日一日痛苦煎熬在原公司岗位上。

一日中午，吉玛和同事苏珊从外边进餐回来，看见自己的座位上坐着一位中年男士，他说自己进来时看见地上扔着一百美元，"钱就在这两条凳子之间，我不能确定到底是谁的，所以等失主来。"男子指向吉玛和苏珊凳子之间的空间说道。

"肯定不是我的，昨天发的工资我连信封都没打开，钱包里也只有几张零钱。一定是吉玛的。"苏珊扫了一眼那张钞面上有一滩墨水的钞票说道。

"我对钱一向没概念，也不记得钱包里揣了多少钱。"吉玛说道。

"看来就是这位小姐的咯？"男士笑着将一百美元大钞递给了吉玛，原本冷冰冰的吉玛接过钱后，突然变得亲切起来，微笑着给对方沏茶，并询问对方来这里找谁。

"很抱歉，实质上我是专门等您那，吉玛小姐！"男子突然这样说道："我是您应聘的那家企业的职员，奉命对您进行最后一次测试。"

吉玛立马脸色大变，不过她还是镇定地说道："太棒了，先生！这样突然的测试最合理，能测出一个人的真正水平。那么你要测试我什么呢？"

"说得太棒了，小姐。"男子说，"不过我的测试已经结束了，我十分遗憾地通知您，您落选了。"男子站起身来告辞。

吉玛一下子明白过来，刚才那张百元大钞，是试金石！她万分沮丧地掏出钱还给了男士，然后说道："你们这样的测试带有欺诈和侮辱性质，我的确对我钱包里的钱没有概念。"

"不可能！"男子摇摇头，"您在以往的测试中记忆力惊人，对于数字有着天生的敏感度，你曾经还说过，对于公司来说，一分钱也代表着诚信。所以，你怎么会不清楚自己钱包里到底有多少钱？何况其误差达百元之多？更关键的是，这张钱还是受过严重污染的，凭你的记忆力你会对它没有印象吗？这张钞票依然归小姐您所有，就当是我们退还给你的报名费。"说完男士将头转向苏珊说道："假如这一位小姐有兴趣的话，不妨去敝公司一试。作为出纳员，首要的是面对金钱的态度。别的不论，最后这一测试，您却通过了。"

原本处心积虑想进那家公司的吉玛一路过五关斩六将，就差那么一步了，却在最后一步刷了下来，很多人无不惋惜地说，"如果当初再清醒点就好了。"其实，都是缺乏诚实惹的祸，很多时候，我们为了得到眼前的利益，不惜将自己的品质廉价出卖。对于吉玛来说，得到那原本不属于自己的一百美元，能做的就是吃一顿大餐，买一件漂亮的衣服，送别人一件礼物，仅此而已，它不可能帮她买到一份好工作，买下一套房子，抑或一些知识。虽然它的价值有限，但大多数人看到这实实在在的一百美金无人认领后，就会起贪念，甚至以假乱真，让自己相信那就是自己的。殊不知，当你承认这原本不属于自己的钱属于自己后，就代表着你只用一百美元廉价卖掉了原本属于无价的你的诚实、善良和道德。也许，有时候当事人自己觉得将这一百美元据为己有没什么，还可能美滋滋地以为自己捡了一个大便宜，但是局外者清，因为这小小的一百美元，你就有可能变成他人眼里的骗子，道德败坏的人，并时时提防你，如果有合作的项目，对方一定不会跟你合作；有升职的机会，对方一定不会给你；可以帮助你的贵人，对方也一定不会介绍给你。甚至有时候，因为你一个人的诚信问题，使得人们对你身边的人，或者对你所在的公司都产生怀疑，这种损失将无法估量。

下面我们再来看一个例子。

国王老了无嗣子，于是想从自己臣民的孩子中挑选出一位做自己的继承人。他召集一百位文武百官的儿子，每人发了一颗种子，并告诉他们，三个月后谁种的花儿开的最鲜艳，谁就可以成为王位的继承人。三个月后，所有孩子手捧着花盆出现在国王面前，而且每个人花盆中的花朵开得极其鲜艳。国王在这些孩子中间走了一圈，脸色越来越阴沉，就在这时，他看到一个小男孩拿着空花盆站在最后面，国王走到他面前问道："孩子，你栽培的花朵呢？""尊敬的陛下，我种下了你给我的那颗种子，日日细心呵护，可三个月过去了，却什么也没有长出来。"说着男孩为自己不能当国王难过得流下了眼泪。"你的家人没有帮助你吗？"国王又问道。"他们说，做人要诚实，拿着空花盆总比造假来得光荣。"小男孩回答道。最后，恰恰就是这个什么也没有种出来的小男孩成了国王继承人，而他的父母得到了城池的封赏。国王说："我给大家的其实是一颗煮熟的种子，煮熟的种子当然开不出花朵。国家需要的是一位诚实的国王，如果我未来王位的继承人，连这点小事上都做不到诚实守信，那我怎么放心将国家大事交给他。新国王的父母将自己的孩子教育的很好，由他们辅佐新王治理这个国家，我将十二万分地放心。"

诚信无价，这在小男孩身上体现得淋漓尽致。

华人首富李嘉诚当人问起他的经商之道时，他给出了这样几个关键词：不贪、无心伤害他人、诚实。如此看来，对于一个成功者来说，相比较所谓的创业资本——智慧和魄力，诚信比这两者更重要，而且有时诚信恰恰能为我们换来创业的资本。

一位男士身无分文，他认识了一位有钱的女士后，先跟她借了一百块，答应一星期内还清，拿到钱后他并没有花出去，而是一个星期后还给了对方；几个月后，他又向女士借了一千块，答应两个星期内还清，这次他依旧没有花出去，两个星期后又还清了所借的钱；第三次、第四次他都如法炮制，等到第五次，所借款项达到十万美金时，女士毫无戒备之心将钱借给了他，而他将这笔钱作为原始资本开始了自己的创业生涯。

女士之所以借钱给他，是因为从一开始他就在对方心目中树立了诚信的形象，以致根深蒂固。如此可见，只有诚实守信，才能建立良好的人际关系，打下牢靠的事业基础，取得坚实的人生业绩。

那么就做一个诚实善良的人，用你这一光辉的品质打开自己的事业、人际之门吧！

对销售的产品要有信心

销售是一项将心比心的工作，对销售人员来说，信心是保证销售成功的必备素质。销售人员不仅要对自己的能力树立信心，而且还要对自己的产品和公司树立信心。试想，如果销售人员对自己的产品和对客户提供的服务都没有信心，又怎么能让客户购买你的产品呢？只有当销售人员对产品信心坚定不移时，才能最终打动客户的心。

李维是一名优秀的厨房灶具推销员，他口才过人，思维敏捷，善于洞悉客户的心理。但在一次推销中，他还是失败了。

那天，他在一个商场内举办灶具推销活动，他热情洋溢的介绍，引来了众人的围观，现场气氛也非常活跃，已经有几名顾客准备购买了。这时，他的邻居也到场了，问他："小李，既然你认为这种灶具这么好，但你家为什么不使用这种灶具呢？"

李维想了想说："这是两码事，不能混为一谈。我们公司的灶具非常好，我早就想买一套用了。但是，你知道，我最近的经济状况不太好，孩子的学业花了我一大笔钱，我的妻子也有病住院了。这些事情让我的支出大大增加了。我一直想拥有一套公司的灶具，但我近来的支付能力很有限，所以只能过一段时间再买了。"

听他这么一说，原来已经决定购买的顾客改变了主意。他们说："既然你都不用你的产品，我们又怎么能相信你呢？"

这说明了一个问题，那就是销售业绩的好坏很大程度上取决于主观条件，即销售人员的心态问题。所以，销售人员首先要对自己推销的产品充满信心，才能让客户和你一样对产品建立信心。那么，销售人员如何才能树立对产品的信心呢？

1. 选择好产品

成功的销售，依赖于一个好的产品。推销员在从事推销工作之前，要对所销售的产品和公司有所选择，要选择有市场前景的产品和有实力的公司。如果产品无法为客户提供利益与价值，即使世界上最优秀的推销员，也不能保持持续的销售额。只有质量合格、功能优良的产品才能为你增加收入和改变生活。

2. 自己率先购买所推销的产品

客户几乎无法拒绝真正热爱自己产品的人，这些人在生活和情感上都很充实，因为对工作的热爱是成就事业的前提。而且，如果销售人员能够购买和使用自己推销的产品，这在无形之中会增加客户对产品的信心和依赖性。

曾有一个推销婴儿奶粉的销售人员一直为自己低迷的业绩感到苦恼，后来，他和朋友谈起时才恍然大悟，原来他一直没有让自己的孩子食用这种奶粉，一直没有想到自己也需要。于是，这名销售人员立刻购买这种奶粉给自己的孩子食用，在孩子食用的同时，他对自己的产品有了进一步了解。在他自己购买这种奶粉后，他的销售业绩也大有起色。

3. 始终保持一个积极向上的心态

有些销售人员在与客户沟通之前，很可能会被一些问题困扰而忧心忡忡，诸如：如果完不成销售任务怎么办？如果客户百般拒绝怎么办？越是对这些问题感到忧虑，在销售过程中就越是容易出现问题。因为，在你忧虑的同时，你实际上也把自己的消极情绪传递给了客户，客户是不会对一个怀有消极情绪的销售人员推销的产品产生兴趣的。

为此，销售人员应该积极培养自己的乐观心态，当你的心态变得积极时，客户自然会受到你的影响。

热情是获利的法宝

我们说热情是一种生活态度，让自己对工作、生活充满希望的同时，也深深地影响和感染着身边的人。而倡导职场人员拥有这种态度，除了不让自己工作的太辛苦，让自己从工作中找到乐趣外，目的还在于用热情给自己带来经济利益。

在西雅图类似派克这样的鱼铺店何止千千万，但为什么偏偏"派克"鱼铺的生意好？因为店内雇员非常热情，无论这种热情是为了调节自己的工作不那么单调,还是为了让顾客开心,反正最终换来了大批顾客的光临,客户越多,店内的生意越好,生意好获利就多,员工拿到的薪水自然高于其他鱼铺。在自身利益得到满足后,员工的积极性更高,服务态度更热情,周而复始,员工的热情为公司创造了大量利润,而公司满足了员工的利益需求。很多人更愿意进入知名度较高的公司,除了进入这样的公司让个人觉得有面子外,还能得到较高的报酬。假如鱼铺店只顾着自己获利,并不顾及员工的感受,那员工的热情就会减淡,员工热情不高,对店内生意自然有影响,久而久之,鱼铺倒闭也不是没有可能。

　　如此看来,员工的热情跟公司对员工的热情是相互作用的。想想看,如果我们进入一家公司做销售,老板提前告诉我们,如果我们推销出一件产品能得到多少回报,推销出去十件又能得到怎样的回报,只要这种回报是递增的,员工工作的热情就高,对待客户就会用十二分的力,积极热情方面自不在话下。但是,如果公司并没有这样的承诺,无论你卖出几件产品,得到的报酬跟没有卖出产品的人一样,热情员工的工作积极性就会受到打击,对待顾客自然也热情不起来,整日就像温水中的青蛙一样,不温不火地工作。为什么很多小公司没有竞争力,稍有抱负的人都不愿去那里工作?原因就在于缺少竞争力的环境下人会消磨个人的斗志,与没有抱负、生活态度不积极的人同处,时间久了,我们也会被对方的消极情绪所影响,最终拿着少之又少的薪水,过着安于现状的生活。

　　人力资源专家曾做过这样的分析:在一个集体中,存在着"2:6:2"这样的一个比例,也就是先天富有热情的人和先天性格冷漠的人各占前后的2/10,处于中间地带的人占了6/10。而这6/10的人员,要么被感染成前2/10,要么被感染成后2/10,而一旦一个集体的8/10的人都是性格冷漠,就意味着这个集体已经失去了竞争力和发展前景。而一旦8/10的人都积极热情,这个集体不但会快速发展,而员工也会因公司的发展获利。

　　所以,你得相信你的热情就是帮你获利的原始资本。展示给人的积极乐观的生活态度,对待工作、陌生人、同事、客户的热情,都是你为获得利润所做的投资。而你所在的公司对你工作的奖励是你持续这份热情的动力。

　　一个女孩上班第一天便收到了一大束玫瑰花,当她满心欢喜地打开夹在花束里的小卡片后,更是激动不已,留言是这样的:欢迎你加入我们的团队,我深信你会是一名出色的员工。但是,我最害怕的是让员工应得的奖励迟到,所以我宁愿早点给你。我想你不会介意吧!落款署名是部门经理。因为这样一束花,让这位女孩的工作热情倍增,就像是为了回报对方的热情一般,她努力工作,从不懈怠自己。当有一天她成长为一名优秀的员工被其他公司挖角时,她因为当初的那束玫瑰,以及以后获得业绩后给予的奖励,拒绝了挖角公司开出的诱人薪水和职务。

都说一个穷忙人都有一个笨老板，假如员工全身心地投入到他们的工作中，热情洋溢地对待客户、同事，而老板根本无视这种热情，无论对方付出了多少，依旧拿他跟其他人一视同仁，那么，热情员工最终要么失望地离开，要么消磨掉自己的热情，变成一个懒员工。当员工没有工作热情，对待客户也是不冷不热，损失最大的还是公司自己的利益。

假如每个人都像那位送鲜花给新员工的经理一样，用自己的热情带动员工的热情，那么，员工就会自觉主动地对自己的工作投注热情，这些热情一定能为公司换来经济效益，公司又能以奖励或者满足其他需求的方式让这种热情继续保持下去，周而复始，公司不但用员工的热情获得了高额利润，而员工也将自己的热情卖了一个好价钱——人脉和高报酬。但是，只要其中的某一块得不到满足，这个循环圈就像皮带断裂的机器一样，将会停止运转。

此外，由热情串联起来的这个循环圈中，还有最关键的一环我们不能忽视，那就是人们对你的热情买不买账？他们凭什么因你的热情就买你的产品？于是，陌生人对你热情的对待，就成了一切利益的源头，如果陌生人不需要热情，那么员工所做的一切都是白费，所谓的利润也无从说起。但是，很多案例向我们证明，无论是怎样的一个人，都希望别人积极热情地对待他，相比较一个冷漠的人，人们的钱包更愿意向那些态度热情、能给自己带来快乐的人打开。

总而言之，不管是怎样一个人，受到你热情的招待后，他们也希望用自己的热情来回报你，这就好比，你用一顿丰盛的饭菜招待了某个人，总有一天对方也会用同等的热情邀请你；你的热情带给了别人快乐，别人就用购买你的产品回报你一样，这种付出都是等价的。当你开始将自己变成一个热情的人后，无论工作，还是与人打交道，都会变得很轻松容易！

第2章

客户通常迷信专家的话，先做专家再做销售

客户都有相信权威、专家或行家的心理

　　一个人要是地位高，有威信，受人敬重，那他所说的话及所做的事就容易引起别人重视，并让他们相信其正确性，即"人微言轻、人贵言重"。"权威效应"的普遍存在，首先是由于人们有"安全心理"，即人们总认为权威人物往往是正确的楷模，服从他们会使自己具备安全感，增加不会出错的"保险系数"；其次是由于人们有"赞许心理"，即人们总认为权威人物的要求往往和社会规范相一致，按照权威人物的要求去做，会得到各个方面的认可和赞许。

　　美国一位心理学家曾经做过一个实验：

　　在给某大学心理学系的学生们讲课时，心理学家向学生介绍了一位从外校请来的德语教师，说这位德语教师是从德国回来的著名化学家，而且说他还有很多著名的学术研究和科学发明，在化学界是相当出名的，很难得才请他来到这里，大家表示了热烈欢迎。

　　在之后的化学课上，这位"化学家"煞有介事地拿出了一个装有蒸馏水的瓶子，他告诉学生，这是他新发明的一种化学物质，有一种特殊的气味，后来他让在座的学生闻到了气味请举起手来，结果多数学生都举起了手。

　　这样的结果是令人惊讶的，为什么明明无气味的蒸馏水，学生却可以闻出味道来呢？这是因为人们对权威的信任和遵从，使其对权威的"化学家"没有任何

的怀疑，而认为蒸馏水确实有气味。

在"权威"面前，人们总是认为权威人物的思想、行为和语言是正确的，服从他们会使自己有种安全感，增加不会出错的"保险系数"。同时，人们还有一种"认可心理"，即人们总认为权威人物的要求往往和社会要求相一致，只要按照权威人物的要求去做，就会得到各方面的认可。在这样的心理影响下，人们往往把权威说过的话、做过的事，当成是命令、榜样，而不敢轻易去违背。即使有独立思考能力的人，也会不由自主地受到权威的影响，甚至做出一些不理智的事情来。

人们对权威的深信不疑和无条件地遵从，会使权威形成一种强大的影响力，利用这种权威效应，可以在很大程度上影响和改变人们的行为。在现实生活中，"权威效应"的应用很广：如许多商家在做广告时，高薪聘请知名人物做形象代言人，或者以有影响的机构认证来突出自己的产品，以达到增加销量的目的。在辩论说理的时候，我们也经常会引经据典，引用权威人士的话作为论据，以增强自己的说服力。利用"权威效应"能够帮助我们比较容易达到引导或改变对方态度和行为的目的。

很多人为了获得安全感，为了减少损失，总是喜欢"跟着行家走"，因为行家很少会出错，行家会给我们一个比较正确的前进方向。在权威效应的影响下，行家的引导力是非常大的。在现实生活中，人们往往喜欢购买各种名牌产品，因为它有明星的代言，有权威机构的认证，有社会的广泛认同，这样可以给人们带来很大的安全感。还有学生们在购买参考书和练习试题时，也是选择有名的出版社，著名的教授学者出版或推荐的，因为与其他的参考资料相比，从权威这里获得的提高和好处会更多。这就是在销售与消费中，权威效应起到的巨大影响力。因此，如果销售人员能够巧妙地应用权威的引导力，则能对销售起到很大的促进作用。

小张是做防盗门推销工作的，一次他打电话约见一位客户，客户要求小张9：00准时到自己家，并带上详细的资料。从电话中，小张感到客户要求比较严格，是一个难以应对的客户，所以做好了比较全面的准备。

有了一定的心理准备，小张到了客户的家里并没有太多的紧张。在向客户作商品介绍的时候，小张长了个心眼，说得特别详细，在客户询问时也回答得比较有条理，还把客户的意见用小本记了下来。这一点让客户很满意，觉得小张是一个细心稳重的人。

但是在交谈中，小张还是发现客户对自己的产品有很多怀疑，不能够完全相信，于是，小张就向客户提供了一份关于产品的市场调查报告。使他了解自己产品的真实销量,这一点小张很自信,因为防盗门的销量确实很好,对客户也很有说服力。此外,为了让客户深信不疑,小张更是拿出产品的认证证书,以及很多在国际获得的奖状,还有权威专家的推荐,这一套攻势下来,客户终于消除疑虑,很放心地购买了他的产品,毕竟有那么多权威的推荐和认可,自己也没有什么不放心的。

在现实生活中,权威会对人们的言行产生很大的影响,而且权威代表着社会的认同,代表着绝大多数人的意见,这样,在其强大的影响力下,人们会变得很顺从,而不敢对权威发起挑战。在销售活动中,利用权威的威慑力和引导力,确实会对人们的消费选择产生很大的影响,销售人员要正确地合理地应用这种优势,决不能贪图利益,弄虚作假,以此来欺骗客户,否则必然会事与愿违。

专家式的销售人员受客户喜爱

顾问式营销,起源于20世纪的90年代,它是指销售人员以专业的销售技巧,向客户进行产品介绍的同时,还要运用综合的分析能力、实践能力、说服能力完成客户的要求,并且预见到客户未来的需求,提出积极有益的建议。

生活中,我们需要形形色色的产品来满足自己的需求。但作为普通消费者来说,是没办法做到精通每一个行业、每一种产品的。这时,销售人员的专业程度就变得极为重要。

销售人员需要成为客户信赖的业务顾问,为他们排忧解难,提供一切咨询。比如,你卖香水,就要了解这瓶香水的制造过程,原材料,香味的作用,品位和寓意,要让消费者在使用香水的同时,得到很多受益的知识,提高自己的格调,你卖一台空调,就需要你能够根据客户的居住空间,提供最合适的空调机型,并且解决客户的一切技术需要。

消费者喜欢专家、顾问式的销售人员。对销售人员来讲,你所掌握的知识及信息,与客户对比起来,是极为不对等的,你的专业程度远远超过客户。所以,你需要向客户提供的帮助,并不仅仅是卖掉产品这么简单,而是应该让产品在客户的生活和工作中发挥最大限度的作用,并且让客户感觉这笔付出是物超所值。

有一家手表公司,随着人们的生活水平逐渐提高,他们的业绩十多年来也飞速地发展。但是随着经营规模的扩大,公司发现以前屡试不爽的经营策略,好像一夜间就失灵了,产品销售越来越吃力,就像掉进了一张渔网。

症结出在哪里呢？新上任的销售部经理经过仔细的调查和分析，发现问题出在老化的销售方式上：

　　（1）销售人员的角色定位，依然停留在销售员和促销员的层次上，卖掉产品就当完成了任务；

　　（2）现场销售技能不足，言行不专业，没有统一的培训和产品讲解规范；

　　（3）销售人员的队伍不稳定，缺乏一个专业的能为客户服务到位的团队。

　　针对这三个问题，他提出了解决方案：为公司建立顾问式营销策略，让客户得到专家式的服务，提高产品满意度，进而推动销售，提升品牌形象。销售人员的专业水平提高了，在手表的形象设计上，加入了更多深层次的内涵，经过一系列的广告投放，用了两年的时间，该公司的手表就成为了全国知名品牌。

　　大多数客户购买手表的时候，并不仅仅是想拥有一个计时的工具，而是在寻求一种身份和地位的象征，想满足精神上的需求。如果销售人员只是针对手表的使用性能大加宣扬，效果往往不理想。顾问式的营销人员，则很擅长利用消费者的精神需求，对产品进行高层次的包装，影响客户的理性决策。

　　比如，男性适合戴什么样的手表，它的品牌选择、外形、颜色、功能、质地、寓意，最适合女性的手表又是什么样的，今年的流行时尚与去年有什么不同，颜色有什么讲究。还有像装饰品、电脑、手机等各种产品，客户都需要销售人员给予全面而专业的讲解，让客户感觉到，自己不仅获得一件产品，更重要的是获得了一种品位，一种全方位的服务。

　　顾问式销售的好处：

　　（1）最直接的益处，就是让客户在收集信息、评估选择和购买决定这三个过程中，得到顾问与专家式的帮助，减少了购买支出，少走弯路；

　　（2）由于可以面对面地交流，体贴入微，服务周到，给客户带来了情感收入，留下良好的服务印象；

　　（3）为企业带来无穷的利益，最大程度地引起消费需求，增加企业的消费机会，树立优秀的品牌形象；

　　（4）让客户产生好的购后反应，企业与客户之间建立双赢的销售关系。

　　一个满意的客户，是企业最好的广告。专家、顾问式销售的目的，就是让客户成为企业的最佳宣传员。通过一种全方位的专业化服务，无形中让客户与企业建立了一种情感关系，将产品形象深植于客户的心中。像惠普电脑公司的"金牌服务"，让用户得到专家品质的免费售后服务，这在很大程度上提高了公司品牌，赢得了消费者的信赖。

　　怎样让自己成为顾问式销售人员呢？

第一，深入了解产品和技术，可以随时为客户提供正确的支持，这是基本素质；

第二，了解你的目标客户，具备甄选与分析客户的能力，根据客户不同的类型，自如地提供合适的服务方案；

第三，增加与客户的亲近感，消除陌生客户的抗拒心理，把握最适当的时机，说服客户主动购买；

第四，销售时，做到有效的开场，有条理的询问，真诚的倾听，专业的介绍，策略性的谈判，能够与客户坦诚相对；

第五，不仅能成为客户的顾问，还能成为客户的朋友。

如果你能领会这些，并掌握相关的销售服务技能，你就会无往不胜。

扮演好专家的角色

销售不是简单地卖东西，销售人员也不是简单地卖东西的人。一流的销售人员会把自己定位成顾问、医生、专家，只有平庸的销售人员才会说自己是个"跑腿的"。

销售人员是顾问。销售人员是用产品与服务来解决问题的人，而不是去找产品买主的人。销售人员不应该走到客户面前，摆出一副希望能做成生意的样子。相反地，在拜访客户的时候，一定要以顾问身份去解决问题或帮助客户达到目标。

只有成为客户的顾问，才会站在客户的一边，为客户的利益出谋划策，才能得到客户的信任与尊重。

销售人员是医生。在任何情况下，医疗过程都会遵循以下三个步骤：检查、诊断、开处方。医生如果没有经过这三个步骤，就是不合格的。销售人员也和医生一样，应遵循同样的职业道德规范。

把自己当做客户的医生，把自己的产品和服务当做是最好的药方。在"诊断"的过程中兼顾客户的整体利益，找到最妥善的解决方案，这就是最伟大的销售之道。

销售人员是专家。优秀的销售人员能够让客户明白从他手中购买产品而不是从竞争对手处购买产品的好处是什么；优秀的销售人员懂得更多的专业知识，他可以给客户更多的建议、更好的服务；优秀的销售人员明白客户的心声，了解客户的真实想法；优秀的销售人员让客户感觉良好，好到让客户觉得如果不从他那购买产品就会有负罪感。

成为产品专家

商场里出现了这样一幕：

"小姐，这台冰箱为什么比那一台贵那么多钱？"一位家庭主妇问道。

"因为这台比另一台要好一些。"售货员小姐答道。

"这个我清楚，可是我想知道的是，究竟好在哪里？它有什么突出的优点，要值那么多的钱？"顾客不依不饶。

"嗯，这个我不清楚，我只是负责卖的。"

对于销售人员来说，仅仅博得客户的好感是不够的，更重要的是赢得客户的信任，使其最终购买你的商品才是最终目的所在。因此，有关商品的专业知识是销售人员必须掌握的。业务素质应该是销售人员的基础"硬件"。

要想成功地打动顾客，销售人员就要将产品的优越性以最吸引人的方式或语句展示给顾客，因而销售人员自己应先对所推销的商品有一个正确的、透彻的认识。以拥有百年历史的"雅芳"公司为例，这个业务遍布五大洲120多个国家和地区，营销代表逾200万人，年销售额达几十亿美元的公司，对旗下的销售人员有一条不成文的规定，即每个推销"雅芳"产品的人都必须是"雅芳"产品100%的用户。切身体会无疑是销售人员最具说服力的底牌，只有亲身试用，以一个消费者的角度去品评自己的产品，才会获得最可靠的第一手资料，才会对产品真正拥有信心，并把这种信心带到每一次营销中，用这种信心去感召每一位顾客。也只有真正了解了产品，才会对顾客所提出的与产品本身紧密相关的问题心中有数、应对自如。

如果说，销售95%靠的是热情，那剩下的5%靠的就是产品知识。销售人员成为产品专家后，就能够回答客户提出的任何问题，毫不迟疑并准确地说出产品的特点，熟练地向客户展示产品。只有具备了专业的丰富的产品知识，才能信心十足，才能产生足够的热情，成为销售专家。现在，许多顶尖销售人员最引以为傲的，不是自己的销售业绩，而是他们在其产品或服务方面的渊博知识无人能及。

因此，销售人员在进行推销之前，一定要对产品的以下基本特征有充分了解。

1. 产品的名称

有些产品的名称本身就具有特殊的含义。这些名称就包含了产品的基本特征，有可能也包含了产品的特殊性能等，所以销售人员必须充分了解这些内容。

2. 产品的技术含量

指的是产品所采用的技术特征。一个产品的技术含量的多少，销售人员应该心知肚明。在销售时，要扬长避短，引导消费者认识产品。

3. 产品的物理特性

包括产品的规格、型号、材料、质地、美感、颜色和包装等。

4. 产品的效用

销售人员应该知道产品能够为客户带来什么样的利益，这是应该重点研究的地方。因为消费者之所以选择购买某种产品，正是因为该产品能够给消费者带去他所需要的效用。因此，销售人员应该注意以下几点：

（1）品牌价值：随着现在人们的品牌意识的提高，对于很多领域内的产品，消费者比过去更加注重产品的品牌知名度。

（2）性价比：这是理智的消费者会着重考虑的因素，在购买某些价格相对比较高的产品时，这种考虑会更加深入。

（3）特殊卖点：指的是产品蕴含的新功能、其他产品所无法提供的功能等。

（4）服务：现在人们越来越关注产品的售后服务，但是，产品的服务不仅仅指的是售后服务，还包含销售前的服务和销售中的服务。

用权威的数字来说话

拿破仑有一次检阅军队。按照惯例，指挥官跑步到拿破仑跟前，以非常清晰的口齿报告："报告将军，本部已全部集合完毕。本部官兵应到3 444人，实到3 438人。请你检阅。"

拿破仑非常满意地点点头，说："很好！"回头对他的参谋说："记住这个指挥官的名字，数字记得这么准确的人应该受到重用。你们以后也得向他学习，给我汇报时尽量用精确的数字说话。不要用大概、可能、也许、差不多这样的话。"

这位博得拿破仑好感的指挥官，干脆利落地说出了部队官兵应到与实到的人数，显得非常专业和细致。用数字说话，既显得专业，又能给人以最基本的信任感。

销售人员:"您好,请问,王经理在吗?"

王经理:"我就是,您是哪位?"

销售人员:"我是公司打印机客户服务部的,我这里有您的资料记录。你们公司去年购买了公司打印机,对吗?"

王经理:"哦,对呀!"

销售人员:"保修期已经过了7个月,不知道现在打印机使用的情况如何?"

王经理:"好像你们来维修过一次,后来就没有问题了。"

销售人员:"我给您打电话的目的是,这个型号的机器已经不再生产了,以后的配件也比较昂贵,提醒您在使用时要尽量按照操作规程,您在使用时阅读过使用手册吗?"

王经理:"没有呀,不会这样复杂吧?还要阅读使用手册?"

销售人员:"其实,还是有必要的,实在不阅读也是可以的,但机器的寿命就会降低。"

王经理:"我们也没有指望用一辈子,不过,最近业务还是比较多,如果坏了怎么办呢?"

销售人员:"没有关系,我们还是会上门维修的,虽然收取一定的费用,但比购买一台全新的还是便宜的。"

王经理:"对了,现在再买一台全新的打印机什么价格?"

销售人员:"要看您要什么型号的,您现在使用的是公司3800型号的,后续升级的产品是5800型号的,不过要看一个月的打印量。"

王经理:"最近的打印量开始大起来了,有时候超过10 000张了。"

销售人员:"要是这样,我还真要建议您考虑5800了,5800的建议使用量是一个月A4正常纸张15 000张,而3800的建议月使用纸张是10 000张,如果超过了会严重影响打印机的寿命。"

王经理:"你能否给我留一个电话号码?年底我可能考虑再买一台,也许就是后续产品。"

销售人员:"我的电话号码是8520转123。我查看一下,对了,您是老客户,年底还有一些特殊的照顾,不知道你何时可以确定要购买,也许我可以将一些好的政策给您保留一下。"

王经理:"什么照顾?"

销售人员:"5800型号的,渠道销售价格是10 100元,如果作为3800型号的使用者购买的话,可以按照8折来处理,或者赠送一些您需要的外设,主要看您的具体需要。这样吧,您考虑一下,然后再联系我。"

王经理:"等一下,这样我要计算一下,我在另外一个地方的办公室添加一台打印机会方便营销部的人,这样吧,基本上就确定了,是你送货还是我们来取?"

销售人员:"都可以,如果您不方便,还是我们送过去吧,以前也去过,容易找的。看送到哪里,什么时间好?"

……

后面的对话就是具体落实交货的地点、时间等事宜了,这个销售人员只是打了一个电话,用了大约30分钟,就完成了一台打印机的销售。在这段对话中,销售人员在介绍打印机时,没有离开过数字,从非常专业的角度为客户介绍新的打印机,并提示公司的优惠政策,因而成功是非常自然的事。

卡耐基的一次经历,可以说是用数字说话的一个典范。他是这样说服一家旅馆经理打消增加租金的念头的:

卡耐基每季度均要花费1 000美元在纽约的某家大旅馆租用大礼堂20个晚上,用以讲授社交训练课程。

有一季度,卡耐基刚开始授课时,忽然接到通知,要他付比原来多3倍的租金。而这个消息到来以前,入场券已经发出去了,其他准备开课的事宜都已办妥。怎样才能交涉成功呢?经过仔细考虑,两天以后,卡耐基去找经理。

卡耐基对经理说:"我接到你的通知时,有点震惊。不过这不怪你。假如我处在你的地位,或许也会写出同样的通知。你是这家旅馆的经理,你的责任是让旅馆尽可能多地赢利。你不这么做的话,你的经理职位就难得保住,也不应该保得住。假如你坚持要增加租金,那么让我们来合计一下,这样对你有利还是不利。"

"先讲有利的一面。"卡耐基说,"大礼堂不出租给讲课的而是出租给办舞会、晚会的,那你可以获大利了。因为举行这类活动的时间不长,每天一次,每次可以付200美元,20晚就是4 000美元。租给我,显然你吃大亏了。

"现在,来考虑一下'不利'的一面。首先,你增加我的租金,也是降低了收入。因为实际上等于你把我撵跑了。由于我付不起你所要的租金,我势必再找别的地方举办训练班。

"还有一件对你不利的事实。这个训练班将吸引成千的有文化、受过教育的中上层管理人员到你的旅馆来听课,对你来说,这难道不是起了不花钱的广告作用了吗?事实上,假如你花5 000美元在报纸上登广告,你也不可能邀请这么多人亲自到你的旅馆来参观,可我的训练班给你邀请来了。这难道不合算吗?请仔细考虑后再答复我。"讲完后，卡耐基告辞了。当然，最后经理让步了。

卡耐基之所以获得成功，只是因为他站在经理的角度想问题，把增加租金与保持租金的好处用数字一个个清楚地表达出来而已。

多谈产品的价值，尽量少谈产品的价格

有关讨价问题，心理学家曾做过调查，认为客户讨价的动机有以下几种情况：

(1) 客户想买到更便宜的商品；

(2) 客户知道别人曾以更低的价格购买了你推销的产品；

(3) 客户想在商谈中击败推销员，以此来显示他的谈判能力；

(4) 客户想利用讨价还价策略达到其他目的；

(5) 客户怕吃亏；

(6) 客户想向周围的人证明他有才能；

(7) 客户把推销员的让步看做是自己身份的提高；

(8) 客户不了解产品的真正价值，怀疑产品的价格与价值不符；

(9) 客户根据以往的经验，知道从讨价还价中会得到好处，且清楚推销员能做出让步；

(10) 客户想通过讨价还价来了解产品真正的价格，看推销员是否在说谎；

(11) 客户想从另一家买到更便宜的产品，他设法让你削价是为了给第三者施加压力；

(12) 客户还有其他同样重要的异议，这些异议与价格无关，他只是将价格作为一种掩饰。

任何东西都有人嫌贵，嫌贵只是一个口头禅。这是推销员最常见的客户异议之一，遇到这种异议时，切忌回答"你不识货"，或"一分钱，一分货"，在解决这个问题时，推销员应遵循以下原则：

(1) 先发制人，不等客户开口讲出来，就把一系列客户要提出的异议化解。

(2) 在商谈中尽量先谈产品价值，后谈价格。

(3) 在交易中，价格是涉及双方利益的关键，是最为敏感的内容，谈论价格容易造成僵局。化解这一僵局最好的办法是多强调产品对客户的好处与实惠。因此，要多谈产品的价值，尽量少谈产品的价格。

(4) 把客户认为价格高的产品跟另外一种产品作比较，它的价格可能就显得低些。要经常收集同类产品的价格资料,以便必要时进行比较。

(5) 在可能的情况下,尽量用较小的计价单位为客户报价,如火柴每包售价1.00元,将报价单位缩小到每盒0.10元。将交易总额细分为许多小数额,会使你的客户比较容易购买。

(6) 从产品的优势,如商品的质量、功能、声誉、服务等方面引导客户正确看待价格差别,指明客户购买产品后所得到的利益远远大于支付的货款,客户就不会再斤斤计较价格了。

(7) 把高档产品与一些劣质的竞争产品放在一起示范,借以强调所推销产品的优点,并教客户辨别产品的真伪,经过一番示范比较后,客户就价格所提出来的异议会马上消失。

在推销活动中,无论客户提出哪种价格异议,推销员都应认真加以分析,探寻一下隐藏在客户心底的真正动机。只有摸清了客户讨价背后的真正动机,推销员才能说服客户,实现交易。

通过专业性的话语来吸引客户

一位电子产品推销员在推销产品时,与客户进行了这样一番对话:

推销员:"您孩子快上中学了吧?"

客户愣了一下:"对呀。"

推销员:"中学是最需要开启智力的时候,您是不是很想提高孩子的智力呢?"

客户:"是啊,但是不知道怎样做才有效。"

推销员:"我这儿有一些游戏软盘,对您孩子智力的提高一定有益。您肯定认为给孩子买游戏盘会耽误她的学习是吧?"

客户:"呵呵,是这么想的。"

推销员:"我的这个游戏卡是专门为中学生设计的,它是数学、英语结合在一块儿的智力游戏,绝不是一般的游戏卡。"

客户开始犹豫。

推销员接着说:"现在是一个知识爆炸的时代,不再像我们以前那样一味从书本上学知识了,现代的知识是要通过各种现代的方式来汲取的。您不要固执地以为游戏卡是害孩子的,游戏卡现在已经成了孩子的重要学习工具了。"

接着，推销员从包里取出一张磁卡递给客户，说："这就是新式的游戏卡，来，咱们试一下。"

果然，对方被吸引住了。

推销员趁热打铁："现在的孩子真幸福，一生下来就处在一个良好的环境中，家长们为了孩子的全面发展，往往在所不惜。我去过的好几家都买了这种游戏卡，家长们对于这种有助于孩子成长的产品都感到非常满意，而且还希望以后有更多的系列产品呢。"

客户已明显地动了购买之心。

推销员："这种学习型的游戏卡是给孩子的最佳礼物！孩子一定会高兴的！您想不想要一个呢？"

后来的结果是，客户心甘情愿地购买了几张游戏软盘。

在这里，推销员巧妙地运用了提问的艺术，一步一步，循循善诱，激发了客户的购买欲望，使其产生了拥有这种商品的感情冲动，促使并引导对方采取了购买行动。

专业化演示产品可给客户带来利益

这是一种比较传统的销售方法，是指推销人员用实际操作的形式说服顾客购买的一种产品介绍方法，如果在这个过程中能够再配以专业化的语言，就会收到更好的效果。演示成交法通过实际动作示范向顾客展示了产品的优异与可给顾客带来的利益，会产生很好的直观效果。

在现代推销活动中，有些场合仍然可以用演示的方法接近顾客。

例如，一个营销员进入顾客的办公室后，彬彬有礼地向主人打过招呼，然后指着一块粘着污垢的玻璃说："我们公司新投放到市场上一种玻璃清洁剂，让我用它来帮你擦一下这块玻璃吧。"果然，涂上这种清洁剂可以毫不费力把玻璃擦洗干净。这一番表演立即引起了顾客的兴趣，纷纷上前了解推销员手中的新产品。

"我可以使用一下您的打字机吗？"一个陌生人推开门，探着头问。在得到主人同意后，他径直走到打字机前坐了下来，在几张纸中间，他分别夹了几张复写纸，并把它们卷进了打字机。

"您用普通的复写纸能复写得这么清楚吗？"他站起来，顺手把纸分给办公室每一位，又把打在纸上的字句大声朗读了一遍。毋庸置疑，来人是上门推销复写纸的推销员，疑惑之余，主人很快被这复写纸吸引住了。

这是出现在上海浦东开发区某家打印社的一个场景。不言而喻，推销员当场就获得了这家打字社一份数额可观的订货合同。

以专家的眼光来介绍产品

有一位客户到家具店购买一把办公椅子，推销员带客户看了一圈。

客户："那把椅子价钱怎么算？"

推销员："600元。"

客户："这一把为什么比较贵，隔壁有一把和这个看起来差不多，只要250元。而且从我们外行看来觉得这一把应该更便宜才对！因为那一把确实比较漂亮。"

推销员："这一把进货的成本就快要600元了，只赚您50元。"

客户："为什么这把椅子要卖600元？"

推销员："先生，请您坐下来亲身体验一下。"

客户依着他的话，坐了一下，感觉比250元的那款稍微硬一些，坐起来还蛮舒服的。

推销员看客户试坐完椅子后，接着告诉客户：

"250元的那把椅子坐起来较软，您觉得很舒服，而600元的椅子您坐起来却觉得不是那么软，这是因为椅子内的弹簧数是不一样的，我们这款椅子由于弹簧数较多，绝对不会因变形而影响到坐姿。不良的坐姿会让人的脊椎骨侧弯，很多人腰痛就是由长期的不良坐姿而引起的。而且就这把椅子来说，光是弹簧的成本就要多出将近100元。同时这把椅子旋转的支架是纯钢的，它比一般非纯钢的椅子寿命要长一倍，不会因为过重的体重或长期的旋转而磨损、松脱，这一部分坏了，椅子也就报废了，因此，这把椅子的平均使用年限要比那把多一倍。

"另外，这把椅子虽然看起来不如那把那么豪华，但它完全是依人体工程科学来设计的，坐起来虽然不是软绵绵的，却能让您坐很长的时间都不会感到疲倦。一把好的椅子对成年累月坐在椅子上办公的人来说，实在是非常重要。这把椅子虽然不是那么显眼，却是一把精心设计的椅子。那把250元的椅子很好看，但是质量就差了一点。"

客户在听了这位推销员的说明后，心里想：还好只贵350元，但是为了保护我的脊椎，就是贵800元我也会购买这把较贵的椅子。

消费者喜欢专家、顾问式的销售人员。对销售人员来说，你所掌握的知识以及信息，与客户对比起来，是极为不对等的，你的专业程度远远超过客户。所以，你需要向客户提供的帮助，并不仅仅是卖掉产品这么简单，而是应该让产品在客户的生活与工作中发挥最大限度的作用，并且让客户感觉这笔付出是物超所值。

第3章

知己知彼，猜透"上帝"的心思好说话

及时搜集客户的信息

中国有句古话：知己知彼，百战不殆。做销售也是同样的道理。当销售人员接近一个客户的时候，要做的第一件事情就是搜集相关信息。收集客户信息就像作战时收集情报一样，它直接影响到后面的销售决策。

杰克逊是某保险公司的销售人员。有一次，他乘坐出租车，在一个路口遇到红灯停了下来，跟在后面的一辆黑色轿车也与他的车并列停下。从窗口望去，那辆豪华轿车的后座上坐着一位头发斑白但颇有气派的绅士正闭目养神。

就在一瞬间，杰克逊的潜意识告诉他：机会来了。记下了那辆车的号码后，他打电话到交通监理局查询那辆车的主人，事后，他得知那辆车是一家外贸公司总经理科比先生的车子。

于是，他对科比先生进行了全面调查。随着调查的深入，杰克逊又知道了科比先生是加州人，于是他又向同乡会查询得知科比先生为人幽默、风趣又热心。最后，他终于很清楚地知道了科比先生的一切情况，包括学历、出生地、家庭成员、个人兴趣、公司的规模、营业项目、经营状况，以及他住宅附近的情况。

调查完毕之后，杰克逊便开始想办法接近科比先生。由于先前的信息搜集工作做得好，杰克逊早已知道科比先生的下班时间，所以他选定一天，在这家外贸公司的大门口前等候。

下午5点，公司下班了。公司的员工陆续走出大门，每个人都服装整齐、精神抖擞，愉快地在门口挥手互道再见。公司的规模看来不大，但是纪律严明，而且公司的上上下下充满着朝气与活力。杰克逊把看到的一切立刻记在资料本上。

5点半，一辆黑色轿车驶到公司大门前，杰克逊眯眼一看车牌号——正是科比先生的座驾。很快地，科比先生出现了，虽然杰克逊只见过他一次，但经过调查之后，他对科比先生已经非常熟悉，所以一眼就认出来了。

万事俱备，只欠东风。后来，杰克逊找了一个机会与科比先生攀谈起来，科比先生很惊讶于杰克逊对他的了解，而且对杰克逊的谈话也表现得很感兴趣。

接下来的事就顺理成章了，杰克逊向科比先生销售保险时，他愉快地在一份保单上签上了名字。

后来，两个人成了很好的朋友，科比先生在事业上还给了杰克逊不少的帮助。

对于销售人员来说，客户信息是一笔财富，应该把对客户的调查看成是销售的一部分，磨刀不误砍柴工，情报信息工作对于未来的销售价值是会不断增大的。

搜集客户的相关信息和资料可以帮助你接近顾客，使你能够有效地跟顾客讨论问题，谈论他们感兴趣的话题。有了这些材料，你就会知道他们喜欢什么，不喜欢什么，你可以让他们高谈阔论，兴高采烈，只要你有办法使顾客心情舒畅，他们就不会让你失望。销售之路顺畅，必然给你带来更多的客户资料，这就要求你必须建立客户档案，否则，单凭记忆是无法准确地装下如此之多的客户资料。建立客户档案的好处在于，能够掌握客户的一般情况，也便于对客户的使用情况进行统计。手头上有了客户的技术性数据，当然可以判断出客户的更换期限，这样也会为你的销售工作带来很大的方便。

一般情况，完整的客户信息包括以下几点：

（1）客户基本信息：客户编号、客户类别、客户名称、地址、电话、传真、电子邮件、邮编等。

（2）联系人信息：联系人姓名、性别、年龄、爱好、职务、友好程度、决策关系等。

（3）客户来源信息：市场活动、广告影响、业务人员开发、合作伙伴开发、老客户推荐等。

（4）客户业务信息：所属行业、需求信息、价格信息、客户调查问卷等。

（5）客户交往信息：交往记录、交易历史、服务历史等。

（6）客户价值信息：客户信用信息、价值分类信息、价值状况信息等。

此外，销售员在收集客户信息时，不仅要了解客户的兴趣、爱好，同时也要了解他的家人、亲戚朋友的兴趣爱好，这对销售成功至关重要。

完整的客户信息可以帮助销售人员更好地开展业务，建设完整客户信息的基础是建立相关的业务规范，在业务过程中不断收集、整理和完善客户信息。总之，你对客户的情况了解得越透彻，你的销售工作就越容易开展，你就越会得到事半功倍的效果。

敏锐地判断对方是否是潜在客户

推销员刘丽觉得自己太缺乏观察力和判断力了。以前的刘丽只是凭偬犟，一味追求成功。在坐禅修行期间，她就想培养自己对客户的观察力和判断力，可是这是需要从磨砺中总结的。

有一天，她盲目地来到一家住户，什么也没观察，推门就进，滔滔不绝地向人家介绍保险知识。结果，被人家骂了个狗血喷头。缘自何故？原来这户人家穷得连锅都揭不开，怎么会关心什么保险呢？这样做不但打扰了别人，也浪费了自己的时间。

从此以后，刘丽努力改造自己，努力培养自己敏锐的观察力和判断力。她检讨自己，总结出拜访前首先应观察：

门前卫生的清洁程度；

院子的清理状况；

房子的新旧；

家具如何；

屋里传出的声音；

整个家庭的气氛。

然后，发挥判断力，做出判断：

此户人家有无规律，是严谨还是松散呢？

此户人家经济情况好吗？

家庭中的气氛明朗健康吗？

家庭中是否有病人呢？

假如经济情况良好，那么对人寿保险有兴趣吗？

若因经济拮据或家中有病人而无法投保，那么将来的发展又如何？

具备了这两种能力后，刘丽如虎添翼。

对客户的了解，要像了解老朋友一样

世界最顶尖的推销员，在做任何事情之前，都要做非常充分的准备，因为他们都知道：成功总是降临在那些有准备的人身上。

在与准客户见面之前，必须把对方的情况了解得一清二楚，否则就绝不与他见面，这就是汽车业推销冠军乔·吉拉德推销的原则之一。与客户见面之前，他会根据所有可以收集到的详细资料，描绘出客户的形象，同时想象站在客户面前与客户谈话的情景，如此演练数次之后，他才会真正地去拜访客户。

乔·吉拉德说："对准客户的了解，起码要达到10多年的老友那样。"

一个顶级的推销员在推销前的准备是非常彻底的，包括事前资料的收集、模拟演练、角色扮演，一切都要熟练，他们有备而战，该带的辅助用具，如计算机、梳子、名片、笔、记事本、手帕、打火机、价目表、契约书、订货单、目录、样品……都会一一带齐。

做大量的事前准备是推销员轻松签约的第一步。

假如你用9小时去砍一棵树，你就要花6小时磨利斧头。

访问客户前，推销员要对自己的仪容、仪表、头发、皮鞋、穿着、精神面貌一一检查，看是否合乎标准。

除了对本公司的产品、服务有了解外，推销员对竞争者也应该相当了解，对一般有关法律知识、票据知识、同行业知识及一般常识都要有所掌握。

乔·吉拉德提醒推销员在初次拜访客户前要检查以下准备：

（1）使用能吸引准客户的名片；
（2）列出准客户能立即获得的好处；
（3）准备好请教准客户意见的问题；
（4）能够解决准客户尚待解决的问题；
（5）告诉准客户重要的信息；
（6）一定要复习产品的优点，熟悉公司产品的特色与功能；
（7）了解竞争对手产品的缺点及不足之处；
（8）一定要掌握客户的需求及详细情况。

满足客户的自尊需要,
然后得到与之相关的生意

著名的业务员齐格·齐格勒在《销售成交秘密和120个秘诀》中,谈到了他当顾客时的一次经历。

那次,齐格勒为了换乘飞机在圣路易斯机场下了飞机,他看自己的皮鞋又该擦擦了,便来到他常去的那个地方让人给他擦。

那天,为他提供服务的是一个新手。他走到齐格勒的身旁说:"是擦一般的吗?"

"没有料到你会让我擦一般的。为什么不让我擦最好的,而偏要建议我擦一般的呢?"齐格勒盯着那笨小子说。

"下雨天擦皮鞋,难免要弄脏,所以很多人舍不得花两美元擦最好的啊!"

"给我的皮鞋擦最好的,不正是为了在下雨天保护皮鞋吗?"

"是这样的!"

"那你刚才为什么不建议我擦最好的呢?"

"在下雨天擦皮鞋,还未曾有人舍得花两美元呀!"

"如果擦最好的,能够在保护皮鞋上起到最有效的作用。而且在下雨天,你能多挣下多少钱?为了多擦几次最好的,我想你大概会拼命干吧。"

"完全是这样的,我也是这样想的。"

"你想让我教你几句能够使你擦最好的活收入增加两倍的推销语言吗?"

"先生,我从心底里想要向您请教,希望您把那些能赚钱的语言教给我。"

"当下一位顾客来时,一旦坐在椅子上,你首先应该做的事情就是注意那个人的皮鞋,然后再看着那个人的眼睛和颜悦色地说:'如果我估计得不错的话,顾客先生,您一定是来让我给您擦最好的人。'"

在这里,笨小子的第一句问话是不合适的,因为它容易伤人自尊。齐格勒教给他的话则恰好相反,它能满足顾客的自尊需要,面对这样的问语,恐怕不会有人拒绝擦最好的。

先了解客户再去"攻城"

　　一些销售人员在接近客户前，从不有计划地收集客户的资料、了解客户的情况。他们总是匆匆忙忙地敲开一位客户的家门，急急忙忙地介绍产品；遭到顾客拒绝后，又赶快去拜访下一位客户。他们整日忙忙碌碌，所获却不多。聪明的推销员知道与其匆匆忙忙地拜访10位客户而一无所获，不如认认真真做好准备打动一位客户。

　　在一些销售人员眼里，接近客户，只是跟客户聊聊天、吃吃饭而已，没有必要做什么准备。这是那些没有经验的销售人员常有的心态。他们往往很自信，觉得自己完全有能力使客户驯服。其实，这是一种错误的想法。如果不了解客户，不做必要的准备，当接近客户时就有可能不知所措，使自己与客户的见面成了一种尴尬。比如说，当你推销化妆品时，提到某一明星，而这个明星正是这个客户讨厌的人，那么，推销的结果可想而知了。

　　不知道该客户的家庭情况，也就不知道客户家里的真正需求。销售人员可能会向家庭并不富裕的客户介绍一些价格偏高又没有太大实用性的产品。也可能客户正想买一些护肤品，可是销售人员却向其介绍家居用品，客户没有需求，当然不会购买了。所有这些，归根结底都是因为销售人员事先没有收集客户的资料，了解顾客的需求。

　　推销员扮演着资讯传达者的角色，就像一个导体一样，串联着公司业务和终端使用者。只有事先了解了客户的情况，才会知道客户所在的行业，所从事的工作或者受教育的程度，才可以根据相应的情况准备几套不同的解说词，以适应不同层次的客户，提高他们的兴趣。

　　所收集的资料往往会决定整个推销过程的成败。有些推销员倒是知道收集客户的资料，却不知道收集其他竞争者的资料。在推销过程中，有的顾客会向销售人员提出一些有关竞争对手的问题，比如他们会问到其他品牌产品和这个产品相比有什么劣势。这个时候，推销员因没有收集相关资料，只能保持沉默或敷衍了事，这样做的最终后果就是白白失去了成交的机会。

让客户感到你的关心

在销售过程中,销售人员必须认识到客户渴望得到关注的心理,并且要在沟通过程中适时适度地表达对他们的关心和体贴。

《世界最伟大的销售员》一书中有这么一段话:"我要爱所有的人。仇恨将从我的血管中流走。我没有时间去恨,只有时间去爱。现在,我迈出了成为一个优秀的人的第一步。有了爱,我将成为伟大的销售员,即使才疏学浅,也能以爱心获得成功;相反的,如果没有爱,即使博学多识,也终将失败。"

可见,销售成功并不完全取决于技巧,有时,只要你拥有一颗爱人之心就可以了。

有一位销售人员经常去拜访一位老太太,打算以养老为理由说服老太太购买股票或者债券,为此,他就常常与老太太聊天,陪老太太散步。

经过一段时间,老太太就离不开他了,常常请他喝茶,或者和他谈些投资的事项。然而不幸的是,老太太突然死了,这位销售人员的生意泡汤了,但他仍然前往参加了老太太的葬礼。当他抵达会场时,发现竞争对手另一家证券公司竟也送来了两只花圈,他很纳闷:"究竟是怎么一回事呢?"

一个月后,那位老太太的女儿到这位销售人员服务的公司拜访他。她表示,她就是另一家证券某分支机构的经理夫人。她告诉这位销售人员:"我在整理母亲遗物的时候,发现了好几张您的名片,上面还写了一些十分关怀的话,我母亲很小心地保存着。而且,我以前也曾听母亲谈起过您,仿佛跟您聊天是生活的快事,因此今天特地前来向您致谢,感谢您曾如此关心我的母亲。"

夫人深深鞠躬,眼角还噙着泪水,又说:"为了答谢您的好意,我瞒着丈夫向您购买贵公司的债券。"然后拿出40万元现金,请求签约。

对于这种突如其来的举动,这位销售人员大为惊讶,一时之间,无言以对。这是发生在销售界的一个真实的故事,有些人可能认为这份合约来得太突然、太意外,其实不然。老太太的女儿之所以会这样做,就是因为被他的爱心所感动,才买下该公司的债券。

一名好的销售人员应天性上就倾向关心他人,也一直在试图让别人快乐。如果你能让顾客或潜在顾客感觉到,你是真心喜欢他们,关爱他们,也很敬重他们,那么你的销售将会无往不胜。

乔·吉拉德是世界上最伟大的销售人员,他在15年里卖出13 000辆汽车,最多的一年竟卖了1 425辆,他的成功,应该归功于他用关怀温暖了每一个人。

有一次,一位中年妇女走进他的展销室,她说想在这儿看看车打发一会儿时间。闲谈中,她告诉乔·吉拉德她想买一辆白色的福特车,就像她表姐开的那辆一样,但对面福特车行的销售人员让她过一小时后再去,所以她就先来这儿看看。她还说这是她送给自己的生日礼物:"今天是我55岁生日。"

"生日快乐!夫人。"乔·吉拉德一边说,一边请她进来随便看看,接着出去交代了一下,然后回来对她说:"夫人,您喜欢白色车,既然您现在有时间,我给您介绍一下我们的双门轿车——也是白色的。"

他们正谈着,女秘书走了进来,将一束玫瑰花递给他。他把花送给那位妇女:"祝您长寿,尊敬的夫人。"

显然她很受感动,眼眶都湿了。"已经很久没有人给我送礼物了。"她说,"刚才那位福特销售人员一定看我开了部旧车,以为我买不起新车,我刚要看车他却说要去收一笔款,于是我就上这儿来等他。其实我只是想要一辆白色车而已,只不过表姐的车是福特,所以我也想买福特。现在想想,不买福特也可以。"

最后她在乔·吉拉德这儿买走了一辆雪佛兰,并写了张全额支票,其实从头到尾乔·吉拉德的言语中都没有劝她放弃福特而买雪佛兰的词句。只是因为她在这里感受了重视和关心,于是放弃了原来的打算,转而选择了乔·吉拉德的产品。

可见,销售人员付出真诚,让客户感受到你的关心,就能赢得客户。所以,任何一位不愿意失去成交机会的销售人员都要拥有一颗爱人之心,努力营造彼此友善相处的良好沟通氛围,这样才会在销售中战无不胜。

爱是这个世界所有人都无法拒绝的。销售人员在事业的拓展中,对待客户要有爱心,也许客户会拒绝你的产品,但不会拒绝你的爱心和关心。人们常说:"爱心有多大,事业就可以做多大。"所以说,销售人员必须是充满爱心的人,你要爱你的产品、爱你的客户,这样你才能得到客户的回报。对客户和周围事情冷漠、无动于衷的人,是当不了销售人员的。人人都需要关心,如果你还没有开始关心客户,那么就从现在开始吧,因为关心永不言迟。

猜透客户对稀少的东西想占有的心理

鲁迅先生曾在《藤野先生》一文中说过这样一段经典的话:"大概是物以稀为贵罢。北京的白菜运往浙江,便用红头绳系住菜根,倒挂在水果店头,尊为

'胶菜',福建野生的芦荟,一到北京就请进温室,且美其名曰'龙舌兰'。"这反映了一个亘古不变的道理,即物以稀为贵。

从心理学的角度看,短缺因素对商品的价值会起到很大的影响。人们总是害怕失去或得不到,对稀罕物品有着本能的占有欲,反应在消费购物方面,越是稀少的东西,人们就越想买到它。在现实生活中,销售人员可以使用"数量有限"的策略,当销售人员告诉客户某种商品供应比较紧张,不能保证一直有货的情况下,就会促使客户及早地采取购买行动。

杰克是位很出色的销售人员,他在向客户推销产品时,总是能够巧妙地运用短缺原理来促使客户尽快做出决定。

杰克先后推销过十几种商品,虽然面对的客户有所不同,但是不管推销哪种商品,都能够取得不错的业绩。他总是和客户这样说:

"先生,这种引擎的敞篷车在本地是绝不会超过10辆的,而且,厂里面已经不再生产了,错过了这次机会的话,以后想买,恐怕也买不到了。"

"这种厨具就剩下两套了,而另一套您肯定是不会选择的,因为它的颜色是大红色,很不适合您,所以我觉得这套厨具非您莫属。"

"您也许应该考虑一下多买一些,最近这种商品很畅销的,工厂已经积压了一大堆订单,我不敢跟您保证下次再来的时候还会有货。"

这样的说辞无疑是十分有效的,客户在其影响下,为了使自己不至于因为买不到而后悔,总是会果断地做出选择,先将自己喜欢的商品占为己有,这样才能够安心。

这就是杰克的成功之处。

数量有限的信息确实会对消费者的购买决策产生影响。因此,如果销售人员能够将这种策略合理地应用到销售过程中,则会有效地促进销售。当销售人员发现客户对某种商品很感兴趣的时候,如果能够对其进行巧妙地引导,在说明商品质量可靠、价格实惠的同时,不妨再加上这样一个善意的提醒:"这款商品刚刚卖出去一套,这恐怕是我们这里的最后一套了,机不可失,如果错过了,就需要等到下个月再来了。"客户听到这种话,往往会在害怕买不到的心理作用下,迅速地做出决定,先买回家再说,不能让别人抢了先。因为拥有它的机会变少了,而其对顾客的重要性就相对提高了。

销售人员小汪在销售某种高档工艺品时,因为善于营造卖方市场氛围,调动起客户"怕买不到"的心理,结果其产品不仅卖得快,而且价钱卖得高。

在向客户销售产品时,小汪总是不忘向客户强调:"我们公司总共才生产了1 000套产品。在未上市前,就有很多客户预订了一些。现在,已经剩下不多了。

这是我们公司发出的最后一套产品，其余有少量产品是留着做纪念的。我很有幸向你介绍这最后的一套产品。你可以考虑一下，自己究竟需不需要。要真心需要的话，给一个合适的价格，我就把产品卖给你。否则，过了这个村就没有这个店，以后想买都买不到了！"

有些客户认为，小汪是在故意制造卖方市场气氛，开始并没有过多的在意。不过，小汪转身就走，摆出一副不愁买主的架势，结果那些有购买意向的客户很快意识到小汪不是在跟他们玩虚的，这样的工艺品今后可能真的买不到了，便不再犹豫，赶快与他签下订单，买下产品。

在销售过程中，销售人员也应从中得到一些启发。为了争取到更多更有分量的订单，销售人员适当地制造一些让客户"买不到"的氛围，给客户制造一些"购买产品的最后机会"，往往更有利于争取到订单。例如，在销售过程中，销售人员可对客户说："这种产品只剩最后一个了，短期内不再进货，你不买就没有了。"或说："今天是优惠价的截止日，请把握良机，明天你就买不到这种折扣价的产品了。"一些有购买意向的、尚在犹豫的客户听到此话时，往往会下决心购买，并迅速签单。

机不可失，时不再来。在销售领域中，这种利用"怕买不到"的心理促成订单的方法叫做最后机会成交法。这种销售技巧是通过缩小选择的时空来促成订单的。上面提到的几个事例，都是这种成交技巧的巧妙应用，销售人员可以从中得到不少启示。

不过，销售人员利用客户"怕买不到"心理，制造"成交的最后机会"时，需要注意以下三个问题，否则就很难起到促成订单的效果。

（1）要让客户确实感觉到这是最后的机会。要想争取到订单，销售人员不管推销的产品是否是绝无仅有的产品，都应该让客户切实感觉到这是最后的购买机会。只有这样，才能促使客户尽快做出购买决定，迅速签单。

（2）要把握准客户的心理。如果客户本身对产品的兴趣并不大，采用这种技巧来促成订单显然是无效的，因为即使真的是最后的机会，买和不买对他的影响都不会太大。因此，销售人员只有把准客户对产品有浓厚兴趣、志在必得时，才能够运用这种最后机会成交法。

（3）不要用语言恐吓客户。有些销售人员在使用最后机会成交法促成订单时，往往喜欢使用一些语言恐吓客户，例如"再不购买就没了"等话。这类话，销售人员不是不能说，而是要少说，因为说多了容易让客户感到厌烦，从而产生抵触情绪。因此，在使用最后机会成交法时，销售人员不要用语言恐吓客户，而要明确告诉客户购买该产品的机会不多就行了。

在销售过程中，最后机会成交法是一种奇妙的技巧。销售人员只要抓住了机会，巧妙地营造卖方市场的氛围，让客户感觉到"购买产品是最后的机会"，往往容易引导客户迅速签订订单。在销售过程中，销售人员一定要仔细体会最后机会成交法，从中找到争取订单的秘诀。

猜透客户的贪便宜心理

有人做过这样的实验：

首先采集第一组实验数据，实验人员在大学的校园食堂为学生们提供两种包装的饮料，易拉罐包装的可口可乐，每听售价为3元，另外提供一种用小纸杯盛放的散装本地汽水，每杯售价为1元，然后实验人员记录学生们的选择情况，据实验统计，有79%的学生在午餐购买饮料时选择了品质更好的罐装可口可乐。只有21%的学生选择了那种虽然更便宜但看起来品质明显要差一些的杯装汽水。

第二组实验开始了，罐装可口可乐的价格降到了每罐2元，而杯装汽水为免费提供，对于经济效用而言，两者是完全相当的，学生们无论选择哪一种饮料，所节省的均是1元钱。但选择的结果却和上一次的统计发生了根本性的变化，超过90%的人选择了喝免费的杯装汽水，而放弃购买品质更好的可口可乐。仅仅是因为免费的缘故，让大部分人放弃了原来对品质的重视，而改为接受散装饮料。

再接着，罐装可乐的价格被调整为1.5元，纸杯装汽水仍然免费提供，这一次情形没有发生大的改变，大部分人仍然钟情于免费饮料，即便买罐装可乐所能得到的经济效用更高。

追求物有所值、物美价廉是消费者普遍的心理，贪图便宜是消费者的本性。销售人群中流传着这样一句话：客户要的不是便宜，而是要感到占了便宜；客户不是要便宜的商品，而是要让他占了便宜的商品。占便宜是一种心理上的感觉，销售员要学会满足客户的这种心理需求，让客户有了占便宜的感觉，客户就容易购买你的产品。

销售的本质就是让客户有一种占便宜的感觉，没有什么能比优惠、便宜、免费更能引起客户的注意，激起客户的兴趣。销售高手总能利用人们的这种心理，总能找出借口卖出东西，并让客户觉得占了便宜。

有的销售人员为了让销售额增加，推出一些免费体验服务，或者找出一些免费的东西来作为招徕客户的噱头。

在一次规模宏大的玩具展览会中，C玩具公司不幸被安排在展览会馆最偏僻的地方——8楼，由于地方偏僻，人们不愿意上那么高的地方，C公司的玩具参展一个星期也没几个人来看一眼。C公司的负责人急中生智，在第二个星期一的早晨，他就在展会一进门的地方撒下一些别致的名片，名片的背面写着"持有这张名片可以到8楼C玩具公司领取玩具1个"。仅半天的时间，8楼就被人们围得水泄不通，这种状况一直维持到C公司参展结束，人气也为C公司聚集了不少财气，C公司以给人优惠的方法把营业额提到了最高。

C公司之所以取得了高营业额，原因就在于它抓住了人们想得到优惠的心理，以小恩惠为公司带来了大利益。销售人员很多，但真正懂得抓住客户心理的销售人员并不多，如果想做一个成功的销售人员，你就得学会利用人们的各种购买心理达到销售的目的。

优惠说到底是一种手段，其本质是用小利益换来大客户。当然，在优惠的同时，还要给客户占便宜的感觉。

在销售过程中，应学会将产品的利益用数字具体说明，不要用"节省""便宜""赚钱""降低成本"等概念来介绍产品，要用具体的数字。比如说，告诉产品便宜，究竟便宜多少钱，也只需要算笔账。清清楚楚、实实在在的几个数字就足以打动客户。例如：

"张先生，您算一算，我们第一年、第二年的贷款利率足足低了3%和2.15%。以您现在还有320万元的余额计算，我们第一年就可以帮您省下10万元，第二年还能省6.48万元，两年加起来就已经帮您省了16.48万元。"

"我们净水机的价格是很经济合算的。您算一下，一般的品牌每半年就要换两支滤芯，每次收费5 000元，5年就要5万元；而使用我们的机器，你5年才需要1.25万元。所以，我们机器的价格虽然是6 000元，但是，这样算一算您还是省了3.75万元，不是吗？"

一个销售网络广告的销售人员要客户在网上放广告。客户问他，在网上放广告我能得到什么好处？销售人员就给他算了一笔账：投资1 450元放一个广告，每天至少产生100个以上的访问，以500天计算，每个访客成本为3分钱。以每30个人中有1个人成交，每天能赚多少钱呢？于是，客户签单了。

"便宜"是客户把同类商品比较后得出的一种自我判断，消费者不仅想占便宜，还希望"独占"，销售人员可以利用客户这种想独占便宜的心理，学会满足客户的这种心理需求，而不是一定要把产品卖出低价。例如："今天刚开张，图个吉利，按进货价卖给你算了！""这是最后一件，按清仓价卖给你！""马上要下班了,一分钱不赚卖给你!"便宜都让一人独占了,这么的便宜,有谁不会心动呢?

猜透客户的从众心理

客户在购买产品时,往往不愿意尝试冒险。凡是没经别人试用过的新产品,客户一般都持有怀疑态度,不敢轻易选用。而对于大家认可的产品,他们则容易信任和喜欢。尤其是看到大家抢购某种产品时,他们往往会表现出非常强烈的购买欲望,也会跟着去抢购。这是一种从众心理。在销售中,销售人员要想促成客户购买签单,利用这种从众心理促成订单,也是一种不错的选择。

"从众"是一种比较普遍的社会心理行为和现象,也就是人们常说的"人云亦云""随大流"。大家都这么认为,我也就这么认为;大家都这么做,我也就跟着这么做。从众心理在消费过程中是十分常见的。因为人们一般都喜欢"凑热闹",当看到别人成群结队、争先恐后购买某种商品时,也会毫不犹豫地加入其中。

在销售过程中,销售人员也可以运用客户的从众心理,促使客户下定决心购买产品,从而获得订单。一些成功的销售人员在争取客户的订单时,往往就喜欢利用这种技巧促使客户下决心签单。

一位销售人员在向一家公司推销产品时,看到对方迟迟不肯签单,就说:"贵公司旁边的政府大楼使用的就是我们公司的产品。他们最初只是购买了以下部分产品。后来,他们觉得我们公司的产品非常放心可靠,又相继购买了一些产品。到现在,他们与我们公司已经建立了5年的长期合作关系。只要他们有这方面的需要,都会与我们公司联系,我们也会以最快的速度为他们提供最满意的服务。贵公司也可以先购买一小部分产品,如果觉得满意咱们就增加合同分量,您觉得怎么样?"

那家公司的负责人听了这话,想了一会儿就与销售人员签订了单子,从他们公司购进了一小批货。

在购买产品时,许多人都不愿意"第一个吃螃蟹",他们往往在看到别人购买后才会放心购买。对此,销售人员何不利用他们的从众心理,向他们展示"别人已经买了"或"别人已经信任我了"呢?

一名销售人员在向一供货商推销产品时,由于是首次与该代理商合作,代理商对其产品有疑虑,虽然想进货,但是迟迟不愿意与该销售人员签单。此时,销售人员就对代理商说:"您一定知道甲公司一向对供货商要求严格吧,我们公司就是甲公司的供货商。甲公司经过很长一段时间的考察,最终选择了与我们公司进行合作。现在,我们已经与甲公司合作5年了,这次虽然是第一次与贵公司合作,不过我相信我们以后肯定也会保持长期合作的关系的。"

结果,代理商与销售人员签订了合同,购进了一批货。

销售人员适时地向客户展示"别人已经买了""别人已经信任了我"是促使陌生的客户信任自己,说服陌生客户购买产品,签订订单的有效技巧。在销售过程中,销售人员使用这种技巧,往往比较容易突破客户的警戒心理,最终说服客户下定决心签单。

小王是某病毒防火墙公司的销售经理。公司今年分配的销售任务大幅增加。小王感到压力非常大。去年,小王在政府行业中了几个标,今年,政府行业的单子应该问题不大,但是,要完成任务,还必须开拓新的市场。为此,小王决定开拓教育行业的市场。

不久,小王从一个代理商那里得知A大学准备进行网络升级和改造,病毒防火墙就是其中的一项。小王认为打入教育行业市场的机会到来了,便直接去找代理商老李。

但是,了解到具体情况后,小王才发现事情并没那么简单。老李说,A大学对产品的质量和性能要求都十分高,而且目前已经有几家国外知名病毒防火墙厂商介入了这个单子,竞争十分激烈。小王虽然对自己公司的产品十分有信心,但是考虑到本公司产品在教育行业的市场上还没有成功的案例,在竞争中很难取得用户的信任。

果然,在与A大学的负责人面谈时,对方就对小王公司产品在教育行业市场上成功的案例太少提出了质疑。无论小王如何努力争取,对方就是不信任其产品。

为了此事,小王想了很久,也没有找出说服用户的办法。正在他苦恼时,某位使用X公司软件的客户给小王打来电话反馈使用信息。小王见客户的反馈情况良好,便灵机一动,想出了一个办法。小王请示老总后,便将公司的软件送给A大学试用,并附带给了以前客户的联系方式。

开始,A大学婉言谢绝试用。但是,经过一番公关和其他一些老客户的介绍后,A大学最终同意了试用X公司的产品。过了不久,一些学校的电脑系统感染了震荡波病毒,而A大学的电脑却安然无恙。经过实践证明,X公司的电脑软件无论是在服务和产品质量方面都是非常可靠的。A大学决定一次性购买一大批X公司的软件。小王由此获得了一张价值不菲的大订单。

由于小王给A大学提供了优质的服务,更由于X公司产品的出色表现,A大学的相关负责人不仅非常信任X公司，而且还在一次教育行业的信息化交流会上作为使用者向其他学校大力推荐X公司的产品。通过A大学这个"证人"的推荐，小王又获得了许多订单。

客户在购买一种新产品，或者是自己不了解的产品时，往往心存疑虑，害怕买错了产品，或者怕被销售人员骗了。此时，无论销售人员怎么介绍和解释，都很难获得他们的信任。而此时，一旦他们听说有人使用过这种产品，而且效果不错的话，他们就会改变对产品的看法，转而信任产品。

某位客户要购买燃油锅炉。一些销售人员闻讯后，都纷纷来向客户介绍自己公司的产品。这让客户感到很为难，自己以前没有与这些公司打过交道，究竟信任谁呢？

这时，有一位销售人员在他的产品介绍材料里面夹了一份有关客户联系方式的单子。其中，有一个就是客户的邻居，而且还是为人不错的邻居。于是，客户就拨打了邻居的电话。

结果，邻居说该公司的产品还可以，销售人员也值得信任。于是，客户就信任了这位销售人员，并购买了这家公司的锅炉。这位销售人员凭着一个有力的"证人"赢得了这张订单。

在销售过程中，从众成交法可以减轻顾客对风险的担心，尤其是新顾客，大家都买了，我也买，可以增强顾客的信心。销售人员利用此法，往往能够较为容易地促成交易。但是，销售人员在利用客户的从众心理时，也要注意几个问题，以保证取得良好的效果。

(1) 所举案例必须实事求是。在销售过程中，销售人员要想引导客户的从众心理，所举的案例一定要真实，既不要用谎言编造曾经购买的客户，也不要夸大那些老客户的购买数量。否则，销售人员列举的案例不真实，就很可能被揭穿，永远失去成交的机会，不但不可能从客户那里获得订单，而且还会让客户产生被欺骗和愚弄的感觉。这种感觉不仅会严重影响客户对销售人员及公司的印象，而且这种不良印象还可能会被这些客户利用各种途径影响其他更多的客户。因此，销售人员必须列举实际发生的成功案例去引导和说服客户的从众心理，否则就是自砸招牌。

(2) 尽可能以影响大的老客户作为列举对象。客户虽然有从众心理，但是如果销售人员列举的成功例子不具有足够的说服力，那么客户通常是不会为之所动的。所以，销售人员如果想要成功利用客户的从众心理实现成交，争取到订单，那么就要尽可能选择那些影响大的、客户熟悉的、比较具有权威性的老客户作为列举对象。否则，客户的从众心理很难被激发出来。

(3) 面对太有个性的客户，不要轻易使用此法。现代社会是一个崇尚个性化的社会，人们在从众的同时，也存在一股"叛逆"心理。在销售过程中，销售人员也会发现有些有个性的客户对从众不屑一顾，喜欢追求与众不同。因此，销售人员发现客户是很有个性的人时，就不要轻易使用此法，因为这样做很容易引起客户的反从众心理。别人要买，别人是别人，跟我无关。

总之，从众是一种非常普遍的社会心理和行为现象。在销售过程中，销售人员只要善于巧妙运用，往往能够促成客户下定决心签单，并源源不断地为自己争取到订单。因此，这种技巧很值得广大销售人员学习和借鉴。

适时试探客户的购买意图

客户即便有了购买的信号，也并不代表他马上就会购买。若真的想买，表现出来的神态显然是不一样的。

因此，为了准确掌握生意成交的机会，就要试探顾客的购买意图，帮助他做出购买决定。

"这车是不错，就是价格高了点，再便宜点如何？"

"这车身选的是锰钢材质做的，外形设计也很漂亮，高贵耐用。这已是最低价。"

"车圈好像有点不正。"

"我们可以马上调试。"

关切地问："您急不急？如果不急的话，可以现在就为您另装一辆。"

"那就另装一辆吧。"

与客户打交道，试探他的购买意图方法较多，一般是销售人员围绕购买细节，采用提建议的方式，提出两种选择，把客户引到一个一选一的道路上，跳开买与不买的实质问题，而直接进入买后的具体选择问题上，从而将买的意图变为一个心照不宣的事实。

在促成交易的过程中，问客户"您买不买"是个很愚蠢的问题，因为里面包含否定的答案"不买"，给客户留下了说"不"的机会。

生活中，并不是每句话都可以直说的。有时候，以暗示来替代直言是取得更好效果的途径。在销售过程中，面对意欲击败你的对手，有很多话你更不能当面言明，而暗示既能保护你不被对方"侵入"，又能给对方适当的信息，促进销售成功。

暗示讲究的是含蓄、巧妙。在销售中，可能你的暗示会被忽视。所以，暗示必须双方配合才能取得效果。倘若真是对牛弹琴，你就得注意暗示的技巧，争取达到你的目的。

1. 会说也要会听

在现实的销售活动中，大部分销售人员都会因为过度紧张而错失了对方所给的暗示，延长了销售的过程。此外，有些人认为暗示只有可能由自己发出，其实你的客户也和你一样期望早日结束，期望成功。他们也试图从各种角度来接近你、配合你。因此，你既要设法发出自己的暗示，更要善于捕捉对方的暗示。

2. 注意强调

假设你已经陷入僵局，而又急于突破它，那你可以给予暗示。不论你如何暗示，要注意的是，陈述时适当加强语气，给你的暗示打上"着重号"，如"一般情况下，我们是不给折扣的""我们不能接受所有的改变""你们要求的交货日期太早了""我无权决定这个价钱"。

如果不幸你所有的暗示都没能达到效果的话，你还可以问对方一些假设性的问题："如果我们原则上接受你的提议的话，你能接受我们的价格吗？""如果我们接受你的要求，你是否也考虑接受我们的要求？""我们该如何修改，你才能接受这项建议？""如果我们提出新的方案，你对这项服务还有兴趣吗？""目前我不打算讨论这个。"

如果以上种种暗示结果你能捕捉住，通过猜测就可能获得以下信息：

有一般就会有特殊；

全部不能接受还是可以接受一部分；

日期太早，可以推后；

我无权决定的话，可以跟我上司谈；

目前不谈，可以以后谈。

3. 尽可能地鼓励对方的暗示

当你确定了并不是你一厢情愿，对方也在尽一切可能促成销售时，你总会发现对方在一句话中含有暗示成分，那你就应该尽可能地配合对方，使销售朝着行得通的方面进行。你的话语可以是：

"如果你能更详细地谈谈，如何修改才能使你接受……"；

"我们可以考虑……"；

正确回应对方暗示，一定要避免绝对语气，诸如"我们绝对不能接受你的提议""我们不能接受这种改变""想都甭想"；更不能使用挑衅性语气，诸如

"居心不良""根本是废话""没有用"。

重复你的暗示,直至对方听懂。如果一项暗示被忽略的话,最好再重复一下。

4.有意错过暗示

销售中忽视对方无疑会拖延销售时间,但有意错过暗示则是一种技巧。这种技巧是那些销售中的强硬派的主要武器,用以维护他们不可妥协的意愿。也常常能反客为主地挫败对手,从而达到他们的目的。

暗示并不能保证一定能达到目的、达成协议,它也不能抚平双方的冲突,但它能使接下来的商谈变得更有弹性、更有效率。因此,暗示是销售技巧中不可缺少的部分,是值得每个销售人员重视的。研究销售中的一些暗示问题,可以考察一下你有没有做到这一点:

在销售过程中,有没有任何愿意改变的现象?销售过程中的改变是否是一厢情愿?对方是否坚若磐石?你有没有用过一些明确的条件测试对方的真正态度?你有没有发现客户愿意改变的暗示?

销售人员在与客户进行商务交谈时,销售人员为了占据主动地位,试探客户的购买意图,就相当于直接把交易推进一步,是一种行之有效的促进销售方法。

第4章

精彩开场，好的开场白是成功的一半

好的开场白是成功的一半

要想有效地吸引客户的注意力，在面对面的推销访问中，说好第一句话是十分重要的。开场白的好坏，几乎可以决定一次推销访问的成败。换言之，好的开场白就是推销成功的一半。大部分客户在听销售人员说第一句话的时候要比听后面的话认真得多，听完第一句话，很多客户就自觉或不自觉地决定了是尽快打发销售人员上路还是准备继续谈下去。因此，销售人员要说好开场白，才能迅速抓住客户的注意力，并保证推销访问顺利进行下去。

下面是一个推销员的客户拜访开场白。

推销员A如约来到客户办公室。开场："陈总，您好！看您这么忙还抽出宝贵的时间来接待我，真是非常感谢啊！"（感谢客户）

"陈总，办公室装修得虽然简洁却很有品位，可以想象到您应该是个做事很干练的人！"（赞美客户）

"这是我的名片，请您多多指教！"（第一次见面，以交换名片自我介绍）

"陈总以前接触过我们公司吗？"（停顿片刻，让客户回想或回答，给客户留时间）

"我们公司是国内最大的为客户提供个性化办公方案服务的公司。我们了解到现在的企业不仅关注提升市场占有率和利润空间，同时也关注如何节省管理成本。考虑到您作为企业的负责人，肯定很关注如何最合理配置您的办公设备，节省成本。所以，今天来与您简单交流一下，看有没有我们公司能协助的。"（介绍此次来的目的，突出客户的利益）

"贵公司目前正在使用哪个品牌的办公设备？"（问题结束，让客户开口）

陈总面带微笑非常详细地和该推销员谈起来。

从这个例子可以看出，开场白要达到的目标就是吸引对方的注意力，引起客户的兴趣，使客户乐于与我们继续交谈下去。该案例的主人公，就是通过很好的开场白吸引了客户，有了个漂亮的开门红，从而向促成销售迈进了一步。

那么，如何才能通过短短几句话成功吸引客户的注意力呢？有以下几种常用的技巧。

1. 提及客户现在可能最关心的问题

例如："听您的朋友提起，您现在最头疼的是废品率很高，通过调整了生产流水线，这个问题还没有从根本上改善……"

2. 谈到客户熟悉的第三方

例如："您的朋友王先生介绍我与您联系的，说您近期想添几台电脑……"

3. 赞美对方

例如："他们说您是这方面的专家，所以也想和您交流一下……"

当然赞美要恰如其分，过分的夸奖会让客户产生反感。

4. 提起他的竞争对手

例如："我们刚刚和甲公司有过合作，他们认为……"

客户听到竞争对手，就会把注意力集中到你要讲的内容里。

5. 引起他对某件事情的共鸣（原则上是客户也认同这一观点）

例如："很多人认为面对面拜访客户是一种最有效的销售方式，不知道您是怎么看的……"

这种方法的要点在于在拜访前了解客户的工作。

6. 用数据来引起客户的兴趣和注意力

例如："通过增加这个设备，可以使您的企业提升50%的生产效率……"

"我知道贵企业现在的废品率比较高，如果有一种方法使企业的废品率降低一半的话，您是否有兴趣了解？"

7. 有时效的话语

例如："我觉得这个活动能给您节省很多话费，但这次优惠活动截止到12月31日，所以应该让您知道……"

这种时间的限制会让客户产生紧迫感。

上面这几种表达方法可交叉使用，重要的是要根据当时的实际情况做出合适的选择。当然，我们在与客户交谈的时候，一定要以积极开朗的语气对客户表达与问候。

经常会有这种情况，销售人员与客户会面时，刚开始的气氛很好，可过了一会儿，就不知道该和客户谈什么了，或者是整个过程只是销售人员一个人在发表演说。一定要记住，为了使客户开口讲话，一定要以问题结束你的开场白。否则，会使拜访陷入暂时的僵局。

设计好开场白

销售专家通过深入的调查与研究发现，在销售接触中，客户在刚开始的30秒钟内所获得的刺激信号，一般都会比以后10分钟里所获得的要深刻得多。但是在很多情况下，销售人员对自己的第一句话往往处理得不够理想，大都是一些起不到什么作用的废话。比如人们总是习惯性地使用一些与推销无关的开场白："很抱歉，打搅您了，我……""哟，几日不见，您又发福啦！""您早呀，大清早到哪儿去呀？""您不想买些什么回去吗？"

试想一下，如果在聆听第一句话时，客户集中注意力而获得的只是一些与销售主体无关的信息刺激，那么与客户面谈的开局就有可能遭遇挫折，下面将要展开的实质性推销活动也必然会困难重重。

所以，不管推销何种产品，会见客户时的第一句话至关重要。当销售人员开口说第一句的时候，也正是客户精力最集中、被你全部吸引住的时候。因为根据第一句话，很多客户基本上就可以决定是否还要谈下去。

销售人员的第一句话是问候语，这是打开话题，博得客户好感的一种最容易、最直接的方法。所以一定要注意这种问候的恰如其分，第一句问候语如果过于热情或者过于亲昵的话，往往就会适得其反。问候的话语要因时、因地、因人不同。对于每一位新的客户，销售人员在与其见面的短暂瞬间，要通过准确的观察判断，来选择最恰当的问候方式。美国推销专家杰克·霍普金斯曾说："你要学会用至少三种方式来迎接客户。"这也道出了问候之中的细微差别的重要性。

要想一开始就抓住客户的注意力，一个最简单的办法就是去掉那些空泛的言辞和一些多余的寒暄。而且在表述时必须生动有力、语句简练、声调略高、语速适中。讲话时要目视对方双眼，面带微笑，表现出自信而谦逊、热情而自然的态度，切不可拖泥带水、支支吾吾、唯唯诺诺。

成功的销售人员认为，一开场就使客户了解自己的利益所在是吸引对方注意力的一个有效开场思路。

比如："您知道一年只花几块钱就可以有效防止火灾、水灾和失窃吗？"保险公司推销员开口便问顾客，对方一时无言以对，便会表现出很想得知详情的样子，于是销售人员又赶紧补上一句："你有兴趣参加我们公司的保险吗？我这儿有20多个险种可供选择。"又如，某车厂销售人员问搬运公司管理人员："您希望缩短货物的搬运时间，并为公司增加20%的利润吗？"对方一听，马上就会对上门访问的销售人员表现出极大的热情。

在上述两例中，如果销售人员直截了当地问对方，是否需要参加保险，是否想购买叉车，而不是以问话的形式来揭示参保、买叉车给他们带来的好处，那么其效果显然就会差一些。

所以，在开场白中，销售人员应开门见山地告诉客户，自己可以使客户获得哪些具体利益。这样的开场白肯定能够让客户放下手头工作，去耐心倾听销售人员的详细介绍。

开场白的常用方法

开头开得好，有三个方面的好处：一是创造了良好的推销气氛，二是引起了对方的兴趣，三是做好了交谈的准备，然后进入正题，有利于推销顺利进行，取得比较圆满的结局。

在实践中，一些推销员不懂这一道理，见了客户张口就说买不买，闭口就问要不要，这种开场白十有八九是要碰壁的。其原因在于，在客户未接受你之前，你谈论产品、推销，客户本能的反应就是推却、拒绝，让你及早离开。一条推销戒律就是：一开口就谈生意的人，永远只能是二流的推销员。

销售人员与客户打交道时，他首先是"人"而不是推销员。销售人员的个人品质，会使客户产生好恶等不同的心理反应，从而潜在的影响着交易的成败。

在具体使用开场白的时候，可试着用以下几种方法。

1. 提问开场法

在这种开场白中，销售人员可以找出一个和客户需要有关系的，同时又是所销售产品能给对方带来满足的问题，以得到对方的正面答复。对于那些有可能得到对方否定回答的问题,则应该小心谨慎地去提问。例如,你可以问:"您希望减低20%的原料消耗吗?"你甚至可以连续地向对方发问,以引导对方注意你的产品。比如可以这样提问:"您看过我们的产品吗?""没看过呀!""这就是我们的产品。"并同时将样品展示,接着再说:"敝公司派我特地来拜访您。您觉得我们的产品如何?"

2. 讲故事开场法

有时以讲一个有吸引力的故事或笑话开场,也可以收到良好的效果。但在这样做的时候一定要注意,讲故事的目的不仅仅是为了让客户感到快乐,所讲的内容一定要与你的推销工作有某种关联,或者能够直接引导客户去考虑你的产品。

3. 引用别人的意见作为开场

如果你真的能够找到一个客户认识的人,并且愿意为你们牵线搭桥的话,那么你自然可这样说:"王先生,您的同事李先生要我前来拜访,跟您谈一个您可能会感兴趣的问题。"这时,对方可能会很痛快地就接受了你的来访,而且他对你也会感到比较亲切。

4. 赠送礼品开场法

以赠送诸如钢笔、笔记本等一类的小礼品作为开场。要注意所赠送的礼品一定要与所销售的产品有关系,这一点很重要,因为这样一来完全可以在送礼品的同时,顺便地提起你想进行的交易,这也就是你的真实目的之所在。

5. 引旁证法

在唤起注意方面,推销员广泛引用旁证往往能收到很好的效果。在香港,一家著名的保险公司推销经纪人常常在自己的老主顾中挑选一些合作者,一旦确定了推销对象,公司征得该对象的好友王先生的同意,上门访问时他这样对客户说:"王先生经常在我面前提到您呢!"对方肯定想知道到底说了些什么,愿意听这位经纪人讲下去。

6. 单刀直入法

熟人之间遇到急事往往采取这种形式。"无事不登三宝殿",就直接打开话匣,进行点题了,全盘托出,引入本题。这种方式必须要求对推销的对方十分了解,无须多加寒暄,或者事情太急的情况下,才可使用。因它太直率,如果不了解对方心情,不设身处地替对方着想,往往很难取得满意的效果。因此,要看情况使用,不宜随处滥用。

7. 借题发挥法

推销时先不直接明言,而是借别的问题加以发挥,逐步引入正题,也是人们经常使用的一种开头方法。用这种方法谈话的效果是非常好的。在推销过程中,双方的进言、劝说，特别是碰到对方思想不通的时候，使用这种方法往往可以获得满意的推销效果。

8. 比喻引入法

在推销活动中，双方洽谈时的比喻有明喻、暗喻、借喻之分，但谈话主要用明喻，因为它能使对方明白理解。

9. 寒暄入话法

先叙饮食起居，拉家常，由个人的身体、工作，谈到家庭、孩子的情况，天南海北地扯一通，讲点新闻，说点笑话，使推销气氛融洽亲热，然后才引入正题。

坦承来意的开场白

销售人员在面对一些客户时，有时候向对方坦白自己的来意与目的，比遮遮掩掩地开口效果会更好。只有首先让客户知道他需要什么，才能使他觉得如果这项交易不能达成，那么对于他来说将会是一大损失。

1. 直接表明你的目的

如果你是一个药品推销员，一进药店的大门，就可以大胆地向对方表明自己的来意："您好，我是制药公司的××。我今天来是要跟贵店洽谈代销药品的事情……我真心地希望能跟贵店合作，希望贵店……"

在这个开场白中，如果你没有这一番直接道明来意的介绍，没有很清楚地向药店店员说明此次前来的目的，没有表明自己的合作诚意，药店店员则很可能将你当成一名普通的消费者，为你提供推荐药品、介绍功效等服务。而最后你突然说："我不是来买药的，我是制药公司的推销员……"那么药店店员就可能会有一种强烈的被欺骗的感觉，马上就会对你的药品推销产生反感情绪。这时，你要再想展开推销工作肯定就困难了。

以下是一些可借鉴的成功例子。

"下午好，林先生，我是大东公司的小静。我今天特意打电话给您的原因是我们刚刚成功结束与哈雷公司的一次重要合作项目。我希望下个礼拜能到您那里拜访，告诉您我们与哈雷公司合作的成功经验。您看什么时候方便？"

"上午好，汪先生，我是卓越公司的小林，我今天特意来拜访您，是为了告诉您我们如何提高您的工作效率。我深信，同哈雷公司一样，您也会对这个产品感兴趣。"

2. 坦诚表达你的善意

在推销保险业务时,有时候会不可避免地要谈到死亡、疾病、灾害等话题。推销员在谈到死亡时,不妨直接说"在您过世时",而不要说"如果您意外离世而去""当您不幸被上帝选中"或"当灾难意外地发生在您身上"等。因为,在这种情况下,客户会比较容易接受坦诚的说法,并且明白你来的目的,不仅是为了推销保险,同时也是为了使他获得保障,帮他避免未来的生活因不幸事故而陷入困境。例如:"陈经理,您好,我是保险公司的××,我今天给您打电话是跟您商谈一下关于意外保险的事……生活中总会有意外发生,而我们这份保险将会给您提供完善的保障……"

借助第三方开场

在初次拜访客户的时候,销售人员如果直接冒昧地去接近,其效果往往不会太好。如果能在客户面前提一提你们都认识的人,说明这次拜访是通过熟人介绍来的,或者提一下客户的朋友、亲戚或是某个公众名人,就可以相对容易地接近客户。因为客户在一般的情况下,借助第三方的面子,可以有效消除客户的戒备,从而给你面子。

1. 利用客户熟悉的人

有一个销售人员在销售他的电话系统时,这样对客户说:"先生,您好,我叫小林,我是电话系统公司的员工。我受深圳公司王经理的委托,特意打电话给您,因为我今天给您介绍的东西是件了不起的东西,它可以为您带来极大的方便……"

某图书公司发行员对客户说:"主任,您认识教育局的教育科长老李吗?他刚从我这里买去600本书,我想你们物资局跟他们那里的情况差不多,也迫切需要有关市场经营与企业管理方面的图书,您说是吗?"

2. 利用客户同行业的知名公司

向客户提一下自己以前的一些比较有名的客户,不仅可以借助这些知名公司的名望,还可以证实自己公司的实力同样是不容小觑的。

例如:"您好!张总。我是张蒙,是公司的培训顾问。我们是国内唯一一家专做银行业务代表培训的专业公司。我们最近为银行做了为期三周的业务人员电话技巧培训……"

3. 利用客户尊崇的名人

小孙是一位经验丰富的推销员，他总是随身带着有很多客户亲笔签名的名单。在拜访客户的时候，他经常会把名单放在客户面前。

"我很为我们的顾客感到骄傲，"他说，"您知道公司的董事长吗？"

"哦，知道，他很出名！"

"他是我们的顾客，这上面有他的名字。那您肯定也听说过×吧，他可是影视歌三栖的大明星！我还知道您是他的忠实影迷呢，他也是我们的客户，瞧，这上面也有他的亲笔签名。"

他兴致勃勃地谈论着这些名字，然后说："他们都是受益于我们产品的顾客……"他又读了更多有威望的人的名字之后，说："我想您应该相信他们的判断力，我希望您的名字能同他们的写在一起。"

利用这些名人的公众效应，让客户认为"连这些名人都用他们公司的产品，那产品就肯定不错了……"。

不过，推销员在运用这个方法的时候一定要注意首先掌握好客户的喜好，如果说的名人刚好是客户所不喜欢的，那么就很难达到预期的效果，甚至会适得其反。

借助权威完成开场白

销售人员利用一些较为权威的开场白，往往可以帮助自己避免老套，别出心裁，并使客户对自己产生信服感。

1. 借助权威机构

例如："小姐，我是大学研究院的王皓，我打电话的目的是想和您分享一个对您非常有帮助的信息。"

这个例子借助了权威的机构作为自己的开场白，达到开场即做到吸引、说服客户的目的。

2. 借助公司威望

例如："您好！我是大东方销售培训公司的陈志良。我不知道您以前有没有接触过大东方公司，但您肯定知道大东方销售培训公司是国内唯一专注于销售人员业绩成长的服务公司。我打电话给您，主要是考虑到您作为销售公司的负责人，肯定也会十分关注那些可以使销售人员业绩提高的方法。所以，我想与您通过电话简单交流一下（停顿）。您现在接电话方便吗？我想请教您几个问题（停顿），您现在的销售培训是如何进行的呢？"

在这个例子中，推销员通过介绍自己是某著名公司的职员，借助公司的名声和威信来与客户交谈，首先在客户面前建立了一种威信，有利于推销成功。

3. 借助权威专家

例如："陈部长，您好。我是×公司的销售代表。我们公司即将在国际展览中心举办一个新产品巡回展，我们所有的产品都有展示，而且我们请来了电子商务方面的专家××，他对互联网的数据中心很有研究，您一定会感兴趣。"

在这个开场白里，推销员向客户提到了行业领域的权威专家，来增加活动的专业性和正规性，从而让客户接受自己。

4. 借助自己的身份

例如："上午好，先生。我是丁毅，是××公司的营销副总裁，不知道您对我们是否了解，我们是一家营销培训公司，在上海和广州都有分公司，我们为××公司等多家知名公司提供了多种服务。"

在这段开场白中，该推销员首先介绍了自己的职位是"××公司的营销副总裁"来增加自己的权威性，从而让客户信服，接受自己的培训服务。

开场白要有创意

开场白是销售人员与客户见面时，前2分钟要说的话，而如果进行电话推销，则是前30秒要说的话。这可以说是客户对销售人员第一印象的再次定格，因为与客户见面时，客户对你的第一印象取决于销售人员的衣着与言行举止，而第二印象就是这短短的开场白。开场白做好了，给客户留的好印象会更深刻，因为开场白的语言是一个人内在的反映。

虽然经常讲不能用第一印象去评判一个人，但我们的客户却经常用第一印象来评价销售人员，这个印象的好坏决定了客户愿不愿意给你机会继续谈下去。

在这里值得一提的是，如果是销售人员主动征得客户同意会面的，开场白非常重要；而如果是客户主动约见你，客户的开场白就决定了你的开场白。

开场白一般来讲，包括以下几个部分。

（1）感谢客户接见你并寒暄、赞美。

（2）自我介绍或问候。

（3）介绍来访的目的，这时要突出客户获得的价值，从而吸引对方。

(4)转向探测需求,以对客户的问题结束,好让客户开口讲话。向客户提问题是引导客户的关键。

通过有吸引力的开场白赢得了客户的注意,也就向成功销售迈进了一大步。

具体说来,销售人员应当针对不同客户的具体情况,如身份、性格特征等,有针对性、有技巧、有礼貌地进行颇富创意的开场白。

在开场白的把握上,应当注意以下几个重点。

(1)提前准备好相关的题材及一些幽默有趣的话题。

(2)注意避免一些敏感性、易起争辩的话题,例如宗教信仰的不同,政治立场、看法的差异。要避免那些缺乏风度的话,不要去窥探客户的隐私,不要说有损自己品德的话及夸大吹牛的话。

(3)得理要饶人,有理也要心平气和地去说服客户。

(4)一定要多称赞客户及与其有关的一切事物。比如,你可以以询问的方式开始:"您知道目前最热门、最新型的畅销商品是什么吗?"以肯定客户的地位及社会的贡献开始。

(5)以格言、谚言或有名的广告词作为开场白。

(6)以谦称和请教的方式开始。

(7)可以开源节流为话题,可以告诉客户若购买本项产品将节省15%的成本,可赚取10%的利润,并告诉他:"我是专程来告诉您如何赚钱及节省成本的方法的。"

(8)可以用与某一单位合办市场调查的方式为开始。

(9)可以用他人介绍而前来拜访的方式开始。

(10)可以举名人、有影响力的人的实际购买例子及使用后效果很好的例子为开始。

(11)运用赠品、小礼物、纪念品、招待券等方式开始。

(12)以动之以情、诱之以利的生动展示的方式开始。

(13)以提供新构想、新商品知识的方式开始。

(14)以具震撼力的话语,吸引客户有兴趣继续听下去。比如用"这部机器一年内可让您多赚500万元"这样的话语开始。

总之一句话,万事开头难,做销售人员更是如此。但是,一个销售人员不能因难而放弃努力,应该做好充分的准备,设计一个有创意的开场白。

精彩开场白八招搞定

在电话销售泛滥的今天,很多公司一天接到无数个电话。要让你的客户在接到你的电话时不会觉得心烦,还要对你的产品感兴趣,这就要求销售人员必须在极短的时间内——20~30秒内引起准客户的兴趣,否则很容易遭到拒绝。

好的开场白不仅可以成功地向客户介绍自己以及自己要推销的产品,而且还为以后的良好沟通奠定坚实的基础。为此,销售员不妨提前对开场白进行一番精心设计。

1. 提竞争对手

每个企业都关注竞争对手,特别是老总。小李有一个客户,开始给某老总打电话就是说不需要。可是,小李在网上根据他提供的关键词就是找不到他的公司。经过一番搜索,小李发现他的一个同行却在三大门户上面全做了推广。于是,再次给他打电话的时候,小李没有跟他提推广,而是问:"某某公司是你们同行是吗?他们……"一番话马上让对方关注:"哦,是吗?他们做了呀?那像他们那样做一下要多少钱?"小李还没说,他就主动问起价钱了。然后,小李就根据他们的情况给做了个推广推荐,一个单子就签下来了。

2. 说知名的典型客户

人们的购买行为常常受到其他人的影响,销售员若能把握客户这层心理,好好地利用,一定会收到很好的效果。

针对客户的行业列举一些知名的典型客户,以此强化客户的兴趣和信任。例如:"我们公司曾经为杉杉集团、罗蒙集团、金利来等数十家服装企业提供过零售管理培训,使他们大大提升了业绩。"

"李厂长,××公司的张总采纳了我们的建议后,他们的营业状况大有起色。"

说知名的典型客户,可以壮大自己的声势。如果你举的例子正好是客户所景仰或性质相同的企业时,效果就更会显著。这样的业务介绍无疑是非常具有说服力的。假设没有特别知名的企业,则可以采用数字化或类比的方法来达到同样的效果。

3. 用你的优势直击他的弱点

之前对客户有一个分析,最重要的是抓住这些客户的弱点,考虑你的产品本身的特点和客户的弱点有没有结合点。他贪便宜,讲便宜就能打动他。他开宝马车,讲尊贵、方便就能打动他。用你的强势和他的弱势去做对比,而且在一开头就要吸引他的注意力，用你的优势直击他的弱点。你的产品什么特征最能打动客户，它的最大的优势、最大的特点是什么，哪些能给客户带来最大的受益？列出三条，然后找一两条一开头的时候就跟客户沟通。这样你的机会就很大。

几乎所有的人都对钱感兴趣，省钱和赚钱的方法很容易引起客户的兴趣。例如：

"张经理，我是来告诉您贵公司节省一半电费的方法。"

"王厂长，我们的机器比您目前的机器速度快、耗电少、更精确，能降低您的生产成本。"

"陈厂长，您愿意每年在毛巾生产上节约5万元吗？"

4. 提及有影响的第三人

告诉客户，是第三者（客户的亲友）要你来找他的。这是一种迂回战术，因为每个人都有"不看僧面看佛面"的心理，大多数人对亲友介绍来的销售员都很客气。如：

"何先生，您的好友张安平先生要我来找您，他认为您可能对我们的印刷机械感兴趣，因为这些产品为他的公司带来很多好处与方便。"

"丽莎是个很好的人，她是我最亲密的朋友之一。我很感激她建议我联络您。"

打着别人的旗号来推介自己的方法，虽然很管用，但要注意，一定要确有其人其事，绝不可杜撰。要不然，客户一旦查对起来，就要露出马脚了。为了取信客户，在拜访时若能出示引荐人的名片或介绍信，效果更佳。

在极少数情况下，即使提及熟人也难以有效消除紧张气氛，但不要轻易放弃。简单提一下是谁建议你联络对方的，并直奔主题。例如：

"李刚建议我联络您，因为……"

5. 自我介绍为服务而来

通常不要一上来就直接向客户提你的产品，应该在跟客户谈话的过程中，找到客户感兴趣的话题，然后就从这话题开始，再往产品上转，客户会比较容易接受。例如：

"我是搜狐网业务指定代理商的××，希望能为您介绍搜狐网络营销服务（或者搜索引擎登录服务）。"

"您好，我是中华培训网的，我姓张。我们提供一套改进销售方案的训练课程，不少公司像甲骨文、ABB公司都在采用，使他们的业绩有大幅度的提升（若有其他同行第三者的有力证言更佳）。希望能为您介绍使您公司业绩提高20%~30%的方法。"客户马上就会很感兴趣。

如果说"我是威达公司的，给您推销产品"，客户的第一反应就是挂电话。

从以上两例可以看出，电话销售中自我介绍是很重要的，这是吸引客户听下文的敲门砖。

6. 利用好奇心

探索与好奇，似乎是一般人的天性，对于神秘奥妙的事物，往往是大家的注目对象。那些不熟悉、不了解、不知道或与众不同的东西，往往会引起人们的注意，销售员可以利用人人皆有的好奇心来引起客户的注意。例如：

"我教您一个更快清洁家居的方法，您有兴趣吗？"

一位销售员对客户说："老李，您知道世界上最懒的东西是什么吗？"客户感到迷惑，但也很好奇。这位销售员继续说："就是您藏起来不用的钱。它们本来可以投资股票市场，让钱生钱。"

某地毯销售员对客户说："每天只花一毛六分钱，就可以使您的卧室铺上地毯。"客户对此感到惊奇，销售员接着讲道："您卧室12平方米，我厂地毯价格每平方米为24.8元，这样需297.6元。我厂地毯可铺用5年，每年365天，这样平均每天的花费只有一角六分钱。"

销售员制造神秘气氛，引起对方的好奇。然后，在解答疑问时，很巧妙地把产品介绍给客户。

7. 提供有用信息

向客户提供一些对他有帮助的信息，如市场行情、新技术、新产品知识、竞争对手的动向等，会引起客户的注意。这就要求销售员能站在客户的立场上，为客户着想，多上网查阅，多阅读报刊，掌握市场动态，充实自己的知识，把自己训练成为这一行业的专家。客户或许对销售员应付了事，可对专家则是非常尊重的。你可对客户说：

"我在某某刊物上看到一项新的技术发明，觉得对贵厂很有用。"

为客户提供相关信息，关心客户，当然会获得客户的尊敬与好感。

8. 正反比照修炼开场白

电话销售的开场白话术就像一本书的书名或报纸的大标题，如果使用得当的话，可以立刻使人产生好奇心并想一探究竟。反之，则会使人不再想继续听下去。

下面是一些销售人员错误的开场白，我们将此一一列下来，你可以比照自己是否也犯有这些错误。

（1）负责人："喂，你好，我是陈林。"

销售人员："您好，我是胜华机械的殷大军。我们公司已经有20年的历史，我们是专门销售印刷业专用的机械设备，不晓得您是否曾经听说我们公司？"

问题点：

电话销售员没有说明为何打电话过来,以及对准客户有何好处。

准客户根本不在意你们公司成立多久,或是否曾经听过你的公司。

(2) 负责人:"喂,你好,我是陈林。"

销售人员:"您好,我是胜华机械的殷大军,我们是专门销售印刷业专用的机械设备,请问你们公司现在使用哪一类型的电脑设备?"

问题点:

电话销售员没有说明为何打电话过来,以及对准客户有何好处。

在还没有提到对准客户有何好处前就开始提问题,容易让人产生防范的心理。

(3) 负责人:"喂,你好,我是陈林。"

销售人员:"您好,我是胜华机械的殷大军,几天前我曾寄过一些资料给您,不晓得您收到没有?"

问题点:

电话销售员没有说明为何打电话过来,以及对准客户有何好处。

平常大家都很忙,即使收到资料也不见得会看,而且让他们容易用"没收到"来敷衍。

(4) 负责人:"喂,你好,我是陈林。"

销售人员:"您好,我是胜华机械的殷大军,我们的专长是提供适合贵公司的印刷机械设备,不晓得您现在是否有空,我想花一点时间和您讨论?"

问题点:

直接提到商品本身,但没有说出对准客户有何好处。

不要问客户是否有空,直接要时间。

在初次打电话给准客户时,必须要在15秒内做公司及自我介绍,引起准客户的兴趣,让准客户愿意继续谈下去。要让准客户放下手边的工作,而愿意和你谈话,电话销售人员要清楚地让客户知道下列3件事:

①你是谁及你代表哪个公司;②你打电话给准客户的目的是什么;③你公司的商品或服务对准客户有什么好处。

正确范例:

负责人:"喂,你好,我是陈林。"

销售人员:"您好,我是胜华机械的殷大军,我们公司的专长是提供印刷业专用的机械设备,我们已经替许多印刷厂商省下了许多印刷成本,我是来告诉贵公司节省印刷时间和成本的方法。为了能进一步了解我们是否能替贵公司节省印刷时间及成本,我想请教一下你们目前使用的是哪一种印刷设备?"

注意技巧:

提及自己公司的名称专长；
说明为何打电话过来；
告知对方可能得到的好处；
询问相关问题，使准客户参与。

第5章

心急吃不了热豆腐，循序渐进地与客户沟通

以拉家常的方式进行推销预热

赵经理："丁先生，您好！您这么忙还要打扰您，真是不好意思。这是我的名片，请多指教。"

丁先生："哦！赵经理呀，您好！"

赵经理："不知道丁先生平常都有哪些休闲活动？"（谈论客户的一些兴趣爱好）

丁先生："喔！我每周有两个晚上要去上软件设计的课程，星期日有时会带小孩去公园或动物园。"

赵经理："真不简单，很佩服您啊，工作这么忙，还能坚持学习。你有几个兄弟姐妹呀？"（拉起家常，进行寒暄）

丁先生："有一个哥哥、一个姐姐、一个妹妹，我是老三。"

赵经理："哦！他们都在哪里高就？"

丁先生："姐姐自己开一间化妆品店，哥哥在银行工作，妹妹是一家私人企业的职员。"

赵经理："都挺不错的嘛！"

丁经理："哪里！"

赵经理："你们平时经常联系吗？"

丁先生："喔，不太经常。只有在假期时大家才会一起出去玩，或吃吃饭，聊一聊。"

赵经理："您平常如何做理财计划呢？"

丁先生："没有啦！一个月才几千元的收入，能做什么理财计划？"

赵经理："那您买保险了吗？"

丁先生："买了啊！"

赵经理："一年大概要交多少保费？"

丁先生："大概1 000多元吧！"

赵经理："当初买保险是出于什么目的呢？"

丁先生："因为现在大多是小家庭嘛！万一我有个三长两短，太太、孩子怎么办？总要为他们想一想吧！"

赵先生："您真是一个负责任的好父亲呀！"

丁先生："哪里！哪里！"

赵经理："如果现在有一个工作能够将您的所学和您的业务方向结合在一起，也就是说，将管理和推销综合运用，让您表现得更出色，而且待遇是您目前的两倍，您愿不愿意去尝试一下呢？"（切入正题"保险"）

丁先生："当然愿意啦，那是什么工作呢？"

赵经理："就是保险行销事业呀！"

丁先生："但是，我不会做保险啊！而且我想我大概也不适合。"

赵经理："其实大多数人一开始都像您一样，觉得自己不适合做保险，我刚开始时也是这样的。不过，许多东西都是可以学的，就像您也不是天生就会电脑一样。我也不敢说您适不适合，只有去尝试以后才能下结论，而且刚好我们公司这个星期有一个讲座，您可以过来感受一下。"

丁先生："那好。"

该推销员在一开始就谈了客户感兴趣的方面，然后又接着赞美客户，活跃了谈话的气氛，最后又说了一些普通的家常话，像询问客户的家庭成员在哪工作等几方面的寒暄都是为了拉近彼此的距离，增进感情，最后成功说服客户加入推销的行列。

利用机智的语言拉近与客户的关系

在销售谈话过程中,尤其是在双方出现意见分歧的时候,销售员很容易说出一些不恰当的话语,这会使原本就存在的矛盾变得更激烈。所以,不管客户犯了多大的错误,都不要在言语上向其发出挑战,即使觉得客户是在挑衅,也不要迎战。不管是哪种情况,销售员都可以使用更好的、更恰当的方式证明客户的正确,维护客户的尊严。实际销售中,有的销售员这方面做得不尽如人意,在谈话开场白里经常使用一些不恰当的语言。如:

"对不起,打扰您了……"

"我不会耽误您太长时间的……"

"我想占用您一点儿时间,和您谈谈……"

这些表达方式是那些性格软弱的销售员经常使用的,他们用这些话的目的是不惹客户生气,事实上,销售员越是贬低自己,越会令客户不满意。因为没有人喜欢在一个并不重要的人身上浪费时间,每个人都喜欢和重要的人打交道,而且与重要人士交谈的时间越长,他们就会越高兴。所以,任何时候都不要贬低自己,要在语言上占据主动。

销售员在语言表达上不能太软弱。另外,还不能经常说些"带刺"的话,一般有以下几种情况:

(1)"安先生,您拒绝了我的预约,虽然如此,我还是来了。"以及"安先生,您拒绝了我的预约。我想我能消除我们之间存在的误会。也正是因为这样,所以我才来找您。""虽然如此"在所有"带刺"的词汇中是最为明显的。其实,在大多数情况下,我们可用"因此"这个词来代替,这样会让人比较好接受一点。

(2)"您可能误解了我的意思!"如果销售员发现客户误解了所说的话,不要强行打断客户,为自己辩解。此时,销售员要保持冷静,并从客户的话中找出客户误解的关键点,然后调整自己的思路,重新组织语言,针对客户误解的重点,重申自己的意思,这样才能说服客户。

(3)"安先生,您的这种想法是错误的。我可以向您证明另一种想法的正确性!"任何时候都不要批评或否定客户,这是对客户的不尊重。销售员的任务是销售,不是为客户纠错。如果客户的错误想法阻碍了销售的进行,销售员也没必要扮演真理的化身直截了当地指出客户的错误。在这种情况下,先承认客户合理的一面,再委婉地提出自己的观点,这样更有助于客户接受。

（4）"我能理解您的想法，安先生！但是我们能不能再考虑一下其他的因素呢？"这种语言明显是在指责客户考虑问题不周全。

在销售过程中，销售员要尽量避免出现以上四种情况。

另外，销售员也经常会遭遇尴尬，比如叫错客户的名字；在会面时忘记一个重要的名字或重要事实；在进行销售拜访时，碰洒咖啡或者茶水；在销售会面后发现午饭吃的菠菜沾在了牙上……无疑，这些都有可能使销售功亏一篑。

在遭遇这些尴尬时，该怎么办呢？一流的销售员认为，只要运用机智的语言，就可轻松化解这些尴尬，并能拉近与客户的距离。一流的销售员朱丽娅认为，面对尴尬最好的办法就是尽可能使声音和语调保持自然和平静。

在一次产品推介会上，朱丽娅出丑了。她那天穿了一件过长的连衣裙，裙裾一直垂到地面。就在她后退一步打算靠近黑板时，她的脚踩住了她的裙子，结果当众摔倒在演讲台上。观众起初还不知发生了什么事，接下来就有几个人跑上台来搀扶她。当她站起身时，并没有惊惶失措，而是继续用平静的声音介绍产品。会场只经过了很短一段时间的不安很快就安静了下来，就像什么也没有发生过一样。

当然，适当的幽默也是打破尴尬的绝好方法。

琼在进行销售拜访时摔倒了。当时她正站在门边与客户握手说再见，当她准备后退一步迈出客户家门时，脚被门边的什么东西绊了一下，她开始向下倒。出于绝望，她抓住了客户的肩膀寻求支撑，客户也很配合地拉起了她。当她站稳时，她微笑着对站在旁边看的客户小女儿说："我和你爸爸配合的这段吉普赛舞很经典，不是吗？"所有的人都开怀大笑，尴尬也就在顷刻间消释了。

不管销售员做了怎样充分的准备，也不能完全排除尴尬发生的可能性，一旦尴尬发生，销售员就必须能够应对，用机智的语言将尴尬对销售的影响降到最低限度，这样才有助于销售。因此可以说，机智的语言可以化解尴尬，机智的语言可以帮助销售。

在说服的过程中恰当地运用停顿

说服必须要为客户营造出一种适当气氛和意境，通过全方位的感受来影响客户做出购买的决定。

怎样才能够激发客户的想象，让他们产生拥有这种产品之后的美妙感受呢？可以有两种方式：第一种是上面说的让客户亲自体验一下；另一种方法就是通过语言，用你的语言为客户勾画出拥有这种产品后的情景，让他们体验一下拥有这种产品之后的美好感觉。

当然，在你说这些话的时候，你要尽可能压低声音，减慢语速。另外要保持充分的信心，让他们感到你在这个方面是最权威的。

这样他们就会相信你所讲的每一句话。

例如，你要是销售跑步机的话，你可以这样说：

"当您早上起床，穿上运动鞋和休闲装，打开窗户，深吸一口清新的空气，明媚的阳光照在身上，您踏上跑步机，轻松舒畅地开始跑步，您的速度由慢到快，当您有些轻微出汗时它会提醒您时间到了，然后您开始洗浴，梳洗整齐，穿上刚刚熨烫过的职业装，信心百倍、神清气爽地走出家门，开始一天的工作。"

这种方法也可以用来介绍产品的功能，例如你是销售打印机的，你可以目光温和地直视着你的客户，缓缓地说：

"如果家里有这样一台多功能打印机，会给您带来无穷的乐趣和便利。客户打电话过来需要发传真，不必去找传真机，您只需轻轻按下接收传真的按键就可以；如果您需要把一些重要的图片放在电脑里，不用去找扫描仪，只需把图片放好，按一下扫描的按键，资料就会输入您的电脑；如果你需要的资料很多，也不必到外面去复印，自己就可以做。另外，您还可以利用它制作自己喜欢的各种照片，照片形象逼真，会让您爱不释手。"

又如你是销售磁疗寝具的推销员，你可以让客户先舒服地躺在你的产品上，然后再缓缓地告诉他：

"我们每个人的时间都非常宝贵，即使身体有些不适，也很难有时间去看医生，但是疾病就是这样日积月累造成的。如果突然有一天您跌倒在路上，那将是一家人的不幸，而我们的磁疗寝具不需要您刻意去使用，不会占用您的时间，也不会占用您家里的空间，只要您把它铺在床上，每天在上面睡觉就可以了。"

相信客户听了你生动形象的描述，大多都会动心的。这种绘声绘色的描述其实比干巴巴的介绍要管用许多倍，因为这样可以让他们体会到拥有这个东西之后的幸福、快乐。做到了这一点，你也就成功了一半。

先赞同后发问，让客户说出他的真实想法

客户："你把资料先放这儿吧，我看了之后会和你联系的。"

销售员："OK！很明显您对这台复印机很感兴趣，否则您是不会仔细看的，我这样说没错吧？"

客户："那当然，否则我也不会让你过来了。"

销售员："那么到底是什么原因让您不能马上做决定呢？难道是品牌问题吗？还是售后服务？"

客户："品牌没问题，售后服务方面你们是3年保修，也没有问题。"

销售员："那么到底是什么原因呢？是因为我的问题吗？"

客户："当然不是！小韩你的服务态度非常好！只是……我们这次采购预算有些超了，如果购买了这台复印机，我还需要重新找老板审批。"

销售员："那么你们老板要您采购这台复印机是为了什么呢？"

客户："过去的那台实在是太老了，复印的时间长，质量也很差，还总是坏。"

销售员："既然是为了提高效率，降低成本，那么购买质量有保障、长期使用反而会节约成本的机器不正是你们老板所需要的吗？"

客户："那倒也是。好吧，我可以重新向老板提出申请，要不我直接带你去见我们的老板吧，你有时间吗？"

销售员："当然有时间！"

在销售员介绍完产品后，客户经常会使用缓兵之计，找各种各样的理由说过段时间再联系我们。

其实，种种说法统统等于——你走吧，我再也不想见到你了！

那销售员到底应该如何应对呢？大家不妨试试以下几个步骤：

1. 先赞同

这是第一步，也是最重要的一步，千万不要一听到客户说"要看看再说"你就急，你越急客户越不急，你越急客户越觉得你的产品有问题。无论你心里多么的生气，为了进入下一步，请你先赞同，而且要面带微笑。

2. 发问

提出开放式问题，寻找客户不想马上做决定的真正原因。比如你说："是什么原因导致您不能立刻做决定呢？"提完开放式问题后注意停顿，给客户几秒钟的时间，或许他忽然心软，就把真正原因告诉你了。

3. 给出假设的答案，并不断追踪

提完开放式问题，客户通常不会马上回答你，因为他们通常都会有一点点"难言之隐"，所以你要不断使用"给答案法"帮客户找到真正的原因。

注意：在用"给答案法"之前首先要进行分析，分析客户不愿意马上做决定的原因大约是什么，并不要第一时间就把这个原因抛出来，而要将你判断不是真正原因的原因先提出来，直到那个真正的原因从客户嘴里蹦出来。

4. 发动一切力量解决客户的最终问题点

当客户将真正的原因说出来之后，你就要运用浑身解数去解决这个问题，因为如果你把这个问题解决了，那么接下来就可以直接谈成交了。

如果客户不愿意主动将原因说出来，一定是有其"难言之隐"，而我们这个方法只是让那些不是很"难"的问题暴露出来。其实有很多客户也想告诉你原因，但由于他认为你并不能帮助他解决，还不如不讲，所以就找一些冠冕堂皇的理由来搪塞你。

这就需要你通过以上技能去挖掘原因，给出解药。如果"病根"的确不是你所能解决的，比如客户最后说："抱歉，其实还有一家公司在和你竞争，而这家公司的老板是我们总裁的堂兄，对不起，我帮不了你！"你还能说什么呢？赶紧拍拍屁股走人。

有意识培养与客户交流的魅力

作为一个人，你首先要懂得交流。更何况，要想成为21世纪的业务精英更要明白与客户交流是每个业务员最基本的素质。不过，与客户交流达到炉火纯青的地步，可谓是难上加难。

所以，一个好的销售员为了使与客户的交流畅通无阻，在日常生活中不知练了多少年，甚至一辈子都在塑造这种完美的交际能力。

下面的三种方法都是优秀的销售员沈菲自己多年的经验。

1. 先肯定对方

沈菲说推销员最常遇到的场面就是遭到顾客拒绝。

这时你不妨应用"是的，同时"方法——先有弹性地接受顾客的反对意见，然后说"同时，您觉得这样是否更妥呢？"重新说明自己的主张。这种方法比直接否定更能给对方深刻的印象。越是优秀的推销员越善于运用此法。

但是，当你与客户的意见有分歧时，千万不可说"但是，不可能"的话语。因为你是为了推销才接触对方的，你是有目的的；而对方接触你是没有理由的，甚至是一见到你就讨厌的。所以当对方说出与你截然不同的意见时，你也要微笑点头赞同。轮到你阐述意见时，想反驳对方必须要以"同时"做开头。

大家可以相互练习一番，用"同时"比"但是"的语气婉转多了，并且还尊重客户。如果上来就以"但是"开头，客户会觉得你用生硬的语气来否定他，也就不理你了，因为客户根本就没理由和你交流，那么你的业绩就会糟糕了。

在神经语言程式学上，利用"同时"来否定你尊重的客户，使客户莫名其妙地肯定你，是完全符合每个人的神经程式的。

2. 直接否定顾客的言论

譬如在与顾客刚接触时，顾客常会以"没有钱买""没有闲暇"来打发推销员，那么你可以这样反驳："这没有关系，我们目前站在顾客立场上，若没有余力的话，可采用分期付款的方式，1个月只需1 000元""您说笑话了，有余力的人才会这么说""我只需借用1分钟……""您是否听说过忙里偷闲呢"等。

聆听顾客的意见固然重要，但不可因顾客有反对意见，就丧失信心，而动摇立场和打退堂鼓，必须会婉转地提出自己的看法，这样既尊重了客户，又说出了自己的意思让对方反思。当然，要避免说话时教训意味太重，否则就会破坏愉快的气氛。

的确，引起拒绝或反对的因素一般都取决于客人，但在某种程度上却是因为推销员在销售现场所做的说明无法获得顾客的信赖，也就是说，是推销员销售技巧的问题，这些都应该反省。

3. 不要给对方说"不"的机会

有些销售新手不知道怎样开口说话，好不容易敲开顾客的家门，却硬生生地说出："请问您对××商品有兴趣吗？有没有购买××商品？"得到的回答显然是一句很简单的"不"，然后就搭不上腔了。

成功后的沈菲告诉后起之秀用什么方法让对方没有说"不"的机会。

问对方不得不回答"是"的问题，经过多次问答，就可以使客户形成一种"惯性"，无形之中，便培养起了对方想答"是"的心理定势。这样为你最终的成交积蓄了力量。

推销员的开场白最好是自己特意设计好的，并且要符合一般人的思维模式，可以参考一下神经语言程式学，这样就可以做到对待什么样客户、说什么样的开场白，让对方找不到回答"不"的问题。首先提出一些接近事实的问题，让对方不得不回答"是"，这是和顾客结缘的最佳办法，非常有利于销售成功。

下面是沈菲用过的开场白。

"哦，好可爱的小猫，是波斯种的吧？"

"是的。"（事实如此，不得不这么回答）

"喂！您看那双宝石眼，真漂亮！您一定每天都会细心照顾它，很累吧？"

"是啊,不过是一种喜好嘛,就不觉得太累了。"(对方很高兴地回答)

每当沈菲遇到有宠物的人家,总是这么与顾客搭腔。这种办法确实容易引起对方的共鸣,从而引导对方做肯定的回答,再逐渐转移话题,言归正传。

首先引出容易被别人接受的话题,是说服别人的最基本方法。一般进入正题前,先问对方6个有肯定答案的问题。推销员如果一开始就说:"你要不要买我的商品?"总是不能奏效,所以不如先谈些商品以外的问题,等谈得投机了再进入正题,这样对方就容易接受了。

就好比你初遇某位小姐,非常中意,便开口问:"小姐,你嫁给我好吗?"如此唐突,即使她对你怀有好感,也会被你吓一跳。

以静制动,变被动为主动

"静"指泰山崩于前而面色不变,"动"这里指敌之动向。在对方压境之时,不动声色,不暴露自己的意图与战力,使对方之攻势一时难以发挥,渐渐衰弱,士气低落,这些都是"静"发挥的无形战力。以这种无形战力制服对方的嚣张气焰,能使我方变被动为主动。

"回盘"是商务销售的一个重要内容,用通俗的话说,就是针对对方的要价而进行讨价还价。纵观商务销售的回盘诸策略,除了述、答、问、辩等"动"的策略外,还有静止不动又得以前移的策略,也是十分有效的。

在销售中,一些客户为了显示自己的实力,在销售一开始就表现得来势凶猛,气焰嚣张,企图从一开始报盘就使对方处于被动地位,迫使对方接受其高要求。并且,有些销售者也确实智力过人,语言表达流利而精彩。此时,如果以硬碰硬,由于对方来势凶猛,气势正旺,则很难把其嚣张气焰打下去。那么这就有必要运用"你凶我静,静观其变"的策略,使其"一鼓作气,再而衰,三而竭",以平等的地位重新进行销售。

我国某外贸公司与美国某工业集团进行一项贸易合作销售。美方财大气粗,执意要求将销售地点定在美国。我方代表看出其中必有文章,便同意了美方的要求,看其究竟要怎样。果然,销售一开始,美方就没把中方放在眼里,作为买方主动报盘,陈述情况,气势汹汹,滔滔不绝。整整一个上午,美方代表喊叫了三个多小时,并配合有利的图表数据,精心配置计算机显影在大屏幕上打出深奥难懂的图像,以证明他们的出价是非常合理的。

当报盘结束后，美方销售员带着满意的笑容，满怀自信地转向我方代表，问了声："就介绍到这儿吧，你们认为怎么样？"而此时，我方代表一直一声未吭，只是静静地坐在椅子上，从谈判开始到此时，几位中方代表只说了几句话，那就是："对不起，我们对你方的介绍不太明白。""我们希望你们能再一次详尽地介绍一遍。"连续三个小时的长篇大论，有谁愿意继续讲下去，而且好像没人听，美方终于"再而衰"了。眼看快到中午了，美方代表有气无力地说："好了，我是不会再讲一遍了，下午我们重新开始谈吧。"

下午的情况，可能谁也想不到，中方代表突施奇袭，美方只好节节败退了。

从这一例可以看出，在对方表现出较强优势时，不要惧怕，也没有必要以硬碰硬，不妨让他充分表演，而销售员则完全可以靠平静消耗他的体力，待其气势已尽，销售员就可以从容不迫地发起反攻了。

以静制动这一策略在销售领域稍稍变通演化成"静施缓兵计"也是十分有效的。静施缓兵计是指为了使销售对方进退两难而静止不动，对销售对方的观点既不赞成也不反对，让对方摸不到己方的虚实，使其处于左右为难之际，而己方则静观其变，以静制动，以缓制动。这种策略的具体做法是：在对方出价很低但态度坚决的情况下，请其等待己方的答案，或者以各种借口来拖延会谈时间。这样拖延一段时间后，对方可能已信心大减，而己方在这一期间准备了充足的销售材料，足以和对方讨价还价。

静观其变、以静制动这一策略要求销售者要不急不躁，沉稳自信，大胆设想。除此之外还需：

第一，认真、仔细倾听对方发言；

第二，注意对方的仪态姿势、言谈举止；

第三，不要因轻视对方而抢话、急于反驳、放弃听对方的发言；

第四，对对方的谈话去粗取精、去伪存真，既能抓住重点，又能收到良好效果；

第五，认真观察对方每一个细微动作，以便准确把握对方的行为与思想。

销售工作不仅是语言交流，也是行为交流。在商务谈判中，销售者总是运用一系列的动作来配合自己的谈话。所以，销售员不仅要听其言，还要观其行，通过观察对方的言谈举止，捕捉其内心活动的蛛丝马迹，同时也可以从对方的姿态神情中探究其心理变化。运用看的技巧不仅可以判断对方的思想变化，决定本方对策，同时还可以有目的地运用语言传达信息，使销售向有利于自己的方向发展，进而寻找对方破绽，攻击要害。这就是在销售领域中运用以静制动的关键。

第6章

捕捉客户的兴趣点，与客户达成共识

善于发现顾客的兴趣

只有那些能引起客户兴趣的话题才可能使整个销售沟通充满生机。客户一般情况下是不会马上就对你的产品或企业产生兴趣的，这需要销售人员在最短时间之内找到客户感兴趣的话题，然后再伺机引出自己的销售目的。比如，销售人员可以首先从客户的工作、孩子和家庭以及重大新闻时事等谈起，以此活跃沟通气氛、增加客户对你的好感。

通常情况下，销售人员可以通过以下话题引起客户的兴趣：

（1）提起客户的主要爱好，如体育运动、娱乐休闲方式等。

（2）谈论客户的工作，如客户在工作上曾经取得的成就或将来的美好前途等。

（3）谈论时事新闻，如每天早上迅速浏览一遍报纸，等与客户沟通时首先把刚刚通过报纸了解到的重大新闻拿来与客户谈论。

（4）询问客户的孩子或父母的信息，如孩子几岁了、上学的情况、父母的身体是否健康等。

（5）谈论时下大众比较关心的焦点问题，如房地产是否涨价、如何节约能源等。

（6）和客户一起怀旧，比如提起客户的故乡或者最令其回味的往事等。

（7）谈论客户的身体，如提醒客户注意自己和家人身体的保养等。

对于客户十分感兴趣的话题，销售人员可以通过巧妙地询问和认真地观察与分析进行了解，然后引入共同话题。因此，在与客户进行销售沟通之前，销售人员十分有必要花费一定的时间和精力对客户的特殊喜好和品位等进行研究，这样在沟通过程中才能有的放矢。例如：

某公司的汽车销售人员小马在一次大型汽车展示会上结识了一位潜在客户。通过对潜在客户言行举止的观察，小马分析这位客户对越野型汽车十分感兴趣，而且其品位极高。虽然小马将本公司的产品手册交到了客户手中，可是这位潜在客户一直没给小马任何回复，小马曾经有两次试着打电话联系，客户都说自己工作很忙，周末则要和朋友一起到郊外的射击场射击。

后来又经过多方打听，小马得知这位客户酷爱射击。于是，小马上网查找了大量有关射击的资料，一个星期之后，小马不仅对周边地区所有著名的射击场了如指掌，而且还掌握了一些射击的基本功。再一次打电话时，小马对销售汽车的事情只字不提，只是告诉客户自己"无意中发现了一家设施特别齐全、环境十分优美的射击场"。下一个周末，小马很顺利地在那家射击场见到了客户。小马对射击知识的了解让那位客户迅速对其刮目相看，他大叹自己"找到了知音"。在返回市里的路上，客户主动表示自己喜欢驾驶装饰豪华的越野型汽车，小马告诉客户："我们公司正好刚刚上市一款新型豪华型越野汽车，这是目前市场上最有个性和最能体现品位的汽车。"

一场有着良好开端的销售沟通就这样形成了。

在寻找客户感兴趣的话题时，销售人员要特别注意一点：要想使客户对某种话题感兴趣，你最好对这种话题同样感兴趣。因为整个沟通过程必须是互动的，否则就无法实现具体的销售目标。

如果只有客户一方对某种话题感兴趣，而你却表现得兴趣索然，或者内心排斥却故意表现出喜欢的样子，那客户的谈话热情和积极性马上就会被冷却，这是很难达到良好沟通效果的。客户兴趣的激发，源于平时的积累，将平时的积累作为话题，引起客户兴趣，然后采用提问的方式，对客户进行心理攻势，这样的推销，才能达到一锤定音的效果。

所以，销售人员应该在平时多培养一些兴趣，多积累一些各方面的知识，至少应该培养一些比较符合大众口味的兴趣，比如体育运动和一些积极的娱乐方式等。这样，等到与客户沟通时就不至于捉襟见肘，也不至于使客户感到与你的沟通淡而无味了。

有意逢迎，从对方的成功经历谈起

有一次，小王的一位旧友告诉他，他认识一家建筑公司的经理，这家建筑公司实力雄厚，生意做得非常大。于是，小王请他的朋友写了一封介绍信，他带着信去拜访那位年轻的经理。谁知，朋友的这位熟人并不买小王的账，他瞥了一眼小王带来的介绍信，说道："你是想跟我要保险订单吧？我可没兴趣，还是请你回去吧！"

"山田先生，您还没有看我的计划书呢！"

"我一个月前刚刚在另外一家保险公司投保，你看我还有必要再浪费时间来看你那份计划书吗？"

年轻经理断然拒绝的态度并没有把小王吓走，他鼓起勇气，大胆问道："山田先生，我们都是年龄差不多的生意人，您能告诉我您为什么这样成功吗？"

"你想知道什么？"

"您最开始是怎样投身于建筑行业的呢？"

小王很有诚意的语调和发自内心的求知渴望，让这位年轻的经理不好意思再用一种冰冷的态度来回绝他。

于是，年轻经理开始向小王讲述自己过去那段艰难的创业史，每当他说到他是如何克服挫折和困难，遭受很多不幸的经历时，小王总会伸出手，拍拍他的肩，说："一切不幸都过去了，现在好了。"

整整三个多小时过去了，突然，经理秘书敲门进来，说是有文件要请经理签字。等女秘书出门之后，二人相互对望了一下，都没有开口说话。

最后，还是那位年轻经理打破了沉默，他轻声问道："你需要我做些什么呢？"

"哦，您只需要回答我几个问题就可以了。"

"什么问题呀？"

经理好奇地问道，他本以为小王会直接让他买保险呢。

小王提了几个关于山田先生在建筑事业方面的问题，以大致了解山田今后的打算、计划和目标。

山田先生都一一向他做了说明，后来山田先生又一次自言自语说道："真搞不懂，我怎么会告诉你那么多关于我自己的事情，有很多事我甚至连妻子都还没有告诉过呢！"

小王笑着起身告辞，他说："山田先生，谢谢您对我的信任，我想我会对您告诉我的那些话作一些回馈。再见，下次再来拜访您。"

两个星期之后，小王带着一份计划书又敲开了山田先生的办公室，这份计划书可是他熬了三天三夜苦心做出来的。在计划书里，小王详细拟订了山田建筑公司在未来发展方面的一些计划。

山田再次看见小王，非常亲热地走上前握住他的手，说："欢迎光临。"

"谢谢您的盛情，请您看一下这份计划书吧。里面如有不当，还请你多多指教。"

山田坐在沙发上仔细翻阅了一下计划书，脸上露出欣喜的表情。

"真是太棒了，我们自己人还想不了这么周全呢！实在太谢谢你了，小王先生。"

"呵呵，别客气，我哪能跟你们公司的专业人士相提并论呢？"

两个人坐下来，又谈了很久。等小王离开山田的办公室时，这位经理毫不犹豫地投了100万日元的人寿保险，紧接着副经理也向小王投了100万日元的保险，财务秘书也投了25万日元的保险。

这仅仅是第一次的保险金额，接下来的10年当中，他们的保险金额总共高达750万日元。

小王和山田先生的友谊也越来越深，他俩成了一对非常默契的伙伴。

投其所好，打动客户

客户是因为需求而产生购买的，要想让你的客户购买你的商品，你必须了解他的需求，并能投其所好，让他知道你的产品为什么能够满足他的需求，这样才能打动客户。

具体到不同的人身上，人们的需求可能会因为社会地位、职业特点而有所不同。这就需要销售人员懂得观察和分析客户，了解他对这个产品的具体需求是什么，然后再有的放矢地告诉客户，你的产品恰恰能满足他的这种需求。

有一位汽车销售人员为客户推荐一辆豪华轿车，他引导客户从不同的角度观看车的款式，让客户看到汽车造型是多么气派，他请客户坐在车上感受车子的宽敞、舒适及豪华，他还拿出几位商场知名人士签下的订购合约，给这位客户过目。

就这样，他们很快开始谈到车子的价格及交车的手续。不一会儿，客户就签下了一辆近120万元车子的合约。

这么大的一笔交易，为什么销售人员这么快就说服了客户呢？因为他知道，具有如此高收入的客户，一般自己并不亲自开车，往往备有专职的私人司机，客户本人对车子并不是很了解，他需求的重点只有两个字——"气派"。因此，销售员只针对"气派"这个诉求进行说服，结果很快与客户成交。

同样是汽车，如果是销售价位不高的普通家用型轿车，在对客户进行推销时，用这个策略就可能不会成功了。

因为购买家庭经济型轿车的人，首先重视的是经济、实用，此外根据各人爱好不同，对外形或附加功能也有不同的需求。这时，销售人员就要把重点放在经济和实用的特征上面，然后根据客户的个人特点，突出自己产品的某种特色，从而打动客户。

也就是说，销售人员在推销的时候，要根据客户身份、背景、特点的不同，分析他们可能的需求重点，然后把自己产品的能够满足他需求的特性重点强调出来，这样才能有效地打动客户，使之产生兴趣和决定购买。

销售人员在向企业推销的时候，也要根据拜访的对象不同，分析他们各自不同的需求，从而采取不同的说服策略。

比如，一位销售人员拜访一位老板，试图卖给他一些电脑和软件以改善他们公司的会计职能，这位老板很可能缺乏兴致。因为老板一般最关心的是盈利，而他的思维往往不会将会计和盈利直接联系起来。卖这种东西，销售人员可能找错了对象。

你要了解公司里不同部门的人关心的是什么。如果你和公司老板讲话，那么他想要的则是改进盈亏平衡点。如果你和一位行政负责人谈，他最关心的不是别的，而是降低成本。如果你和一个搞市场或销售的人谈，他们最感兴趣的是增加销售和随之带来的收入。

假设你在推销一套销售培训系统，并在与一位销售经理谈此事，你的介绍应该全部放在改善销售业绩，而不是改善盈利上。因为销售经理不是靠利润，而是靠全体销售人员的业绩而受到好评。

总之，向企业里的人员销售产品或服务，关键是提出的问题要与这个人做什么和对什么后果负责有关。你需要知道，他的工作的主要绩效指标是什么？他因为什么而领到工资？他应为公司谋取什么样的成果？他的上级对他的评价方式是什么？就是说，你的推介应该集中在这位客户自身能享受到的"特定"的好处上，而不是一些"笼统"的好处上。

关于客户的需求，作为销售人员还要知道：不同种类的产品，其客户往往具有不同的需求。

每一个行业销售的商品，都有一些最能打动客户的诉求重点，销售人员顺着这些重点去介绍，才能收到事半功倍的效果。例如，客户选择货品运输服务时，最关心的是货品能否安全、准确无误地到达目的地，因此运输业的销售人员向客户展示时应该朝着安全、准确无误的方向去说服。

下面我们针对生活中几种常见的产品，分析一下它们各自的客户都有哪些需求。

1. 房产购买需求

（1）投资：购买房屋可以保值、增值。

（2）方便：上班、上学、购物的方便性。

（3）居住品质：空气新鲜、环境安静。

（4）安全：保安设施、大楼管理员配置、住户都有一定水准。

（5）社会地位：附近都是政界、商界名流居住，能代表个人的社会地位。

具体到个人，购买房子的动机也许不一定一样，例如，有的因为上班方便，必须居住在都市；有的只想有一间房屋能住就好，不在乎地点；有的追求较有品味的居家环境；有的想显示身份地位，等等。对这些需求都要区别对待。

2. 生产设备购买需求

（1）生产率：生产设备的购置是理性的行为，生产率的高低是选购的关键。

（2）投资报酬率：生产率再高，如果市场需求没那么大，也会影响投资报酬率。因此投资报酬的高低及风险也是一项重要的指标。

（3）稳定性：生产线上的主管最关心生产设备的稳定性，因为他们要对每日的产量负责，生产设备不稳定会直接影响他们的绩效。

3. 办公机器购买需求

（1）操作性：操作起来是否方便，是否需要专人，都是影响办公效率的重点。

（2）体积大小：目前办公室的租金都非常贵，几乎各个办公室都缺乏足够的空间，因此体积过大的办公机器不太受欢迎。

（3）办公合理化：办公机器就是要提升公务处理的效率及促进合理化，因此效率及合理性是办公机器的诉求重点。

（4）功能、价格及实用性：功能多固然是卖点，但功能过多却往往大部分用不到，只会增加成本，这样卖点就成了弱点。因此，功能要实用，而不一定要多。

4. 玩具购买需求

（1）教育性：即要具有某种启发教育意义。

（2）安全性：不会让小朋友受到意外伤害。

(3) 好玩：要好玩才能玩得久。

一般来说，比较"理性"的产品，如建材、电脑、测量仪器、模具等产品，展示的大方向在于能否充分地提供咨询服务，解决客户的问题；而其他如化妆品、保健食品、美容健身等，是比较"感性"的产品，其诉求的大方向，往往是要描绘一个充满希望的愿景，以打动客户。

建立亲和力，努力打动对方

不要让准客户有"被迫接见"的感觉。一般的准客户对业务员都怀有戒心，利用强硬的手段，非但没有效果，反而会增加他对你的抵触情绪。

推销员刘丽虽然性格倔犟，争强好胜，但他从未对客户无理过，因为他深知寿险业务员主要的任务是发现准客户，他的"被迫接见"不同于别的"被迫接见"方式，刘丽是在尊重别人的客观基础上，步步为营，使得对方在轻松的环境下，进入刘丽"被迫接见"的圈套。

有一次，他想通过电话约见一位准客户的表哥，也就是间接发展其他准客户。

"您好，是某某文化公司吗？请您接总经理室。"

"请问你是哪里啊？"

"我叫刘丽。"

"请您稍等一下。"

电话转到总经理室。

"哪一位啊，我是总经理。"

"总经理，您好，我是明治保险公司的刘丽，我听说您对继承权方面的问题有研究。所以今天冒昧地打电话给您，几天之前，我曾拜访过您的表弟，与他研究了继承方面的问题，不过我觉得没有使我真正满意，所以今天我想与您再来研究一番。"

"嗯。"

"事情的经过您问您表弟就知道了，我本来可以叫您的表弟写一份介绍函再来向您讨教，不过这样似乎有强迫的味道……我觉得还是自然点好，也能主观地尊重你……"

"嗯。"

同样一声"嗯"，但第二声比第一声亲切多了。

"怎么样呢？"

"既然是这样，咱们约个时间谈谈也好。"

尊重准客户，重视准客户。谈话之中要注意分寸，尽可能避免无形中对准客户的伤害。

透过你的坦诚，准客户会对你产生某种安全的感觉。

对这些陌生客户的开发，千万不能生硬地问人家是否投保，这样你永远都成功不了，就算是有幸运之神，他也将会避你而行。首先你应谈一些双方都感兴趣的事，这就是建立亲和力；其次，你在推销产品之前，首先要想到应该如何把自己"推销"出去。如果一个人都能把自己"推销"给客户，那么还有什么东西推销不出去呢？然后，慢慢地进入客户频道，发挥你的口才与潜力，这样才能顺利成交。

寻找共同话题来接近客户

销售人员的推销工作通常是以各种商谈的形式来进行的，如果客户对销售人员的话题没有什么兴趣的话，那么，双方之间的会谈也就会变得索然无味，更难以达到预计的效果。

销售人员要想迅速地接近客户，与客户建立良好的人际关系，就要尽早找出双方共同感兴趣的话题，在拜访之前先收集信息与资料，尤其是在第一次拜访时，事前的准备工作一定要充分。

在初次接近客户时，恰当的询问是必不可少的，销售人员在不断的发问当中，就能相对容易地发现客户的兴趣所在。

例如，当看到对方的阳台上有很多的盆栽，你就可以问："您对盆栽很感兴趣吧？近日花市正在举办花展，不知道您去看过没有？"

看到对方的高尔夫球具、溜冰鞋、钓竿、围棋或象棋等，同样都可以拿来作为话题。当然，天气、季节和新闻也都是很好的话题，但是如果对方对此反应冷淡，那么很快就会陷入尴尬的沉默状态。所以，这就要求销售人员平时要注意积累，要有广泛的知识面，以能够轻松地应对各种各样的客户。

谈论客户感兴趣的话题，可以使双方的会谈气氛较为缓和，接着再进入主题，效果往往会比一开始就立刻进入主题要好得多。

杜维诺先生经营着一家高级面包公司——杜维诺父子面包公司。他特别想把自己公司生产的面包推销到纽约的一家大饭店。他为此付出了巨大的努力，4年来，他不知道给该饭店的经理打过了多少次的电话，并且还去参加了由该经理组织的社交聚会。他甚至一度在该饭店住了下来，以便做成这笔生意。但是，杜维诺的所有努力都未能收到成效。因为，饭店的经理很难接触，他压根就没有把心思放在杜维诺父子面包公司的产品上。

杜维诺百思不得其解，后来，经过长期的思索与观察，他终于找到了症结所在。于是，他决定立即改变接近对方的策略，转而去寻找这位经理感兴趣的东西，以找出双方共同感兴趣的话题。

经过一番调查与分析，杜维诺发现该经理是一个名叫"美国旅馆招待者"组织的骨干成员，而且最近还被当选为主席，他对这个组织倾注了极大的热情。不论该组织在什么地方举行活动，他都一定到场。得到这一信息后，杜维诺详细研究了这个组织的相关信息。

第二天，当杜维诺再见到这位经理时，就开始大谈特谈"美国旅馆招待者"组织，这一下杜维诺算是准确找到方向了，对方也滔滔不绝地跟杜维诺交谈起来。当然，话题都是有关这个组织的。在结束谈话时，杜维诺还得到了一张该组织的会员证。他虽然在这次会面中并未提推销面包之事，但没过几天，那家饭店的厨师就打来了电话，让杜维诺赶快把面包样品和价格表送过去。

"我真不知道你对我们那位经理先生动了什么手脚。"厨师在电话里说，"他可是个难以说服的人。"

"想想看吧，我整整缠了他4年，还为此租了你们饭店的房间。为了得到这笔生意，我想尽了办法。"杜维诺感慨地说，"不过感谢上帝，我找出了他的兴趣所在，知道了他喜欢听什么内容的话，总算接近了这个难缠的人。"

销售工作的对象是人，而那些聪明的销售员总会审时度势，有时候会巧妙地避免正面推销，从对方感兴趣的话题的角度切入，从而迅速接近客户，并打开销售工作的局面。

充分调动客户的想象力

通用电气公司几年来一直想推销教室黑板的照明设备给一所小学，可联系了无数次，说了无数的好话均无结果。这时一位推销员想出了一个主意，使问题迎刃而解。他拿了根细钢棍出现在教室黑板前，两手各持钢棍的端部，说："先生们,你们看我用力弯这根钢棍,但我不用力它就又直了。但如果我用的力超过了这根钢棍最大能承受的力,它就会断。同样,孩子们的眼睛就像这弯曲的钢棍,如果超过了孩子们所能承受的最大限度,视力就会受到无法恢复的损坏,那将是花多少钱也无法弥补的了。"

没过多久,通用电气公司终于如愿以偿了。

在向客户介绍产品时,充分调动客户的想象力是非常重要的。如果能让客户自己来计算数字那就更好了,因为这样做给他们的印象更深,理解也更透彻。

一个牙医做得更绝,他把患者的X光片放在墙上,使患者一坐下就可以看到自己牙齿损坏的情况。然后,牙医就会说:"不要等牙坏到不能用的程度才来看病。"

在销售的过程中,出示一定的实物,再说一些能够调动客户想象力的专业语言,就能够令客户在事实的基础上,发挥自己的想象力,从而产生认同商品的看法。

人的想象力是惊人的,对于同一个事物,不同的人会得出不同的看法。因此,这就要求销售人员能够用自己的专业语言为客户的想象力铺平道路,并限制或发展客户的想象空间,这就像制造一个固定的空间、固定的路径,引导客户朝着自己设定的方向想象,从而达到销售的目的。

香港一家专营胶粘剂的商店,为了让一种新型"强力万能胶水"广为人知,店主用胶水把一枚面额千元的金币粘在墙壁上,并宣称:"谁能把金币掰下来,金币就归谁所有。"一时,该店门庭若市,登场一试者不乏其人。然而,许多人费了九牛二虎之力,仍然徒劳而归。有一位自诩"力拔千钧"的气功师专程赶来,结果也空手而归。于是,"强力万能胶水"的良好性能声名远播。

同样的道理,在销售的过程中,充分调动客户的想象力,将会对你销售的成功有很大的促进作用。

一般的轮胎销售人员可能这样平淡地介绍自己的产品:"这种轮胎货真价实,持久耐用!"

一个具有想象力的销售人员可能会说出这样一段充满戏剧效果的话:"您正带着孩子们以每小时80千米的速度驱车快速行驶,突然感到车下出现一连串的激烈颠簸,迫使您将车驶到路侧。原来您的车撞上了路面的一条钳口般的长裂纹……震得您浑身骨头都快散了架,震得汽车上的螺栓嘎吱乱叫!您不必担心您的轮胎,只要把紧方向盘就会万事大吉,这轮胎可以应付任何道路状况!"

上述两种介绍产品的方式,效果孰好孰坏,不难分辨。

借助一些细节暗示调动客户的兴趣

在推销商品时，有时需要很明白地向顾客讲解、说明商品的性能、特征等，让顾客能明了商品的大概性质，从整体上对商品有个大致的了解，使顾客做到对你的商品心中有数，它将会给自己带来什么便利，或买了它，生活是否会变得更轻松愉快，或者是它究竟值不值得买，花这么多钱是否有所收益。这些问题在顾客心中有底了，答案在顾客脑中形成后，交易就会呈现出好彩头，起码他初步决定要买了。这之后就是一些小问题了，双方可以有商量的余地。

在很多时候，还有一种方法也能达到明显的效果，让顾客对商品感兴趣，产生一种莫名的好感，有时会远远胜于直截了当地跟顾客讲解所产生的效果。

当你推销音响时，向顾客介绍音响的外表、样式、放音效果、出产地等，千万不要猛地调转机上的旋钮开关，也不要用力地敲打机壳，而应该小心谨慎地试开机器，让顾客觉得这音响是那么的贵重和值得珍惜，这样就在无形中给了顾客一种感觉："这东西一定不错。"

在这个例子中，虽然你试开机器时，可以像平常一样大力地操作，这样对机器也不会有太大的损耗，但如若你能注意你的各个动作，细心谨慎地开机、调机，在顾客心中产生的印象将大不一样。后者可以向顾客暗示你机器的价值，让他不知不觉地感觉到机器的价值，而这种感觉一旦在顾客心里形成，对你的推销将是大有裨益的。

除了这种在推销过程中动作、态度的暗示外，还有一种向顾客暗示商品价值的方法，那就是包装好商品，把商品打扮得漂亮一点。

商品的包装不仅能吸引顾客的注意力，引发顾客的兴趣，更能燃起顾客的购买欲望，而且一个好的包装还能向顾客暗示商品的内在价值。只有一个有较高内在价值或制作精美的商品，才需配上精美的外包装，这样才能做到表里如一，才能把商品的内在价值表现得更完善、更丰富。因此，在你推销商品时，也需要把你的商品装饰打扮一番，即使是一些不起眼、价格不贵的小东西，让它既能吸引顾客的注意，又能在顾客心中产生这样一种感觉：这东西包装得这么好，它的品质一定不错。应该仔细瞧瞧，不要错过了这次机会。

诸如此类的暗示法还有好多，需要在实际推销过程中根据实际情况灵活应用。再加上详细的商品介绍和细心地回答顾客提出的各种问题，就能让顾客真正喜欢商品，愿意成交。这种方法如果运用得适当，能恰到好处地表现商品的价值,也能让顾客感觉到商品的内在价值,那么你的商品就不怕推销不出去。

将客户的兴趣转化为购买欲望

欲望是人们满足需要的愿望,是一种积极的、能转化为动机和行为的情感和心理定势。激发客户的购买欲望是指销售员通过销售活动,在激起客户对某产品(或销售员所在的公司)的兴趣后,努力使客户的心理产生不平衡,产生对感兴趣的产品持积极肯定的心理定势与强烈拥有的愿望,从而导致购买行为。

一般客户产生兴趣后,兴趣就会很快转化为购买欲望,这是因为:

第一,产品的功能能满足客户的需要。这是客户产生购买欲望的根本。

第二,销售员能满足客户对购买方式的选择。客户在对产品感兴趣的同时,会对购买方式产生选择的需要,如购买的安全感、方便与否、售后服务是否良好、方便等,销售员在这方面是有优势的,销售员在宣传时如能恰到好处地指出来,客户就会很快产生购买行为。

第三,销售员能满足客户购买的情感需要。购买欲望大多来自情感,而不是理智,或者说在购买行为中,总是情感的选择大于理智的选择。美国有一个推销保险的大师,曾一年推销10亿美元的人寿保险。他认为推销98%是人情,是销售员对人情的理解,2%才是销售员对产品知识的理解。销售员常常创造出许多有感情色彩的销售环境,将有利于客户产生购买欲望。

第四,销售员充分说理,并提供大量信息。这些都可以使客户不断强化与维持购买欲望。情感只是一个心理过程,随着时间的推移,会过去和消失,只有信息与道理才能加深理解,并使已形成的购买欲望向行为转化,而不是相反。

当然,销售员的优势只是向客户提供了转化兴趣为欲望的可能,真正的转化还需要销售员的努力,下面介绍几种方法:

方法一:在客户产生兴趣后要及时检验其对销售员及产品的认识程度,如询问有否不明白、不理解的地方,有否需进一步示范及说明的地方。如果有,要及时解释、示范与说明。

方法二:了解到客户尚有担忧与疑虑后,要进行反复的解释。

方法三:强化情感。如发现客户对销售员、对销售员所在的公司及销售的产品仍有不信任与疑虑之处,则更要继续做好以诚待人、以情感人、以理服人、以利动人的工作,努力改变客户的态度,要始终坚信"精诚所至,金石为开"。

方法四：多方诱导。客户在形成购买行为前总是会多方权衡利弊得失的，如果我们能有针对性地进行多方诱导，让客户意识到拥有产品的多方利益时，客户就会产生强烈的购买欲望。

在诱导时要注意，既不要讲"过去"，也不要谈"现在"，而要大说特说"将来"。只有美好的"将来"才是激起客户购买欲望的主要原因。

第7章

激发客户的好奇心，唤起客户的注意力

让你的客户对产品感到好奇

好奇是人类的天性，巧妙地利用消费者的好奇心，可以促使整个销售工作的顺利开展。在实际销售工作中，利用客户的好奇心，引起其注意和兴趣，然后转而道出产品的各种好处，能促使客户立即做出购买决策。

成功吸引客户参与有效销售的关键，在于激发客户好奇心。怀有好奇心的客户会选择参与，反之则不然。

一位英国皮鞋厂的销售人员曾几次拜访伦敦一家皮鞋店，并提出要拜会鞋店老板，但都遭到了对方拒绝。这次他又来到这家鞋店，口袋里揣着一份报纸，报纸上刊登了一则关于变更鞋业税收管理办法的消息，他认为店家可以利用这一决定节省许多费用。

于是，他大声对鞋店的一位店员说："请转告您的老板，就说我有路子让他发财，不但可以大大减少订货费用，而且还可以本利双收赚大钱。"

有人向老板提供赚钱发财的建议，老板怎么不动心呢？

不一会儿的工夫，鞋店老板就出来接见这位远道而来的销售人员。

如果客户对你、对你的产品或者产品的某点感到稀奇或神秘，你就已经获得他们的好奇了。相反，如果他们一点儿也不好奇，你将寸步难行。也就是说，如果你能激起客户的好奇心，你就有机会创建信用，建立客户关系，发现客户需求,提供解决方案,进而获得客户的购买。实际上,只需要一分钟就可以让客户感到好奇,但问题是客户因何而好奇。

第一,让客户自己判断。

有许多方式可以激发人们的好奇心,但最简便的方法就是问"猜猜发生了什么"。差不多每一个人听到"你猜猜发生了什么"都会立刻停下手边的工作。

我们常常会看到这种销售方式:

一名销售人员一手拿着铁锥,一手拿着一双新袜子。不停地嚷嚷:"大家猜猜看:将铁锥穿过袜子后,用力向一边拉,袜子会不会烂?"

周围的人赶紧放下手头的工作,七嘴八舌地议论起来,有人说会烂,有人说不会烂。

销售人员看时机成熟,便在人群中找一人试试。

可以想象,参加试验的人按照销售人员教的方法,将铁锥穿过袜子后用力向一边猛拉的结果是什么。

这个游戏,不过是销售人员设计的一个圈套,用来证明袜子是坚实无比的。于是,人们不再怀疑袜子不结实了,陆续有人开始购买袜子。

第二,刺激性问题。

刺激性问题或陈述可以激发客户的好奇心。人们会好奇为什么你要这么问或这么说。比如前面"猜猜看"就是刺激性问题的一个例子,这使得人们会情不自禁地想:到底是什么?

"我能问个问题吗?"的效果也是一样的,你所要询问的对象一般都会回答"好的",同时他们还会自动设想你会问些什么,这就是人类的天性。

第三,只提供部分信息甚至坏的消息。

有时销售人员花费了大量时间、不厌其烦地向客户反复陈述自己的公司和产品的特征以及能给客户带来的利益,然而效果并不一定很好。

这时,你可以反其道而行之。例如:

销售人员:"王先生,我们的工程师前几天对您的系统进行了测试,他认为其中存在着严重的问题。"

王先生:"什么问题?"

如果有人告诉你将要面临严重的问题,你会不会感到好奇?当然会!

销售人员:"通过研究系统结构,我们发现其中的一个服务器可能会损坏数据。不过好在还有解决的办法。您能不能把有关人员集中起来,以使我们能公开展示一下问题所在,同时解释可供选择的解决方案。"

坦诚献家丑,往往能赢得客户的尊重和信任,有时也能产生奇特的效果。

第四，新奇的东西。

新东西人们都想"一睹为快"。更重要的是，人们不想被排除在外，所以我们也可以利用这一点来吸引客户的好奇心。例如：

销售人员："张先生，我们即将推出两款新产品，帮助需要者从事电子商务。或许对您会有用，您愿意看看吗？"

第五，利用趋同效用。

如果其他所有人都有着某种共同的趋势，客户必然会加入进来，而且通常想知道更多信息。例如：

销售人员："坦率地说，先生，我已经为您的许多同行解决了一个非常重要的问题。"（这句话足以让客户感到好奇。）

根据你采取的拜访方式的不同，你可以采用不同的激发好奇心的策略。有不少方法可以帮助你做到这一点，只要能让你的客户感到好奇，你就可以发展更多的新客户，发现更多的需求，传递更多的价值，销售业绩也会大大提高。

新品上市：引发顾客的好奇心

面对一个好的会有效调动客户好奇心的销售人员，客户会产生这种心理：这个销售人员让人感觉很舒服，他好像对自己代表的产品很有信心，那么肯定有不少人买过，似乎得到过不少肯定，所以应该不错，那我就试试吧！还有一种情况是，人们对禁止的东西，反而表现出强烈的好奇心，而且禁止的程度与人们对其产生的好奇程度成正比。经验丰富的推销员常利用人们的这种喜爱偷吃禁果的心理实施推销。

如果你能激起客户的好奇心，你就有机会创建信用，建立客户关系，发现客户需求，提供解决方案，进而获得客户的购买。

一位销售人员出售一条领带，和大多数的领带一样，这条领带也只是用缎带丝绸制作而成的，但这位销售人员却利用了顾客的好奇心理，加之漂亮的说辞，让这条普通的领带一下子非同小可了。下面来看看他是如何做到的：

"我今天要奖给获得演讲比赛的冠军一份特别的礼物，这份礼物的价值非同寻常。你们可别小看这条领带，普通的领带都是用油纸袋或者纸盒包装，好的领带是木盒包装。我这条领带的特别之处在装领带盒的面料和领带的面料一模一样。你们再看领带的背面，一般的领带背后都是布料的标签，我这领带的背后是纯金属的商标，而且镀了金，上面刻着设计者的名字以及领带的品牌名。这条领带是意大利著名领带公司设计的，只做了4条，就把版给毁掉了。设计师是那家设计公司最好的设计师。这条领带价值800美金。

"各位，重点不是这4条领带面料值多少钱，制作工艺值多少钱，设计值多少钱，重点是全球绝版的这4条领带。前两天有两条被英国皇室的两位小王子买走了，他们兄弟一人一条。另外两条中的一条被美国前总统克林顿先生买去了。余下的一条被美国最著名的比弗利山庄旁的世界最好的男装店抢先得手，因为我正好认识那位老板，所以才能买到。你们现在想想看，这条领带值不值800美金？"

众顾客："值！"

可见，销售人员若能利用顾客的好奇心，巧妙地调动顾客的情绪，营造出强烈的购买气氛，成交就容易得多了。

对客户有时要"穷追猛打"

销售中的激将法，就是销售人员通过一定的语言手段去刺激客户，以此来激发对方的某种情感，并引起对方的情绪波动和心态变化，最终使这种情绪波动和心态变化朝着自己所预期的方向发展。

使用激将法效果如何，取决于销售人员对刺激的"度"的把握，有的"稍许加热"即可，有的则要"火上浇油"；有的只要"点到即止"，有的却要"穷追猛打"；有的可以"藏而不露"，有的则需"痛快淋漓"。

当然，能否取得最佳推销效果，这就要推销员根据不同的情况而定。心理研究表明：有的人好高骛远、貌似强大，有的人好胜心强，有的人优柔寡断，有的干脆，有的忸怩……

所以，巧妙地利用人们的心理特点，有的放矢，是销售成功的一个基本保证。

有一位小姐看中了某商店橱窗内一款新式皮鞋。但她只是站在柜台前反反复复地看，问一些无关紧要的问题。很明显，她很喜欢这款新式皮鞋，但又因为价格太贵而犹豫不决。该商店的售货员捕捉到了她的这种心理，于是上前问道："如果这双鞋的价格不能令您满意的话，您是否愿意再看看别的？"

没想到，听了售货员的话后，这位小姐却表情坚定地买下了这双皮鞋。

售货员的问话看似很简单，但其中却藏有很深的奥妙，它激发了这位小姐的好胜心，因此成功地销售出了这双皮鞋。

使用这种激将的技巧,来刺激顾客的好胜心,一定要因人而异,把握好分寸,否则就会弄巧成拙,甚至会激怒顾客。

1. 激发顾客的好胜心,但是不能伤害到顾客

如果在上例中,售货员对那位犹豫不决的小姐说:"要买就买,买不起就别看了,凭你这模样还想买这么高档的皮鞋。"当然这句话也能对顾客产生"激"的效应,不过这话会伤害到顾客的自尊心,会产生完全相反的效果,不但达不到销售的目的,反而损害了商店的形象。

无可否认,我们经常听到一些销售人员用挖苦、贬损的言辞去"激"顾客,其实这不过是一种原始的"激将法",它与现代商品销售中的"激将法"有天壤之别。

2. "激"的目的是让顾客摆脱犹豫,但绝不是设下陷阱

曾经有位推销员去一家工厂推销打火机,一些工人围着看,其中有位青年工人说这打火机质量很差,并且价格太贵了。没想到这位推销员却不近人情,挖苦那位工人说:"看你穿这身衣服,恐怕一个两块钱,你都买不起!"这话大大刺伤了那个工人的自尊心,他挥了挥手对其他工友说:"你们作证,他卖我两块一个,我全包了!"于是工友们帮他凑齐钱,把那些打火机全部买了下来。

星期天,他们出去逛商店,才知道这种打火机在市场上只要一块钱就能买到。这位青年才知道自己上了推销员激将法的当,后悔莫及。

以上例子,推销员虽然运用"激将法"把商品推销出去了,但他的人品也随着这廉价的商品一齐出卖了,其结果肯定是得不偿失,因为他的这种做法没有考虑后果,"杀鸡取卵",把他以后的推销之路全部堵死了。

所以,"激将法"在销售中要有的放矢,在万不得已的情况下,才亮出这一招。精明的生意人是不会轻易用这种招数的,即便使用它,也应考虑到它的后果。

用激将战术攻克特殊客户

王丽认为面对眼前的客户,如何吸引他的注意力是首选要点。不过在这个阶段,业务员一般都处于被动地位。如果你没有吸引对方注意,那么你讲得再好,也是对牛弹琴。

所以,在恰当的时候应设法刺激一下准客户,引起他的注意,取得谈话的主动,而后进行下一步骤。特别对那些比较孤傲的客户,他们总是抱着不搭理你或者根本不正视你的态度,你就可以用语言激将他们。

有一次,王丽去拜访一位个性孤傲的准客户。

由于他性情古怪,尽管王丽已访问了三次,并不断转换话题,他仍然没有一点兴趣。

第三次拜访时,王丽有点沉不住气了,讲话速度快了起来,准客户因为王丽说话太快,所以没听清楚。

他问道:"你说什么?"

王丽大声回了一句:"您好粗心。"

准保户本来脸对着墙,听了这一句之后,立刻转过来,面对着王丽。

"什么?你说我粗心,那你来拜访我这位粗心的人干什么呢?你可以出去了。"

"别生气,我只不过跟您开个玩笑罢了,千万不能当真啊!"

"我并没有生气,但你竟然骂我是个傻瓜。"

"唉,我怎么敢骂您是傻瓜呢?只因为您一直不理我,所以才跟您开一个玩笑让你轻松一下而已。"

"伶牙俐齿,够缺德的。"这位准保户笑骂道。

"哈哈哈……"

使用激将战术时,一定要半真半假;否则,激将不成反而伤了感情,那时就麻烦了。

对方越冷淡,你就越要以明朗动人的笑声对待他。这样一来,你在气势上就可以占优势,容易压倒对方。此外,"笑"是可以传染的,你的笑声往往会感染对方和你一起笑,那么,余下的事情就好办了。

想得到客户的支持,就要学会冷静地激将。

运用激将法,使客户为"面子"成交

在销售过程中,销售人员往往容易遇到一些客户虽然有产品需要,但是犹豫不决,拿不定主意,处于观望状态。面对这些客户,要想获得订单,促使他们下决心签单,销售人员也可以利用他们的好胜心、自尊心,采用激将法促使他们做出购买决定,迅速签单。

激将成交法是指销售人员采用一定的语言技巧刺激客户的自尊心，使客户在逆反心理的作用下完成交易行为的成交方法。在销售过程中，销售人员一旦成功使用了这种技巧，往往能够促使客户迅速下定决心签单。

一位保险销售人员在向其客户推销保险时，客户对保险产品的情况了解以后，却迟迟不愿意签单购买保险。

对此，销售人员说："现在，很多负责任的先生都会给自己的妻子和儿女买保险。因为他们觉得关爱自己的妻子和儿女是自己最大的光荣和责任，为妻子和儿女买保险是对他们无限关爱的一种方式。尤其是人身安全保险，它不仅是一种投资，而且体现了一位丈夫对妻子的关爱和呵护，一位父亲对子女的无限挚爱。我遇到了很多先生为他们的妻子和儿女买保险时，都是毫不犹豫地签单。像您这样犹犹豫豫的，我见得比较少。"

客户听了以后，说："还是等一段时间再说吧！"

销售人员说："我想这不是您的真正理由！您是没有把做丈夫和做父亲的责任放到足够高的位置。您要关心他们，就要时刻期望他们平安，而为他们买平安保险是关心他们平安的重要体现。现在，您的妻子和儿女都没有投平安险，实在看不出您对他们的关爱。"

客户一向是一位优秀的丈夫、称职的爸爸，听了销售人员的话，便说："那就买两份保险吧，反正为了他们也不在乎两份保险的钱。"

销售人员说："那是，那是，那就请您代替您的妻子和儿女签下名字吧！"

就这样，该销售人员很快就获得了客户的签单。

在销售过程中，还有的客户对产品的各方面都基本满意，而且资金上也支付得起，就是不知什么原因，使他们总觉得往后是否会出什么问题而举棋不定，迟迟不肯做出签单的决定。面对这种客户，销售人员也可以采用激将法促使他们尽快下决心购买。

某销售人员在向客户推销产品时，客户对产品挑不出不满意的地方，在经济上也比较富裕，但在做决定是否签单时很犹豫。

为了促使这位客户迅速签单购买产品，销售人员巧妙地使用了激将法。

销售人员对客户说："先生，您的顾虑我很理解。在世界上，很多事情都是这样的。一个人对他越是感兴趣、越是喜欢的东西，就越是不敢勇敢地追求它，越是不敢积极地去争取拥有它。这是一种很可悲的心态。您说是不是？每一个人活在世上，都有他自己的信仰和人生目标。怎样才能实现自己的人生目标呢？只有凭借自己的坚定信念，不懈的努力，顽强的意志才能最终实现这些。正因为它是人生中最伟大的事业，才会有如此多的有识之士为实现这一目标花费毕生的精力,甚至洒干身上的每一滴血。我们要问,他们的动力源自何处?他们的动力主是来自于他们的信仰,他们心目中的崇高的人生目标,它可以激励着人们永不停息地追求。"

客户听了这些,觉得有一定的道理,就轻轻点了点头。

于是,销售人员就接着说:"是啊,自己认为有价值、有意义的东西,怎能不去努力追求呢?但就是有这种人,我认为他们的生活实在是没多大意义,至少可以说他们是没勇气的。这种人遇到自己喜欢的东西却不努力去争取,遇到机会来临却没有勇气去抓住,使得一生都碌碌无为、平平庸庸,理想依旧是梦中的理想。我经常想,这些人为什么不果断一点呢?为什么不积极去争取和把握机会呢?我想,先生您一定不是这种人吧?"

客户听到这里,不自觉地说:"当然。我当然不是这一种人。"

销售人员说:"您当然不是这一种人。正因为如此,我们才如此欣赏您。现在,如果您觉得这种产品还行的话,如果您对我们的产品和服务没有什么异议的话,就行动起来吧。在这里签下您的名字就行。"

说着,销售人员就把订单递到了客户面前。

客户被销售员一阵激将,再也不像以前那样犹豫了。因为客户不承认自己是那种不果断、遇到机会犹豫不决的人,而不果断签字就是在事实上承认自己是那一种人。这对于一个有尊严的男子汉来说,是无法接受的。客户想到自己确实对产品和服务没有什么异议,想到自己确实需要购买这种产品,便迅速与销售人员签下了订单。

在销售过程中,客户不愿意签单时,销售人员采用激将法以"逼迫"客户不得不立即签单,是促成订单的一种有效技巧,是高明的销售人员常用的手段之一。

在购买产品的过程中,客户往往容易产生较强的好胜心理。激将法就是针对他们的这种好胜心理对症下药,使得他们因好胜而不再过于理智。这样,客户为了满足自己的好胜心理,为了顾及自己的面子,往往不再计较此前特别看重的一些"成交细节"。

激将成交法是销售人员促成订单的一种技巧。在销售过程中,销售人员采用这种技巧促成订单,隐含着对客户的"逼迫"。因此,在学习和掌握这种促成订单的技巧时,销售人员还需要注意以下几个问题:

(1) 要准确掌握客户的心理。在销售过程中,销售人员要采用激将法,首先要把准客户的心理。只有客户具有较强的自尊心、虚荣心和好胜心,才可能有效地激将客户。否则,将很难起到激将的效果,甚至还有可能把一桩很有希望的生意逼进死胡同。一般而言,年纪轻的要比年纪大的容易激将,见识少的要比见识多的容易激将，越是讲究衣着打扮的、好争高比强的、地位较高、受人尊重的人越怕别人看不起，这样的人也容易被激将。在促成订单时，销售人员可以根据具体的客户对象，采用具体的激将法。

（2）不要伤害客户的自尊。在销售过程中，客户拥有成交的最后决定权。销售人员为了促成订单，可以采用激将法"逼迫"客户签单，但是必须以不伤害客户的自尊为前提。在销售过程中，如果销售人员伤害了客户的自尊，往往就容易导致客户不再愿意与销售人员交易，甚至还会因"自尊问题"惹出其他问题。因此，正确使用激将法应该是在不刺激对方自尊的基础上，切中对方的要害进行激将。例如，销售人员推销产品给客户时，用"您不想买"而不用"您是因为没钱，买不起"来激将客户，就把握得非常有分寸。

（3）要注意态度自然。激将法是人们比较了解、接触得比较多的常用计谋。因此，在使用激将法时也容易被对方看穿。在销售过程中，要用激将法促成订单时，销售人员一定要注意态度和表情自然。否则，就容易让客户看出来是在"激"他，从而产生逆反心理，最终导致无法成交。

在销售过程中，激将法是销售人员促成订单的常用技巧之一，也是巧妙"逼迫"客户成交的技巧之一。要想成功地运用此法，促使客户尽快签单，销售人员需要仔细揣摩，并在运用中熟练掌握其技巧和奥秘。

震惊接近法："刺激"客户的好奇感

所谓震惊接近法，是指业务员利用某种令人吃惊或震撼人心的事物来引起顾客的注意和兴趣，进而转入面谈的接近方法。在实际推销工作中，业务员的一句话、一个动作都可能令人震惊，引起顾客的注意和兴趣。下面介绍震惊接近法的几个应用实例：

有一位人寿保险业务员利用一项统计资料接近顾客："据官方最近公布的人口统计资料，目前有一件值得人们关切的事实：平均约有90%以上的夫妇，都是丈夫先妻子而逝。因此，你是否打算就这一事实早作适当安排呢？最安全可靠的办法当然是尽快投人寿保险。"这里所引用的事实十分令人震惊，非经业务员的特别提示，常人一般不予以关注，尤其是身强力壮的年轻夫妇，即使知道这一事实，若不经人提醒，也不会意识到问题的严重性。有些人虽然知道问题的严重性，却不知如何是好。如果业务员利用顾客震惊后的恐慌心理，适时提出解决方案，往往会收到良好的效果。

某书刊业务员对一位女顾客说："您一定希望获得永久的幸福吧？那么您必须有才，必须买书。据有关资料统计，去年某地离婚案件中有一半纯属第三者插足引起，受害者全是女子，而插足于他人家庭的第三者也都是尊敬的女士们，统计结果表明这些第三者一般都比较有'才'。"这位业务员打破"女子无才便是德"的封建道德观念，说明"女子无才便是祸"的深刻道理，深深地震撼着女士们的心。然后利用"女子有才是福"的爱情观推销有关幸福的书刊。事实上，既然"才"才具有永久的魅力，那么书不就象征着永久的爱情和幸福吗？当然，业务员应该宣传科学的人生观，宣传新道德观。

震惊接近法给业务员提供了一个有力法宝，使业务员有可能击溃某些顾客的心理防线，顺利地接近顾客。一般来说，在使用震惊接近法时，还应注意下述问题：

（1）无论利用有关客观事实、统计分析资料还是其他手段来震撼顾客，都应该与该项推销活动有关。如果为了震惊而震惊，可能会转移顾客的注意和兴趣，甚至引起顾客的反感，无法达到接近顾客的目的。例如，汽车业务员对顾客说："这辆卡车能让您一年之内多赚几万元。"而轮胎业务员则说："去年高速公路上发生多起汽车事故，30%的肇事原因是爆胎。"

（2）无论运用何种手段去震惊顾客，都必须先使自己震惊，才能一鸣惊人。有些顾客见多识广，有些顾客孤陋寡闻，有些顾客思想敏锐，有些顾客反应迟钝，有些顾客麻木不仁，有些顾客固执己见，等等。而且一般顾客都对业务员持怀疑或防卫的心理态度，轻易不流露动心之意。所以说"撼山易，撼顾客心难"。因此，业务员要认真进行接近准备，分析顾客个性心理特征，设计适当的接近方法，确保所用办法绝对成功，真正做到触目惊心，达到震惊顾客、接近顾客的目的。

（3）无论运用何种手段去震惊顾客，都应该适可而止，令人震惊而不恐惧。在现实生活中，存在着许许多多足以令人惊心动魄的事实，业务员应该实事求是，揭示现实问题，启迪人们思考，而不可过分恐吓顾客，以免引起顾客的反感和厌恶。业务员可以引证有关事实，但不可滥用顾客所避讳的某些语言和行为；业务员可以引起顾客痛苦的思索和悔悟，但不能给顾客造成思索和悔悟的痛苦，如果业务员过分惊吓顾客，即使是在讲真话，也可能适得其反。一旦顾客被吓得心惊肉跳，就会失去理智，从而可能拒绝思考，拒绝业务员的说教。

（4）无论运用何种手段去震惊顾客，都必须讲究科学，尊重客观事实。切不可为了震惊顾客夸大事实真相，更不应信口开河，因此，业务员事先应该做好接近顾客的准备。

第8章

投石问路，连环发问打开客户话匣子

以发问探寻客户的真正需要

拜访客户，以致谢、赞美作为开场白，渐渐导入主题，困难的地方就是如何将开场白顺利地导入商业主题，很自然地谈到与销售相关的话题上。销售员必须利用探索的技巧发问，利用开放性问题来发问，好让客户提供足够的信息。这样销售员才能发现客户的真实需要，发现市场空白。

下面是一个销售员与客户的对话：

杰西："迈克，您穿多大的西装？"杰西打量着迈克的身材。

杰西："迈克，想必您一定知道，以您的身材想挑一件合身的衣服恐怕不容易，起码衣服的腰围就要做一些修改。请问您所穿的西装都是在哪儿买的？"

杰西强调市面上的成衣很少有买来不修改就适合迈克穿的。他还向迈克询问所穿的西装是在哪一家买的，借此，杰西可以了解到他的竞争对手是谁。

迈克："近几年来，我穿的西服都是从梅尔公司买的。"

杰西："梅尔公司的信誉不错。"

杰西从不在客户面前批评竞争对手，他总是说竞争对手的好话或是保持沉默。

迈克："我很喜欢这家公司。但是，杰西，正像你说的，我实在很难抽出时间挑选适合我穿的衣服。"

杰西："其实，许多人都有这种烦恼。要挑选一个自己喜欢，适合自己身材的衣服比较难。再说,到处逛商店去挑选衣服也是件累人的事。本公司有3 000多种布料和式样供您选择。我会根据您的喜好,挑出几种料子供您选择。"杰西强调,买成衣不如订做好。

杰西:"您穿的衣服都是以什么价钱买的?"

杰西觉得现在该是提价钱的时候了。

迈克:"一般都是400元左右。你卖的西服多少钱?"

杰西:"从200~1 000元都有。这其中肯定有您所希望的价位。"

杰西说出产品的价位,但只点到为止,没有做进一步说明。

杰西:"我能给客户带来许多方便。客户不出门能就买到所需的衣服。我一年访问客户两次,了解他们有什么需要或困难。客户也可以随时找到我。"

杰西强调他能为客户解决烦恼,带来方便。杰西的客户多是企业的高级主管,他们主要关心的是方便。

杰西:"迈克,您很清楚,现在一般人如果受到良好的服务会受宠若惊,他会认为服务的背后隐藏着其他条件,这真是一件可叹的事。我服务客户很彻底,彻底到使客户不好意思找其他的厂商,而这也是我殷勤服务客户的目的。迈克,您同意我的看法吗?"

杰西强调"服务",因为他相信几乎每一位企业的高级主管都很强调"服务"。所以,杰西在谈话末了以"您同意我的看法吗"这句话来引导迈克的回答,杰西有把握让迈克做出肯定的回答。

迈克:"当然,我同意你的看法。我最喜欢具有良好服务的厂商,但现在这种有良好服务的厂商越来越少了。"

杰西觉得迈克的想法逐渐和自己的一致了。

杰西:"提到服务,本公司有一套很好的服务计划。假如您的衣服有破损、烧坏等情形,您只要打电话,我立即上门服务。"

迈克:"是吗?我有一件海蓝色西装,是几年前买的,我很喜欢,但现在搁在家里一直没有穿。因为近几年我的体重逐年减轻,这套西装穿起来就有点肥。我想把这套西装修改得小一点。"

杰西记住了迈克的话:迈克有一套海蓝色的西装需要修改。

杰西:"迈克,我希望您给我业务上的支持,我将提供您需要的一切服务。我希望在生意上跟您保持长久的往来,永远替您服务。"

迈克:"杰西,什么时候让我看看样品?"迈克看了看手表,向杰西暗示他的时间有限。

迈克想看杰西的样品,杰西虽然准备了很多样品放在包里,但他还不打算拿出来。他想进一步询问以了解迈克的真正需要。在了解迈克的真正需求以后,才是拿出样品的最佳时机。

杰西:"您对衣服是否还有其他的偏爱?"杰西想知道迈克对衣服的质量和价格的看法。

迈克:"我有许多西装都是梅尔公司出品的,我也很喜欢剑桥出品的西服。"

杰西:"剑桥的衣服不错。迈克,以销售员目前的商业地位来说,海蓝色西装很适合您穿。您有几套海蓝色的西装?"

由于迈克没有主动说出他所拥有的西装,杰西只好逐一询问迈克的每一套西装。

迈克:"只有一套,就是先前向你提过的那一套。"

杰西:"您还有其他西装吗?"

迈克:"没有了。"

杰西:"我现在拿出一些样品给您看。如果您想到还有没提到的西装,请立即告诉我。"杰西边说边打开公文包,拿出一些样品放在桌上。

杰西一直以发问的方式寻求迈克的真正需要,同时也在发问中表现了一切为客户着想的热忱,使迈克在不知不觉中做了很好的配合,创造了良好的谈话气氛。杰西向客户提出了许多问题以寻求客户的真正需求,然后才展示商品,进行商品的销售。

能请教您一个问题吗?

成功吸引客户参与有效的销售会谈的关键在于激发他们的好奇心。怀有好奇心的客户会选择参与,反之则不然。激发客户的好奇心是标准会谈程序模式的第一步,也是促使客户进一步了解你所提供的产品或服务的"火花"。你要知道如何利用提问,激发客户的好奇心,从而获得客户更多的时间和注意力,得以成功约见顾客。

一位新来的销售员在他工作的第一个月向自己的经理解释为什么业绩不佳。他说:"先生,我能把马引到水边,但是没办法让它每次都喝水。"

"让他们喝水?"销售经理急了,"让客户喝水不是你的事,你的任务是让他们觉得渴!"

虽然,销售经理的观点让人听上去感到有趣,但是却道出了销售的真谛——

销售员的工作是发现新的机会，激发客户的好奇心。从约见顾客开始，都要从吸引顾客的眼球着手。

作为销售人员，我们要通过提出问题，让客户感到好奇，让他们觉得"渴"，才能进一步达到我们设定的目标。这就要求我们在策略上做出改变，不能再试图通过罗列冗长的产品或服务的特点及其利益来引起客户的兴趣，而是要在这么做之前先激起客户的兴趣，从而创造新的发现客户需求和提供价值的机会。

如何激发客户的好奇心？如何通过激发客户的好奇心来约见客户？这就是技巧性的问题了。

激发人们的好奇心并不难，实际上，最简便的方法就是问："猜猜怎么样了？"差不多每一个听到这话的人都会立刻停下手边的工作说："怎么样了？"

或者你可以这么说："我能问你一个问题吗？"效果是一样的。你可以自己检验一下，只需走过去对你见到的人说"我能问你一个问题吗"，人们常常会停下来，因为他们好奇这个人到底要问什么。

上述两个问题都可以创造一个"迷你氛围"。前面已经解释过，你必须首先获得客户的时间和注意力，以便陈述产品或服务的价值，这在会谈程序模式中被称为创造"销售氛围"。

在销售刚开始的时候，我们必须首先获得客户一定时间的注意力。接下来，做什么来引起客户进一步的兴趣将会决定销售程序是继续发展，还是就此止步。

大的销售是由一个个小的成功累积起来的，如果你能创造出"迷你氛围"，就有机会把它扩展成为销售会谈。例如，在调查需求之前我总是先询问："我能提一个问题吗？"我很少在询问："你希望得到反馈吗？"在销售中，用这种技巧来获取客户的时间和注意力，比你闷头蛮干要有效多了。

许多销售员都认为电话留言是自己的敌人，因为门卫传话器阻止他们直接进去拜访潜在客户，而且他们的留言只有很少一部分得到回音。

客户们则觉得电话留言好极了。自动留言系统使他们的工作更有弹性，既可以离开自己的办公室和办公桌，而又不会耽误接收重要的信息。电话留言系统还使得主要决策者可以避开频频打进来的电话，更专注于自己的公务，不至于受到不时的干扰。

有些销售培训讲师要求销售员，一旦电话被转入留言系统就立刻挂断，别留下口信，而要一次又一次地打电话直到你想要联系的那个人接听为止。不过，你要找的人越忙，接电话的可能性越小，这一策略的有效性也就越小。

还有的销售培训讲师则建议你应当留下非常强硬的留言，这样客户会感到有压力而不得不给你回电。问题是由于客户们已经习惯于留下一大堆耳熟能详的老套信息，所以你的留言往往成为众多留言的牺牲品。

希望你把自己与一般的电话销售者区别开来，利用好奇心吸引更多客户参与有效销售会谈。

在知道如何使客户产生好奇心后，电话沟通可以说是销售人员最得力的帮手了。掌握好激发客户好奇心的技巧，你在电话留言的时候，就有很大的可能得到客户的回应，让客户对你感到好奇，从而主动给你回电话。

销售员并不总是只给新客户打电话，有时也要给老顾客、合作伙伴或其他生意上有来往的人打电话。给熟人打电话总是比给生人打电话容易得多，但是你还是要设法争取对方的时间和注意力。因为他们也还有其他的事情要处理，所以，你可以试试这么说：

销售员："哎，舒总您好，我是……（你的名字）。我想请教您一个问题，如果方便的话，能否给我回个电话？今天下午4点以前我都在办公室。"

舒总会回电话吗？如果你的留言引起了他的好奇，他会的。这种技巧之所以特别有效是因为它既没有冒犯他人，又传达了信息的紧急性。不管怎么说，问一个问题，总是很具有诱惑性的。不过，拨号码之前，先想一个只有你的客户才能回答的问题。比如说："舒总，您对……有什么感觉？"或者"你对……的意见如何？"这些问题只有他才能回答，因为你恳求得到的是他个人的感受和意见。顺便说一句，大多数人都喜欢提出自己的意见，你的这种要求会使他们感到得意。

请问您一直就是做这个的吗？

一位保险推销员去一位富商那儿谈生意，上午9点开始。过了6小时，他们步出他的办公室来到一家咖啡馆，放松一下他们几乎要麻木的大脑。可以看得出来，富商对他谈生意的措辞方式很满意。在咖啡馆里从下午2点到6点，如果不是富商的司机来提醒，恐怕他们谈得还要晚。谈生意需要这么长的时间吗？其实刚开始这位保险推销员只是向富商简单地介绍了自己，然后问道：请问您一直就是做这个么？

实际上，他们仅仅花了半个小时来谈生意的计划，却花了6个小时听富商的发迹史。他讲他自己是如何白手起家创造了一切，怎么在年届50时丧失了一切，后来又是如何东山再起的。他把自己想对人说的事都对这位保险推销员讲了，讲到最后他非常动情。当然最关键的是，富商给他的40岁的孩子投了人寿险，还给他的生意保了10万元的险。

上例中的推销我们仔细分析，不难得出此归功于一句话：请问您一直就是做这个么？任何一个人的道路都不会一帆风顺，总有它的传奇与曲折，对于成功的人士更是如此。一句问话，就能够勾起自己事业的艰难与人生的冷暖。这样的问话，无疑打开了对方的心灵，让自己积聚于心中的想法奔涌而出。此时的销售员只需要静静地用心聆听，就能获得对方的好感。获得了好感，就会很容易把产品推销出去。

问了此问题以后，具体就要从以下几个部分进行操作：

第一，做个忠诚的听众。不要轻易另起话题突然打断对方的讲话，这是交谈中的一个忌讳。如果迫不得已，你一定要看看对方的反应，打断对方的讲话意味着你对人家观点的轻视，或者表明你没有耐心听人家讲话。如果需要对方就某一点进行澄清时，你可以打断对方。

第二，跟着对方的思绪。据调查，大多数人听话的接收速度通常是讲话速度的4倍，也就是说一个人一句话还未说完，但听者已经明白他讲话的内容是什么。尽管如此，你也必须要跟着对方的思绪，听他到底要讲什么内容，也只有这样做，你才可能听得出对方的立场和话外之音。

第三，适当地迎合。口头上讲一些表示积极应和的话，比如"我明白""真有趣""是这样的"。它们可以表明你的确是在认真地听顾客讲话，这样，顾客会对业务员产生信任。向顾客表明你在认真地听他讲话的方法还有：你向他就有关问题进一步澄清，或是希望得到更多的有关信息。这些表现很重要，但绝对不要用"嗯、哦"来表明你的共鸣，这些做法太简单，虽然确实可以表明你对顾客的讲话是感兴趣的，但让他人听起来像是敷衍。

第四，千万不要打哈欠。如果顾客在兴致勃勃地向你叙说时，而你却发出一些令人难受的声音，比如说打哈欠、玩弄手上的物品、收拾桌子等发出不太适宜的声音。这肯定会使潜在顾客感到你对他的讲话不感兴趣，导致谈话的中断，从而损害你们之间的友善关系。如果确实没有办法阻止你发出这样的声音，一定要确保对方听不到。

第五，要听话外之音。一些业务员听话很认真，甚至做记录，但他们往往只注意表面，而忽略了大量顾客话外的意思。电话行销人员在听顾客讲话时候要关注对方的语调、语气、节奏变化等。

第六，确认对方的讲话。为了理解顾客的讲话，应该将这些讲话做出概括总结，这也是聆听的一个重要方面。它不仅表明你的确在认真地听对方说话，也为潜在顾客提供了一个帮助你澄清可能的误解的机会。对于一些不能肯定的地方，你也可以通过直接提问的方式，来寻求得到顾客的证明。

营销员利用向客户请教问题的方法来引起客户注意。

有些人好为人师，总喜欢指导、教育别人，或显示自己。营销员有意找一些不懂的问题，或懂装不懂地向客户请教。一般客户是不会拒绝虚心讨教的人。

"程总，在计算机方面您可是专家。这是我公司研制的新型电脑，请您指导，在设计方面还存在什么问题？"受到这番抬举，对方就会接过电脑资料信手翻翻，一旦被电脑先进的技术性能所吸引，推销便大功告成。

能否问一下……

真诚地请教对方光辉的业绩、优秀的才能、独有的专长，往往是一把成功打开交际大门的钥匙。因为在某种程度上，请教就意味着赞美和承认。

通常人们都会向比自己高明的人请教，换句话说，当你向别人请教问题的时候，就相当于在心理上认同被请教对象为一个比较高明的人物，或者是一个专业人士。

请教的主要表现形式就是向对方求助或征求意见。

你还可以问对方："您认为如何？""我该怎么办？"这是属于一种间接的称赞。你或许认为他不能达到和直接称赞相同的效果，但是，如果你能运用得当，它绝对能够产生比直接称赞更好的效果。

有经验的推销员对打消客户的疑虑、取得客户对自己的信任都有一套独特的方法，他们会巧妙地利用请教式的赞美来消除消费者的心理防线。例如：

推销员："先生，您好！"

客户："你是谁啊？"

推销员："我是××公司的，今天我到贵地，有两件事专程来请教您这位附近最有名的老板。"

客户："附近最有名的老板？"

推销员："是啊！根据我打听的结果，大伙儿都说这个问题最好请教您。"

客户："哦！大伙儿都说我啊！真不敢当，到底什么问题呢？"

推销员："实不相瞒，是……"

客户："站着不方便，请进来说话吧！"

就这样，推销员过了第一关，达到了接近客户的目的。这是不是轻而易举？

每个人都渴望别人的重视与赞美,只是很多人把这种需要隐藏在内心深处罢了。因此,只要你说"能否向您请教一个问题?"几乎百试不败,没人会拒绝你的。这样的赞美方式在推销上最为有效。

很多客户都有好为人师的习惯,所以这时你的虚心好学就成为他激发自己表现欲的最好机会。你如果表现得很有悟性,让他教得轻松,而你又学得很快,他就会很快视你为知己、同道中人。于是,他对你的信任将无以复加。

一个推销员向杂货店老板推销洗衣粉。

老板是一位老大爷,生性孤僻,顽固保守。推销员想好了一大堆话,正要开口,这位老大爷便断喝一声:"你来干什么?"犹如平地打了个焦雷。

推销员一怔,随即变换了说话内容:"大爷,您猜我今天是来干什么的?"

老大爷不客气地回敬说:"你不说我也知道,还不是向我推销你们那些破玩艺儿。"

推销员一听,哈哈大笑:"您老人家聪明一世,糊涂一时,我今天可不是来向您推销的,而是求您老人家向我推销的。"

老大爷一听愣住了:"你要我向你推销什么?"

推销员回答:"我听说您是这一地区最会做生意的,洗衣粉的销售量很大,我今天是来讨教一下您老人家的推销方法的。"

老大爷活了一辈子,从未有人登门求教,心中很是高兴,于是便兴致勃勃地向推销员大谈其生意经,直到推销员起身告辞才住口。推销员刚走到门口,老大爷忽然想起什么似的大声说:"喂,请等一等,听说你们公司的洗衣粉很受欢迎,给我订30箱。"

这位推销员采用向客户请教的方法,极大地满足了老大爷自尊的心理需求,赢得了他的好感,从而推销了商品;反之,如果推销员一开口就向老大爷兜售洗衣粉,恐怕早就被轰出门外去了。

很多顾客都用这种产品,您觉得不好吗?

"别人所做的总是对的"心态在许多场合都被人利用。比如说,酒吧招待常常会在酒吧开门前在自己的小费盘中放上折好的几块钱,假装是前面的顾客留下的,让人觉得用折好的钱给小费是酒吧里应有的礼貌。教堂的募捐人出于同样的理由也在收钱的篮子中放些钱,效果也非常明显。传教的牧师的办法则是在听众中安插一些人在指定的时候走上台去捐款或做见证。

广告商最喜欢告诉我们某种产品增长最快或销售最旺，因为这时候他们不必直接说服我们该产品品质优良，而只需说许多其他人都这样认为，这个证据就已经很充分了。慈善电视节目的制片人也喜欢将大量时间花在念一长串已经捐赠的观众名单上。当他们这样做时，传递给那些还没有捐款的人的信息是很清楚的："看，已经有这么多人决定捐赠了，这样做定是正确的。"有些夜总会的老板则会在舞厅内还有大量空余场地时让顾客在外面大排长龙等待入厅，以显得他们的夜总会生意兴隆、供不应求。推销员被告知在推销货物时，尽可能多地提到过去其他顾客买他们东西的例子。

来看看下面这个例子：

销售员："现在大家都喜欢时尚的两厢型汽车，不是吗？"

顾客："是啊，三厢式的已经过时了。"

销售员："因为两厢式的有很多好处，停放方便。大部分人购买汽车，主要是为了出行方便，我想，您也是，是么？"

顾客："那当然了。如果停放不方便，还买它来干什么呢？"

销售员："您看的这一款车，也是两厢式的，而且动力性好、速度快。我想这个应该能满足您的要求，是吗？"

顾客："你说的确实不错，但是我更需要耗油比较低的车子。"

销售员："您看看这一辆吧，它就非常符合您的要求。"

这样，销售员通过向顾客说，现在顾客都喜欢两厢式的汽车，因为诸多的原因，起一个群体效应，顾客也容易认同。而且在介绍过程中，销售员也知道了客户的需求，这样更加有利于后续工作的展开。

因此，作为销售人员，应该先胸有成竹地向顾客介绍产品，尽量让顾客知道，大多数人都选择这样型号的产品。如果出现分歧，顾客会说出他的疑虑，销售员就能够知道顾客真正的需求，然后根据对方的需求对自己的销售策略进行调整。

问题接近法：善于提出一个问题

所谓问题接近法，也叫问答接近法或讨论接近法，是指业务员利用直接提问来引起顾客注意和兴趣，进而转入面谈的接近方法。

在实际推销工作中，问题接近法常常和其他接近方法配合使用，例如：利益接近法、好奇接近法、震惊接近法等都可以用提问的方式来实现其目标。当然，问题接近法也可以单独运用。在利用问题接近法时，业务员直接向顾客提出有关问题，引起顾客的注意和兴趣，引导顾客去思考，并顺利转入正式面谈阶段。业务员可以首先提出一个问题，然后根据顾客的实际反应再提出其他问题，步步紧逼，接近对方。也可以开头就提出一连串的问题，使对方无法回避。

当然，接近问题必须精心构思，刻意措辞。事实上，有许多业务员养成了一些懒散的坏习惯，遇事不动脑筋，不管接近什么人，开口就是："生意好吗？"有位采购员研究业务员第一次接近顾客时所说的行话，做了这样一个记录，在一天来访的14名所谓的业务员中，就有12位是这样开始谈话的："近来生意还好吧？"这是多么平淡、乏味呀。某家具厂推销经理抱怨说有4/5的业务员都是以同一个问题开始推销面谈，即"生意怎样？"

在利用问题接近法时，业务员还必须注意下述问题：

（1）接近问题应表述明确，避免使用含糊不清或模棱两可的问句，以免顾客听起来费解或产生误解。

例如，"您愿意节省一点成本吗？"这个问题就是不够明确，只是说明"节省成本"，究竟节省什么成本，节省多少，多长时间，都没有加以说明，很难引起顾客的注意和兴趣。"您希望明年内节省7万元材料成本吗？"这个问题就比较明白确切，容易达到接近顾客的目的。一般说来，问题越明确，接近效果越好。

（2）接近问题应尽量具体，做到有的放矢，一语道破，切不可漫无边际，泛泛而谈。

业务员应该在接近准备的基础上设计接近问题，针对不同的顾客提出不同的问题，只有为每一位顾客定制不同的接近问题，才能切中要害。千篇一律的问题，不着边际的问题，不合时宜的问题，不切实际的问题，不痛不痒的问题，不知所云的问题，不成问题的问题，都难以引起顾客的注意和兴趣。

（3）接近问题应突出重点，扣人心弦，切不可隔靴搔痒，拾人牙慧。

在实际生活中，每一个人都有许许多多的问题，其中有主要问题也有次要问题，重点应放在顾客感兴趣的主要利益上。如果顾客的主要动机在于节省钱，接近问题应着眼于经济性；如果顾客的主要动机在于求名而不是求实，则接近问题应强调相应的重点。因此，业务员必须设计适当的接近问题，诱使顾客谈论既定的问题，从中获取有价值的信息，把顾客的注意力集中于他所希望解决的问题上面，缩短成交距离。

（4）接近问题应全面考虑，迂回出击，切不可完全直言不讳，应避免出语伤人。

每个人都有一些难言之隐，旁人不可随意提及。出于多种原因，有些顾客不愿意谈论某些问题，即使有人提起，也往往不作答复。例如，人们一般不与陌生人讨论自己的财务状况，除非业务员事先已经熟悉有关情况。有时业务员也可以利用有关资料进行逻辑推理，以假言判断的方式提出接近问题。无论采用的方式如何，都应避开有争议的问题和伤感情的问题，以免触及顾客的痛处，转移顾客的注意力。当然，这是一种处理伤感问题的高度艺术，十分微妙，只可意会，不可言传。只有恰到好处，才能有问必答。

问得越多，离成交越近

机械设备厂的小刘经常打破公司的销售纪录。在公司的经验总结大会上，小刘说出了他的销售秘诀：经常对客户进行有针对性的提问，可以让客户在回答问题的过程中对产品心生认同。这名销售人员经常在与客户谈话之初就进行提问，直到销售成功。以下是他的几种典型提问方式。

"您好！听说贵公司打算购进一批机械设备，能否请您说说您心目中理想的产品应该具备哪些特征？"

"我很想知道贵公司在选择合作厂商时主要考虑哪些因素？"

"我们公司非常希望与您这样的客户保持长期合作，不知道您对我们公司以及公司的产品印象如何？"

"如果我们的产品能够达到您要求的所有标准，并且有助于贵公司的生产效率大大提高，您是否有兴趣了解这些产品的具体情况呢？"

"您可能对产品的运输存有疑虑，这个问题您完全不用担心，只要签好订单，一个星期之内，我们一定会送货上门。现在我想知道，您打算什么时候签订单？"

"如果您对这次合作满意的话，一定会在下次有需要时首先考虑我们，对吗？"

从上面的例子中可以看出，小刘的提问是有系统性和针对性的：他先是弄清了客户的需求，为自己介绍公司及产品做好了铺垫，并且引起了客户对公司的兴趣，然后站在客户的立场上再提出问题，对整个洽谈局面进行有效的控制，最终促成交易，并为以后的长期合作奠定基础。可以看出，善于提问也是成就销售好口才的重要因素。

推销的秘诀还在于找到人们心底最强烈的需要。那么，怎样才能找到客户内心深藏不露的强烈需要呢？有一个办法就是不断提问，你问得越多，客户答得就越多；答得越多，暴露的情况就越多。这样，你一步一步地化被动为主动，就可以成功地发现客户的需要。

在与客户进行沟通的过程中,销售人员问的问题越多,获得的有效信息就会越充分,最终销售成功的可能性就越大。

用提问接近陌生客户

提问接近法也叫问答式接近法或讨论接近法,是指销售人员通过直接提问来引起客户的注意和兴趣,进而转入面谈的方法。提问接近法是推销中经常使用的一种很好的方法,可以单独使用,也可以在利用其他接近技巧时穿插使用。这种一问一答的形式,有利于拉近客户与销售人员之间的距离,消除客户的戒备心理,尤其适合销售人员在第一次约见陌生客户时使用。

推销不同的商品应设计不同的问题。销售人员所提的问题必须精心构思,刻意措辞。例如,"近来生意好吧""最近很忙吧"等诸如此类的问题就显得平淡、乏味,无法取得良好的接近效果。提问接近法虽然是比较有效的方法,但其要求也较高。销售人员在提问与讨论中应注意以下3点。

1. 问题表述必须简明扼要,抓住客户的关注点,最好能形象化、量化、直观生动。

例如,对酒店经理说:"您希望在保证贵酒店正常经营的情况下,明年电费开支减少15%吗?"对食品店经理说:"您是否想在不增加营业面积和费用开支的情况下使贵店明年的销售额增加50%?"等,这样的提问能抓住客户的关注点,引起客户的注意和兴趣。

2. 问题应当具有针对性,耐人寻味,应当是客户乐意回答和容易回答的,要避免有争议、伤感情和客户不愿意回答的问题,以免引起客户的反感。

3. 提出的问题应表述明确,尽量具体,做到有的放矢。

站在客户的立场提问题

很多销售人员在与客户洽谈时,根本就没有从客户的角度来提问的意识,原因就是他们从未想过应该怎样帮助客户解决问题。他们满脑子想的只是自己的产品,想如何才能让客户买自己的产品。所以,他们也就不知道如何从帮助客户解决问题的角度去提出问题。

作为一名优秀的销售人员,应该站在帮助客户解决问题的角度提问题,时刻关注客户在目前的环境中可能存在的问题,将自己的产品卓有成效地推荐给客户。

杰克是克鲁里公司的销售人员,他每次出现在客户面前时,都会让客户立刻喜欢上他,因为他从不认为自己是单纯地在销售,而是在为客户解决问题。

杰克一般会先介绍他的产品,说明该产品是一种可以清洗游泳池的机器人,然后告诉客户它的效率有多高。

"您会对一种能为减少游泳池绿藻积聚并节省50%游泳池化学剂用量的装置感兴趣吗?您希望一周花不到10分钟的时间保持最清洁的游泳池吗?"

杰克提出的这两个问题几乎都能得到预期的肯定答复,也会获得再一次约见的时间安排。

"我可以为您送去一个新的机器人,先把它留在您的游泳池畔,让您感受一下它带给您的好处吧!"

他的推销词极具诱惑力。通常情况下,他还会问:"张先生,您知道吗?一位来自南非的工程师因厌倦于清洗自己的游泳池和使用效率不高的装置,才发明了这种机器。"

"这种机器在南非及达拉斯地区刚刚推出。""我想您也与这位工程师一样已厌倦了清洗自己的游泳池。我说得没错吧?"

在电话沟通中,杰克多次巧妙地运用"假定式"推销法。

杰克说:"我们的产品若不能把整个游泳池清洗干净,您打个电话我就过来服务。如果发现没有效,您所有的损失都由我来承担。"

杰克又问:"您是开支票还是刷信用卡?"

就这样,杰克拿下了订单。

帮助客户解决问题的核心是为客户服务,做客户的顾问、专家。

请问您是怎么做的?

一天,安迪去拜访客户,在进入客户的房间之前,他突然发现院子里的木制小车很精巧,他不禁好奇地问:"这是什么?我从来没有见过有这样的车出售,您是在哪里买的?我想我的小儿子肯定喜欢。"

客户笑着说:"是我自己做的。"

安迪惊讶地说:"什么?是您亲手做的?哦,太奇怪了,它看起来是那么的精巧，请问您是怎么做的呢？"

于是，客户走出去，饶有兴致地一一给安迪解释，告诉他每一步都是怎么做的，直到安迪把那辆小车的零件制法和如何组装都弄清楚。这时，已经3个小时过去了，客户此时好像丝毫没有注意到时间，依旧兴致勃勃地带安迪到处参观，告诉他家的桌子、椅子等很多东西都是他自己做的，这是他的最大爱好。而且他还得过这个区的制作冠军称号。在说这些的时候，客户忍不住地洋洋得意，显示出很自豪的样子。

安迪对自己打扰了客户太长的时间而深感愧疚，他看了看表说："很抱歉，耽误了您太长的时间，我先回去了，改天再来看您。"

而客户却说："没关系。和你谈话我很开心，欢迎再来。"

安迪的这次拜访并没有谈到任何有关销售商品的问题，但是在两天以后，他却收到了这位客户发来的一张巨额的订单。

安迪之所以取得了成功，关键在于他对顾客表达了他的兴趣，对顾客引以为傲的事情感兴趣，事实上这也是一种赞美。

美国的一位学者甚至这样提醒人们：努力去发现你能对别人加以夸奖的极小事情，寻找你与之交往的那些人的优点，那些你能够赞美的地方，要形成一种每天至少5次赞美别人的习惯，这样，你与别人的关系将会变得更加和睦。

请问您如何能够做得这样好？

销售员刘方以稳健自信的步伐走向王经理，当视线接触到王经理时，他微微点头行礼致意，将视线放在王经理的鼻端。当走近王经理时，他停下向王经理深深地点头行礼。刘方此时面带微笑，先向王经理问好以及自我介绍。

刘方："王经理，您好，我是大华公司的销售员刘方，请多多指教。"

王经理："请坐。"

刘方："谢谢。非常感谢王经理在百忙中抽出时间与我会面，我一定要把握住这么好的机会。"（刘方非常诚恳地感谢王经理的接见，表示要把握住这个难得的机会，让王经理感受到自己是个重要人物）

王经理："不用客气，我也很高兴见到您。"

刘方："贵公司在王经理的领导下，业务领先业界，真是令人钦佩。我浏览过贵公司的网站，知道王经理非常重视网络营销，现在很多客户都从网上购买产品了。使用这种方式营销您在业内是榜样啊！请问贵公司是如何能够做到这么好的？有什么秘诀吗？"

王经理："我们销售的产品是网络办公设备，我们的客户以高科技企业为主。随着网络的普及，这些客户都开始从网上来寻找自己需求的产品，我们做自己的网站的目的是满足客户在网络上查询产品、了解产品的需要，提高我们的销售效率。"

刘方："王经理，您的理念确实反映出贵公司的经营特性，很有远见。我相信贵公司在销售方面已经做得非常成功了。我向您推荐一个网站推广的方案，这个方案可以使客户更容易发现您的产品和服务，这样不仅能提高销售额，也有很好的广告效应，使您公司及您的产品具备更大知名度。"

王经理："网站推广方案？"

刘方："是的。王经理在销售方面的经验和成绩深得业内人士尊重，在我来之前，已经听到过不少关于您辉煌的销售业绩和卓越的管理能力的赞扬话语。其实网站的目的不仅仅是为了让客户从网上查看产品的功能和了解公司，更重要的是能让客户有产品需求时随时随地发现您，继而登录到您的网站去查看他所需要的信息。如果没有适当的网站推广，客户怎样才能发现您可以提供给他所需要的产品呢？"（刘方采用了先夸奖后提问的方法）

王经理沉吟片刻，然后说："说说你的看法吧！"

就这样，刘方打开了销售对象的心理防线，并令客户产生好感，让客户能够认真聆听他的讲解，为接下来的推销打好基础。

每个人都有虚荣心，而满足人的虚荣心的最好方法就是让对方产生优越感。但是并不是每个人都能功成名就。相反地，大部分的人都过着平凡的日子。每个人平常都承受着不同的压力，处处听命于人。虽说常态如此，但是绝大多数的人都想尝试一下优越于别人的滋味，因此，这些人会比较喜欢那些能满足自己优越感的人。

而让人产生优越感最有效的方法就是对于他自傲的事情加以请教并赞美。若客户的优越感被满足了，初次见面的警戒心也自然消失了，彼此距离也拉近了，双方的关系向前迈进了一大步。在这里，我们称之为请教接近法。

所谓请教接近法，是指推销人员利用顾客好为人师的心理，满足顾客的自尊心及虚荣心，来引起对方的注意和兴趣，进而转入面谈的接近方法。在实际生活中，每个人都希望为人所知，为人承认，被人提起，受人称赞。对于大多数顾客而言，这种方法是比较容易接受的。

您是要A还是要B?

逼迫客户"二选一",需要做一个诱导,也要把握好时机。在客户做购买决定的边缘犹豫徘徊时,销售员不应该提出简单的问题,而要将问题扩展,向客户提出两种选择,让其选择其中某一种,从而达成交易。如下面的选择性的问题:

您需要50台,还是100台?

您想要大型的,还是小型的?

您喜欢蓝色,还是粉色?

如果您问顾客:"您需要购买吗?"这样暗示了顾客,可以不购买,就很容易引起客户否定的回答,效果就会完全不同。而二选一法既可以把购买的选择权交给客户,又不会给客户造成强迫感,减轻客户做出购买决策的压力。而且这种问法还可以减少顾客做出不购买决定的可能,从而增加成交的机会,所以,有经验的销售人员总是经常使用这种方法。

"我明天早上拜访您,还是下午拜访您?"就比问"我什么时候拜访您?"效果好得多。这样问缩小了顾客的选择范围,使提问更加有效。按照前一种提问方法,客户就会顺着您的问题去想他是明天上午还是下午比较方便。如果按照第二种提问方法,客户就会想明天是不是有空了。

二选一的问题同时也可以让你得到更多的客户信息。如,一家汽车公司训练它的销售人员这样提问客户:"您需要我给您装X牌汽油,还是装Y牌汽油?"要知道,这两个牌子的汽油不仅价格昂贵,而且适合大容量的油箱,客户无论选择其中的哪一种,都将接受这两个前提条件。来看看下面这个例子:

销售员:"您喜欢三厢的还是两厢的?"

客户:"哦,我喜欢两厢的。"

销售员:"您喜欢黑色、红色还是白色?"

客户:"我喜欢红色。"

销售员:"您要带调幅式还是调频式的收音机?"

客户:"还是调幅的好。"

销售员:"您需要染色玻璃的还是透明玻璃的?"

客户:"染色的好一些。"

销售员:"您是要15万元左右价位的,还是18万元左右价位的?"

客户："15万元左右的吧！"

……

二选一的提问方法，等于是销售员在每一个问题上面都限定了答案，客户只有两种选择。这样，随着一个又一个问题的提出，客户做了一个又一个的回答，最后选定了价格。一般来说，让客户做出购买决定是不容易的，如果你直接问客户："这辆车价值15万元，您觉得怎么样？"面对这样的问题，客户总是会犹豫很久，无法做出决定。如果销售员采取上面的"二选一"方式进行，交易就会变得容易得多。

这种方式一开始就让客户踏入购买之途，在做购买决定时，只需要销售员为其指引方向，客户就会顺着往前走，最终达成交易。

"6+1"问题成交法

心理学上发现，如果销售人员能够连续地问客户6个问题并且让对方回答6个"是"，那么第7个问题或要求提出以后，客户也会很自然地回答"是"。这就是所谓的"6+1"成交法。

在国外，许多公司甚至请心理学家专门设计出一连串让客户回答"是"的问题。下面是一个典型的实例：

销售人员沿街敲门，客户打开了门。

他的第一个问题就是："请问您是这家的主人吗？"一般都会回答"是"。

第二个问题："先生（女士），我们要在这个社区做一项有关健康的调研，相信您对健康问题也是相当关注的吧？"对方也会回答"是"。

第三个问题："请问您相信运动和保健对身体健康的价值吗？"大多数人都会回答"是"。

第四个问题："如果我们在您的家里放一台跑步机，让您试试，您能接受吗？当然是免费的。"因为是"免费"，一般人都不会拒绝。

第五个问题："请问我可以进来给你介绍一下这台跑步机的使用方法吗？以方便您使用，但是过两个星期，我们会麻烦您在我们的回执单上填上您使用的感觉，我们是想做一下调查，看看我们公司的跑步机使用起来是不是很方便。"

在这种情况下，几乎所有的客户都不会拒绝销售人员进门推销他的产品。

接下来，销售人员会接着问专家们已经设计好了的问题，而客户做的只是不停地点头,到最后,很多客户都会心甘情愿地花上几千元钱买一台跑步机。

这就是利用了"6+1"成交法。在这样的模式之下,销售人员可以顺利地开始介绍产品,并且成功地缔结客户,是一种非常简单又实用的销售技巧。再看看下面的一个案例:

销售员:"请问一下,您是否认同高效的生产率是获得利润的最主要的因素?"

客户:"当然了,生产率提高了,利润自然也就上去了。"

销售员:"考虑到目前的市场情况,您是否认为技术改革会有利于生产出符合需求的畅销产品?"

客户:"可以这么说。"

销售员:"以前你们技术更新对你们产品的生产有帮助吗?"

客户:"当然有帮助。"

销售员:"如果再引进新的机器,可以把你们的产品做得更细更好,那么是否有利于提高贵公司的竞争力呢?"

客户:"那是肯定的。"

销售员:"您确实是一个具有前瞻性的人,刚才已经向您展示了我们的产品,如果您能够按照我们的方法进行试验,并且对实验的结果满意,您愿意为厂里添置一些这样的机器吗?"

客户:"当然可以,但是你们的价钱必须合理才行。"

销售员:"这是我们的价目表,您看还行吗?"

客户:"嗯,倒可以考虑一下。"

销售员:"那我再给您介绍一下产品的特点吧!"

客户:"可以的。"

销售员:"请问您主要看中产品的什么方面?"

……

就这样,销售员把话题首先集中在生产效率上,运用一个又一个的问题让客户给予肯定的回答,让客户认可他的产品的优点,并且使得客户对其价钱方面也认可,最终很有可能会成交。

第9章

巧设圈套，不动声色牵着客户的鼻子走

巧妙的语言诱导是征服客户的好办法

在说服中运用一定的语言诱导是很重要的，但是，运用语言诱导的时候，必须强调话语的适当性，确保使用的语言能够达到一定的说服效果。如果语言运用不恰当，有可能会带来完全相反的效果。

在说服的过程中，应该正确的使用诱导语言，以使说服取得理想的效果。同时，语言诱导切不可滥用，一定要恰到好处。

首先，要有目的性地进行语言诱导。

在进行语言暗示的时候，必须要有一个明确的目的，要有一个所要实现的目标作为指引，不能任意地去说服，而必须让说服过程中所有的语言指向要完成的心愿。例如，你要说服客户购买你的产品进行减肥，在设计以减肥为目的的暗示语时，必须围绕着减肥进行。你可以暗示客户说："想象一下，使用了这个产品后，您身材越来越苗条了，您再也不用担心那些热量很高的食物了，您会实现您想要的体重的……"

要想实现暗示的特有效果，必须让设计的说服语言指向一个专有的目的，不可没有目的或是目的不够单一地去进行说服活动。

其次，你的语气一定要带有诱惑性。

同样的语言在一流的推销员口中会带给人强大的暗示和指引，而让普通人说来则会显得毫无价值，这就是在说话的过程中，使用一定技巧的重要性。推销员的目的在于引导客户进入说服过程，并且可以毫无防备地接受推销员所施加给他的各种语言暗示，因此如何让这些有价值的引导语言完全进入人的意识中，就需要一定的专业经验的积累。

如果在说服中依然使用和平常一样的腔调，甚至依然采用命令性的语气，可能会丧失客户的信任和好感。语气要轻柔且让人感觉到像是一种来自遥远的引导指令，会让人们在毫无防备的情景下自然地接受这些指令。

最后，诱导用词要具有适当性。

在诱导进入说服的过程中，要注意运用合适的时间词，要让这些代表时间的词或短语引起人们的注意力，起到较强的效果。如："在决定拥有这件产品之前，您真的想感受一下它的功效吗？"这句话让人将注意力引导到是否要感受产品功效，而且还假设他会试用这件产品；"在您完成这项计划前，我想和您讨论点东西。"这句话假设了你将会完成这项计划。这些合适的时间副词会让人产生不一样的理解力，恰当地运用带有假设含义的语言，如："您打算多快做这个决定？"暗示了你一定会做出决定；"您准备什么时候开始更进一步的合作呢？"暗示了你已经处在合作状态，同时你还要继续合作下去。

对于一些带有否定色彩的词语，在运用的时候也要根据实际情况酌情使用，如"在您没有做好充分准备前，不要轻易购买"，其实暗示了你一定会购买，同时暗示你去做充分的准备。这种恰如其分的暗示，会让客户对销售员更信任。

说服语言的运用不是简单地把话说出来就完事了，需要有一定的技巧，以使简单的语言收到更加有效的结果。也许，在我们试图说服客户的时候，说了一大堆的好话都没起作用，而一句一针见血、抓住要害的简单话语则可能收获难以预想的效果，这就在于合适的话语可以带给人们不一般的体验，引起人们心灵上的共鸣。

总之，利用语言诱导对客户进行暗示和说服，必须在实践中融会贯通，灵活运用。只有把握住分寸和尺度，才能产生你想要的效果。

对客户进行反复的心理暗示

相信很多人都听说过心理暗示方面的话题，那么怎样把它具体运用到销售中呢？利用心理暗示进行说服究竟又有什么样的魔力呢？在解释这一切之前，我们不妨先做个小实验。

下面是一组排比句，无论其内容是否真实，请朗诵完毕：

（1）脑白金是最棒的送礼产品

（2）脑白金真的很棒

（3）大家都说脑白金很棒

（4）巷子口的小摊贩都说脑白金很棒

（5）昨天有位小姐跟我说脑白金很棒

（6）听说报纸今天又报道脑白金很棒

（7）昨天电视新闻好像有讲到脑白金很棒

（8）你听过脑白金是一种很棒的产品吗？

怎么样？现在你相信脑白金是很棒的产品了吗？如果还不相信也没关系，生产厂家可以继续用800种方法来告诉你"脑白金最棒了"。

如果你还不相信，他们可以重复800次，直到你相信为止。"今年过节不收礼，收礼还收脑白金"，电视上、报纸上铺天盖地的广告就是一个明证。

这种方式，实际上就是说服在销售中的一种应用。

通过不断地说明、宣传，用尽各种表达方式，从不同的角度，透过不同的媒体与消息来源，只为让消费者真正相信这件事情。

谎言重复千遍就是真理，不断重复是最直接的一种说服技巧。

历史上曾参杀人的故事就很能说明问题。

曾参是古代一位君子，学问好，人品也好，以孝顺名闻天下。

有一天，曾参出门办事，他的母亲正在家织布，忽然有个人跑来对她说："曾参杀人了！"曾参的母亲很相信儿子，于是摇头笑道："不可能的，曾参不会杀人的。"

过了一会儿又有一个人跑来对曾母说："不好了，曾参杀人了！"

曾母心里一惊，不过嘴上还是说："不可能的，曾参是不会杀人的。"

话虽如此，可连续两个人这样说，她已经开始有些怀疑。虽然她还是相信曾参，但是她已经没有心思织布，开始等待曾参回家。

不一会儿又有人进来了，这次是曾参家的邻居。她很急地对曾母说："曾参真的杀人了！已经被官府抓起来，据说现在正在审理，你快点想办法看该怎么办吧。"

曾母这才真的相信曾参杀人了，由于怕受连累，正准备爬墙逃走。这时候曾参突然回来，把曾母都吓了一跳，非常惊讶地问："孩子，你不是因为杀人被抓起来了吗？怎么现在又回来了呢？难道你杀的是坏人所以不用偿命吗？"

曾参听了，哈哈大笑说："我怎么会杀人呢？只是那个凶手刚好和我同名同姓罢了。"

你看，错误的信息被说三次就会成为事实，更何况把"送礼就送脑白金"重复800次，是不是可以成为真理？这也就是所谓的"众口铄金，积毁销骨"。

在具体的销售过程中，推销员也可以利用心理暗示提高消费者从众心理的表达度，从而说服他们做出最终的购买决定。

运用催眠术销售策略

购买是一个"追求快乐、逃避痛苦"的过程。因而，促成销售的一个很重要的原则就是要"把好处说够，把痛苦说透"。

然而，从心理学的角度来讲，一个好处的产生要让客户感受出来才行，这样才能使客户产生购买的动机。我们仅仅告诉了客户这些好处还不够，必须重复这些好处，1次、2次、3次，这样才能对他的潜意识产生影响，而人们的潜意识力量要比意识力量大3万倍以上。所以说，当你不断地重复灌输时，客户的购买欲望会增大。

在现代销售理念中，有一种销售策略叫"催眠式销售"。它的核心思想就是将好处重复灌输到客户潜意识里。一些客户原本不太注意、不太确定的东西，重复多了，就会深深地刻印在脑海中，甚至成为真理。

原一平每次在推广保险的时候，都会讲一个因没有买保险发生意外和死亡的悲痛故事，他的真情感动得客户流下泪水，这时他便说道："我真的不希望这样的故事发生在我遇到的每一个人身上，我有责任去帮助他们，我出售的不是保单，我出售的是爱和保障。"

保险推销员陈明一次次地说服客户，每次讲述的理由都大致相同，即你可能遭到意外，倘若买了保险，就没有后顾之忧了。起初，客户并不太认可她的观点，所以一次次地以各种理由拒绝了她。但她并不气馁，在她看来，客户之所以拒绝，是因为痛苦还没有塑造够。所以，面对客户的拒绝，她通过一次次地重复，将痛苦描述够，一步一步地打垮了客户的心理防线，使得客户的强硬拒绝一点点地变软。

多用积极的说服字眼

在对客户进行说服的过程中,一定要在遣词造句上下些工夫。有一些关键词汇是客户非常愿意从你那里听到的,所以你务必要充分理解这些关键词汇的重要性。

1."您好,我可以帮您做些什么吗?"

这种开放式的询问可以获得客户的好感,也能引起客户谈话的兴趣。因为你是在提供"帮助",而不是"兜售"商品。人们都希望被帮助、被服务,以这样的提问开头,你就可以以一种积极的语调开始谈话。

2."您的问题,我们完全可以解决。"

客户与你沟通的真正目的是要"买到"解决问题的方法。他们喜欢你用他们能理解的语言直接回答他们的问题。

3."虽然我现在给不了您要的答案,但我一定会尽快解决。"

如果客户提出的问题比较刁钻,你一时难以解决的话,就应该坦白地告诉他你不知道答案。在对所有的事实没有把握的情况下贸然地回答客户的提问,只会让你的信誉损失得更大。为了测试对方是否讲诚信,精明的买家有时会故意提出一个你无法解决的问题。在这种情况下最好是给客户一个诚实的回答以提高你的信誉。

4."我们一定会满足您的要求。"

告诉你的客户,令客户满意是你的责任。要让客户知道你们知晓他需要什么样的产品或服务,并会按照双方都同意的价格提供这种产品或服务。

5."我们将随时为您提供最新信息。"

客户最信赖的推销员就是那种能为他们及时提供最新消息的人,不管是好消息还是坏消息。因此,你要让客户知道你将随时为他提供有关订货方面的最新信息。订货至交货的时间越长,这种信息的及时更新就越重要。

6."我们保证按期交货。"

约定的交货日期是你必须履行的诺言,即使"差不多"也不行。星期一就是星期一,五月的第一周就是五月的第一周,即使期间包含有国家法定假期。客户想听到的是:"我们会按时交货。"能够始终如一做到这一点的人很少,如果你做到了,那么客户就会记住你。

7."非常感谢您能接受我们的服务。"

说这句话的效果比简单地说句"谢谢您的订货"的效果要好得多。你还可以通过交易完成后的电话联系热情地回答客户的问题,并以此来表明你对客户的谢意。所以说,推销员在与客户沟通时,如果能频繁地使用让客户高兴的词语,就会向客户传达了这样一条信息:你是在真正地关心客户!这种方式能表明你对他们的诚意,会说服客户再次购买你的商品或服务,除此之外,客户还会把你和你的公司热心地推荐给其他人。

因势利导,引导顾客消费

一些推销员认为,拿到小订单,其实不等于销售的成功,因为他们赚不到多少钱。

尽量争取大额订单的做法,在有时候还是比较明智的,即使它意味着"鸡飞蛋打"的风险。实际上,比起你获得大额订单的机会来说,这种风险还是值得去冒的。另外,你也会很少失去最初达成那笔小额交易。例如,在汽车生意中,当顾客同意以最低的价钱购买某种型号的车后,推销员会努力再向顾客推荐增购一些其他的配件,以期增加他的微薄佣金。大多数时候,都能把一辆装备简单的车转化为一笔大额交易。

一位顾客选定一条价值20美元的领带,正当他掏出信用卡准备付钱的时候,那位推销员问道:"您打算用什么样的西服来陪这条领带?"

"我想,我穿我那件藏青色的西服应该很合适吧?"顾客回答说。

"先生,我这儿有一条漂亮的领带,配您的藏青色西服应该很合适。"说完,他就抽出了两条标价为25美元的领带。

"是的,正如您所说,他们确实很漂亮。"顾客点了点头,并且把领带顺手放入了购物袋。

"再看看与这条领带相配套的衬衣怎么样?"

"我想买一件蓝色条纹衬衣,但是我刚才在哪里都没有找到。"

"那是因为你还没有找到地方,您穿多大的衬衣?"

还没有等顾客反应过来,售货员已经拿出了三件蓝色条纹衬衣,单价为60美元。"先生,您感觉一下这种质地,难道不是很棒么?"

"是的,我想买一件衬衣。就这个中号的吧!请问您能不能给我一张名片?下次我需要的时候,会再来找你们。"

就这样,销售员把一条20美元的领带生意扩展到了130美元的交易。顾客在购买过程中，提出过什么异议么？没有，而是心满意足地离开了，临走时还要了一张名片。

作为销售人员，就要懂得把顾客本来想要购买的产品扩充，引导顾客消费，在不知不觉中增加你的销售业绩。

切中客户的要害进行说服

现代营销学认为，销售就是服务，就是创造客户价值。但很多推销员往往是关注自己太多，关注自己产品的品牌、服务太多，而对客户的需求偏好、期望值、价值观等却关注太少。

以推销牛奶为例，常常会出现这种场景：

推销员：您好，我们又推出了一款新牛奶，有什么什么特点，您看您需要吗？

客户：不需要。

推销员：但是我们的牛奶确实很棒……

客户：这跟我有什么关系呢？我从来不喝牛奶，可我活得很好！

推销员：……

在这里，推销员根本没有考虑客户的需求，完全是无的放矢。所以，客户几句话就把他打发了，这是很失败的说服。

但是如果使用下面的说服方法的话，就容易被客户接受：

推销员观察客户一段时间，发现客户缺钙，便找准合适的地点，比如上楼时，对客户说："您当心点，看您很累，我来搀您上去。"

客户：谢谢你了，老了，腿脚不好了。

推销员：怎么能这么说呢，您还要再享几十年福呢，上了年纪的人钙流失得快，要注意补钙，这样腿脚才利索。

客户：可不是嘛！不过吃钙片补充的效果不是很好。

推销员：喝奶效果不错，因为人绝大多数的营养都是从饮食中获得的。阿姨，您看这样，我们刚好有低脂高钙的鲜奶，您喝喝试试。

客户：听起来确实很好，那我就试试看。

后面这位推销员之所以能成功说服客户，就在于他发现了"客户缺钙"这个要害，从而以此为切入点找到了客户的潜在需求。

所以说，要使说服获得成功，就要找到客户的需求点，找到客户的弱点与软肋进行重点突破，并及时满足客户。把销售的理由变成客户需要购买的理由，由推销员的"我要卖"转变为客户的"我要买"。以客户为中心，以需求为导向，找到客户的软肋——这才是说服的关键所在。

以"小"藏"大"谈价格

在可能的情况下，要尽量用较小的计价单位报价，即将报价的基本单位缩至最小，从而隐藏了价格的"昂贵"感，客户也便容易接受了。

在日本首都东京，经常能听到这样的不动产销售员话语："出售从东京车站乘直达公共汽车只需75分钟就能到家的公寓。"

假如把75分钟改为1小时零15分钟，买房的人一定会大大减少，因为人们会觉得出售的房子离东京很远。在人们的心理上，以分钟为单位的时间自然会很短，而以小时为单位的时间自然会很长。房地产销售员正是利用人们的这种心理，变换了一下时间单位，再加上"直达""只需"强调快速的字眼，让人感觉这所公寓离东京并不远。一位客户相中一块图案特别、质地精良的地毯，问销售员价钱。"每平方米24.8元！"销售员回答。"这么贵？"客户听后直摇头。过了一会儿，又有一位客户问这块地毯的价格时，销售员微笑着反问道："你为多大的房间铺地毯？""大约10平方米吧！"

销售员略加思索后说："使你的房间铺上地毯，只需1角多钱。""1角钱？"客户一脸的惊讶和好奇。"你的房间10平方米，每平方米是24.8元，一块地毯可以铺5年，每年365天，这样你每天的花费不就是1角多钱吗？"销售员解释道。

最后，客户欣然买下了这块称心如意的地毯。

这种把商品价格分摊到使用时间或使用数量上的做法常使价格显得微不足道，非常便于客户接受。

齐格勒曾销售过厨房成套设备，主要是成套炊事用具，其中最主要的就是锅。这种锅是不锈钢的，为了导热均匀，锅的中央部分设计得较厚。它的结实程度是令人难以置信的。齐格勒曾说服一名警官用杀伤力很强的四五口径手枪对准它射击，子弹竟然没有在锅上留下任何痕迹。当齐格勒销售时，客户经常表示异议："价格太贵了。""先生，您认为贵多少呢？"对方也许回答说："贵200美元吧。"这时，齐格勒就在随身带的记录纸上写下"200美元"。然后就又问："先生，您认为这锅能使用多少年呢？""大概是永久性的吧。""那您确实想用

10年、15年、20年、30年吗?""这口锅经久耐用是没有问题的嘛。""那么,以最短的10年来算,对您来说,这种锅每年贵20美元,是这样的吗?""嗯,是这样的。""假定每年是20美元,那每个月是多少钱呢?"

齐格勒边说边在纸上写下了算式。"如果那样的话,每月就是1美元75美分。""是的。可您的夫人一天要做几顿饭呢?""一天要做二三回吧。""好,一天只按两回算,那您家中一个月就要做60回饭!如果这样,即使这套极好的锅每月平均贵上1美元75美分,和市场上卖的质量最好的成套锅相比,做一次饭也贵不了3美分,这样算就不算太贵了。"

齐格勒总是一边说一边把数字写在纸上,并让客户参与计算。在计算的过程中总能让客户不知不觉地摒弃"太贵了"这个理由,促成购买。

从心理学的角度来说,每一个人对较小的事物更容易做出决定,也就是说,当一个人面对的是一个较小的决定时,他一般更容易做出肯定的反应。细分法的口才技巧正是基于这一思想,使客户产生一种数字上的错觉,在客户更容易接受的时候巧妙地促成了交易。

引导客户说"是"

在推销过程中,若能一开始就让客户说"是的",这说明这件事已经成功了一半,你若能让对方连续说"是的,是这样",那么这件事的成功就有99.9%的把握。在你与客户沟通时,你有没有让对方不断地说"是的,是这样"?你有没有不断地让对方点头表示对你的赞同?

如果没有的话,你就必须从现在开始改变你的谈话策略,设法让对方说"是"。实践表明,在谈判中"不"的出现是最不好的开始,一旦对方说出一个"不"字,这意味着你的观点未被认可,如果对方连续说出几个"不"字的话,你最好趁早结束你的谈话,因为你的谈话并没有得到对方的欢迎。所以,如果你想改变结局,最好的办法就是改变话题,或者改变谈话的策略。先强调对方和你都赞同的部分话题,然后慢慢地在双方有分歧的部分中,找出双方都可以接受的部分,如此往复,你就能缩短彼此的差距。接着,你还可以与对方商讨成功是最重要的,只有双方达成合作,才能使双方在合作中获利,达到双赢,这样你将最终获得谈判的成功。

记住,这就是谈话的技巧,如果你遇上比较难对付的客户,而一时半会又想不出好策略的时候，你最好马上试试，没有比这个方法更实用的了。

为什么有些人很快就与对方达成合作？而你的谈判总是说得多多，成交的却少之又少？你千方百计地向对方解释你的观点，你的产品怎样怎样好，你甚至滔滔不绝地使尽口才，可总是不尽如人意？其根本原因就是因为你没有让对方说"是的，是这样"。

"是的，是这样"，有许多销售人员没有做到这一点，没有让对方说这句话。他们总是顺着自己的思路强调自己的观点，总以为自己应该说得越多越好，总是口若悬河，滔滔不绝地证明自己的口才。其实他们这样做并不一定能说服对方。事实上，在你与他人的交流中，你要想方设法让对方说"是"，因为，你们的交流决定着对方对你的反应，以及对方是否决定与你合作。"是"的回答意味着对方对你的看法的许可和赞同，意味着同意你的见解或观点，意味着可以与你合作。

让对方说"是"，是一种说话的艺术，如果你学会了这种艺术，你将终身获益。这种让对方说"是"的反应会带来什么呢？

使用让对方说"是"的方法，有几点要特别引起我们注意。

(1) 一定要创造出对方说"是"的气氛，要千方百计避免对方说"不"的气氛。因此，提出的问题应精心考虑，不可信口开河。例如：

一名销售人员与客户之间发生了一场对话：

"今天还是和昨天一样热，是吗？"

"是的！"

"最近通货膨胀，治安混乱，是吗？"

"是的！"

"现在这么不景气，真叫人不知如何是好！"

这一类问题虽然很正常，不论销售员如何说，对方都会回答"是的"，好像已经创造出肯定的气氛，可是注意他说话的内容，却制造出一种让人无心购买的否定的悲观气氛。也就是说，客户在听到他的询问后，会变得心情沉闷，当然什么东西也不想购买了。

(2) 要使对方回答"是"，提问题的方式是非常重要的。什么样的发问方式比较容易得到肯定的回答呢？最好的方式应是：暗示你所想要得到的答案。

在推销商品时，不应问客户喜不喜欢，想不想买。因为你问他"您想不想买""喜不喜欢"时，他可能回答"不"。因此，应该问："您一定很喜欢，是吧？"当你发问而对方还没有回答之前，自己也要先点头，你一边问一边点头，可诱使对方做出肯定回答。让对方说"是"最有效的方法是把要说的话说对。戴尔·卡耐基曾经说过，人是不可能被说服的，天下只有一种方法可以让任何人去做任何事,那就是让他自己想去做这件事。而让他自己想去做这件事,唯一的方法是让他认为你说的是对的,认为他是在遵守对的东西才这样做。

让对方说"是"意味着双方的交流是"启示式"或"询问式"的,事实上"启示式"或"询问式"的交流比普通的交流更有效。因为大多数人对事物的认知都是有限的,尽管他们认为自己并不比别人差,但他们确实需要更多的启示。

对客户说"不",让客户乖乖听你的话

一位顾客走了进来,转了一会儿后忽然对柜台中陈列的某一件商品表示出浓厚的兴趣。

营业员:"先生您真有眼光,这套产品是我们公司最新推出的高科技产品,不过由于它卖得非常好,我不能保证是否有货了。如果您的确感兴趣的话,我去仓库帮您看看?"

顾客:"好的。"

营业员到后面的仓库,一分钟后回来。

营业员:"非常遗憾,您看中的这款已经卖完了!"

顾客:"这么巧啊?"

营业员:"是啊!最近我们店生意一直很好,特别是这款,总部进货的速度都跟不上发货的速度呢!要不这样吧,我给您推荐另外一款,虽然贵了些,但品质更高呢!"

这时仓库保管员跑出来。

保管员:"找到了!还剩最后一件!"

顾客:"那就卖给我吧!"

营业员:"这件是老客户定的,可不能卖!……不过看您这么诚心,我就先让给您了!如果您能付现金的话,我就马上给您打包,老客户那边我就让店长说去。"

顾客:"没问题!"

案例中,当顾客对某样产品感兴趣时,接下去可能就要找产品的缺点,然后与售货员讨价还价。如果售货员采取了"对顾客说不"的策略,马上告诉顾客这款产品缺货时,就能够将顾客"要不要买"的问题以及"贵不贵"的问题转移到了"能不能买到"上了。所以营业员故意安排了一个场景,就是假装产品没有了,先对顾客说"不",转而介绍另一款价格更高的产品。

当然这样一来顾客心中就会感到遗憾，对刚刚那款得不到的产品会念念不忘，所以当我们安排的第二个角色——仓库保管员，跑来惊喜地告诉营业员说找到了最后一件时，顾客的心就被抓住了，他就会跟着一起兴奋，很想得到它。然后厉害的营业员又对顾客说了声"不"，说已经被人定了！这时顾客的心情是复杂的，从一开始的"要还是不要"，到后来的"你花钱都买不到"然后又可以得到了，但忽然又没了。到这时，顾客的心已经完完全全被商店营业员给抓住了。所以当营业员巧妙地告诉顾客，"如果您能付现金的话，我就马上给您打包"，其实营业员是在为顾客找个台阶下，顾客立刻就会顺着她搭的这个桥走过来，乖乖地进入营业员为他精心设置的圈套中。

这样的策略有如下好处：

1. 提高顾客的购买率

如果正常与顾客进行沟通，顾客在仔细察看后，可能会找若干个理由拒绝购买。

2. 提高卖价

通常我们在推销时，特别不是在大商场里推销时，顾客都习惯与我们讨价还价，但在"能不能得到'这个问题前面，顾客就顾不上与我们讨价还价了，所以卖价通常会提高。

3. 客户不会太多考虑品质

客户只考虑是否能得到了，就会不那么看重品质。当然我们也不能因为顾客不关心品质，而把次品卖给客户，因为我们要的是长期的口碑。

4. 客户不会有更多的附加条件

同样也是因为只关注是否能得到了。通常有些比较麻烦的客户，会接二连三地向我们提出很多额外条件，比如免费送货、要求延长保修期等。

5. 不会有欠款

如果巧妙地用现金作为台阶，那么顾客就会马上付现，而不会有欠款之类情况发生。使用策略时要注意：

1. 确定客户的感兴趣程度

使用该策略前，一定要判断出客户是否的确对该产品比较感兴趣，不能是客户只随便看了看某件产品就立刻使用这一策略。

2. 对不同性格的人有不同的杀伤力

对一些很强势、非常有主见的人，用本招尤其有用，因为这样的人占有欲特别强；对一些非常犹豫、没什么主见的人，用本招效果会差一些。

3. 穿帮

要提前与配合的人讲好，最好是之前大家就演练过，有了很默契的配合。而且旁边不能有不知情的自己人，比如正好总公司有人来检查，当你的"仓库保管员"跑出来说"还有最后一件"时，这位自己人很奇怪地说："什么啊！不是还有一打在里面的吗？"那我想你们俩一定会非常尴尬。

第10章

虚心说话客户洗耳恭听，谦虚向客户请教

用谦虚的姿态向客户请教

某大学准备修建一座现代化的电教大楼。一些厂家得知这一消息后纷纷上门，希望校方负责设备的张教授购买他们的产品。有的销售人员一个劲儿地向张教授介绍他们厂的产品如何如何好；有的销售人员还暗示，如购买他们厂的产品，可以从中得到一笔可观的回扣，等等。而A厂的李主任，却采取了与众不同的销售方法。

他给张教授写了一封信，内容大致如下：尊敬的张教授，我们知道您是电化教学仪器设备的专家，今天写信打扰，是因有一件事希望能得到您的帮助。我们厂新生产了一套电教方面的设备，在投入批量生产之前，我们想请您指导一下，看看哪些地方尚需改进。我们知道您的工作很忙，因此很乐意在您指定的任何时间派车前往迎接。

收到信后，张教授感到十分荣幸，认为自己的价值得到了体现。他立即给李主任回信：本周末愿意前往。

在李主任陪同下，张教授仔细观察并试行操作了新设备。结果，只在一些小细节上提出了改进意见。

回校三天后，厂里接到张教授的来信：经研究决定，我们购买贵厂的电教产品。

李主任运用"软销售"即谦虚的请教，让张教授自愿选购，从而获得了开发

客户的成功。

一般来说，客户不会拒绝一个虚心请教的销售人员，而销售人员如果以客户比较擅长方面的问题进行请教，客户更会乐于解答，因为这给了客户一个很好地展示自己专长的机会。这种方法很容易拉近与销售人员的距离，有助于销售工作的顺利进行。

但凡事业有成的人凡事都愿意占据主动，而不愿被动地接受。那么，作为一名销售人员，面对这类人时不妨以谦虚的姿态去与客户打交道，满足客户的教导欲，为销售开一条通道。

请您帮我一个忙

精明能干的销售员向某连锁公司推销煤，其中有一位销售员名叫克纳弗。克纳弗连续向这家公司推销了10年，竟没有卖出过一公斤煤，反而受尽了白眼，所以他对这家连锁公司恨之入骨。

事情发生转机是在克纳弗参加戴尔·卡耐基的培训班之后。戴尔·卡耐基是美国研究和倡导良好人际关系的鼻祖及著名的成人教育专家。那一年，卡耐基在当地举办"销售员培训班"，克纳弗也报名参加了。他在班上发言时，把这家连锁公司骂得体无完肤，恶毒地诅咒它是"美国的一颗毒瘤"。

卡耐基先生耐心地听完克纳弗的咒骂后，微笑地问道："克纳弗先生，您满腔义愤地咒骂连锁公司，出了口气，但是，您知道为什么无法把煤卖给他们吗？"

"不知道。"克纳弗摇摇头，沮丧地说。

"您太直截了当啦，也许您应该改变您的某些看法。"卡耐基先生亲切地说。

第二天，卡耐基先生出了一道辩论题：连锁公司的出现是弊多益少，还是弊少益多。他要求学员就这道题目展开辩论，每一位学员既可以站在正方，也可以站在反方，但是，克纳弗必须站在正方。也就是说，克纳弗必须为连锁公司辩护，千方百计地说连锁公司的好话。

克纳弗极不情愿地参加了这场辩论。他是一个争强好胜的人，既然参加辩论，就得辩赢。为了赢得辩论的胜利，他必须了解连锁公司的优越性，掌握这家公司的发展历史。于是，他就跑到这家自己原来最痛恨的公司去了解情况，去见那位10年来无数次拒绝、冷遇他的经理。

不知克纳弗是哪一次得罪了这位经理，他仿佛天生讨厌克纳弗，一见面，就毫不客气地呵斥道："走开，别打扰我，我永远不会买你的煤！"

连开口的机会都不给，这位经理实在做得太过分了，克纳弗满面羞惭。但是，他不能错过这个机会，于是他赶紧抢着说："经理先生，请别生气，我不是来推销煤的，我是来向您请教一个问题的。"

接着，克纳弗把卡耐基培训班的辩论题和展开辩论的事告诉了这位经理，他诚恳地说："经理先生，我想不出有谁比您更了解连锁公司对国家、对人民所做出的巨大贡献。因此我特地前来向您请教，请您帮我一个忙，说说这方面的事情，帮我赢得这场辩论。"

克纳弗的话一下子引起了这位连锁公司经理的注意，他对展开这样一场辩论，既感到惊讶，又极感兴趣。对经理来说，这是在公众面前树立连锁公司形象的重要问题，他必须为克纳弗提供有力的证据。他看到克纳弗如此热情、诚恳，并将作为他们公司的代言人，非常感动。他连忙请克纳弗坐下来，一口气谈了10个多小时。

这位经理从连锁公司如何艰苦创业谈起，谈到公司发展壮大到在全美国有数以千计的分公司，每年为国家提供数十万个就业机会，为国家交纳千万元税金……谈话间，他请来一位曾经写过一本介绍连锁公司优越性的高级职员，为克纳弗提供佐证。他还答应克纳弗，给"全美连锁公司协会"打电话，请求他们立即将有关赢得辩论的文件电传过来……

克纳弗听到这里关于连锁公司闻所未闻的感人事实后，他暗自责备自己原来太狭隘了，对连锁公司产生了一些偏见和误解。通过谈话，他改变了原来的看法，认为连锁公司是一项大有裨益的事业。

当克纳弗大有收获，连声道谢，起身告辞的时候，经理起身送他。他和克纳弗并肩走着，并扶搭着克纳弗的肩膀，仿佛是一对亲密无间的老朋友。他一直把克纳弗送到大门口，预祝克纳弗在辩论中取得胜利，欢迎克纳弗下次再来，并希望把辩论的结果告诉他。

这位经理最后的一句话是："克纳弗先生，请在春末的时候再来找我，那时候我们需要买煤，我想下一张订单，买你的煤。"

克纳弗大吃一惊，10年来他梦寐以求的事，就这样实现了。

克纳弗根本没提推销煤的事，只不过是向经理请教了一个问题，为什么会得到这么美满的结果呢？

是人性！每一位销售员在推销商品的时候，都要注重人性。克纳弗在无意中符合了那位经理的人性，请教了他最感兴趣的问题，就是他毕生为之奋斗、弥足珍贵的事业。克纳弗对此感兴趣，于是成了那位经理志同道合的朋友。当一个人把另一个人当成朋友看待时，理所当然地应该给予关照。这一切，也许正是卡耐基先生的高明之处。

有时候，商业上的成功之道不是刻意推销，而是打动人心。要打动人心就要关心对方，找到对方最感兴趣、利益所在的话题。

放低自己，请教别人

真诚地请教对方往往是打开交际大门的一把钥匙，因为在某种程度上，请教就意味着赞美和承认。

通常人们都会向比自己高明的人请教，换句话说，当你向别人请教问题的时候，就相当于在心理上认同了被请教对象是一个比较高明的人物，或者是一个专业人士，这样做会产生什么效果呢？

长岛有一位汽车商人就是利用请教的技巧，把一辆二手汽车成功地卖给了一位苏格兰人。

这位商人带着那位"苏格兰佬"看过一辆又一辆的车子，但对方总是不满意。老是抱怨这不适合，那不好用，价格又太高。在这种情况下，这个商人就停止了向那位"苏格兰佬"的推销，而让他自己去选择。

几天之后，当有位顾客希望把他的旧车子换一辆新的时，这位商人就又打电话给"苏格兰佬"，请他过来帮个忙，提供一点建议，他知道这部旧车子对"苏格兰佬"可能很有吸引力。

"苏格兰佬"来了之后，汽车商说："你是个很精明的买主，你懂得车子的价值。能不能请你看看这部车子，试试它的性能，然后再告诉我这辆车子别人应该出价多少才合算？"

"苏格兰佬"的脸上泛起笑容，很高兴地把车开了一圈又转回来。"如果别人能以三百元买下这部车子，"他建议说："那他就买对了。"

"如果我能以这个价钱把它卖给你，你是否愿意买它？"这位商人问道。结果，事情出奇的顺利，这笔生意就这样立刻成交了。

请教就相当于赞美，在推销时，去赞美客户的能力、知识等高人一等，就是让对方产生一种满足感，并且往往还会据此来重新审视你向他们推销的产品，这时候他们购买的概率也就大大提高了。

向客户表达你的认同

在向客户推销商品的过程中，客户对商品所提出的反对意见总是包含有一些主观意愿在里面。当面对客户的这种疑问时，销售人员如果能够对客户表现出一定的认同心，那么就能让客户感觉到你能够理解他、关心他，是在为他着想，从而顺利地赢得客户的信任。

通常情况下，销售人员可以用以下几种方法来表达对客户的认同心。

1. 对客户的感受表示理解与接受

在向客户推荐商品的过程中，如果销售人员能够充分尊重客户的意见，并发自内心地说一些表示同情和理解的话，就会解除客户的戒备心理，并增加对你的好感。这样，当你再进一步向客户进行解释时，他也会更容易接受你的意见和观点，从而有利于推销工作的顺利进行。

例如：

"李总，我同意您关于成本优先的看法。"

"李总，您这样做绝对是正确的。"

"李总，您有这样的想法真的是太好了。"

"李总，如果我遇到这样的事情，我也会这样想。"

"李总，尽可能地降低成本，这对任何一个企业都是非常重要的。"

"李总，我以前的客户也认为成本很重要。"

"李总，我理解您现在的感受，以前我也曾经遇到过。"

客户："这款照相机的操作太烦琐了，用起来不太方便。"

推销员："是的，很多顾客在购买时都曾反映过这个问题。这款专业性的高级照相机的操作方法是稍微复杂了一点，不过，只要掌握了使用方法，用起来还是很方便的，而且拍照效果非常好，那些用过这款相机的客户对它的评价都很高。"

2. 向客户强调相关问题的严重性

一位寿险推销员，在他费尽口舌向客户灌输了种种寿险观念与投保的必要性后，那位客户却说："保险的确非常重要，也值得购买，但我目前比较忙，等到年底再说吧。"

这时，这位寿险推销员给客户讲了这样一个真实的故事：

"先生，您的确很忙，有很多重要的事情需要您去办理。但是意外是不等人的，它随时都有可能发生。先生，有一件事谈起来真是不好意思，在我心中一直都存有一种内疚感。

"三年前,当我刚踏进保险这个行业时,我首先想到的是把保险介绍给我最好的一位朋友,可不巧,那年他公司刚开业,事情特别多,根本没有时间来考虑保险的事。我当时想,他是我的朋友,有的是机会,以后再找他签吧,也没有再坚持要他立即投保,只是把合同留在他家中。

"谁知,几个月后的一天,他太太突然打电话告诉我,他患了晚期肝癌,生命只剩下了最后几个月。

"他太太几乎伤心欲绝,我也只能去尽量安慰她。他太太接着问:'我曾记得你到我家,向我先生介绍过保险。我们现在看病已经借了很多外债,那我能拿到多少赔偿来偿还这些医疗债务呢?'

"听到这句话后,我头脑一阵晕眩,不知该怎么回答,我这时候才想起他还没有买保险,但这正是他需要的时候。此时,我才深深感到对不起我的朋友,对不起朋友的太太,在他们最需要保险的时候,竟然得不到丝毫保障。

"当时只是由于他是我要好的朋友,就没有要求他马上签字,只是想等他空闲的时候再来请他购买,但是,此事能等待吗?我感到很失职,感到非常难过。

"第二天早上,我带着个人的存款5 000元人民币到医院去看望他,但我的内心依然沉重。因为,我本来可以送上远大于这个数目的赔偿金额,可由于我的'失职',导致他的家人没有得到应有的保障。

"此事给我带来了沉痛的教训,也让我深深体会到了个人力量的有限。从那以后,我就下决心,一定要把保障带给我所接触到的每一个人。"

毫无疑问,那位先生最后被这个故事深深地打动了,便毫不犹豫地在保单上签下了自己的名字。

客户都希望被尊重和肯定

哈佛大学著名心理学家威廉·詹姆斯曾经说过:"人类本质中最热切的需求,是渴望得到他人的尊重和肯定。"这是每个人都有的心理需求,不管是在生活中还是工作中,人们都希望受到重视,希望凸显出自身的地位和价值。因此使别人感受到他对你来说是重要的,往往会带给他们心理的满足,使他们产生愉悦感,这样彼此交流起来就更加容易了。

我们常说相互尊重是彼此之间进行合作交流的基础,那么提升别人的重要性,也是对别人尊重的一种方式。让对方觉得他在你心里是重要的,那么对方就会获得强烈的安全感和归属感,就会将心倾向于你,对你表示信任。在销售工作中,让客户感到自己很重要,既是对客户的尊重,也会使销售人员得到客户的青睐,顺利购买销售人员的商品。因为,销售毕竟是一种人际交往,是销售人员与客户结识并建立关系的过程,只有建立起良好的关系,才会增进彼此之间的感情,使客户心甘情愿地购买你的产品。所以销售人员与客户之间不仅是简单的买卖关系,更重要的是一种感情的交流。

人在交往过程中总是希望得到周围人的认同、尊重、赞扬,没有人会希望自己被别人看得微不足道。况且客户是我们的衣食父母和上帝,我们就必须尊重客户。销售高手都知道尊重、重视客户的重要性,主动、适当地满足客户的这种心理需求,就会获得更大的市场,就会提高销售的成功率。

有调查表明:有15%的客户是因为"其他公司有更好的商品",另有15%的客户是因为发现"还有其他比较便宜的商品",但是70%的客户并不是产品因素而转向竞争者。其中20%的客户是因为"不被销售人员尊重和重视"。

尊重客户不是一句口号,而是一种行动!你真正地最大限度地尊重了客户,你就能影响客户!一般的销售人员说服客户,而销售高手做尊重客户的事。销售高手在与客户沟通时,特别关注客户的心态与感觉,并让客户感受到沟通的愉悦。

怀特是一家汽车公司的销售人员。有一次,他上门推销,问男主人做什么工作,男主人回答说:"我在一家螺丝机械厂上班。"

"别开玩笑了!那您每天都做些什么工作呢?"怀特以为客户在开玩笑。

男主人认真地回答:"造螺丝钉。"

这时怀特表现出极大的热情和兴趣:"真的吗?我还从来没有见过怎么造螺丝钉。哪一天方便的话,我真想到你们工厂去看看,可以吗?"

怀特这样说的目的当然是为了让客户知道自己很重视他的工作。

或许之前,从来没有人怀着浓厚的兴趣问过他这些问题。男主人听了怀特的话,从心里油然升起一股感激之情,想到自己就要被调到市郊去上班了,真的需要一辆汽车,于是当场就和怀特签下了购车合同。

等到有一天,怀特特意去工厂拜访他的时候,看得出他真的是喜出望外。他把怀特介绍给年轻的工友们,并且自豪地说:"我就是从这位先生那里买的汽车。"怀特趁机给每人一张名片,正是通过这种策略,怀特获得了更多的生意。

其实,尊重、重视客户早就是销售行业的共识,很多商家都把"宾至如归,客户至上""客户就是上帝""客户永远是对的"奉为宗旨,销售人员应该以友好的态度,努力为客户提供最优质、最贴心的服务,让客户体验到"上帝"的感觉。如果销售人员总是想把客户踩在脚下，使劲儿地剥削他们的钱财，这样必然会失去所有的客户，最终走向失败。所以，销售人员应该尊重每一位客户，不管对方的身份、地位、职业如何，都应该让他们自我感觉良好。客户产生良好感觉或感到自信的同时，自然会对你产生好感，进而对你的产品产生好感并乐于和你做生意。

只有你对别人表示出尊重和肯定，才能换回对方的积极回应。只有把客户放在心上的销售人员，客户才会把他放在心上。"让客户觉得自己重要"是打动客户内心的一个重要原则，这就需要销售人员从细微处给予最真挚的接纳、关心、容忍、理解和欣赏。

有一位销售人员约好到客户家里推销厨具，但是刚好碰到客户家里正在装修。当销售人员到来的时候，客户的家里还没有收拾完毕，屋子里很乱，客户迟疑了一下还是请他进屋了。销售人员看出客户有些不高兴。于是便小心翼翼地找话题说："您的居室好大啊？装修得真不错，既大气又时尚。"客户听他说起装修，正好是想说的话题，于是开始发起牢骚，说装修工程不顺利，很多材料都不中意，而且进度太慢，已经忙了一个多月还没有完工。销售人员表示理解，并说了些安慰的话。

这时候销售人员发现客户由于忙里忙外，只是穿了一双拖鞋，而此时客厅是比较冷的，刚才干活不觉得，而停下来的话就很容易着凉。于是销售人员便巧妙地提醒客户说："装修房子的确是个累人的事情，但是也不要忘记照顾自己的双脚，我建议您应该先'装修'一下它们，免得受冻向主人抗议。"

客户其实也觉得有点凉，但是不好意思说，而此时销售人员注意到并温馨地提示自己，使客户的心里一热，于是他会意地笑了，说："那真是不好意思，我先失陪一下。"销售人员点点头说："没关系，您请便。"

等到客户回到客厅，坐在销售人员对面的时候，销售人员及时地说："把它们包装好了，我就觉得安心了。我可不希望我的客户生病不舒服。"客户顿时感到内心一股暖流穿过。在接下来的交谈中，气氛很是轻松，最后客户决定购买他的全套厨具。临走时，客户真诚地对销售人员说："我会很珍惜像你这样好的销售人员的。"

每个人都有遇到困难、感到烦恼的时候，而此时也是最需要别人关心的时候，不管是亲人、朋友还是陌生人，也许只要一句简单的安慰或者问候就可以给他莫大的温暖和鼓励。

学会关心、帮助别人，这样当你需要关心和帮助的时候，就会有很多的人向你伸出援助之手。不管这个人是你的亲人、朋友还是陌生人，当他们需要帮助的时候，如果销售人员可以慷慨地献出自己的真心和爱心，说不定哪天他们就会成为你最忠实的客户。对他人表现出诚恳的关心，不仅可以帮你赢得朋友，也令你的顾客对你和你的产品报以忠诚。

真诚地尊重你的客户，让他们感到自己很重要，是打开对方心灵的金钥匙。因为成为重要人物是人性里最深切的渴望。销售人员永远都要让客户感到自己很重要，给客户多些关心和理解，让客户感到你的真诚和尊重，这时候人与人之间的隔阂就会消除，客户才更加容易敞开心扉，真诚地对待你。

真心请教客户，就会受益无穷

一位橡胶厂的总工程师，听说本市的一家同行企业上了两条生产畅销美国的乳胶手套的流水线。他很想就这两套设备的机械、技术方面的问题作一番了解，因为他们厂也想上几条这样的流水线。

第一次，拜访兄弟企业的厂长时，他遭到了婉言谢绝："对不起，这套设备的制作图纸是花钱买来的，至于一些技术上的问题，还暂时保密。"

第二次，他又去了。那位厂长见他只隔两天又来了，不禁微皱了一下眉头，但还是请他坐在沙发上。

"听说你在TQC（Total Quality Contiol，全面质量管理）上是个专家，能不能问一下，这样的管理模式的特点在哪里？"工程师说。

厂长显然很惊讶，说："是的，我搞TQC已有几年了，在省内算得上是搞得较早，但只是'笨鸟先飞'罢了，哪里谈得上什么专家。"他微露出宽慰的笑容。显然，之前他持有的戒备心理消失了。

"你能不能向我推荐一些这方面的专著和文章，使我也对TQC有所了解呢？"工程师恭敬地掏出了本子和笔，真心诚意地请他指教。那位厂长愉快地接过去，给他写了几个书名，并向他详尽介绍这几本书的特色和有关章节。

接下来，厂长又向工程师具体介绍了许多他们厂进行全面质量管理的方法和措施，甚至讲到了他对决策和用人方面的一些做法和设想，他们越谈越投机。中途，他曾告诉秘书，请她将工程师所需要的东西准备一下。

不知不觉已临近下班时间了。"我很高兴能认识你，希望你在有空的时候，到我家中小叙。"分手的时候厂长这样对工程师说。

橡胶厂总工程师的经历很典型地说明了这一点：为了了解生产乳胶手套流水

线的机械、技术方面的问题，他去拜访同行企业的厂长，第一次碰了钉子，第二次却获得了成功，就是因为他在第二次运用了请教的言语策略。他了解到这位厂长在TQC上是个专家，就毕恭毕敬地去请教对方在这方面的知识，表达了自己的仰慕之情，并让对方推荐一些专著和文章，使这位厂长自觉地意识到这是一种由同行认可的荣誉，心里一高兴，就畅谈起他自己进行全面质量管理的历程，两人遂成知音。

下面再来看一个例子。

一个花匠去一位著名的法官家为他美化庄园。当他在干活的时候，那位法官跑出屋子来提出了不少好的建议，诸如希望在哪儿栽上一丛杜鹃花，等等。于是花匠说："法官先生，您的业余爱好可真不错哇！我一直很羡慕您那条漂亮的狗，我知道您在麦迪逊广场花园举行的家犬大奖赛中赢得了不少蓝彩带，不知道您是如何喂养它，把它培养得如此出色？应该是花了不少心血吧？"法官连忙说道："是啊，是啊，养狗的乐趣真是无穷啊。你是否愿意看一看我家的狗窝？"

法官花了将近一小时领花匠参观他养的狗，并把那些狗赢得的各种奖品拿给花匠看，他甚至还拿出狗的谱系材料，向花匠说明这些狗之所以这么漂亮是因为血缘的关系。

末了，法官问花匠："你有孩子吗？"当花匠回答"有"时，法官又问："他想要小狗吗？"花匠急切地答道："怎么不想，如果有了，他会开心死了。""好吧，我送他一只。"法官说道。

接着，法官又跟花匠讲了怎样给小狗喂食的问题，讲完后又热切地说："光给你讲你会忘了，我把它写出来吧。"于是，法官记下了狗的谱系和喂狗的方法。

法官最后送给了花匠一条值100美元的狗，在花匠身上花去了1小时又15分钟的时间，这一切都是因为花匠真诚地羡慕他的嗜好以及他取得的成就。

你是不是很羡慕那个花匠？其实花匠是花了很长一段时间来研究这位法官，因为他也很喜欢小狗，只是没有那么多的余钱去买。聪明的花匠在仔细地研究法官之后，又进行了仔细的分析，最后设计了上面的对话。"世上无难事，只怕有心人"，最后他成功了。

"三人行必有我师。"任何人都会有一些值得我们学习的地方，我们只需要通过仔细的研究，认真地把它挖掘出来，并真心地加以请教，就会受益无穷。

第11章

一句赞美胜过十万雄兵，多多赞美客户吧

用赞美的话语去接近客户

每一个人都希望被赞美，销售人员可在销售时，用赞美对方的方式，来引起客户的注意、兴趣及需求。

下面是一个用赞美性的话语来接近顾客的成功范例。

销售员宋先生以稳健的步伐走向张总经理。当视线接触到张总时，他轻轻地行礼致意，向张经理问好并做了自我介绍。

宋先生："张总经理，您好。我是华通公司的销售员小宋，请多多指教。"

张经理："请坐。"

宋先生："谢谢，非常感谢张总在百忙中抽出时间与我会面，我一定要把握住这个好机会。"

张经理："不用客气，我也很高兴见到您。"

宋先生非常诚恳地感谢了对方的接见，并表示要把握住这个难得的机会，这让对方感觉自己是个重要的人物。

宋先生："贵公司在张总的领导下，业务领先业界，真是令人钦佩。我拜读过贵公司内部的刊物，知道张总非常重视人性化的管理，员工对您都非常爱戴。"

张经理："我们公司的业务和你一样，也需要去直接拜访客户，这就要求员工要有冲劲及创意。冲劲及创意都必须来自于员工的主动自发精神，用强迫、威

胁的方式是不可能成为一流公司的。因此，我们特别强调人性化的管理，公司只有真正地做到尊重员工、照顾员工，才会有助于他们发挥各自的潜力。"

宋先生："张总，您的理念反映了贵公司经营管理上的独特之处，真是很有远见。我相信贵公司在照顾员工福利方面是不遗余力的，尽管你们目前已经做得非常好了。在这里，我谨代表本公司向您报告一下有关本公司最近推出的一个团保方案，这种保险方案最适合外勤工作人员多的公司采用。"

张经理："新的团体保险？"

宋先生："是的。张总平常那么照顾员工，我们相信张总对于员工保险这项福利了解得也一定很详细，不知道目前贵公司已经采纳的保险措施有哪些呢？"

宋先生利用赞美的手法，很快就为自己的销售工作顺利打开了局面。

对客户进行有效的赞美，可以通过以下几种方式。

(1) 赞美对方所做的事及周围的事物。例如：您办公室布置得非常高雅。

(2) 赞美后紧接着询问。例如：您的皮肤这么白，您看试穿这件黑色的礼服怎么样？

(3) 代表第三者表达夸奖之意。如：我们总经理要我感谢您对本公司多年的照顾。

赞美是挽回客户的良策

高斯先生所在的美克公司曾经和费城的一个建筑承包商签订了一项合同，负责为对方提供一种装饰用的铜器，并被要求在指定的日期内交货。刚开始，双方合作得非常顺利，但在合同履行期将要结束的时候，客户那边却突然说不再接受美克公司的货物了，并且也没有给出一个合理的解释。

在电话沟通无效的情况下，高斯先生被派往了纽约，去拜访客户。

"您知道您的姓名在布鲁克林区是独一无二的吗？"当高斯先生走进客户方面负责这件事的一个经理的办公室时，他这样问道。

这位经理感到很惊异地说："不，我不知道。"

"哦，"高斯先生说，"今天早晨下了火车后，我在查看电话簿找您的住址时发现在整个布鲁克林区只有您一个人叫这个名字。"

"我可一直都不知道。"这位经理说，并开始很有兴趣地查看电话簿。

"啊，那可不是普通的姓名。"他边查边自豪地说，"我的家庭原来在荷兰，大约在200年前迁到纽约来的。"

这位经理接着又谈了他的家庭情况，说了很长时间。

当他说完了，高斯先生也大致摸清了他的脾气，于是开始恭维他有那么大的一个公司，并且比他曾参观过的几家同样的公司更好，而且规模更大。

"这是我所见过的最清洁的一家公司。"高斯先生说。

"这是值得我用一生的心血来经营的一项事业。"这位经理说，"对此我也感到很自豪。你愿意参观一下我的公司吗？"

在参观的时候，高斯先生又借机赞扬了他的组织与管理系统，并给出了自己合理的解释，告诉他为什么他的公司看起来比他的几家竞争者要好，以及好在哪里。

最后，那位经理坚持要请高斯先生吃午餐。

需要注意的是，截止到目前，高斯先生对自己的访问目的还只字未提呢。

午餐完毕以后，这位经理说道："现在，我们谈正事吧。自然，我也早就知道你是为什么而来的。但是，我没有想到我们的聚会是如此的愉快。你可以回费城向你们公司转达我的许诺，也许其他的订单我不得不延迟，但是你们的货物我将保证按期接收。"

就这样，高斯先生甚至没有说出自己的来意，就出色地完成了他的任务。试想一下，如果高斯先生采用平常人在这种情形下所用的争执吵闹的方法，能取得这样的结果吗？而且，在这种情况下和客户进行争吵也是合乎常理的，因为毕竟是客户那边先违了约。但是高斯先生不仅没有和客户争吵，反而去赞美客户，最终也为公司挽回了损失。我们不得不佩服他在和客户沟通中的高明之处。

所以说，赞美是增进情感交流的催化剂，如果推销员能找到客户值得赞美的地方，并真诚地表达出来的话，就会立即拉近和客户之间的距离，让客户接受你，有时甚至能够挽回那些行将失去的客户。

赞美的几点具体事项

对客户进行赞美时，一定要做到具体、得体，这其中的尺度很微妙，需要推销员用心去体会把握。如果赞美用词不当，或者太夸张，会给人留下很不好的印象，甚至会让人感到厌恶。

赞美的话题可小可大，小的可以是"您的气色很好""您的院子真整洁"，等等，大的话题可以是"您做生意信誉很好"、"听说您在这方面很有经验"，也可以说"一直仰慕您的学识和人品"，等等。

赞美的内容和方式越具体越好，这也表明了你对客户的了解程度。推销员在赞美客户时，要有意识地说出一些具体而明确的事情，而不是空泛、含糊地赞美。例如：

（1）赞美某人的衣着。

"您今天看起来很有风度。"或"您的衣服很好看并且很时尚。"

（2）赞美某人的房间。

"这真是间漂亮的房子。"或"这间房子装修得很雅致呀。"

"啊，您的房间布置得真好！光线柔和、色调明快，使人赏心悦目，如果再铺上地毯的话，那将更是锦上添花啊！"

（3）赞美某人的手表。

"这只手表很漂亮。"或"这只手表的造型真是独特呀。"

（4）赞美某人的小孩。

"他们真聪明！"或"他们真是太棒了！我希望我也能有这样好的孩子。"

（5）赞美某人的新车。

"从这部车可以看出现代科技的进步真是神速啊！您一定花了不少钱买这部车吧！"或"能拥有如此完美的车，您真是与众不同！"

赞美要建立在真实的基础上

杰克刚刚进入推销行业不久，还是一个处于学习阶段的实习员工。

一天，一位推销行业的前辈带他去上门推销，希望他能够在实际工作中尽快学到一些经验。

杰克十分崇拜前辈，对前辈的一言一行也都仔细观察，用心记忆。一天，他发现前辈刚一看到约见的客户，就笑容满面地说："我听说您最近又做了不少善事，真是心地善良的人啊，那些穷苦的人能够遇见您，真是他们的幸运。"

本来是一脸严肃的客户听见这句话，立即喜笑颜开地说："哪里哪里，这是应该的。"

于是下面洽谈的气氛也就变得融洽了许多，曾经遭到过很多次拒绝的生意现在也就谈成了。杰克经过仔细分析，认为是前辈的那句赞扬的话起到了关键作用，于是认真地将这句话记到了笔记本上。

不久后，那位前辈终于同意让杰克单独去执行任务了。他的第一个客户是一个玩具商，在见到这位客户之前，杰克做了大量的准备，包括如何将寒暄引入正题，如何说服客户，等等。在自认为准备得十分充分之后，他敲开了玩具商的门。

杰克见到玩具商一脸严肃，决定先缓和一下气氛，于是他故作兴奋地说："我听说您最近又做了不少善事，真是心地善良的人啊，那些穷苦的人能够遇见您，真是他们的幸运。"

玩具商听了这些赞扬目瞪口呆，心想：我最近根本就没做任何善事，这位推销员肯定是记错人了，我不能允许这样一个不重视我的人出现在我的办公室里。于是玩具商说："先生，恐怕你是认错人了，我很忙，请回吧！"

就这样，杰克还没有进门，就被对方拒之门外了。

赞美一定要建立在真实的基础之上，尽管人人都希望被赞美，但当赞美的话语中有一些不符合现实的东西时，被赞美的人往往会产生"他说的是我吗？"的疑惑，同时也会得出"这是一个虚伪的人，他所说的话不值得信任，他的商品更不值得信任"的结论。一旦客户得出这样的结论，接下来你无论是多么的能言善辩，都将是徒劳的。

赞美对方，让他感到自己很重要

时时刻刻让客户感觉自己很重要。你若能准确投合人性中这种深刻的渴求，对方的感情账户内就会增加更多有利于与你做成生意的种子。

赞美他是个相当神奇的魔法。

我们都会为爱的礼赞而兴奋不已。赞美可以激励准客户建立他们的自我形象，并使他们喜欢我们。赞美的话对准客户的冲击是相当深刻的。为什么不一见面就使用赞美客户的方式呢？不要觉得害羞，不要畏缩，勇敢地说出来，这会带给准客户无比的价值感，让他感到自己是个重要的大人物。如果你能灵活运用以下四个法则，衷心的赞美将会引导你与客户的销售进程。

（1）使用具体的赞美。具体明确地将对方的优点提出来，更容易流露出赞美者的关心与真诚。

（2）避免绝对的赞美词。夸张的赞美会使人感到被愚弄，委婉贴切的话语则常使人喜不自胜。

（3）尽可能把对客户的赞美跟他以往使用的产品结合在一起。请永远记住：随时随处赞美别人。

（4）要记住：人们之所以购买，是因为他们感到高兴。你的感觉是会传染的，你要宁可做一位传播者，让他们成为捕捉者。人们喜欢在他们感到愉快的地方进行交易。

想想看，你可以用什么方法传播快乐融洽的气氛，使双方都处于愉悦美好的环境里？以下提到的各种行为，相信你能做到：

喊对方的名字！他们会觉得这是世界上最悦耳的音符。

设法记住客户的姓名、职称等，在谈话中一有机会就提及。

对他喜爱的事物，由衷地表示你也喜爱。

引发对方的兴趣，让他多讲自己感兴趣的话题。

凝神倾听，鼓励他说出自己的心声。

微笑。微笑是世界上最好的礼物。

认同他，并表达你感激的心情。有时只要一点"感激"，便能带给别人无比的喜悦和信心。

钻戒和珠宝都不是真正的礼物，唯一的礼物是你自己。去传播喜讯、快乐，你将是建立友谊的天使。你可以用一个微笑、一个真诚的眼神、一个友善的行为或任何方式创造出愉悦的气氛，让客户打开内心世界接受你、喜爱你。

戴高帽，让客户"无路可走"

据说，关公死后，玉皇大帝命它守住南天门，以防小人逃脱出境。此关公生前忠义两全，最痛恨逢迎之小人，死后亦然。某日，一小鬼，鬼鬼祟祟的没有出境护照就想蒙混过关，却被眼尖的关公逮住。只见那小鬼胸有成竹地对关公说："关老爷，我知道您在世间是最正直的人，这谁不知道啊！刘皇叔爱慕您是忠义两全的将才，那曹操也是敬您三分。因此，普天之下我最敬仰崇拜的人只有您一个。"说完看看关公，只见那关公频频的点头，接着手一挥，也不查问，该小人顺利过关。

上述故事可见高帽的威力无边，连忠义双全的关公也难免向高帽低头。

按布朗戴斯大学教授马斯洛的需要理论来解释，是因为人都有获得尊重的需要，即对力量、权势和信任的需要；对名誉、威望的向往；对地位、权利、受人尊重的追求。而赞美则会使人的这一需要得到极大的满足。正如心理学家所指出的：每个人都有渴求别人赞扬的心理期望，人一被认定其价值时，总是喜不自胜。由此可知，你要想取悦顾客，最有效的方法就是热情地赞扬他。

人们之所以喜欢高帽，是因为我们每个人都渴望被赞美和肯定，而高帽正好迎合了人们的这种欲望。高帽运用得好，便能将别人掌握在自己的手中。据说，美国钢铁大王安德鲁的成功秘诀之一，便是善于给员工戴高帽。他不放过任何机会，给下属送高帽。通过给员工高帽戴，牢牢牵住员工们的心。

许多商店的售货员为了扩大销售，也很会给顾客戴高帽。某位小姐在柜台前试穿衣服，旁边的售货员就会说，您穿这件衣服真漂亮，既高贵又典雅，您走在街上也许有人会认为您是哪位明星……直到这位顾客乐呵呵地买下了这件衣服。

在赞美顾客时注意要具体明确赞扬，就是在赞扬顾客时，有意识地说出一些具体而明确的事情，而不是空泛、含混地赞美。要让人感到真诚，有可信度，没有明确而具体的评价缘由，会令人觉得不可接受。因此，有经验的推销员在赞扬顾客时，总是注意细节的描述，而不空发议论。

人都有一种希望别人注意他不同凡响之处的心理。赞扬顾客时，如果能适应这种心理，去观察发现他异于别人的不同之点来进行赞扬，一定会取得出乎意料的效果。我们称这种方法为"观察异点赞扬"。

卡耐基就常用这种方法来赞扬他人。他在《人性的弱点》一书里便讲述过有关的一件事：一天，卡耐基去邮局寄挂号信。在他等待的时候，他发现这家邮局的办事员态度很不耐烦，服务质量差劲得很。因此他便准备用赞扬的方法使这位办事员改变服务态度。当轮到为他称信件重量时，卡耐基便对办事员称赞道："真希望我也有你这样的头发。"听了卡耐斯的赞扬，办事员脸上露出了微笑，接着便热情周到地为卡耐基服务起来。自那以后，卡耐基每次光临这家邮局，这位办事员都笑脸相迎。

卡耐基真不愧为语言大师，在此情形下，竟能想出如此高妙的赞美语言，让那位面如冰霜的办事员改变了态度。就当时的情形看，如果赞扬他工作热情，办事员肯定会认为这是卡耐基在对他进行挖苦、讽刺，若是批评他服务质量差，他又很可能破罐子破摔，服务态度更恶劣。

要善于抓住人的心理，不失时机的赞美别人几句，那么本来以为很糟糕的事，反而会向着很好的方向发展。对待顾客，更要如此。

常用的赞美客户的语言

很少会有人因为受到赞美而感到不高兴,除非是那种居心不良的赞美。因为每个人都希望赢得别人的尊敬和重视,都希望自己在别人眼里是一个积极、正面的形象。

"你的房子真漂亮,院子也收拾得非常整齐,你真是一个有品位的人。"听到别人这么说,任何人都会觉得很高兴。同样的,如果销售人员能够这样善意地承认并称赞客户的优点时,客户感到愉悦之余,通常就会做出购买决定。

那么,赞美的话究竟该怎样去说呢?

1. 称赞个人的常用话语

(1) "听说您有位漂亮的太太,真令人羡慕。"

(2) "令爱很像您太太,长大后也一定是个大美人。"

(3) "您的孩子长得真像您,将来必定是社会精英。"

(4) "您住的地方真不错,眼光与品位确实与众不同。"

(5) "你们的院子很漂亮,是先生您自己设计的吗?您工作那么忙碌又能将庭院收拾得井井有条,真是令人佩服。"

(6) "你们的邻居都很羡慕你们夫妇情深,请问你们保持良好夫妻感情的秘诀是什么呢?"

2. 称赞管理人员的常用话语

(1) "总经理,您取得了这么大的成就,工作还这么努力,对我而言是个很好的榜样呀。"

(2) "董事长,这个行业的人都说您是采购领域的专家。"

(3) "先生,您的眼光真高,令我非常佩服。"

(4) "久仰大名,今天能够见到您,我感到非常荣幸。"

(5) "先生,您的品位不凡,在本行业里拥有很好的口碑。"

(6) "处长先生,我很冒昧地请问您,这条领带是您自己选的吗?搭配得很不错啊!"

3. 称赞公司的常用话语

(1) "贵公司是家颇有历史的公司,外界对贵公司的评价也很高。"

(2) "贵公司的规模在行业里高居榜首,很多同行都说要迎头赶上,但结果不仅没赶上,反而和你们的距离越来越远。"

(3) "贵公司是本地区高收益企业的典型代表,大家对贵公司的评价都非常好。"

(4) "很多客户暗地里都说贵公司的竞争能力太强了,他们根本无法与你们抗衡。"

(5) "听说贵公司的商品管理在这个行业里,没有一家公司比得上,不仅商品周转率高,而且不良库存为零,真是令人羡慕啊。"

真诚的赞美没有人会拒绝

作为一名销售人员,最重要的就是要做到被人接受,被越少的人拒绝就意味着越成功。那么,怎样才能做到被顾客接受呢?在销售人员说话的艺术中,赞美是行之有效的方法,但是盲目赞美也是不能被人接受的,甚至会引起顾客反感也说不定。因此,我们说,赞美必须发自内心,即赞美必须注入真诚,说话的魅力并不在于你说得多么流畅、多么滔滔不绝,而在于是否善于表达真诚!

有这样一位教员,呕心沥血写了一本书,但是出版之后,出版社让他推销1 000册。对于他这样一个没有一点销售经验的教员来说,推销这1 000本书远比讲课要难得多。

为了把书推销出去,他在学员中进行了一次演讲,他说:"作为教员,我站在讲台上没有讲课而试图推销自己写的书时,心里总不免有些尴尬。不过,如今这个时代,作者也很难,写了书,还得卖书。出版社一下压给我1 000册,稿费一文没有,所以我不推销不行。这本书写得怎样,我自己不好评说。不过有两点可以保证:第一,这本书是我用3年时间完成的,是我心血的结晶;第二,书的内容绝不是东拼西凑写下来的,是我自己长期思考的见解。前不久,这本书被思想政治工作研究会评为社科类图书的二等奖,这是获奖证书。说实话,对于我们这些教书匠来说,搞推销比写书还觉得难,只是硬着头皮来找大家帮忙。不过,买不买完全自愿,绝不强迫。如果觉得这本书对你有用,你又有财力就买一本,算是帮我一个忙。谢谢。我向大家推销这本书,不仅仅是因为要完成我的任务,更不仅仅是因为这是我写的书,而是我相信大家能够用自己的慧眼来识别这本书。如果是垃圾书,我绝对不会推荐给大家,另外,买不买完全自愿。我相信自己的能力,我更相信大家的眼光。"

这位教员不是专职销售人员,但是他却获得了成功。他的这次演讲立即产生了效果，一次就卖掉了300多册书。

从某种意义上说，他的成功就在于他恰到好处地表达了自己的真诚，赢得了听众的信赖，又不失时机地加以赞美，其言外之意是：买了这本书的人，都是有眼光的人。这次推销的成功也说明，在讲话中学会表达真诚要比单纯追求流畅和精彩更重要。

对于以与人打交道为职业的销售人员来说，赞美是友谊的源泉，是一种理想的黏合剂，它不但会把老相识、老朋友团结得更加紧密，而且可以把互不相识的人连在一起。

用真挚诚恳的语言去打动对方，是一种在销售行业中被广泛使用的语言表达方式。这里的真诚不仅仅包括"真实"的意思，更重要的还在于要有"真情"。

真实、笃诚和真情是赞美顾客时尤其应该注意的要素。以真实为铺垫、为基础，以真情动人，以真情感人，才能达到在赞美的同时说服对方的目的。鲁迅说得很深刻："只有真的声音，才能感动中国人和世界人；必须有真的声音，才能同世界人同在世界上生活。"

有一个5岁大的女孩，在教堂表演中首次登台演唱。她有着优美的歌声，她的天才从一开始就颇堪造就。当她长大时，她的家人了解到她需要专业声乐训练，就请了一位很有名的声乐教师来训练她。这位教师造诣很深，很少有人比得上他。不过，他是一个十分苛求完美的人。不论何时，只要这女孩一想到放弃或节奏稍微不对，他都会很细心地指正。经过一段时间以后，她对教师的崇拜日益加深。即便双方年龄相差很大，他的严格远胜于鼓励，但是她最后还是嫁给了他。他在婚后继续教她，但是她的朋友发现她那优美自然的腔调已有了变化，带着拉紧、硬邦邦的音质，不再是以前那种清爽而悠扬的声调了。渐渐地，邀请她去演唱的机会越来越少。最后，他们几乎不邀请她了。

这时，她的先生，也就是她的老师去世了。以后几年，她很少演唱或根本没有演唱。她的才能很少发挥，直到又有一位销售人员追求她为止。有时候，当她正在哼着小调或一个乐曲旋律时，他会惊叹歌声的美妙："再唱一首，亲爱的，你有全世界最美的歌喉。"

他总是这样说。事实上，他可能不知道她唱得是好是坏，但是他确实非常喜欢她的歌声，所以他一直对她大加赞扬，她的自信心开始恢复了，她又开始前往世界各地演唱。后来，她嫁给了这位"良好的发现者"，又重新开始了成功的歌唱生涯。

那位销售人员对她的称赞出于诚挚、真心，衷心恭维是最有效的教导与驱动。赞美是一种艺术，它的魅力相信任何人都无法抵挡。

人是有情感的高级动物。情感是人的心理过程的重要组成部分，它是人对他人和外物是否符合自己的需要所产生的内心体验。这种内心体验具有情境性和直接性。情感的产生则需要外界的刺激，研究表明，饱含真情实感的言语是唤起情感的一种最神奇的武器。运用真情的言语策略，可以顺利促使双方产生情感共鸣，使双方关系融洽，形成良好的交际氛围；可以较快地促使双方强化相应的感性认识，形成并巩固某种态度倾向和观念信仰；可以有力地推动人们将某种行为动机付诸实施，并做出积极的反应，这就为赞美的有利作用提供了科学的依据。俄国文豪托尔斯泰说："真诚的称赞不但对人的感情，而且对人的理智也起着巨大作用。"

借用他人的言辞赞美客户

我们来看看推销员陈小姐是如何借用他人的话来赞美准客户李经理的：

陈小姐："李经理，您早。今天的天气太好了！"

李经理："是啊！空气很好，北京的冬天像这个样子的可不多见呀！"

陈小姐："是啊！李经理，您正在做重要工作，这时打扰您，真不好意思。早听说您年轻有为，为人正直，很讲信誉，大家都很敬慕您。"

李经理："我们经销部的宗旨就是：顾客是上帝。因此，恪守信誉是我们的第一目标。"

陈小姐："我们真应该向贵方多学习，多请教。"

就这样，陈小姐在寒暄与间接的赞美中打开了客户的话匣子，也成功地消除了顾客的戒备与抵触心理，为下一步的推销工作打下了良好的基础。

有时候，借用第三者的口吻去赞美客户会更有说服力。比如说："怪不得小李说您越来越漂亮了，刚开始我还不相信，这回一见可真让我信服了。"这样的赞美对客户来说就比直接说："您真是越长越漂亮了"的效果要好得多，而且还可以避免恭维、奉承之嫌，对方听了心里也会感觉更舒服。

间接地赞美客户有时能够获得比直接赞美客户更好的效果。

在平时接触客户的过程中，你可以尝试着多运用一下这些间接的赞美方式：

"您好，先生。今天早上，我听您的一位同事介绍说您在这一行里面有非常专业的知识，而且您对人特别友好，非常和蔼。"

"王先生，您好，我是你的老朋友张先生介绍来的，据说王先生聪明能干，不到30岁就开了好几家公司,手下的员工就有好几千。特别是王先生在事业成功的同时,也非常关心员工的福利待遇。今天我来的目的就是向王先生介绍本公司的职工意外健康保险,我们现在就开始好吗?"

"您的经理上回跟我说,您的工作又快又好,让您办事,他最放心。"

"您的员工跟我说,您不但能干,有魄力,而且特别宽宏大量,跟您干是对了!"

"听朋友说您是位学识渊博且非常谦虚的人,果不其然。才听您说了几句话,我就感受到您的人格魅力。"

恰到好处地赞美客户

艾伦是一家人寿保险公司的推销员,几经周折,他才获得了去拜访当地一位大人物钱伯斯先生的机会,而时间只有半个小时。

一见到钱伯斯先生,艾伦就非常激动地说:"钱伯斯先生,我很小就听过您的大名,从心底万分崇拜您。我想,如果我今天能亲耳听到您的那些传奇故事的话,我会非常荣幸的。"

"年轻人,你今天来的目的不是就为这个吧?"

"钱伯斯先生,您可不知道,有多少人做梦都盼着见您一面呢!"艾伦越说越起劲,又说出来很多赞美之辞,钱伯斯先生渐渐地也被他的赞美冲昏了头脑,开始向他讲述自己的创业史。结果,半个小时的时间很快就过去了,艾伦满脑袋都是故事,却忘记了此行的真正目的。

在与客户沟通的过程中,赞美会很快取悦于客户,并能够在客户心中留下美好的印象,因为每个人都喜欢受到别人的赞美和尊重,对赞美自己和尊重自己的人自然会抱有好感。但是,如果过分赞美客户,就像上面的艾伦一样,就会使赞美远离实际,不能够与自己的推销工作有效结合起来,往往弄巧成拙。

因此,赞美是要讲究技巧和方法的,不是美言相送,随便夸上两句就会奏效,如果赞美的方法不当还会起到相反的作用。所以,在赞美客户时,要注意恰如其分,切忌虚情假意、无端夸大。那么,如何去把握赞美的话语而不过头呢?

有一位经理,开的汽车已经很旧了,因为在创业年代艰苦奋斗惯了,所以现在成功了,怎么也舍不得换新车子。像他这样的人是各汽车销售公司最好的潜在客户。但是,在很长一段时间里,都没有人能成功地向他出售一辆汽车。原因在于这些推销员总是这样说：

"您这辆车子太破了，太旧了，跟您的身份不符……""您这破车三天两头就要修理，修理费用得多少啊"等一类的话，让这位经理听了心里很不痛快。

后来，来了一位推销高手，他这样对经理说：

"您的车子还能再用好几年，现在换了新车是有点可惜啊。不过，这辆车居然能够行驶12万英里，看来您开车的技术真是一流啊。"

推销员的话虽然含有车子太旧的意思，但是表面上却是在夸赞这位经理。他的这番话真是说到经理心坎里了。可想而知，只要有需要，这位经理最后肯定会购买该推销员的汽车。

赞美要把握分寸

渴望被别人真诚地赞美，是每一个人内心的一种基本需求与愿望。而赞美对方是获得对方好感的有效方法。但是，赞美要把握分寸，要有技巧，否则会引起客户的反感。

1. 赞美要因人而异

人的素质有高低之分，年龄有长幼之别。因人而异，突出个性，有特点地赞美能比一般化的赞美收到更好的效果。

销售员小张曾经拜访过一个客户，这个客户是一个很有消费潜力的客户。但他脾气很怪异，年纪虽然不大，但早已秃顶了。就像阿Q听不得别人说"灯"这个字一样，他也很忌讳别人谈到他的头。客户的头发虽然梳得油光锃亮，但那却是他心中"隐隐的痛"。小张对准客户说："先生，我觉得您的头发真不错啊！"客户脸上已经有了不悦之色。小张接着说："我爸爸也是这样的头发，但怎么梳也梳不出你的效果啊！"客户哈哈大笑。

每个人都喜欢被赞美，销售员的赞美更要使客户感到愉快。销售技巧中，采用的赞美就绝不是简单的"拍马屁"。一般来说，如何发现一个人真正值得赞美的地方也有一定的规律可循。比如说，对老年人，应该更多地赞美他辉煌的过去，赞美他"想当年"的业绩与雄风，同其交谈时，可多称赞他引为自豪的过去；对年轻人，不妨语气稍为夸张地赞扬他的创造才能和开拓精神；对年轻母亲，赞美她的小孩往往比直接赞美她本人更有效；对经商的人，可称赞他头脑灵活，生财有道；对有地位的干部，可称赞他为国为民，廉洁清正。当然，这一切要依据事实，切不可虚夸。

2. 赞美并非越直接越好

有时，间接的赞美更能打动人心。比如说，对方是个年轻的女客户。为了避免误会，不便直接赞美她。这时，不如赞美她的丈夫和孩子，这比赞美她本人还要令她高兴。也可以借用第三者的口吻来赞美，比如说："怪不得玛丽说您越来越漂亮了，刚开始还不相信，这一回一见可真让我信服了。"这就比说"您真是越长越漂亮了"更有说服力，而且可避免轻浮、奉承之嫌。

3. 赞美要情真意切

虽然人人都喜欢听赞美的话，但并非任何赞美都能使对方高兴。能引起对方好感的只能是那些基于事实、发自内心的赞美。相反，若无根无据、虚情假意地赞美别人，客户不仅会感到莫名其妙，更会觉得销售员油嘴滑舌。例如，销售员见到一位其貌不扬的小姐，却偏要对她说："您真是漂亮极了。"对方立刻就会认定销售员所说的是虚伪之至的违心之言。但如果销售员着眼于她的服饰、谈吐、举止，发现她这些方面的出众之处并真诚地赞美，她一定会高兴地接受。真诚的赞美不但会使被赞美者产生心理上的愉悦，还可以使销售员经常发现别人的优点，从而使自己对人生持有乐观、欣赏的态度。

4. 赞美不能漫不经心

如果销售人员的赞美并不是基于事实或发自内心的，就很难让客户相信销售人员，客户甚至会认为销售人员在讽刺他。缺乏真诚的空洞的称赞，并不能使对方高兴，有时甚至会由于敷衍而引起反感和不满。一旦客户发现销售人员说了违心的话，最可能的判断就是销售人员是不可信的。

一般来说，赞美是实事求是的、有根有据的，是真诚的、出自内心的，是为人所喜欢的。最好的赞美就是选择对方最心爱的东西、最引以为自豪的东西加以称赞。

5. 赞美要翔实具体

在日常生活中，人们有显著成绩的时候并不多见。因此，赞美时应从具体的事件入手，善于发现别人哪怕是最微小的长处，并不失时机地予以赞美。赞美用语越翔实具体，说明销售人员对对方越了解，对他的长处和成绩越看重。让对方感到销售员的真挚、亲切和可信，销售人员与客户之间的人际距离就会越来越近。

如果销售人员只是含糊其辞地赞美对方，说一些"您工作得非常出色"或者"您是一位卓越的领导"等空泛飘浮的话语，不能不引起对方的猜疑，甚至产生不必要的误解和信任危机。

销售人员赞美客户,就是为了让对方获得"自己很美好"的感觉。一个人的外表有美丑之分,能力有高低之别,这些都是难以求全的。但是,一个人的心灵与其外貌、能力没有什么必然关系。明白这一点的销售人员,会把赞美的目标转到对方的心灵。

第12章

幽默是销售成功的金钥匙

幽默是消除顾客戒心的极好方法

购买行为发生时,总离不开一组数字。可是一般人碰到数字,便一个头两个大,恨不得早一秒钟脱身。我们要如何疏解这种两难的困境呢?你猜对了,正是幽默。

一名消费者在面对一位女业务员时,一脸无奈地说:"你们这些业务代表老是一股劲儿地逼人家买东西!"女业务员经验老到,她不疾不徐地拿出名片,递给这名顾客看,"瞧,上面写着'业务代表'没错,我是想把东西卖给你,你也清楚这点,不过,你不需要的东西,我会尽可能不卖给你。"顾客听后,咧嘴笑了笑。女业务员顺手拿起办公桌上的名片说:"您的名片上写着'采购经理'。这样吧,我尽全力——卖东西,你也铆足劲儿——采购,怎么样?"

每个人都可以称得上是某种形式的业务员。组织能力强的人,能够持续构筑事件的合理性,以顺利地将他的产品、他的构想、他的计划推销出去。具有幽默感的人,则能化解处于销售状态下的紧张情势,使买卖双方在和谐的气氛下达成协议。飞利浦的一则幽默广告非常成功,带动了非常大的销售量。

今年5月,飞利浦公司的剃须系列产品发起了一场身体美容运动,推出了一款适合清除"颈部以下所有毛发"的电动剃毛器,售价35美元。广告代理商专门建立了一个网站介绍如何使用这种产品。最后还有结论:用这款产品清除过毛发后,某些部位能取得"明显的"视觉效果。男士们当然喜欢这一套。点击这个网页的人观看的平均时间是6分半,并且争相把它转发给朋友们。5月2日正式发售后的8个星期内,它成为亚马逊网站卫生和个人护理产品类的头号畅销商品。

不管是顾客的需要、产品的优点或是服务的方式,都可以透过趣味性极高的故事,将之描绘成一幅生动的图画,清晰、鲜活地打动顾客的心。也许你想,这样哪像卖东西,简直是耍宝嘛!没错,傻里傻气地在顾客面前耍宝,可能要比正经八百、直来直往地向顾客促销产品,更能获得顾客的青睐!

一名攻读商业新闻的大学生通过学校介绍,到几家公司去应聘工作。"请问你们缺不缺编辑、记者,或是送稿的人?"结果对方回答:"对不起,我们现在不缺。"于是他拿出事先准备好的一个牌子,牌子上面写着"不需要帮忙","这个你们总缺了吧!"他把那块牌子送给这家公司,当然牌子后面还附了他的姓名、联络电话。"你们缺人的时候记得第一个打电话给我!"他每到一家公司,都如法炮制。试了几次之后,发现效果真的不错,因为好几家公司后来都找他去面谈。

这位年轻人是聪明的,采用"曲线救国"的方式轻松地获得了机会。用幽默给顾客带来快乐,往往能消除顾客的戒心,从而达成交易。

一家银行企图想摆脱过去保守的形象,给人焕然一新的感受。于是他们在银行大门的两边,漆上一幅画,图案是一艘太空飞碟撞上这家银行的景象。同时,他们还在银行四部运钞车的背后,也添加了四幅画面。这四幅画面分别是:两个玩牌的嫌犯(其中一个诈赌);几个蒙面抢劫银行金库的抢匪;印制伪钞的人正在检查他们的钞票;一部洗衣机不停地搅动,洗衣机里面放的全是美金。人们走过银行,看见运钞车,都不觉露出会心一笑,更重要的是,他们把这家银行的名字牢牢记住了。

是不是所有的笑话对你的老板,或是对你的客户,都能发生效用呢?这个答案或许只有你知道。一般来说,大多数人的反应都不会相差太远,不过有的人的喜怒的确是比较难掌握,需要你花点工夫去挖掘,唯一可以肯定的是,幽默对提升你的业绩绝对有帮助。

每个业务员都知道,除非过得了秘书那一关,否则你很难把生意做成。可是,与其你成天在秘书身边打转,还不如讲些笑话逗她开心,以幽默为媒介,搭建沟通的桥梁。一旦你成功了,笼络秘书成为"自己人"之后,你的生意就好做多了。

"你不用说我也知道,这通电话是你今天早上接的第20通电话,对不对?"

"我知道讲电话讲到一半被打断的感觉很坏,所以说,如果我这通电话打断了你最不希望被打断的电话的话,我保证,两三句话就把我该讲的话说完。"

不管你是面对面和秘书交谈,还是留张纸条在她桌上,记住,脸上一定要保持灿烂的笑容。当然,如果你够贴心的话,就不时寄张卡片、好笑的漫画,或是一份小礼物给她，这会让你日后的工作出乎意料地顺利。

笑话好不好笑比合理来得重要。在促销产品时，提供合理的价格、产品的资讯，固然不可少，但要达成交易行为，你最需要下工夫的，还是打动顾客的情绪和他们的心。如果你打动不了他们，那一切你认为合理的事，都可能变得不合理了。

一家专门讲授交通规则的补习班发现，讲授课程效果最好的老师，是那些上课最有趣的老师。于是他们就雇用一批喜剧演员，施以一些训练，然后聘请他们在课堂上授课。没想到，这样一来，补习班的学员人数一下子增加了50%。

现代人成天被广告、各式各样的促销手法、推销员疲劳轰炸所困，不得安宁，因此，在心理上，他们颇排斥自己被这些人左右。但如果你是个有幽默感的人，就能让顾客觉得你与众不同，也会因而降低对你的戒心，消除对产品的抗拒。

不过，别忘了，在销售产品的过程中，产品才是最重要的，幽默只是辅助的工具，所以千万不要"反客为主"，俏皮话讲个没完，至于产品本身则一字不提，这样容易让人误以为，你是企图以笑话掩饰产品的瑕疵，反而得不偿失。

此外，你在选择笑话题材时也得注意，尽量选择和产品有关、具可信度的笑话，而避免讲一些影响情绪的负面笑话。总之，只要你觉得这笑话对公司、对产品没有正面的帮助，就不要冒险。

幽默帮助你达成交易

幽默是一种智慧，也是一种艺术。幽默，就是机智巧妙地思考和解决问题。有幽默感的人，善于不失时机地抓住事物有趣的一面，分寸得当地以诙谐的语言和动作表达出自己的思想和意愿。幽默可以使人们的关系变得亲切、自然、和谐，幽默是调节人际关系的润滑剂。

当吉拉德请客户在订单上签字的时候，客户却总是坐在那儿犹豫不决。对此，吉拉德幽默地说："您怎么啦？该不会得了关节炎吧？"这句话常常使客户忍不住哈哈大笑起来。

吉拉德甚至还可能把一支钢笔放在客户手里，然后把客户的手放在订单上说："开始吧，在这儿签下您的大名。"

当吉拉德这样做的时候，他的脸上带着自然大方的微笑。但同时，吉拉德又是认真的，就连客户也知道吉拉德不是在开玩笑。

如果这位客户依然拿不定主意，吉拉德就会说："我要怎样做才能得到您的这笔订单呢？难道您希望我跪下来求您？"随后，吉拉德可能会真的跪倒在地，抬头望着他说："好了，我现在求您。谁会忍心拒绝一个肯下跪的成年男子呢？来吧，在这儿签上您的名字。"

要是这一招还不能打动客户的话，吉拉德会接着说："您究竟要我怎么做才肯签呢？难道您希望我躺在地上？那好吧，我就赖在地上不起来了。"

这种方法会让大多数人捧腹大笑，他们会说："别躺在地上。你要我在哪儿签名？"随后，客户便会签下订单。

那种不失时机、意味深长的幽默是一种使人们身心放松的好方法。它能让人感觉舒服，有时候还能缓和紧张气氛，打破沉默和僵局，并为你赢得客户的好感。

不过，在你打算幽默一番之前，最好先分析一下你的产品和你的客户，一定要确保不会激怒对方，因为有些幽默对一些人来说根本不起作用，说不定还会适得其反。例如，当你和一位银行家打交道的时候，你明知道他一本正经，喜欢直截了当，你却偏要去故作幽默。这会让他认为你对他不尊重，那他又怎么可能尊重你呢？所以，运用巧妙的幽默可以为你赢得客户的好感，帮助你达成交易。

用幽默引起客户的兴趣

幽默是具有智慧、教养和道德上的优越感的表现。在人们的交往中，幽默更是具有许多妙不可言的功能。幽默的谈吐在销售场合是必不可少的，它能使销售中严肃紧张的气氛顿时变得轻松活泼，它能让人感受到说话人的温厚和善意，使他的观点变得容易让人接受。

幽默能活跃交往的气氛。在销售各方正襟而坐，言谈拘谨时，一句幽默的话往往能妙语解颐，使来宾们开怀大笑，气氛顿时活跃了起来。

幽默的语言有时能使人立即解除拘谨不安，能使局促、尴尬的销售场面变得轻松和缓，还能调解小小的矛盾。

幽默在销售中还被用来含蓄地拒绝对方的某种要求，如美国前总统罗斯福当海军军官时，有一次一位好友向他问及有关美国新建潜艇基地的情况，罗斯福不好正面拒绝，就问他："你能保密吗？""能！"对方答道，罗斯福笑着说："你能我也能！"对方一听也就不再问及此事了。

讲故事也是激起客户兴趣的一种方法。如果你把故事讲得很精彩，那些极其爱好探究人类问题的潜在客户也会听得津津有味。将故事讲得精彩是一门艺术。有些销售员能将故事讲得生动有趣，而另一些人的冗长乏味会烦得你要哭出来。拖沓、离奇、平淡的故事对你的生意成交起不到丝毫作用。有特色、有风格的故事才能给你的听众带来笑声。

对于成功的销售员来说，一种类似于演员的本领是必不可少的。很多时候，你必须把一些平淡无奇的话变得极富感染力，这可以在很大程度上创造出欢娱的氛围。

彼德·沃克是来自纽约的很受欢迎的一位演员，他在可口可乐的广告片中名声大振。他说："关键的一点是要让你所扮演的角色有可信度、有趣味性。我那样做过后，广告中所宣传的产品就非常完美了。"

虽然销售员不是演员，但你必须朝演员的角色靠拢，这是形象的创造，是提升客户兴趣最好的途径。实际上最成功的销售员往往如同演员一样，遵循着一个共同的原则，即排演再排演。

在销售过程中，你必须努力制造趣味盎然的气氛，这样无形中就会拉近你与客户的距离。在很多时候，能否激发出客户的兴趣已经成为销售成功与否的关键。

幽默销售更易接近客户

原一平曾经为自己矮小的身材而苦恼过，但后来他想通了，遗传基因是难以改变的，克服矮小的最佳办法就是坦然接受，然后设法将这缺点转化为优点。

有一次，原一平的上司高木金次对他说："体格魁梧的人，看起来相貌堂堂，在访问时较易获得别人的好感；身体矮小的人，在这方面要吃大亏。你、我均属身材矮小的人，我认为必须以表情取胜。"

原一平从这番话中获得了很大启发。从那时起，他就以独特的矮身材，配上他经过苦练得来的各种幽默表情和幽默语言，在他向客户介绍情况时，经常能逗得大家哈哈大笑，令人觉得他很可爱。如他登门向人家推销寿险业务时，经常有以下一些对话。

"您好！我是××保险的原一平。"

"啊！你们公司的业务员昨天才来过，我最讨厌保险了，所以他被我拒绝了！"

"是吗？不过，我比昨天那位同事英俊潇洒吧！"原一平一脸正经地说。

"什么？昨天那个仁兄长得瘦瘦高高的，哈哈，比你好看多了。"

"矮个子没坏人,再说辣椒是越小越辣哟!"

"哈哈!你这个人真有意思。"

就这样,原一平与每一个客户交谈后,都能给客户留下深刻印象,生意往往就这样做成了。原一平以出色的幽默推销法连年取得全国最佳的推销业绩,被尊称为"推销之神"。

作为一名优秀的销售员,首先要善于推销自己,具备很快接近客户、打消客户戒备和抵触心理的本事,从而达到成功推销商品或服务的目的。原一平就很善于推销自己,他正是运用了夸张的语言,才迅速接近了客户,成功地推销了本公司的保险业务。由此可见幽默具有神奇的魅力。其实,不仅语言可以幽默,销售员的形体、表情、动作等同样可以产生幽默效果。

语言表达幽默化

一位销售员去拜访一位企业的经理,这位经理当时不知为什么火气特别大。当这位销售员恭恭敬敬地递上名片时,这位经理瞧了一眼,就吼道:"我不买保险,走开!"说着把名片撕碎扔进了纸篓。

这位销售员并没有反唇相讥,而是继续微笑着,不卑不亢地说:"您可以不买保险,但不能撕我的名片,因为我的一张名片是花一角钱印的,你必须按价赔偿。"

这位老板气得用颤抖的手掏出一把钱,拿出一张面值最小的五角钱扔给销售员说:"这次你可以走了吧?"

这位销售员看了看,说:"对不起,我没有四角钱找您,我不想占您的便宜。这样吧,我再给您四张名片。"

一席话倒把这位经理说乐了。

幽默是沟通中的润滑剂,可以化解尴尬,融洽气氛。保险业务员若能恰如其分地运用幽默技巧,将会更容易地接近客户,增进彼此的感情。

在客户面前保持幽默感是很好的推销策略。据专家对销售员的观察发现,微笑对他们似乎有很大的帮助。如果把一切都看得很严肃,销售员很难塑造一个良好的自我形象。

以幽默语言说服谈判对手

在谈判中，有时谈判对手固执己见，坚持明显不正确不合理的要求，这时我们可以打破思维常规，从一个人们意想不到的角度提出一个荒唐的意见，使对方在发出一笑的同时，明白自己见解的不妥，这时我们再趁热打铁，就能取得谈判的胜利。

1946年5月，远东国际军事法庭审判以东条英机为首的28名日本甲级战犯，因为排定座次问题，10个参与国的法官展开了一场激烈的争论。中国法官理应排在庭长左手的第二把交椅。可是由于中国国力不强，而被各强权国所否定。

在这种情况下，中国出庭的法官梅汝璈面对各国列强据理力争。他首先从正面阐明，排座次应按日本投降时各受降国的签字顺序排列，这是唯一正确的原则立场。正面讲完道理，还不能说服列强，他接下来运用幽默战术。

只见他微微一笑说：

"当然，如果各位同仁不赞成这一办法，我们不妨找个体重测量器来，然后以体重大小排座次，体重者居中，体轻者居旁。"

各国法官都忍不住地笑起来。庭长说："你的建议很好，但它只适用于拳击比赛。"

梅法官接着说：

"若不以受降国签字顺序排座，那还是按体重排好。这样纵使我被置末位也心安理得，并可以对我的国家有所交代，一旦他们认为我坐在边上不合适，可以派一个比我肥胖的来换我呀。"

这话令全场大笑起来。

梅法官的幽默有很强的讽刺性。在这个举世瞩目的国际法庭上竟要按体重来排座次，真是荒唐之极。这个荒唐的提议虽然引人发笑，但是能够有力地说明各国列强在以强凌弱，蛮不讲理。这种幽默的方法比正面讲理更有说服效果。

幽默不同于开玩笑，要适度

每个人无论在怎样的环境中生活，都会碰到各种各样的矛盾，有的甚至是相当棘手的难题，需要你去妥善处理。成功者的体验是：不轻松的问题，可以用轻松的方式来解决；严肃之门可以用幽默的钥匙开启。

美国俄亥俄州的著名演说家海耶斯，30年前还是一个初出茅庐、畏首畏尾的实习销售人员。一次，一位老练的销售人员带着他到某地推销收银机。这位销售人员相貌一般，身材矮小、肥胖，有着红彤彤的脸庞，不过他最大的优点就是充满幽默感。

当他们走进一家小商店时，老板粗声粗声地说："我对收银机没有兴趣。"这时这位销售人员倚靠在柜台上，他格格地笑了起来，仿佛他刚刚听到了一个世界上最美妙的笑话。店老板直愣愣地瞧着他，不知道他为什么笑。

这时，这位销售人员直起身子，微笑着道歉："对不起，我忍不住要笑。你使我想起了另一家商店的老板，他跟你一样开始说没有兴趣，后来却成了我们熟识的主顾。"

而后这位老练的销售人员一本正经地展示他的样品，历数其优点，每当老板以比较缓和的语气表示不感兴趣时，他就笑哈哈地引出一段幽默的回想，又说某某老板在表示不感兴趣之后，结果还是买了一台新的收银机。

旁边的人都瞧着他们，海耶斯又困窘又紧张，心想他们一定会被当做傻瓜一样赶出去。可是说也奇怪，老板的态度居然转变了，想搞清楚这种收银机是否真有那么好。

不一会，他们就把一台收银机搬进了商店，那位销售人员以行家的口吻向老板说明了具体用法。结果这位销售人员运用幽默的力量跨过了严肃之门，取得了成功。

幽默能使你豁达超脱，使你生气勃勃；幽默能使你具有影响力，使你打破僵局，摆脱困境；幽默是润滑剂，也是成功者的禀性。所以无论是朋友相处，还是推销，都应富有幽默感。

幽默是润滑人和人之间紧张关系的有效方法。通过幽默来促成销售已经被很多销售人员所采用。

销售人员在和客户交往的过程中，不可避免地会在某些问题上出现意见相左的情况。虽然我们一再强调销售人员必须尽量和客户保持一致，但是如果客户提出的要求确实无法满足时，销售人员也必须微笑地对客户说"不"。但说"不"的方法很有讲究，幽默地说"不"就是一种比较有效的方法。

某客户的欠账已经有10个月之久，一位和这个客户很熟的销售人员前去要账。客户希望继续延长偿债时间，销售人员于是微笑着说："我们照顾您比您的母亲照顾您还要久。"此话一出，客户笑了笑，便将账全部结清了。

在运用幽默来达成交易时，要对幽默的度把握好。上面一个例子中，如果销售员不是和客户很熟的话，客户可能会对这个幽默表示很强的反感。

幽默类似于开玩笑，它有以下几点要求：

第一，针对不同的客户开不同的玩笑。

对于比较熟悉的客户，玩笑的范围自然可以扩大；对于不熟悉的客户，玩笑的范围相当的局限。熟悉的客户往往不介意销售人员的话，相反，如果销售人员跟他客套起来，他会觉得十分局促。而不熟悉的客户因为和销售人员比较陌生，所以他对销售人员所说的每一句话都比较介意，如果销售人员跟他毫无顾忌地乱开玩笑，他会觉得这个销售人员过于轻浮。

第二，开玩笑的时候要保持微笑。

如果没有笑容，玩笑就很可能被误认为是讽刺。在和客户开玩笑的过程中，销售人员一定要保持微笑。微笑是销售人员正在开玩笑的有力证据。销售人员的微笑其实就是告诉客户，他此刻说的话是为了让客户高兴起来。有些销售人员在开玩笑的时候一本正经，本来很有趣很有意思的玩笑，也变成极有讽刺意味的话，结果破坏了销售人员和客户之间的关系。

第三，开玩笑不应该冲淡谈话主题。

销售人员和客户交谈的主题只有一个：达成交易。有些销售人员相当幽默，开玩笑的手法也相当高明，但是一开起玩笑来，就将客户的思路越拉越远，最后冲淡了谈话的主题，使得交易失败。我们将这样的销售人员称为"不分轻重"的销售人员。虽然这种情况是每一名销售人员都在极力避免的，但是"不分轻重"的销售人员却经常干出这样的傻事。

第四，开玩笑的时机要把握好。

和客户开玩笑要把握好时机。在达成交易的全过程中，最适合开玩笑的时机就是处理异议阶段。客户的异议很难处理时，销售人员可以借助幽默将这种异议轻轻地带过，让客户自觉地不再提出这样的问题。

如何掌握销售中的幽默语言与技巧

在实际的销售过程中，经常有出乎意料的情况发生，这会打乱你深思熟虑的计划，让你尴尬万分。然而，幽默的语言可以助你一臂之力，化险为夷。

有一名销售人员当着一大群客户销售一种钢化玻璃酒杯。在他进行完产品说明之后，又向客户做产品示范，试图证明把酒杯扔在地上而不会被摔碎。可是，他碰巧拿了一只质量没有过关的酒杯。当他猛地一扔，酒杯摔碎了。

这样的事情在他整个销售酒杯的过程中还从未发生过，大大出乎了他的意料。他很吃惊，但没表现出来。而客户更是目瞪口呆，因为他们原先已相信了销售人员的介绍，只是想亲眼看看得到一个证明，结果却出现了令销售人员如此尴尬的局面。

然而，不到3秒钟的时间就听到销售人员说："你们看，像这样的酒杯，我就不会卖给你们。"

大家一听，都会心地笑了，气氛也变得活跃了。接着这名销售人员又扔了5只杯子，个个掉在地上完好无损。

销售人员随机应变的能力赢得了客户的好感，5只完整无损的酒杯获得了客户的信任，销售人员也因此很快推销出几十打酒杯。

上述案例中，这名机智的销售人员运用幽默的语言技巧，不但让自己在尴尬中保住了面子，更为自己的销售带来了意想不到的效果。

通常来讲，具有幽默感的销售人员，在日常工作中都会有比较好的人缘，他可以在短时间内缩短与客户之间的距离，赢得客户的好感和信赖。可一旦销售人员缺乏幽默感，则不利于与客户的交往，同时会使自己在客户心目中的形象大打折扣。所以，销售人员只有努力做一个幽默高手，才可能向成功之路步步迈进。那么，如何掌握幽默的语言和技巧呢？

1.学会自嘲

销售人员在与客户沟通中，总会有处境尴尬的时候。这时，如果用自嘲来对付窘境，不仅能很容易地打破僵局，而且会产生幽默的效果。自嘲时要对着自己的某个缺点猛烈开火，就很容易达到效果。单凭着这份气度和勇气，客户也不会让你孤独自笑，一般都会跟着附和的。

2.机智诙谐

在销售活动中，机智诙谐会让你绝处逢生，柳暗花明。销售人员用机智诙谐的语言能有效摆脱自己的困境。在与客户交谈时，可以适当地开一些玩笑，但要注意把握好分寸，不宜过头。

3.巧用反语

在一些销售场合，正话反说，反而会让销售人员获得出乎意料的效果。例如，某销售人员销售电扇，客户一直在挑三拣四地唠叨着。这时，销售人员顺着客户的意思说："这电扇确实有点毛病，花那么多钱买到一件不如意的东西真是不划算！"客户一听，反而不好意思再说什么了。接着，销售人员趁机同情地说："电扇的价格比较便宜。电扇比空调省电多了。"站在为客户着想的立场讲话，客户从心里更容易接受你的意见和建议，销售也就变得容易多了。

4. 善用夸张

根据产品的特点，巧妙地运用夸张的表达方式，往往能引起客户的注意，从而激发他们的购买欲望。有一名销售家庭用品的销售人员，每次在销售时都会对客户这样说："我能向您介绍一下该产品怎样才能代替您的家务劳动吗？"虽然产品不一定能完全代替家务劳动，但这样的表达却能吸引客户的注意，从而为你的销售打开一扇门。

5. 反差对比

把两种毫不相关的观念或事物放在一起，会形成强烈的反差，不禁让人开怀一笑。最常见的笑话就是蚂蚁伸腿绊倒大象的系列故事，正是因为存在差异，所以才让故事醒目和好笑。

销售人员也应该体会到这种反差对比的好处。在向客户形象化地介绍产品的时候，多使用反差对比，就会收到意外的效果。

6. 逆转思维

客户通常都会顺着常理去思考问题。但是，如果把事情转移到一个意想不到的结果上，就会引起他们的兴趣。

第13章

微笑是最有魅力的语言，为你带来更多的客户

微笑带给你的价值

任何业务员都明白推销这行少了笑是绝对不行的，这就是笑的魅力。

业务员王梅指出，笑容是与人交流的最好方式，对于推销来说更是重要。他在日常观察中指出，一个人在发怒之后，必须用笑来中和一下，如果只怒而不笑的话，那么这个人的情绪势必会失去平衡，呈现一种焦躁不安的情况，而难以与人相处。因此，作为推销业务员这个特殊的职业，一定要有使人欢迎的笑容才行。

笑也有笑的艺术，当然也需要不断练习，加以完善。

看看王梅是如何练就出这"价值百万美元的笑容"的。

王梅因在工作的路上练习大笑，经常被人误认为神经有问题。认识他的人总是悄悄躲开他，而后又来到他的太太久蕙面前，说他可能是因为工作劳累，神经出了问题。

王梅有一段时间因为练习太入迷了，晚上睡觉时常因"笑"而惊醒，而后到久蕙的前面再练习。

"喂！久蕙，这种表情正确吗？"就在王梅练习时，久蕙醒了过来。

"什么事呀？你三更半夜不睡觉爬起来干什么呢？"

"嘘，轻点！"

王梅转过脸对她说："练习这个呀！"

"哎哟，好难看呀！"

"别胡说，现在这张脸好看吗？"

"唔！比刚才好看多了。"

"当然好看啦，这是愉快的笑容嘛！"

"对了，你最近是不是边走边笑？前几天隔壁的太太见你在路上咧嘴傻笑，她提醒我，要我当心，怀疑你可能有精神病。"

"噢！是吗？太好了，我竟被别人当成了精神病。说实话我是在路上练习笑哇！"

他曾经假设各种场合与心理，自己面对着镜子，练习各种笑。因为笑必须从全身发出，才会产生强大的感染力，所以他找了一个能照出全身的特大号镜子，每天利用空闲时间，不分昼夜地练习。历经长期苦练之后，他的笑才达到炉火纯青的地步。王梅终于找到了世界上最迷人、最美、最令人陶醉的婴儿般的笑容。年过古稀的王梅依然保持着天真无邪的笑容，散发着诱人的魅力，那种笑容令人如沐春风，无法抗拒。

王梅针对不同的情形总结了面对客户时的38种笑法。这就是推销工作的魅力所在，居然连笑也那么讲究。

笑的确是一种艺术，而且是成功的艺术。

积极乐观的微笑价值百万

日本有近百万的寿险从业人员，很多人可能都不知道某保险公司总经理的姓名，却没有一个人不知道原一平。他的一生充满传奇色彩，他从一个横行乡里的小太保，最后成为日本保险业连续15年全国业绩第一的"推销之神"，与他与生俱来的那种乐观精神、不服输的精神分不开。而他把这种精神化成脸上真诚友好的微笑，微笑着对待认识的人、不认识的人，以致这种微笑不由自主感染了身边的人，从而换来第一笔保单的签订。从他的事迹中我们可以得出这样一个结论，积极乐观的微笑比起能说会道，有时更具说服力。

没有人喜欢板着面孔的人，尤其是在工作中，没有人愿意跟整天阴沉着脸、动辄生气发火的人共事。也许你所在的办公室常常有这样一些情况，就在几个志趣相投的同事打打闹闹时，看到某个同事板着面孔进来，所有人的兴致会因为这张面孔的出现变得索然寡味。而日常那些总是不苟言笑的人，围绕在他们周身的人也是少得可怜。

也许女孩们更喜欢酷酷的男孩，那种带着蛤蟆镜、一脸冰冷的人更容易引起小姑娘们的尖叫，然而，将这类人群放到工作场合中，他们的人际关系往往会遭遇坚冰。在工作场合，日常交际中人们更喜欢有亲和力的人，他们面带微笑，耐心地听取别人的意见，友好地称赞对方，并时不时伸手对身边的人帮上一把。正因为他们的这种行为处事方式，同事们更喜欢跟他们在一起，更愿意帮助他们，更喜欢听他们指挥，更愿意将手里升职的一票投给他们。而不是那些业绩突出、能力超强，而平时总是冷冷冰冰的人。

迪娜和玛丽是同一年进入一家大公司的。两人风格各异，迪娜温婉、和善，做事慢条斯理；玛丽不苟言笑，喜欢玩命地工作。所以，一年多的磨砺后，玛丽的能力远远超出了迪娜，老板也更愿意将一些有难度的事情交由她去处理。迪娜依旧不温不火，尽力做好自己分内的事情。

随着时间的推移，迪娜和玛丽所在的部门越来越壮大，到最后已经发展成了公司所有部门中人数最多、能力最强、所做工作最难的部门。这个部门一直由老板亲自带领，现在公司在壮大，部门也在壮大，很多事情要处理，这对于老板来说变得有点力不从心，于是，他想着从这个部门选出一个经理人来，以协助自己的工作。

玛丽无疑是最佳人选，她工作能力强，能将每一件事情做到尽善尽美，而且她也有很强的谈判能力，让她领导这个部门，一定不成问题。但是为了公平起见，老板并未自作主张，而是以选举的方式让大家投票决定。

最后的选票数竟然让老板大吃一惊，玛丽只得到了2票，而迪娜以29票的优势遥遥领先。为了弄清楚能力超强的玛丽不讨好的原因，老板一个一个叫员工过去询问原因。29人几乎一致认为，迪娜友善可亲，从不把个人情绪带到办公室，她脸上总是挂着温暖真挚的微笑，能察言观色，同事有困难总是伸手帮助。也许很多时候她帮不了多少忙，但看到她脸上的笑容，心中的阴霾就会一扫而光，压抑的情绪也会变得舒缓很多。而玛丽，虽然工作能力很强，办事从不出差错，但她总是冷冷冰冰，有时候口气还很傲慢，虽然她人不坏，但她总喜欢把自己的不快一股脑地表现在同事面前，凡事大呼小叫，这让原本有压力的工作氛围变得更加紧张，一旦哪天她不高兴了，所有人都会感到压抑，心情不畅快，甚至莫名其妙地想发火，受这种情绪影响，同事们都无心工作。

最后，老板问新来的一位同事，他进公司时间不长，对这些情况并不了解，为什么也会把票投给迪娜。"我来公司那天，大家都埋头工作，只有迪娜微笑着跟我打招呼。中午吃饭时，大家都从我身边冷漠地走过，而也只有迪娜叫我一起去吃饭。对于一个新人来说，她那样的微笑扫除了我对陌生环境的所有恐惧，让人备感温暖。虽然玛丽看起来就像个精英，但从情感上来说，我更愿意把这票投给总是微笑着的迪娜。"

对于一个管理者来说，也许他没有超强的工作能力，但一定要有超强的管理能力，很显然，迪娜具备后者。最终，公司任命迪娜为部门经理，而工作能力超强的玛丽也只能以下属的身份服从迪娜的安排。

心理专家认为，你先对一个人微笑，对方也会冲你微笑，处于职场难免跟不同的人打交道，就像玛丽一样总是以能力自居，不管是跟同事同处办公室，还是出差、购物、旅游，对于身边的人总是冷冷冰冰，甚至傲慢对待，那么她所得到的回报肯定负面大于正面。而如果能像迪娜一样，无论处在一个怎样的场合，总是面带微笑，那上扬的嘴唇会不由自主地让人产生好感。微笑价值百万，在办公室常常微笑，换来的是同事的喜爱，老板的赏识，职位的晋升，在公共场合微笑，会得来别人善意的搭讪，从而换来一些宝贵资讯，甚至遇到贵人，带给自己命运的转折。

《西游记》中，手无缚鸡之力的唐僧为什么能成为西天取经路上的管理者，原因在于他慈悲为怀，不轻易表露自己的负面情绪，总是面带微笑，和善对人。而打遍天下无敌手的孙悟空只能以护送者的身份出现，原因在于空有一身本事的悟空总是心浮气躁，动辄发脾气，从不友好对人，时时表现出一副高不可攀的样子，这样的人根本无法服众。当然，一物降一物，慈悲为怀的唐僧其另一大本事在于他能领导悟空这样的人为己效力，赴汤蹈火。如果我们能善用自己的微笑，即便我们能力上存在一些缺陷，却也会由微笑营造出的友善、亲切的光环所补齐。

所以，从原一平微笑换来第一笔保单，迪娜微笑获得选票，总是慈悲为怀、微笑对人的唐僧领导悟空等事情上我们不难看出，身在职场，与他人打交道时，真诚的微笑有时比自身具备的超强工作能力还具价值。在人际交往中，保持微笑，至少有以下几个方面的作用。

（1）面露平和欢愉的微笑，说明心情愉快，充实满足，乐观向上，善待人生，这样的人才会产生吸引别人的魅力。

（2）面带微笑，表明对自己的能力有充分的信心，以不卑不亢的态度与人交往，使人产生信任感，容易被别人真正地接受。

（3）微笑反映自己心底坦荡，善良友好，待人真心实意，而非虚情假意，使人在与其交往中自然放松，不知不觉地缩短了心理距离。

（4）工作岗位上保持微笑，说明热爱本职工作，乐于恪尽职守。如在服务岗位，微笑更是可以创造一种和谐融洽的气氛，让服务对象倍感愉快和温暖。

总之，微笑是一个人身上最具魔法的东西，它可以化干戈为玉帛，可以拉近与陌生人之间的关系，能带来工作状况的改变，甚至能让自己升职，从而带来巨大的经济效益。

面带微笑地与客户交谈

一个在工作中总是充满真诚的微笑的推销员，会让客户觉得你非常友善，他也会明白你的心意："我喜欢你，我很高兴见到你。"

自我推销高手、著名钢铁企业家施瓦伯先生曾经说过他的微笑能抵得上100万美元。这大概是在向人们暗示微笑的真理，施瓦伯的性格魅力以及他那令人称道的能力，几乎是他取得成功的所有原因。而他的个性中最具魅力之处，就在于他那能够打动一切人的迷人微笑。

密歇根大学心理学教授詹姆斯·麦克奈尔也谈了他对微笑的看法。他说："那些笑脸常在的人，在管理、教育和推销当中会更容易获得成功，更容易感染所有和他们接触的人。笑容比皱眉头能更好地传情达意，这也正是为什么教育中更应该以鼓励和微笑取代体罚和处置的原因所在。"

卡耐基在对他的商界学员（尤其是那些推销员）进行培训的过程中，也曾建议他们花上一个星期的时间，每天都对别人保持微笑，然后再回到班上谈他们的体验。

由此可见，微笑的作用是多么巨大。在全美国具有重要影响的美国电话电报公司，有一个栏目叫"声音的威力"，这个栏目为电话使用者提供免费电话，以推销产品和服务。在这个栏目中，电话公司建议推销人员在打电话时，应该保持微笑，但是这种微笑只能通过声音来传达。

所以，如果你希望客户看到你的时候会心情愉悦的话，那么你一定要记住：当你去拜访客户，和客户交谈时，一定要心情愉悦，保持自然的微笑。

你笑不出来吗？那该怎么办呢？以下有两种办法可以帮助你。

第一，强迫自己微笑。

第二，如果你一个人独处，不妨自己吹吹口哨，或哼一支小曲，或唱唱歌，就好像你很快乐的样子，那就能使你快乐。

美国著名的保险推销员弗兰克·贝特格认为，微笑对于推销员的成功具有极其重要的作用。对此他曾发出过这样的感慨：

"作为推销员,我认为最主要的问题就是能够面带笑容和客户打交道。当我还很小的时候,父亲就去世了,母亲独自带着我们5个孩子。为了供养我们上学,母亲只得去洗衣缝补干些杂活。那年天气寒冷,全家除了厨房之外,没有一个暖和的地方,房间也没有地毯;天花、猩红热、伤寒等疾病随时会降临到我们身上。饥饿、疾病夺走了我们家3个孩子的性命。这样的生活遭遇,使我们丝毫享受不到生活的乐趣。多年来的苦难生活,让我的表情总显得有些忧郁,但生活告诉我必须改变这一点,必须让自己面带笑容。我努力去做,很快就在家里、在社会上、在事业上收到了效果。

"我每天早上都要花15分钟洗漱,并强迫自己带着笑容出门。我很快就发现,这种虚假的职业微笑只能多换来几美元,却根本不能取代那种发自内心的、真诚的微笑。

"然而,要想拥有这种微笑并非易事。就在我每天早上的15分钟洗漱时间里,心中仍然充满了疑虑、恐惧和担心。所以,无论我如何强颜欢笑,但过不了多久又是一副忧郁的面孔。

"微笑和忧郁是无法并存的。如果我想让自己微笑,就得想着那些快乐的事情。来看看我是如何开始我的一天的。

"在进入别人办公室之前,我会先停下来,想想该说些什么,然后面带微笑地走进去,这样的微笑容易变成开怀大笑。我几乎总是会有所收获:当秘书小姐进去通知老板,然后将我引进办公室时,她们一般都会受到我的微笑感染而面带微笑。

"面带真诚的微笑,和擦肩而过的人打个简单的招呼,往往比啰里啰唆地说一大堆无关痛痒的话更受欢迎。如果对方是你的熟人,不妨面带真诚的微笑直呼其名。要知道,真诚的微笑永远魅力无穷。

"正是这种简单的方法,才使得我在推销保险业务上取得了巨大的成功,因此微笑对我的成功而言,有很大的关系。"

你是否注意到一个现象?那就是好运似乎总是偏爱那些真诚而富有激情的人,而厄运则总是伴随那些忧郁的人。

只需面带笑容,就会感受到快乐,同时也能让你的客户感到快乐。这听起来不可思议,但是,你为什么不试着以微笑来面对一切事物呢?这样你将会做得更好。何乐而不为呢?

让你的微笑更自然、更动人

小蕾是鞋店里的导购员,她所在的门店平时工作就很忙,每逢周末会员日活动期间,店里顾客就特别多,这个顾客要试鞋,那个顾客要开票,小蕾觉得烦乱,脸色就越来越凝重了。一次,小蕾和一位顾客发生了冲突。那位顾客看好了一款鞋,可是货架上的号小了,让小蕾去给找双大的,偏偏小蕾忙得不可开交就耽误了一会。结果顾客就向店长投诉小蕾:"答应了不动,还拉长着脸!我是给你们送钱不是来要账的,你们懂不懂什么叫微笑服务啊?!"

小蕾被扣了分,可是她也很委屈:"我都快忙死了,哪里笑得出来啊!"

终端店员的一个致命弱点就是让顾客感觉"目光很刁"、"表情冷淡"。小蕾的问题不只是表面上的没有微笑服务,更应该反省一下自己对待工作和顾客是否怀有感情,对待服务工作是否有兴趣。

因为,微笑不仅是增进交流、促进沟通的重要工具,还是一种愉快心情的反映。只要对工作、对顾客怀有诚挚的感情,那么即使再忙碌,也能对顾客发出真心的微笑。

一个微笑,在生活中很平常,但在门店销售服务的过程中,一个不起眼的微笑却能带来众多的商机和巨大的效益。店员们还要注意一点,千万不要让你的微笑做作,流于表面,如果不是真情实感,即便是脸上浮现出笑容,也会给顾客一种轻浮冷淡的感觉。

美国旅店业巨子希尔顿曾说过:"我宁愿住进虽然只有残旧地毯,却能处处见到微笑的旅店,也不愿走进一家只有一流设备,却见不到微笑的宾馆!"可见店员微笑服务对店面销售的重要作用。

那么,什么样的微笑才是合格的呢?

美国沃尔玛零售公司是世界500强企业,它的微笑服务享誉全球。在微笑服务上,他们有一个"统一规格"——店员对顾客微笑时必须露出8颗牙齿。如果你觉得自己表情僵硬,无法做到这一点,那么不妨对着镜子练习一下。每天早晨上班前,哪怕只有30秒钟也行,站在镜子前面照一照自己的笑容。第一步,对镜子摆好姿势,像婴儿咿呀学语时那样,说"E…",让嘴的两端朝后缩,微张双唇;第二步,轻轻浅笑,减弱"E…"的程度,这时可感觉到颧骨被拉向斜后上方;第三步,相同的动作反复几次,直到感觉自然为止;第四步,无论自己坐车、走路、说话、工作都随时练习。坚持做好以上几步,那么你的微笑就会亲切美丽了。

此外，还要让微笑进入眼中。当你在微笑的时候，你的眼睛也要"微笑"，否则，微笑就变成了假笑。眼睛会说话，也会笑。如果内心充满温和、善良和厚爱时，那眼睛的笑容一定非常感人。你可以取一张厚纸遮住眼睛下边部位，对着镜子，心里想着最使你高兴的情景。这样，你的整个面部就会露出自然的微笑，这时，你的眼睛周围的肌肉也在微笑的状态，这是"眼形笑"。然后，放松面部肌肉，嘴唇也恢复原样，可目光中仍然含笑脉脉，这就是"眼神笑"的境界。学会用眼神与顾客交流，这样你的微笑才会更传神、更亲切。

你必须坚信这一点，微笑面对顾客并不是一件难事。从心理学的角度来看，微笑是人天生就有的。美国学者丹尼尔·麦克尼尔在《面孔》一书中写道："微笑是天生的，婴儿几乎一生下来就会笑。"婴儿"第一次微笑出现在出生2~12小时之间，这时的微笑似乎并没有什么意义。第二阶段的微笑出现在第5个星期到第4个月之间，这种微笑是交际微笑，婴儿笑的时候会盯着一个人的脸。当婴儿听见母亲熟悉的声音时，同样也会发出微笑。"

微笑看起来应该是亲切、自然、真诚的，硬挤出来的笑还不如不笑。要想让你的微笑更自然、更动人，那么就要做好以下四点。

1. 保持心境的愉快

当你对周围的事物满意，当你内心愉悦时，就会迸发出最美的微笑。店员并不仅仅在柜台上展示微笑，在生活中处处都应有微笑，在工作岗位上只要把顾客当作自己的朋友，你就会很自然地向他发出会心的微笑。这种微笑不用靠行政命令强迫，而是作为一个有修养、有礼貌的人自觉自愿发出的。唯有这种笑，才是顾客需要的笑，也是最美的笑。

2. 别把生活中的烦恼带到工作中

生活中谁没有烦恼，但是烦恼千万不能带到工作中。作为店员，你要善于做"情绪过滤"，将不愉快的事情挡在营业时间之外，这样就不愁在服务岗位上没有晴朗的笑容了。

3. 时刻保持轻松心情

店员遇到了不顺心的事，难免心情也会不愉快，这时再强求他对顾客满脸微笑，似乎是太不尽情理。可是服务工作的特殊性，又决定了店员不能把自己的情绪发泄在顾客身上。所以店员必须学会分解和淡化烦恼与不快，时时刻刻保持一种轻松的情绪，让欢乐永远伴随自己，把欢乐传递给顾客。

4. 让自己的心胸再开阔一点

调整好自己的心态也是店员保持愉快情绪的关键因素。接待过程中，难免会遇到出言不逊、胡搅蛮缠的顾客，店员一定要谨记"忍一时风平浪静，退一步海阔天空"。有些顾客在选购商品时犹犹豫豫，花费了很多时间，但是到了包装或付款时，却频频催促店员。遇到这种情况，营业员绝对不要不高兴或发脾气，应该站在顾客的角度想一下。当你拥有宽阔的胸怀时，工作中就不会患得患失，接待顾客也不会斤斤计较，你就能永远保持一个良好的心境，微笑服务会变成一件轻而易举的事。

微笑常在，生意主动来

　　给顾客留下的第一印象非常重要，它往往是决定生意是否成交的关键。留给顾客的第一印象一般不是商品的质量和价格，而是你对他们的服务态度。或许因为你的一个微笑，就会让顾客做出在你店里购买商品的决定。

　　一个人可以没有资产，可以没有后台，但只要有信心、有微笑，就有成功的希望。

　　希尔顿于1887年生于美国新墨西哥州，其父去世时，只给年轻的他留下了2 000美元遗产。希尔顿加上自己的3 000美元，只身去德克萨斯州买下了他的第一家旅馆。凭借着精准的眼光与良好的管理，很快，希尔顿的资产就由5 000美元奇迹般地扩增到5 100万美元。他欣喜而又自豪地把这个好消息告诉了自己的母亲，可是，他的母亲却意味深长地对希尔顿说："照我看，你跟从前根本就没有什么两样，不同的只是你已把领带弄脏了一些而已。事实上，你必须把握比5 100万美元更值钱的东西，除了对顾客诚实之外，还要想办法使每一个住进希尔顿旅馆的人住过了还想再来住。你要想这样一种简单、容易、不花本钱而行之可久的办法去吸引顾客，这样你的旅馆才有前途！"

　　母亲的话让希尔顿猛然醒悟，自己的旅店确实面临着这样的问题，那么如何更好地吸引顾客呢？到底什么东西才比5 100万美元更值钱呢？

　　希尔顿想了又想，始终没有想到一个好的答案。于是，他每天都到商店和旅店里参观，以顾客的身份来感受一切，终于得到了一个答案：微笑服务，只有微笑具有简单、容易、不花本钱而行之可久这四个要求，也只有微笑才能发挥如此大的影响力。

　　于是，希尔顿订出他经营旅馆的四大信条：微笑、信心、辛勤、眼光，他要求员工照此信条实践，他要求员工即使非常辛劳也必须对旅客保持微笑，就连他自己都随时保持微笑的姿态。

1919—1976年，希尔顿旅馆从1家扩展到70家，遍布世界五大洲的各大城市，成为全球最大规模的旅馆之一。

希尔顿旅馆生意如此之好，财富增加得如此之快，其成功的秘诀之一就是服务人员的"微笑的影响力"。微笑，是一个人内心真诚的外露，它具有难以估量的社会价值，它可以创造难以估量的财富。正如卡耐基所说："微笑，它不花费什么，但却创造了许多成果。它丰富了那些接受的人，而又不使给予的人变得贫瘠。它在一刹那间产生，却给人留下永恒的记忆。"

在搞经营时，有相当一部分人把主要的目光和精力都放在商品宣传和促销上，却忽视了微笑服务这个细节。所以，建议大家能以微笑接待每一位顾客，给顾客留下很好的第一印象。尊重顾客，并不仅仅体现在过硬的商品质量和公道的价格上，面带微笑迎接前来购物的每一位顾客，同样也是一种尊重。

大家销售的产品质量和价格都差不多，如果你的态度好，始终给予顾客以微笑，不管生意成交与否，都微笑着面对他们，不会让他们产生不舒服的感觉，那么你就给了顾客足够的尊重，就能赢得越来越多的回头客。

不管是新顾客还是老顾客，商家的态度都会直接影响他们的购买行为。有的零售客户对新顾客特别热情，而对一些老顾客的态度却大打折扣。他们片面地认为，都是老熟人了，反正生意跑不掉，态度好坏都无所谓。实际上，他们有这种想法就大错特错了。因为微笑会产生一种亲和力，而越是老顾客，对这种亲和力的要求就会越高，这是他们优越感的一种体现。所以，在对待老顾客时，也一定不要吝啬自己的微笑。

俗话说："金杯银杯，不如顾客的口碑。"要赢得好的口碑，微笑服务是不可缺少的。微笑服务，是商家送给顾客最好的"名片"，这个"名片"也是做好生意的关键。

其实，在好多情况下，顾客对经营者的要求并不高，有时生意没做成，不是你的商品质量不过关，也不是价格不公道，而是你的微笑不够。要树立良好的"口碑"很难，需要经营者长期坚持才能有所成效；而要想给顾客留下坏印象却很容易，有一次就足够了。也就是说，在搞经营的过程中，要时刻抱着"顾客是上帝"的思想，笑脸迎送，不能依着自己的心情想对顾客怎么着就怎么着。

由于顾客不可能成为熟知某种商品质量的行家里手，所以在购买过程中或多或少地会产生一些疑虑。尤其对于一些新产品，顾客的担心会更多，他们一般都很想从经营者的面部表情上找到对这种商品质量和价格的评价。

而商家的微笑，此刻就显得很重要。它能起到一种肯定和鼓励作用，可以打消顾客的疑虑，最终让他们心满意足地抱着这些商品回家。

小张的小店刚开不久，前一周生意一直不好，每天都亏钱。

一天，来了一位顾客，还没等小张开口就说："你们店生意肯定不好吧！"

小张很郁闷，心想绝了，他怎么知道的？于是便强词夺理地说不是啊，我的生意很好啊！

顾客说一看你的脸色、精神状态就知道你的生意肯定不好。这时小张才恍然大悟。

原来店员的心情好坏直接就可以反映出小店的生意好坏。于是日后小张不再去想这些问题，在店里的时候想法子让自己开心起来。

过了两天，生意好起来了，心情自然一天天好起来了，来往的顾客看着，都说哇他们家店生意这么好呀！

人气好了还怕赚不到钱吗？

所以，开店的朋友，特别是自己做老板又作营业员的朋友，开店刚开始亏钱很正常，千万不要把所有的心情都写在脸上。

一定要给顾客一种人气很旺、生意很好的感觉。开心一点，笑一笑生意会做得更好。

微笑是生意成败的关键，即使顾客看上你的商品，如果你的态度不好，依然不会买你的东西。所以，微笑是做生意的一个良好的开端。

第14章

凭借他人影响力，找个"第三者"为你说话

通过"第三者"介绍加强与客户的亲密度

在可能的情况下，业务员也可以通过"第三者"介绍而接近顾客。这"第三者"一般都是业务员或顾客接近圈内的成员。所谓顾客接近圈，是现代推销学上接近圈理论的一个概念，是指一种相互接近的人际关系，在现实生活中，每一个人都要按照自己的意愿，以自己的方式接近他人，形成一定的接近圈。处在接近圈内的人们相互之间比较理解，具有良好的人际关系，相互之间比较容易接近。其实，在动物世界里，也存在一定形式的接近圈。在人类社会里，孤独一人是难以生存的，人与人之间必须要相互联系，相互接近。接近就是一种人际交往活动，就是一种社会联系。接近圈正是社会联系的具体表现。

"第三者"介绍接近法的主要方式是信函介绍、电话介绍、当面介绍等。接近时，业务员只需交给顾客一张便条、一封信、一张介绍卡或一张介绍人名片，或者只要介绍人的一句话或一个电话，便可以轻松地接近顾客。

一般说来，介绍人与顾客之间的关系越密切，介绍的作用就越大，业务员也就越容易达到接近顾客的目的。介绍人向顾客推荐的方式和内容，对业务员接近顾客甚至商品成交都有直接的影响。因此，业务员应设法摸清并打进顾客的接近圈，尽力争取有关人士的介绍和推荐。但是，业务员必须尊重有关人士的意愿，切不可勉为其难，更不能欺世盗名，招摇撞骗。

"第三者"介绍接近法也有一些局限性。由于"第三者"介绍,业务员很快置身于顾客的接近圈内,第一次见面就成了熟人,顾客几乎无法拒绝业务员的接近。这种接近法是比较省力和容易奏效的,但不可加以滥用,因为顾客出于人情难却而接见业务员,并不一定真正对推销品感兴趣,甚至完全不予以注意,只是表面应付而已。另外,对于某一位特定的顾客来说,"第三者"介绍法只能使用一次。如果业务员希望再次接近这位顾客,就必须充分发挥自己的接近能力。

最后必须指出:有些顾客讨厌这种接近方式,他们不愿意别人利用自己的友谊和感情做交易,如果业务员贸然使用此法,会弄巧成拙,不好下台,一旦惹恼了顾客,再好的生意也可能告吹。

让老客户与"局外人"为你宣传

美国销售专家乔·吉拉德在自传中写道:"每一个用户的背后都有250个客户,销售人员若得罪一个客户,也就意味着得罪了250个客户;相反,如果销售人员能够充分发挥自己的才智利用一个客户,他也就得到了250个关系。"这就是乔·吉拉德著名的"250定律"。美国保险销售大王弗兰克·贝特格特别强调了这种方法的有效性,他还有这样的亲身经历。

一个意志消沉的年轻人来向弗兰克·贝特格请教。他说自己推销寿险已经一年多了,刚开始做得还不错,可当他把寿险销售给一些朋友及大学同学后,就不知该怎样继续了,现在他心灰意冷,准备放弃。

弗兰克·贝特格对他说:"年轻人,你只做到事情的一半,回去找向你买过保险的客户,从每个客户那里至少会得到2个以上的客户。此外,不管面谈结果如何,都可以请拜访过的每个客户给你介绍朋友、亲戚等。"

半年后,这个年轻人又找到弗兰克·贝特格,他说:"贝特格先生,回去后我紧紧把握一个原则就是不管面谈结果如何,我一定要从每个拜访对象那里至少得到2个介绍名单。我现在已经得到500个以上的名单,比我自己四处去闯所得的要多出许多。今年头半年,我已缴出23.8万美元。以我目前持有的保险来推算,今年我的业绩应该会超出150万美元!"

有很多销售人员认为,任何人只要肯介绍客户,他就是好的推荐人。从理论上来看这确实没有错,可是只有推荐人本身也是合适客户,才会更具有说服力。强有力的推荐人,对销售人员来说,具有很高的价值。可是通常只有满足以下两

个条件,客户才愿意为销售人员做郑重的推荐:

第一种,推荐人跟销售人员有非同一般的友谊,以至于推荐人可以不计后果,而且不管结果会怎样,都愿意鼎力推荐。客户多半来自销售人员个人亲密的亲朋好友,再不就是曾经有恩于他,基于报恩,所以愿意大力相助。

第二种,推荐人有助人为乐的作风。也许是以前的客户、亲戚、朋友或者是一些有社交来往的人——当然不是仅限于这些人。

很多销售人员会觉得要人帮忙介绍客户是一件非常难开口的事,觉得这对销售人员的名声很不好。其实那是错误的,只要要求别人帮忙的时候说得适当、自然,就可以得到好的结果,而且销售人员自身寻求客户的技巧也会跟着大大提高。

不仅可以利用客户为自己宣传,还可以利用局外人为自己宣传。在一般情况下,法庭的陪审团很难对律师的辩护词给予充分的肯定,所以最终的判决与律师的努力形成不了正比。面对这种情况,辩护律师通常请目击证人到法庭上提供最有利的证词,以增强辩护词的可信度,取得预期效果。不妨将这种方法引入销售当中,"证人"可以让销售人员节省很多精力。利用"局外人"销售,会非常快捷而又有效地获得客户的信赖。

有一个公司的董事长打算去加拿大旅游,希望下榻到一家设施高档、服务周到的饭店。一些销售人员听到这条消息如获至宝,纷纷向董事长介绍他们的饭店和服务,结果让他不知如何选择。后来他看到了一封与众不同的信,信中建议他给一些曾下榻过他们饭店的人打电话咨询那里的情况。

这位董事长发现名单当中有一个是他认识的,于是给他打电话,这个人对这家饭店大加称赞,并极力向董事长推荐,最后董事长就选择了这家饭店。

利用"局外人"来拓展客户,是快速而又有效地获得客户信赖的一种方法,节省了精力,是与竞争对手争夺客户的最好武器。

想要快速进步与成长,同时又想要出色地工作,一定要学会开发推荐人的技巧,因为这才是销售成功的诀窍。

让满意客户为你介绍新客户

销售人员获得新客户的办法有很多,其中最有效的就是利用满意的客户的推荐来争取新客户。从策划之精心、对个人之尊重来看,加拿大"日产"的努力可称得上达到了这一方法的"艺术境界"。但是,这些还不是他们最成功的销售手法。

有一个做法使日产公司在个别顾客身上得到了更多生意，那就是请最满意的顾客群来进行推荐。

假设你一年内刚买了一辆日产新车，而汽车公司告诉你诚实地将意见提供给想买车的消费者作参考，就可以获赠雨伞或旅行袋之类的小礼物，另加一张价值200美金的购车折价券，你觉得如何？参加方式是将你的日夜联络电话留给15~20位附近地区有意购买日产汽车的人，而且不一定要这些人打电话来找你，你才能获得优惠。

日产汽车已经有足够的资料找出最满意的顾客，反正满意的顾客终究会向朋友推荐产品。那么，何不运用这些资料使推荐活动更积极呢？

这个技巧也可以用于其他选购性的商品和服务，例如个人电脑或软件，还有家电用品、脚踏车、化妆品、幼儿园、房地产、船运公司和承包商等。重点是要像日产汽车一样清楚：谁才是忠实顾客。小企业一样可以利用口碑相传的力量。比如说，对于正考虑是否送小孩去参加"夏令营"的家长，主办单位可列出附近地区去年参加过该"夏令营"的学生家长的姓名和电话给他们。

使用这种方法时，有两个要诀必须牢记：

首先，要创造利润，除了找出忠实顾客，还得知道谁可能会买。由于进行推荐，必须征求推荐人，并给予奖励，每位推荐人直接影响的范围有限，最后很可能导致费力不讨好。所以，一定要看准最有可能购买的顾客，才不会白白浪费请推荐人的钱。

其次，不要按推荐人所促成的实际销售额来奖励推荐人，这样容易给人"买通"推荐人的印象，反而会破坏整个计划，因为推荐人制度主要凭借的是消费者与消费者之间客观的口碑和建议。只要促进了这种口口相传的沟通，任务也就达成了。

必须让推荐人根据实际使用经验，表达客观、诚实的意见。同时，告诉潜在顾客，推荐人并不从销售额当中抽取佣金。只要试验一二次之后，就可以从记录中看出谁是最佳推荐人了。

优秀的推销员懂得让每位客户认为他有责任帮你再介绍客户。一旦介绍的程序开始运作，你就不需要面对陌生的准客户了。即使是被介绍的准客户，也很少会回过头去向原先的介绍人查证什么，这种方法会大幅改善销售成功的概率。在一定的约访数字下，敲门次数，可以减少；会谈次数，可以降低；成交比例可以增加；成交金额可以扩大；还有更多的新名字被介绍，重新开始另一个销售程序。

你可以这样说："先生，您曾说过，您把工程的大部分都包出去了，其中哪家公司转包得特别多呢？从您这里分得最多工作的那个人是谁，他可能正是我要找的那一类人，您不会介意用您的名字来让我获得推荐，是不是？"

有时，取得介绍和完成交易一样困难。它的重要性，并不亚于促成交易。

准客户有时会说："我必须先和他谈谈详细情形。"

"李先生，这是对的，我很愿意您先跟他谈谈，不过别跟他谈得太细，他的状况和您的状况可能不大相同。您只要告诉他，只需花一些时间，就可以获得和您一样的好处。我仅占用他半个小时而已。"

现在，你获得了一张名单——也就是整个周期的第一步，下一步就要约访。此时，应该尽早与被介绍人联络，被介绍人可不是好酒，不会越陈越香。他们会像条鱼，不趁新鲜时烹了，久了就会坏掉，不宜久藏。

让客户群为你介绍潜在客户

让客户满意就是一种永久的广告，不但客户自己会再来光顾，还会把他的朋友、亲人带来，使销售人员的产品和人品被更多的人所接受和宣传。

比如下面这个小故事：

销售人员："夫人，我也十分喜欢这枚胸针。胸针上的这颗钻石出自南非最大的钻石矿，这是我们店里最好的钻石，希望您喜欢。"

顾客："我一开始还担心那颗钻石是不是真值那么多钱，听了你这么一说就放心了。"

销售人员："感谢您，夫人，希望您能再次光顾！"

顾客："小伙子，这次我把我的朋友也带来了。你的服务真让我满意，就像亲生儿子一样照顾周到。"

销售人员："谢谢夫人，我又多结识了一个新朋友。"

有些销售人员每天都忙于开发新客户，但业绩却不见好转；一些销售人员并没有那样"勤劳"地开发新客户，却好像有做不完的生意。这是因为一般的销售人员忽略了回头客。回头客已购买过销售的商品，并且与销售人员建立了信任和友好的关系，所以，销售人员不一定要去开发新客户，做好回头客的生意，也是一种有效的办法。

某品牌店的一个销售人员曾这样记录了他的服务心得：每位进店的顾客当他们跨进门店的那一步，我就要仔细打量他，记住他的长相或他的特点。在顾客下次再来时，会认出他，甚至在某天路过他们店时，一定与他点头笑着说："您好!"而顾客也会很自然的点头回应。当他第三次来时,我会像朋友一样与他交谈,并让顾客记住我。当他第四次来时我会很主动热情地以美女、帅哥、阿姨……很亲近地与他打招呼,让顾客感觉到我是值得信任的朋友、亲人,与他聊聊家常,想尽一切办法让顾客能在店内多留一会,增加购买机会。

开拓潜在客户其实远远没有你想象的那么困难,你现有的客户群就可以好好利用。

注意分析一下你收集来的客户资料,你将不难发现,在现有客户群中,还隐藏着很多潜在客户,存在很大的客户市场,等待你去开拓!而开拓的最佳办法就是"转介绍",也就是让客户不断帮你介绍新的客户。

通过"转介绍",可减少初次拜访的陌生感,同时又有介绍者的认可,更具说服力,较易赢得潜在客户的认可,促成签单。于是,你的客户群就像滚雪球一样,越滚越大!

你要向客户提出请求,并解释什么是"转介绍"。只有得到客户的认可,客户才会把朋友的近况及家庭情况告诉你,从而获得潜在客户的详细资料。在经营客户时,一定要重信誉、讲信用,以实际行动赢得客户信任,客户才乐意做"转介绍"。只有以真诚的服务打动客户的心,才会获得客户的认可,客户才会放心地把这种服务介绍给朋友,把你推荐给朋友,自愿反馈朋友的信息。

当你获得客户的认可后,他会主动把一些潜在客户的详细资料提供给你。你在收集这些资料时,主要应掌握潜在客户的姓名、年龄、家庭及单位地址和电话号码,教育背景及未来计划,目前收入和将来可能的最高收入。同时还应获知潜在客户的兴趣,掌握潜在客户的情感与性格,为陌生拜访奠定基础。

这样,你就对潜在客户有了大致的了解和认识,轻松掌握了潜在客户的生活详情。再有计划性地为潜在客户做准备,对症下药,整理出购买计划,将更具说服力。

根据自己掌握的资料,认真对潜在客户进行筛选,选择最具有可能性和最具有购买实力的潜在客户,锁定主攻对象。锁定潜在客户后,选择恰当的拜访时间、拜访方式、拜访话题,精心为潜在客户设计购买计划。

虽然是陌生拜访,但对客户资料了如指掌,如吃了"定心丸",介绍更得心应手,句句说到潜在客户的心坎上。再则是经朋友介绍来的,潜在客户不会拒你于千里之外,更不会为难你,甚至还会产生一种亲切感、信任感。可以借助自己为以往的客户提供的服务,用事实证明自己的信誉与能力。如此双管齐下,作用更为明显,相信会事半功倍。潜在客户也会打心里接受你的观点,成为你的客户,最后促成签单。

在拓展新客户的同时，不要冷落了回头客，这就需要销售人员要与回头客建立良好长久的关系。要做到这一点，可以从下面几点入手：

1. 挖掘回头客新契机

人们都喜欢购买新商品，你的热心会带动购买欲，勾起回头客对新商品的期待。

2. 向回头客推荐销售附加商品或服务

你们公司也许销售各种不同的商品且提供不同的服务，但是客户很少会对你所从事的行业有全盘的了解。有时客户会说："哦，我不知道你也有那种东西。"当听见客户这么说的时候，就是销售人员的失职。

3. 与回头客一起用餐

如果你能把客户带离办公的环境，你就能发掘更多的销售机会（并请他带一位要转介绍给你的人一起前来）。

4. 让回头客帮助介绍新客户

不管你的销售是否成功，你必须继续出现在回头客面前培养关系，做好亲善工作。不要与回头客失去联络。有时候，3个月以上不与一位回头客联系，就有可能失去了这位客户。

5. 回报回头客

采取顾客分级的方式，对忠诚度越高的顾客做越多的投资，让他们享受特殊的优惠和更多的好处。比如，许多商家发行自己的VIP卡，用于奖励自己的常购顾客，顾客在持卡购物的时候就可以获得一般消费群体所不具备的优惠。对于具体的产品而言，则通常会使用下一次消费的折扣券或者累积购买的特殊奖励来达到奖励客户的目的。

让客户成为你的兼职推销员

在台湾有一位姓潘的男士在机关里待了近20年后，忽然觉得人生不应该是这样的，就离职跑去人寿保险做销售。

但是由于他没有任何人脉关系，所以做了半年才好不容易有了一位客户。与这位客户签完合同后，他每天8点半就跑去客户的公司陪客户上班，一个礼拜后那位客户实在忍不住了就问他："你能不能不要再跟着我了？难道你没有其他事可以做吗？"

潘先生回答道："没错，因为您是我唯一的客户，所以我的工作就是每天保证您的安全!"

客户问道:"那你要怎样才会离开我去干别的事呢?"

潘先生道:"如果您给我推荐其他的客户,我就马上离开您去为他们提供服务。"

这位客户立刻写了18位朋友的名单给他,潘先生就拿着这份名单千恩万谢地去了。后来这位潘先生果然成就了一番事业。

从这个小故事中你得到了什么启发?是的,客户身边的朋友大部分都是潜在客户,关键是他愿不愿意把名单告诉你。那么到底该如何使用这个推荐客户的策略呢?或者说如何让客户乖乖地为你推荐其他的客户呢?

1. 前提是让客户满意

以上小故事中的客户是实在无奈才告诉潘先生名单的,但故事仅仅是故事,我们要让客户愿意提供名单,关键在于他对我们的产品和服务是否满意。

如果某一天你去要求客户为你推荐,而客户说没有的话,说明你的服务还不到位,他还不够满意。所以让客户推荐的前提是:超越客户期望,无论是你提供的服务还是产品。那么如何超越客户的期望呢?

第一,成交前不要过多承诺,正所谓"期望越大,失望越大"。

第二,承诺的都要兑现,甚至你只承诺了做到1分,那你就要做到2分甚至3分,切忌说话不算话,如果做不到就不要承诺。

第三,当客户将钱付给你后,你要比过去还热情,切忌"先热后冷"。

第三点最重要,当客户将原先死攥在手里的钞票乖乖交给你之后,总是有些心不甘情不愿的。这个时候他们是最脆弱的,最害怕有人告诉他们:你多花了好多冤枉钱!你上当了!如果你拿到钱后忽然消失不见了,客户的心思就会往那些可怕的想法上靠,越想越不对,对你的信任会越来越少,有些客户甚至宁愿收回承诺而毁约,即使无法毁约,他们也会降低对你的印象分。

所以,当我们将客户签署的合约及钞票收入袋中之后,请大家用比过去还热情的态度和客户保持联系。成交后再去拜访,客户会把你当好朋友,因为你去拜访他没有任何利益方面的目的,他们对你的满意度就会增加。即使你的产品有一些瑕疵,他们也会因为你的毫不退缩而谅解。

第四,尽力把售后服务(尤其是不在承诺之中的)做到完美。

如果把售后服务做好,公司的客户会源源不断,因为客户的满意度会增加,然后他们就会成为你的活广告。

当我们身在售后服务不好的公司时,就需要我们自己用服务去弥补了。比如客户提出的服务要求你公司无法马上满足,这时就需要你及时赶到现场给客户做解释，有时客户其实只需要看到你去就宽心了。

2. 预先制作推荐卡

如果你不做任何准备，就让客户在白纸上填写，一方面客户会觉得不知道该写什么；另一方面客户会觉得不是很正式。如果你将预先准备好的名片大小的卡片递给他，就更容易让对方写出客户名单，而且会觉得你做事很认真很细心，同时也会联想到你会如何对待他的朋友。

当然了，如果你的推荐卡做得足够精致、漂亮，客户说不定会多问你要几张作为范本，推荐给自己公司的销售团队成员使用，这不又是一个让客户满意的手段吗？

3. 主动回访客户，询问客户的满意度

当询问客户后，发现他对我们的产品和服务都非常满意，你才可以开始使用"推荐策略"，如果客户有任何不满，都要先想办法将客户的不满解决掉。

4. 不能太贪心，一开始只要求推荐一个名单

如果你一下子要求对方推荐很多，或不讲要推荐多少个，反而会把客户吓倒而干脆拒绝，所以一开始先提出只要求一个，以减少客户的压力。

客户身边的朋友都是你的潜在客户，要让客户愿意为你推荐，前提是让客户对你的产品和服务感到满意。

第15章

善用肢体语言，让客户不知不觉地听你的话

从客户的肢体语言判断他们的想法

少言寡语的客户是不好对付的，因为不管你介绍产品多熟练，多生动，他还是漠不关心，依然不说话。

专家指出，只有当业务员与客户沟通后，才能够知道他是否购买；而面对那些少言寡语的客户时，你就不那么幸运了。

这个时候你就要从他的肢体信号中捕捉你所需要的信息。

有些客户不爱与人说话，虽然寡言少语，但态度倒是蛮不错的，他们主要是不善言辞。对于你的到来以及你的推销，他从始至终都报以微笑，表示欢迎。"相当不错的商品，它会使你在短时期内业绩提升30%~50%，有兴趣吗？千万要把握住。"这些话在一般情况下都会引来客户的反感，但是他依然不温不火，一脸和气，不见一丝怒色，更没有"要打发你回家"的意思。

这下把你给搞糊涂了：对方到底有没有兴趣呢？说他没诚意吧，他却有那么好的态度，他的表情分明是"有些动心"嘛！可有诚意，为什么他又不开口说话呢？是想"逃避"吗？不会，否则不会在这儿坐这么久，始终和颜悦色地听你讲，那么是你来得不是时候，正碰上客户身体不适，不宜说话？也不像啊，对方明明是一副身体健康、精力旺盛的样子嘛。哦！原来是因为客户内向，不善言辞。

那么到底如何解决这些问题呢？是继续介绍呢？还是扭头就走呢？继续介

绍，他依然报以微笑；跟他讲故事、讲笑话，他还是一样。专家曾经碰到这类难缠的客户，真想把对方一张微笑的脸打花了。

专家认为，碰到这种客户，首先要从他的形体语言、神态来分析。

抓住他们的心理，从外表观察。如果你是个洞察力很强的业务员，你就可以在时机成熟后，拿出协议书向他展示："你看，先生，我已经介绍完了，如果你还有不明白的，可以问我。如果你很有兴趣，那么你还犹豫什么呢？"你把笔给他让他签字。

如果客户觉得说是没用的，就只有做出行为。所以他是否有兴趣，只能看他的大笔是否挥了。不签字，说明客户根本没兴趣。

这在神经语言学上叫做强迫性交易法。

要完成对上述这类客户的促销，关键看你是否能捕捉到对方的真实意图。所谓"知己知彼，百战不殆"，掌握对方的心理动向，是制胜的根本保证。这种洞察力是靠自己培养的。

如何捕捉他的真实意图要讲究方式方法。因为这类客户几乎都不开口，你不可能从他的话中打探到什么，这样你唯一的方式就是"察言观色"。通过对客户的表情、举动的研究，捕获那些暗藏在他"形体语言"中的信息。专家"察言观色"的能力特别强，而且捕获的时机很准，这都是自己经验的延伸。所谓"察"，不光看对方的举动，还要将他前前后后的各种反应综合在一起来看，作一个纵向的比较，也就是说，片面地抓住一个小举动，很容易判断错误。例如，这类客户的一些动作给人好感，但切不可因此就对他下定论，因为他往往表达的是反意。所以说，要多方面考虑各种因素，作一个综合性的判断，准确率才比较高。

运用手势提升自己的人气和魅力

专家曾经指出：一个优秀的保险业务员不能光会靠嘴说，而且也要运用肢体语言，尤其是手势，帮助说话更为重要。

手势的目的是为了进行强调或进一步澄清某个信息，它比说话更有吸引力，也更具生动感。有效地使用手势，会使有个人魅力的人显得更有生气。你可以观察一下，一般人们说话都是频频做手势，给人一种勃勃生机感。而且手势可以给客户留下一种亲近感，这种表达方式往往需要其他非语言行为的配合，特别是面部表情。使用这种方式表达感情，可以增强你的个人魅力。

有时候搔后脑勺表示这个人已经在认真思索你的问题了。这个动作容易给人留下热情、谦恭的印象，所以有助于增强个人魅力。用手捂嘴这个动作常常意味着神秘感，因此提升了做手势者的个人素质。作为业务员，你要记住手势是你热情的标志，是你修养的表现，更是你魅力之所在，而一旦从客户的动作语言中发现有购买的欲望，就要立即抓住不放。

其次，手势就是你说话有力的辅助，别人也可以从你的肢体语言上看出你与众不同。

在日常生活中，一个人说话很有感染力，可惜从不爱打手势；另一个人说话同样有感染力，并且在演讲时，经常做出激昂的手势，可以想象一下这两个人，哪个人的演讲更有说服力呢？

无可争议，做手势是展现你的魅力和权威的好方法，看看下列这些非语言的手势信息是否能够增加你的魅力：

用力在空中挥动拳头，表示"出发！"

伸出一个手指作为指示棒，向别人指路。

伸开手掌拍打对方的手，表示同意或表示祝贺。

向上跷起大拇指，称赞对方做得好。

伸出食指和中指，让它们形成"V"字形，其余的手指聚拢，表示祝福对方的胜利。

向上伸出两只胳膊，把两个拳头高举，表示欢呼胜利。

把手合拢到自己的嘴边，以表示很神秘。

两手合抱，表示祝福对方。

轻捏一下自己的耳朵，表示在认真思索。

单手向地板的砍势，表示开始或停止。

希望每个业务员都能有自己独特的手势，这能促使你的客户从你的手势中信任你。

模仿客户的肢体语言

你能使用的最基本的模仿技巧是仿效一个人的肢体语言。如果模仿得像，你很快就会使对方愿意与你接近。

想象一下，假设你刚刚坐下，一个人就向你走过来，在你旁边徘徊，而且还盯着你看。然后，他试图同你交谈。这时你会有什么样的感觉？你觉得这个人与你合拍，是你的同路人，或愿意与他交往吗？你的回答无疑是否定的："不，当然不！"几乎没有人会对这种状况感到舒服。

相反，你还会觉得这个人试图表现得高你一等或占据上风。

设想你一边非常兴奋地谈着某人某事，一边身体前倾，而她却向后仰，看来她或许不想参加这样的谈话。她的肢体语言使你感到她对你所谈的内容并不感兴趣，至少，她不像你那样投入和有热情。

再设想你非常兴奋，身体前倾45°角，极力想把你感到兴奋的一件事告诉某人，同你交谈的那个人也向前45°角倾着身子，聚精会神地听你讲。虽然你们两人都身体前倾，你也会感到与那人在一起很舒服。为什么？因为你们的肢体语言表明你们两人合拍。

你与另一个人，站着或坐着，前倾或后倚，这些非常普通的例子向你说明巧妙地模仿是多么的有效。如果你想给某人留下好印象，模仿他的举止将是非常有成效的。

你可采取下面这些做法：

首先，你可以模仿这个人的站立姿势。如果他是站着的，你也站着。如果他斜着站，或斜靠着桌子，你也斜着站。如果他站得笔直，直得像根电线杆，你也站得笔直，直得像根电线杆。

你也可以模仿他人的坐姿。如果他向后靠着坐，你也可以向后靠。如果他向前倾着坐，你也可以前倾一点。

千万注意：模仿某人的肢体语言不等于故意模仿这个人。可以设想一下，在你5岁的时候，你如果企图激怒一个孩子，你就去惟妙惟肖地模仿这个孩子。这个方法保证是最快速的，连5分钟都用不了。当你这么做时，你很快会使另一个孩子非常生气。在这种情况下，你模仿的对象可能开始大喊大叫，埋怨或指责你模仿他的肢体语言给他带来的不快。

作为一个成年人，如果你的目标是让某人愿意与你交往，你就不要走向那种极端，你要考虑如何去巧妙地仿效某人。使自己看起来多少与那人相像，以便给他留下好印象，而不是成为他的翻版。

不难发现，每个人都愿意与像自己的人交往。

销售中不可或缺的肢体语言

在使用口头语言和客户进行沟通的同时,销售人员还应该配合一定的肢体语言来对客户进行恰当的暗示,实施动作暗示的主要工具和外在表现,就是肢体语言。

肢体语言,就是用体态动作把自己的想法表露出来,从而达到暗示的效果。一个眼神,一个手势,都可以称为肢体语言。有时候,一个暗示性的肢体语言比口头上的语言更能影响人的心灵深处。如果销售人员在说服中配合以引导性的动作,或是给客户传达一定的暗示动作,就能够很好地影响客户的意识和行为。

肢体语言在隐秘说服中起着非常重要的作用。一方面,你可以通过肢体语言来传达口头语言很难传达的信息;另一方面,客户会通过你的肢体语言,很直接地来感知你的情绪、信心和可靠度,并由此决定是否该信任你、喜欢你,然后决定是否购买你的产品。

相对口头语言来说,肢体语言更加简单有效。因为它的直观性,能够更有效地吸引客户的眼球,获得客户的注意,并加深他们对你的好感。

很多销售人员都知道肢体语言的重要性,但却不懂得去学习这种技巧。因为他们认为,这种技巧很难掌握。其实,肢体语言并不难学习,至少比盲人的手语要容易得多。

简单来说,肢体语言可以分成四大部分。

1. 眼睛

眼睛是心灵的窗户,反映着人的喜怒哀乐,它能向客户传达很多信息。但凡是优秀的销售人员,都希望与客户保持目光接触。特别是当客户犹豫不决时,目光接触越多越好。

有的销售人员在面对客户时,不敢看对方的眼睛,就是看着对方,眼神也是飘移的。这让老练的客户一眼就能看出你的不自信,就是因为看到了你的弱点,才会不停地讲条件,本可以马上签下的订单,却迟迟没有结果。正确的肢体语言应该面带微笑,眼睛炯炯地、柔和地看着对方的眼睛,不卑不亢,让对方感觉到你的自信和平和,感到你的诚实和勇气。

2. 身体位置

销售人员与客户的角度与距离,都要表现出热情和尊重。

刚开始,销售人员可能需要站着和客户交流。可有的人站着不断地摇晃肩膀，不断地倒换双脚，这些动作很不礼貌，也会让客户感到你不耐烦，想尽快结束谈话。正确的做法是，像军人似的稍息的动作，一脚稍微在前，一脚靠后支撑重心。一定要稳重，不要摇头晃脑。

当坐下来谈业务时，要做到后背坐直，身体前倾，这样才能充分展现出你的热情、职业素养和对客户的重视。

3. 面部表情

微笑是用来创造良好形象的最有效的肢体语言。因此，在与客户交流时，脸上一定要始终洋溢着微笑，千万不要流露出不耐烦。否则，很容易得罪客户。

4. 手势

我们每一个人在谈话的过程中都会有不同的手势，只是有的手势是有助于我们表达的，有的会令人讨厌。比如，张开手掌这个手势会给客户诚实的感觉，可以提高你的可信度，增加你的交际能力。在谈业务时，最好不要出现用手指点指对方的手势，也不要讲话时挥舞拳头，这些手势都是不礼貌的，会让对方非常反感。

客户表示积极态度的肢体语言

销售员遇到一位心无偏见而又愿意倾听自己的商品展示说明的客户，是一件令人愉快的事情。因为销售员有遭受客户拒绝、反对或遭人白眼的心理准备，所以，如果自己受到客户的尊重与友好接待，销售员的感觉当然很好。

当然，比较典型的情况可能是，由于销售员和客户之间已经建立了良好的关系，销售员取得了客户的信任，此时，客户才会发出积极的肢体语言信号。

下面是客户发出的积极的肢体语言信号：

客户微笑、点头或其他积极兴奋的面部表情。

双手自然地放在桌子上，或者手势自然、友好，双脚突然不再交叉，手臂也不再交叉放在胸前，其他动作也轻松自然，表现出当事人的观念已经在改变。

拍一拍你的手臂、肩膀或背部，这样的动作表现出对你的友好、关心或同情的姿态。但是，需要注意的是，触摸行为表达出一种强烈的情绪，而且如果这种行为发生在男女之间，那么，这种行为反而会给人以一种不真诚或胁迫的感觉，从而使人难以接受甚至感到厌恶。

身体坐得靠近一点。这看起来好像是一种彼此之间关系比较密切的信号。

讨论期间，解开外套的扣子或者脱下外套，或直接卷起袖子。可能表示愿意接受他人的看法与建议。

客户坐在椅子的边缘，上身微微前倾，表现出一副渴望仔细倾听销售员所讲的每一个字的样子，而其两腿却在桌椅下自然下垂，只用脚尖点地，这种姿势通常表现出客户已经准备签订购买合同或愿意同销售员合作等信号。

如果客户专注地观看商品展示或商品示范，这将是一个好兆头，表示客户对销售员和谈话内容有浓厚的兴趣。

头微微倾斜，这种姿势通常表示完全接受谈话内容。

两手缓慢地相互搓揉，看样子是等不及想买下来。

站着时，两脚张得很开，而两手又放在臀部上。

销售员所谈内容确实引起了客户的购买兴趣，或者真正解答了客户的疑惑与需求时，客户会发出真正有兴趣购买的积极的肢体语言信号。

如果客户对销售员销售的商品表现出极大的兴趣与热情，那么，销售员也要表现出同样的热情，以使客户保持兴趣与热情，并使客户确信，如果他购买商品的话，他一定会做出正确的决策。

如果客户赞美销售员及其公司或者所销售的商品，此时销售员要感谢客户，有助于客户继续谈论积极的事情。如果客户还在对你感兴趣，你不妨继续使用开放型的肢体语言，同时使自己靠客户更近一些。

第16章

客户不听可能只缺一个字，多说"我们"少说"我"

用言语唤起客户的关注

乔治·汤普逊是一位35岁的塑胶业从业者，已婚，有两个孩子，年收入在6万元左右，而且每年都要付一笔总数约为3万元的房屋抵押贷款，已有一份3万元的保险，但就是在这种情况下，保险业务员麦克还是成功地向他推销了一份价值17万元的保险。

下面我们看看麦克是如何说服他的客户乔治的。

"乔治，您现在事业顺利，身体状况良好，但是，虽然我们不喜欢谈那些不吉利的事，可是万一您出现了什么意外，您的夫人怎么办？她能挑起生活的重担，把两个孩子抚养大吗？在大多数的情况下，一家之主发生了意外，那整个家庭就会随即陷入困境。如果因没能按时交房屋贷款，银行又要求收回房屋，那么情况就会更加不可想象了。您想想看，到那时候该怎么办？"

"我已经买了一份3万元的保险呀，我想这大概够了吧！"

"这张保单当然是能够起到一定的作用，可是您想想看，您现在的房屋贷款是3万元，所以这张保单保的不过是一年的贷款的数额。如果还有一大笔的其他费用要支付的话，您又该怎么办？这些钱加起来至少也要5万元吧，需要花钱的地方真是太多了！"

"那我老婆可以去找工作做呀！"

"工作哪有那么容易找呢？"

"也有道理，不过她以前也有过工作经验，那个时候她教书……噢！不过教书这个行业已经不比从前啦，她可能还要去补修教育学分，可是现在教师的缺额又这么少，要找个职位还真是不太容易！"

"就算她能找到一份工作，您想想看，薪水够3个人的开销吗？假如她运气不错，找到一个薪水有您现在收入一半的工作，扣掉税金，还去银行贷款后，也将所剩无几；再说她还要交付社会福利金，还得请个保姆来照顾小孩，这一切费用都要从她的收入中去扣除，那最终还能剩下多少钱可以家用呢？"

"我可以想象这些问题，即使她能找到工作，我想日子也不会好过的。"

"这就是为什么我认为您应该再买一份保险。这样即使您遭到不幸，至少在5年以内您太太还能保持目前的生活水准。这样她就有一段缓冲时间，可以根据自己的具体情况去学一些东西，然后在没有太大压力的情况下，找一份比较理想的工作；而且在您的两个孩子还需要母亲照顾的时候，她也能多照顾他们一些。"

"那您看我是不是应该将保额提高到10万元呢？"

"这样当然会好一些！不过我们还忽略了一些问题，您再想想孩子们的教育问题，这要花多少钱呢？"

"一个孩子1万元吧，也许还不够呢，现在大学的学费越来越高了。"

"所以应该把这些款项都加在一起，才是最适合您的保额。您自己就可以算得出来：每年需要付3万元的房屋贷款，另外2万元作为孩子的教育费用，如果想在5年之内让太太孩子继续享受目前的生活水准，至少需要10万元，再加上意外性费用5万元，这样您应该要保20万元的保额，扣掉您已经保了3万元，您需要再保17万元。"

"这可不是个小数目啊！"

"可是，乔治，假如您希望您的家庭能够不被一次意外摧毁，而失去现有的生活水准，您就需要这样的保额。想想看，您还有什么其他的方法能够给家人这样的保障呢？"

当然，也可能有些人不为所动，他们会说："这种计算未来的做法根本是多余的。你看我还不是从半工半读奋斗到今天，我的孩子也可以这样做呀！妻子出去做事有什么不好，这对她也是个很好的机会呀！在这个世界上，根本没有什么不劳而获的事情，我自己是这样苦过来的，别人也一样可以苦过来。"

说出这种话的人，通常都是以自我为中心，他需要别人肯定他的成就，而他对自己的关心也超过他对家庭的关心。于是，你就可以跟他谈些个人生活里的实质好处，例如，个人的积蓄、退休后的生活问题，以及万一失业时的收入问题等。

针对这种情况，你可以这么说："您已经辛苦了大半辈子，目前的成就和生活水准，事实上正是您辛苦的代价。依我的浅见，最重要的是要在退休以后，还能够保持这样的生活水准。假如买了这种保险，当您65岁的时候，一年可以从保险公司那里享受1.8万元的红利，而目前一年只需付3 400元的保费。"

这样，你就可以把重点从家人的身上移到被保险人自己身上。对方也觉得这样做，会让自己的余生过得更好些，因而就会接受你的建议。

把客户的错误揽到自己身上

作为一名销售人员，你的责任心就是你的信誉。你的责任心决定着你的业绩。

销售人员在与客户进行业务来往中，不可避免地会发生一些失误或其他一些意想不到的事情，而有些失误可能是客户单方面或者双方共同造成的，这时，你不妨抱着包容的心态，主动地把客户的错误揽到自己的身上，勇于承担责任。这是赢得客户的好方法。

有一位名叫克鲁斯的保险销售人员，他曾有过这样一次经历：

有一位客户在购买了克鲁斯的一份意外伤害保险后，忘记取回一张非常重要的单据。而克鲁斯在交给这位客户一叠材料的时候，已经把所有的单据都帮他整理好了，可能是这位客户在克鲁斯的办公室看完后遗漏了。于是，这张重要的单据就隐藏在克鲁斯存有一堆客户资料的文件夹里，之后被束之高阁了。

三个月之后的一天，这位客户在外出旅游时不慎摔伤，当他找到保险公司要求赔偿的时候，保险公司要他提供两张证明，否则不予赔偿，其中就有他遗忘的那张单据。

其实，在这种情况下，克鲁斯没有任何责任，他也不知道那张要命的单据就在他这里。当那位客户找到克鲁斯的时候，克鲁斯迅速和他一起寻找那张单据，他帮助客户仔细地回忆了存放单据的每一个细节，但始终找不出单据的下落。

后来，克鲁斯把存放客户资料的文件夹取出进行查找，当客户看到那张单据的时候，埋怨他不负责任，而克鲁斯却真诚地说："真对不起，是我工作的失职，没有提醒您取走这张重要的单据，差点就耽误了您的事情。"

经过了这件事情以后，克鲁斯不但没有失去这位客户，反而赢得了这位客户的信任。后来，他还为克鲁斯介绍了很多的客户。

就这件事情本身而言，显然客户是错的，是客户自己忘记拿走那张重要的单据，克鲁斯可以理直气壮地说明情况，如果这样做，能说克鲁斯错了吗？但他并没有这样做，在为客户找单据的同时甚至将客户的错误主动地揽到自己的身上。试想，客户错了的时候如果你据理力争，把客户说得哑口无言，那么即便客户认识到是自己的错误，心里会舒服吗？感觉不舒服就不会再来，其结果是你做得再对，最终失去的是客户，与销售的最终目的——通过创造顾客获得经济效益是相悖的；相反，抱着尊重客户的态度，抱着"客户永远是对的"这样一种理念，以理解的方式处理客户遇到的所有问题，甚至主动把责任揽过来，达到让每一位客户满意，则与销售的最终目标是一致的。

有一个发生在雅典的真实故事。

一天下午，两位中国妇女走进了一家专门经营旅游纪念品的商店。这家商店的经营面积不小，但商品的陈列非常凌乱，店里没有一只玻璃货柜，浮雕银器、彩瓶挂盘、仿古的大理石雕像，都随意地摆在一张张木台子上。

当时，商店里没有什么人，两位中国妇女闲逛了一圈后，在就要走出店门时，其中一位大概仍然留恋某件商品吧，转身要再看一眼——就在她转身之际，她腰间的挎包将门口木台子上的一个五彩瓷瓶挂到了地上，当场摔个粉碎。若在其他商店里出现这个场面，毫无疑问，店主要坚持索赔，顾客要据理力争，指责店主商品摆得不是地方。可这次不然，正当那位妇女有些不知所措的时候，店主已经走到她面前说："对不起！没吓着您吧？"那位妇女也连声道歉，问他，"要我赔吗？"店主说，"这件事情只不过告诉我，应该把东西摆在恰当的地方。请吧，欢迎您再来！"

最后的结局是这样的：那位中国妇女买走了一个古希腊的雕像。她的朋友大概也觉得这位店主可以信赖，买走了两个彩色挂盘。皆大欢喜。

为什么会出现这样的结局呢？就是因为这家店主从顾客的角度去思考问题，当商品打破时，他首先想到的不是自己的利益而是顾客的感受，他不认为这是顾客的错，相反却检讨自己。把顾客的错误主动地揽到自己的身上，正是他赢得顾客的法宝。

把顾客的错误主动地揽到自己的身上，是一种高级的商界处事原则和职业素养。销售人员要树立"客户永远是对的"理念，不与客户发生争吵，主动承认自己的过失，不论事实如何，都要认真处理，力求使客户满意。

客户的利益是"我们"共同的利益

做销售的真正目的并不仅仅是将产品卖出去,而要以真正帮助客户解决问题作为首要目标,这样才会把生意做大做久,你的口碑也会越来越好。

培训公司的菲菲通过朋友介绍,去拜访一家即将开业的美容整形医院。

菲菲:"吕总您好!看你们装修得差不多了,是快要开业了吧?"

客户:"是啊,所以急着请您来为我们的员工做培训啊!您近期是否有时间为我们的员工做一到两天的培训呢?"

菲菲:"时间可以调整,这个没问题,关键要看您想要达到什么效果?"

客户:"我这次招来的员工素质太差了,我希望通过这一两天的培训,能够让他们焕然一新,能够拥有空姐那样的服务态度和精神面貌!"

菲菲:"我明白了,不过我觉得你们做这样的培训是没用的,我不建议你们做。"

客户:"啊?不建议我做培训?您不是专门做培训的吗?"

菲菲:"正因为我是做培训的菲菲,所以更需要提醒您,这样做是没有用的,既浪费时间又浪费金钱。"

客户:"为什么呢?"

菲菲:"因为一个人的习惯是很难改变的,就算进行了两天的培训,也只能保持最多两个星期的良好状态,过不了多久就又恢复原样了,那您投入的钱不都打水漂了吗?"

客户:"那怎么办?"

菲菲:"我建议您还是先把开业的日子顺延至少一个月,然后再重新招聘员工。从源头上抓起,筛选出一批优秀人才,最后再对这些优秀人员进行长时间的、有计划的军事化封闭培训,至少要培训一个月。在进行素质、礼仪、心态、专业知识等培训的同时,还要进行企业文化教育,让员工认同企业的价值观、理念、文化。因为如果对企业价值观不认同,培训了也是没用的,迟早走人。"

客户:"明白了,但是我得投入多少钱啊?我们开业经费已经超支了!"

菲菲:"如果您想压缩成本,那么前面投入的这几次培训费就会全部浪费,反而增加成本。如果您进行了长期有效的培训,员工发生了真正的改变,对企业才会有实实在在的帮助,这才是真正有用的投资。"

客户:"好吧,那我们什么时候开始呢?"

案例中销售员站在客户角度，为对方着想，博得了客户的信任和好感。而这个案例的厉害之处在于，销售员在博得客户信任之后并没有善罢甘休，而是利用客户对自己的信任，同时运用自己的专家身份，将业务无限拓宽，从一笔小业务扩展为一笔大单子。

但假设菲菲一开始就答应客户，先把一两天课程上完，钱赚到手再说，客户迟早会发现这一两天课是没用的，不但对菲菲产生负面看法，还会到处去做负面宣传，而且对培训的整个产品链产生连带的负面看法，认为培训没有用。所以从销售的角度来说，哪怕最后生意搞砸了，都是一个不错的结果。今天不做，下次可能还会有机会，而且客户会对你心存感激，从而留下良好的印象。不但未来有需求仍然会再找你，而且很可能会给你推荐客户。所以做生意不能只顾眼前利益，而要放眼未来。

"我代表客户"

贝吉尔是美国顶尖的保险销售员之一。有一次，贝吉尔去见一位准客户，这位准客户正考虑买25万美元的保险。与此同时，有10家保险公司提出了计划，参与竞争，尚不知鹿死谁手。

贝吉尔见到他时，对方应道："我已拜托一位好朋友处理此事，请把资料留下，好让我比较哪家便宜。"

"我有句话要真诚地告诉您，现在您可以把那些计划书都丢到垃圾桶里，因为保费的计算基础都是相同的起点，任何一家都是一样的。我来这里，就是帮助您做最后的决定。您的健康是最重要的。不用担心，我已帮您约好的医生是公认最权威的，他的报告每一家保险公司都接受，何况做25万美元保金的高额保险的体检，只有他才够资格。"

"我还需要考虑几天。"

"当然可以，但是您可能还会耽误几天，如果您患了感冒，时间一拖，保险公司甚至会考虑再等三四个月才予以承保……"

"哦！原来这件事有这么重要。贝吉尔先生，我还不晓得您到底代表哪家保险公司。"

"我代表客户！"

贝吉尔顺利地签下了一张25万美元的高额保险，他所凭借的利器一是及时的行动，二是恰当地利用了一些推销方法。

"我代表客户"让客户相信，贝吉尔所做的一切都是为了客户的利益。

有许多客户做事是很有耐心的，他们在把事情弄清楚之前是绝不往前踏一步的。这时候，销售员最好强调自己是与他站在同一战线上，是为他着想，代表的是他的利益。

先交朋友，后做生意

推销员要和客户建立起良好的关系，就必须先和客户做朋友。倘若仅仅把目光放在推销上，只考虑自己的利益，那么你很难在客户心中留有地位。如果你的客户首先是你的朋友，那你再谈业务就是轻松的事情了。

销售人员小新最会拉客户了，用他的话说就是：客户都是我的朋友。同事们都很羡慕他，能和客户做朋友，真是件乐事。一位为客户头疼的销售人员连忙向小新请教，告诉他怎么和客户拉关系，套近乎，怎么能让客户对自己不反感，不警惕。因为在每次和客户接见时，客户都带着一副不信任的口气和他说话，让那位销售人员心里不爽。"我觉得我和客户之间彼此都有一种陌生感，仿佛就是一种纯买卖关系，没有任何感情在里面。"那位销售人员说。

正当小新告诉他接近客户的秘诀时，电话铃响了。小新得意地说："看我的吧！"

"我是公司的小新，请问您是……啊，原来是王总，您好！"小新对着话筒兴奋地说道。

"第一次跟您通电话，但我相信我们一定有共同点。"

"是吗？什么共同点？"对方被"迷惑"。

"如果您想知道，明天下午两点钟在老地方等我。"

"什么老地方？"

"大自然高尔夫球场，我也是那里的会员，到时我再给您电话，咱们不见不散。"

小新满意地挂上了电话。"和客户打高尔夫球？"那位销售人员很吃惊。

"这就是秘诀。"小新说。

和客户打高尔夫球这类的事，似乎与推销工作挂不上边，但是聪明的销售人员却能用这样的办法拉近与客户的距离。与客户的距离拉近了，彼此的陌生感消除了，业务自然也就好谈了。相信上面案例中的这个销售人员业务会顺利地进展，通过这个机智巧妙的套近乎方法，很可能把客户变成了熟悉的朋友。而不懂得运用沟通技巧的销售人员，只把客户当作客户，没想到把客户当作朋友会更有利于促成成交。

朋友的关系是要靠后天培养的，有的销售人员不擅长在销售过程中主动请客户帮助或主动给予客户帮助，一直被动地等着客户先开口，一而再、再而三地失去与客户"建交"的机会。所以才不会拥有快乐轻松的事业，当然也很难有好人缘、好机会和大财富。因为没有与客户进行情感的沟通，"陌生的"客户就会对你表现出不信任感，而对你处处设防。

当你在以后的交往中因为想方设法改变客户之前的不好印象而烦恼的时候，你可以采取以下策略重新挽回客户朋友：

1. 与客户建立友善关系

销售人员与客户接触之初就建立友善关系是非常重要的。它使你与客户和睦相处，彼此信任。建立友善关系包括五个要素：恰当得体的语言，令人愉悦的肢体语言，受人尊敬的举止行为，以及善于聆听和诚实守信。

语言是表情达意的工具，销售人员需要有出众的口才，需要掌握一些讲话技巧。肢体语言可以让客户感觉到你对对方的关注，表达出你对他的尊敬。举止庄重得体，更是综合素质的表现。善于聆听客户，会让客户感到你关心他的想法和需求。同时，倾听也是获取信息的重要方式。

密切的关系往往建立在相互理解的基础上，你完全能从每个人身上找到一些人人都有的共同点，你也会发现秉性、背景以及兴趣大相径庭的人也能在一起很好地合作。

2. 把握好与客户接触的尺度

根据一些实际经验，销售人员可以遵守以下几条守则：

（1）当你按响门铃听到有人出来开门时，一定要后退五六步，不可靠门站着。

（2）访问新顾客时，要给主妇送一点实用的小礼物，不管她买不买（可冲淡打扰人家所引起的反感）。

（3）必须自然大方、服装整洁，不让人误认为你是"坏人"。

（4）利用机会为客户做点小事情，如放在门下的报纸，你不妨把它拾起，叠好交给主人。凡是应拾起的东西，都应顺手代劳。

（5）不经客户允许，绝不进入顾客家里。

（6）向客户列举一些实例，让客户自己做决定，适时地通过一些日常谈话拉近与客户的距离。

3. 对客户多一些情感投资

随着竞争的加剧，产品、服务越来越相差无几，此时，真正能吸引客户的就是隐藏的利益和深藏的利益——关系、情感、感受和信任。所以，要想成交，就要与客户沟通感情，增加彼此的信任度。不仅要舍得在客户身上花钱，还要舍得花时间投资情感。

销售人员小舒在县内开发销售网点，相中了南城家电商场，可是该老板邱总是个心高气傲的客户，根本看不上该品牌，小邱数次拜访都遭到冷遇。小舒心有不甘，通过家电销售人员透露信息，邱总最大爱好是喜欢汽车，对车模的收藏情有独钟。这天，小舒带着上海朋友快递过来的三款最新款式的赛车模型，走进邱总办公室，说："邱总，听说您是爱车一族，我托朋友带来三款最新的赛车模型，不知您喜不喜欢？"邱总接过车模，大喜过望，如获稀世珍宝，连声说好，一改往日那种"不食人间烟火"模样。结果，两人仿佛是相见恨晚，大侃特侃关于各类轿车的性能优劣和各种赛车的故事。没出十大，邱总就在商场里腾出一块位置给小舒作为冰箱的销售区域，而且作为主推品牌进行操作。

对客户多一些情感投资，可以从客户的兴趣、爱好和近期关注的问题入手，当你和客户谈及一致的话题，客户会更加高兴。当客户得知你和他有着共同的爱好，或者你能帮助他实现某种爱好的满足，那客户对你会倍加信赖。为此，你可以通过多种渠道和方式了解客户的爱好和兴趣，在能给予帮助的时候尽量帮助对方。

掌握逆反心理，获得客户的信任

在推销过程中，很多销售员往往会口若悬河地夸赞自己的产品有多么好，但是现在的消费者都非常理性，很难被我们的这种自我推销说服，有时甚至会产生反感。

但是如果我们反其道而行之，不说产品有多好，而说自己的产品哪里有缺陷，哪里有不甚如意的地方。这样做不但不会吓跑客户，反而会引起客户的好感，因为你是实实在在地在为客户着想。客户就会自然而然地对你产生信任，哪怕真有一些瑕疵，他们都会认为这是正常的，继而从你手里购买商品。

营业员："看您很诚心，我也不想瞒您，这套热水器好是好，但它有一个小缺点，就是在您使用时，若关掉热水阀10分钟以上，主机就会自动熄火。要想打开热水，必须重新点火。"

顾客："哦，我明白了，它这是为了节约能源。"

营业员："是啊，您真聪明！它就是一个节能装置，同时也是为了安全考虑，我就是怕您嫌麻烦。"

顾客："这个没关系的，一般掌握好时间就可以了，洗澡时也不会关掉那么久的，冻都要冻死了，呵呵！"

营业员："是啊是啊！我刚才已经介绍过了，这台机器其他方面都很不错的，比如出水量大、节能、数控水温等，就是这个小设计，有些顾客会想不明白。"

顾客："是啊，有些人可能不理解。"

营业员："就是，我这个人喜欢什么事都提前说明，要是等您回去使用后觉得不舒服，再要换啊什么的，大家都不开心，您说对不对？"

顾客："是的，你很坦率呢！"

营业员："谢谢您的夸奖！请问您还有其他问题吗？"

顾客："没问题了，你都解释得很清楚了。"

营业员："好的，那您是付现金还是刷卡呢？"

顾客："现金好了。"

在说自己产品的某一项缺点时，千万要记住这个缺点不要是太严重而妨碍正常使用的，比如案例中所谓的"缺陷"其实就是一种省电和安全的设计。千万不要将客户最担心的问题直接暴露给客户，比如客户买燃气热水器最担心的是安全问题，而你直接就说"抱歉，我们产品最大的问题就是不够安全"，客户再理解，再认为你是在为他们着想，也断然不会买一台有安全隐患的热水器回家。

第17章

站在客户的立场说话，学着用客户的说话方式说话

站在客户的立场说话，为客户多着想

推销精英弗兰克·罗塞尔打电话给他的客户说："您好，杰克先生，现在我要为您提供一项服务，这是其他人无法替您设想的。"

"究竟是什么服务？"顾客不解地问。

"我可以为您供应一货车石油。"

"我不需要。"

"为什么？"

"因为我没有地方可以放啊！"

"杰克先生，如果我是您的兄弟，我会迫不及待地告诉您一句话。"

"什么话？"

"货源马上便会很紧缺，那时您将无法买到所需要的油料，价钱也将上涨，我建议您现在买下这些石油。"

"我现在用不上，而且我真的没地方可以放。"

"为什么不现在租一个仓库呢？"

"还是算了吧，谢谢你的好意。"

不一会儿，当罗塞尔回到办公室时，看到办公桌上放着助手记录的一张留言条，上边写道：杰克先生让您回电话。

罗塞尔拨通了杰克的电话,就听见杰克在电话那头说:"我已经租好了一个旧车库,能存放石油,请将石油送过来吧!"

当销售员能够为客户提供有价值的信息时,客户就会为销售员着想。无论何时,要获得对方的认同,就要先为对方着想,关心对方的利益,只有如此,销售员和客户才能成为最佳的合作伙伴,获得利润上的双赢。

客户才是推销员真正的上司

不管你从事什么职业,首先你要让你的上司信服你。王平觉得业务员的工作就是为自己工作,不要误认为是帮公司打工。一个业务员没有上司,如果有的话,上司只能是客户。

所以关键是,一个从事业务的人员如何能让"上司"信服呢?尤其在保险行业更应先让对方信服。

王平曾经拜访一位退役军人,军人有军人的脾气,说一不二,刚正而固执。讲再多也是白费口舌。所以,王平直截了当地对他说:"保险是生活不可缺少的保障。"

"年轻人的确需要保险,我就不同了,不但老了,还没有子女,所以不需要投保。"

"您这种观念有偏差,就是因为您没有子女,我才热心地劝您参加保险。"

"道理何在呢?"军人用刚正的语气反问。

"没有什么特别的理由。"

王平的答复出乎军人的意料,他露出诧异的神情。

"哼,要是你能说出令我信服的理由,我就投保。"

王平故意压低音调说:"我常听人说,一个男人,没有子女承欢膝下,并非是一生最大的遗憾。如果不善待陪伴自己一生的妻子,才可谓是人生的遗憾。您说对吗?"

王平接着说:"如果有儿女的话,即使丈夫去世,儿女还能安慰伤心的母亲,尽抚养的责任。一个没有儿女的妇人,一旦丈夫去世,留给她的恐怕只有不安与忧愁。您觉得没有子女所以不用投保,如果您有个万一,请问尊夫人怎么办?您赞成年轻人投保,还是无子女的老夫妇投保呢?当然,寡妇有再嫁的机会,您的情形就不同喽。"军人默不作声,一会儿说:"您讲得有道理,好!我投保。"

对准客户晓之以理,动之以情,站在准客户的立场,多为准客户考虑,定能找到使对方信服的方法。

善于运用易于被客户接受的说法

内容和中心意思都一样,但由于所用的语言不同,产生的效果就可能大不相同。销售员要把商品的好处引申,并做详细、生动的描述,让客户觉得亲切,易于接受。

通常情况下,销售员如果只是反复强调商品的一种优点,未必能发挥太大的作用。因为不管什么商品,它的价值只有在使用之后才能得以证明,所以使用前的说明,其说服力往往不会太大,而真正高明的做法应当是主动向客户说明购买某种商品会带来的各种好处。对这些好处详细、生动、准确地描述,才是引导客户购买商品的关键。

比如说:"这种传真机目前的速度已经达到12秒了。"这样的性能说明很难让人感受到有什么直接的效果。若换一种说法:"使用这种传真机,每传送一张,在市内可以节省×元的费用,在市外则可以节省×元。"这样说来,使人一听就知道:"噢,原来有这样的作用。"

一般来说,说明购买某一商品会带来的益处时,应该围绕客户的需要,并站在他的立场来考虑:"如果是我,为什么要买这个东西呢?"朝着这个方向去思考,才能深入了解到客户所要达到的目标,也就能抓住所要说明的要点。

一位客户走进一家电器行,她想买台冰箱,但拿不定主意该买哪种。于是她向店员询问:"我该买大一点的好呢,还是小一点的?"这时,过来一位很有经验的销售员,告诉她说:"这台大的比较好一些,夏天您不仅可以为每一个家人准备好冷毛巾,甚至还可以将您先生的家居服装放到里面,使他度过一个凉爽的夏天。相信您和您的家人都会为此感到高兴。"于是,那位客户点头做出决定:"是啊,那我就买这一台了。"体会一下这位销售员的说法,是不是你也会觉得不太容易拒绝呢?通过上面的例子,可以看出:成功的销售员总是善于运用易于被客户接受的说法,引起客户的购买欲望,从而使自己的商品销售出去。

为客户着想，拉近彼此间的距离

顺着客户的思路，站在客户的角度，见缝插针，巧言善辩，才能进行零距离的交流，探知你想要的信息。

有个玩具店的销售员，迎来了一位看上去愁眉不展的男士，在玩具展台前瞧来瞧去，拿不定主意。销售员赶紧走过去，彬彬有礼地发出试探的信息："先生，您好，是给小孩买玩具吗？"

客户说："是的，我也不知道该买什么样的，现在的小孩真是难伺候极了。"不经意的回答，尤其是最后一句，让销售员的心里顿时兴奋起来，马上就接着客户的话题说："是呀，尤其是10岁以前的小男孩，好像什么都满足不了他，当爸爸的可真是费脑筋呢！"

"太对了！我觉得爸爸是世界上最累心的角色了！"男士好像一下子找到情绪的发泄口，抬起头，跟销售员聊起他8岁的儿子，说他是多么的调皮，买的十几个五颜六色的气球，一会就扎破，给他买画册，也全给撕坏了，不管什么玩具，都玩不了几天，特别淘气。

销售员听到这里，顺势拿起一款玩具飞碟，向他推荐说："以我多年跟小孩打交道的经验看，这种飞碟一定适合您的孩子。"

她一边说，一边打开玩具飞碟的开关，拿起遥控器，熟练地操纵着，强化着自己的语气："这种玩具飞碟，玩起来特别有趣，不像气球或画册，看两眼就没意思了。您的孩子很聪明，对新鲜玩具肯定是一学就会，所以，这种操纵较为复杂的飞碟，他一定能够长时间喜欢的，这样您就不必为了寻找更新更好的玩具而费心了。而且，还可以从小培养他强烈的领导意识呢！"

介绍产品的时间用了两三分钟，言简意赅，符合这位男士的期待心理。果然，客户马上就问："多少钱？"销售员说："100元，赠送两个遥控器。"男士皱了皱眉头，犹豫地说："太贵了！"

销售员用亲和与理解的口吻，笑着说："的确，现在市场上很多同类的玩具都太贵了，在一些店里，这款玩具卖到了150元呢！孩子的玩心足，做爸爸很费心呀！每年在玩具方面的花费，就是一笔不小的数目！这样吧，价格给您降到90元，您看可以吗？"

看到销售员这么善解人意，男士爽快地答应了，买了一套玩具飞碟。在即将出门时，他转身回来，又购买了两辆遥控小汽车，留下了电话号码，并且对销售员说:"谢谢你的建议,我今后一定多给他找一些耐玩且益智类的玩具,希望你也帮我留意一下,有新的玩具到货时,及时给我打电话。"

销售员认真地记下客户的电话,递上了自己的名片,最后又特意叮嘱客户:"现在市场上很多玩具质量都不好,如果您从本店购买的玩具发现了质量问题,三天之内可以凭借发票无条件更换、退货。"

这位客户是缺乏耐心的爸爸,因为孩子对玩具喜新厌旧,让他不胜烦恼。销售员巧妙地抓住了他这一心理,站在他的立场上,用替他解决问题的方式,向他推荐本店合适的产品。客户此时也许已对玩具有了逆反心理,站在玩具店里不知道该买什么好,突然听到销售员这么体贴入微的话,大有同感,自然就产生了认同心理。

接下来,就是推荐产品的绝佳时机了。而且,在介绍产品的过程中,销售员时刻站在客户的角度,提醒他注意产品质量,替他说出心中的牢骚。当客户对价格不太满意时,她首先做的不是为自己产品的价格辩解,而是主动降价,并借机暗示市场上的同类产品价格极高,掌握了销售的主动权。

说话时投其所好,沿着客户的思路对他循循善诱,对销售产品非常有益。根据客户的口吻和说话的习惯,用心揣摩客户说话时的心情、神态,同时调整自己,用客户说话的方式和他交流,更容易打动他的心。

摸清客户的消费心理后,再沿着他的想法,顺藤摸瓜,将他需要的产品推荐给他。既让客户如沐春风,又卖出了产品,还会在这样的交易中,留住客户在你这儿长期消费的机会。

用客户说话的方式说话,就是学会跟客户交朋友,处处为他着想,理解他的心声。让客户觉得,你不仅是个销售员,还是一位愿意为他分担烦恼、解决问题的知心朋友!

站在客户的立场考虑和说话

在一家电器商店里,一位年轻的售货员陪着一位中年妇女挑选洗衣机,几乎把店内所有的洗衣机都看过了,可是这位顾客还是没下定决心购买。

这时,售货员不急不躁地与这位中年妇女拉起了家常,了解到她家有一个瘫痪的婆婆,买洗衣机主要是为了洗被褥,既然如此,为什么这位顾客还是"举棋不定"呢?原来,这位顾客认为:多少年来我靠手工搓洗也熬过来了,好不容易才积攒了这点钱，一下子花掉，值得吗？对此，售货员一面表示同情，一面在心里琢磨：看来，就洗衣机谈洗衣机已经不能促成这笔交易了。

售货员："大姐，您的小孩上学了吗？"

顾客："再过两个月就上学了。"

售货员："那将来您就更忙了。既要做家务，又要辅导孩子学习，孩子初学阶段可要打好基础啊！大姐，我看这洗衣机值得买，既可以使您从繁重的家务中解放出来，又可以有更多时间来指导孩子的学习。"

这番话，终于打动了那位中年妇女，她高高兴兴地把洗衣机买走了。

这个售货员的确很会说话，她能站在客户的立场上考虑，使对方感受到她的同情和体谅，所以这位中年妇女才下定决心购买洗衣机。

站在双赢的角度向客户推销

有一位金牌汽车销售员，刚开始卖车时，老板给了他一个月的试用期。29天过去了，他一部车也没有卖出去。最后一天，他起了个大早，到各处去推销。到了下班时间，还是没有人肯订他的车，老板准备收回他的车钥匙，告诉他明天不用来公司了。

这位销售员坚持说，还没有到晚上12点，他还有机会。于是，这位销售员坐在车里继续等。

午夜时分，传来了敲门声，是一个卖锅者，身上挂满了锅，冻得浑身发抖。卖锅者看见车里有灯，想问问车主要不要买口锅。销售员看到这个家伙比自己还落魄，就请他坐到自己的车里来取暖，并递上热咖啡。

两人开始聊天，这位销售员问："如果我买了你的锅，接下来你会怎么做？"

卖锅者说："继续赶路，卖掉下一个。"

销售员又问："全部卖完以后呢？"

卖锅者说："回家再背几十只锅出来接着卖。"

销售员继续问："如果你想使自己的锅越卖越多，越卖越远，你该怎么办？"

卖锅者说："那就得考虑买部车，不过现在买不起。"

两人越聊越起劲，天亮时，这位卖锅者订了一部车，提货时间是五个月以后，订金是一口锅的钱。因为有了这张订单，销售员被老板留下来了。

他一边卖车，一边帮助卖锅者寻找市场，卖锅者生意越做越大，3个月以后，提前提走了一部送货用的车。

在考虑自身利益的同时，考虑顾客的利益，只有做到互惠互利，才能把销售搞好，只有让顾客有利益，你才会有利益。

第18章

这样说话，让客户的拒绝话无法说出口

从"不"到"是"

进行隐秘的说服时，最怕对方一开口就说"不"，这是最不容易克服的障碍。

每个人都有自己的观点和立场，人们从潜意识里就不愿意被别人说服。当一个人发现有人试图说服他时，他第一个反应就是表示反对。好像只有对别人说"不"，才能显示自己的存在，才能突出自己的地位和重要。

当一个人说出"不"字后，为了自己人格的尊严，他就不得不坚持到底。事后，他或许觉得自己说出这个"不"字是错误的，可是，他必须考虑到自己的尊严。他所说的每句话，必须坚持到底，所以使人在一开始的时候，就往正面走，那是非常重要的。

要想成功进行隐秘说服，在刚开始的时候，就要想办法得到很多"是"的反应，唯有如此，他才能将听者的心理往正面的方向引导。

希腊大哲学家苏格拉底，是个风趣的"老顽童"，他一向光脚不穿鞋。40岁时已秃顶，可是，却跟一个19岁的女孩子结婚。他对世人的贡献，有史以来很少有人能跟他相比。他改变了人们思维的方式，直到今天，还被尊为有史以来最能影响世界的劝导者之一。

他运用了什么方法？他曾指责别人的过错？不，苏格拉底绝对不是这样做的。

他的说服技巧，现在被称为"苏格拉底辩论法"，就是让对方不停地说

"是"。他提出的问题中所包含的观点，都是他的反对者所愿意接受并且同意的。他连续不断地获得对方的同意、承认，到最后，使反对者在不知不觉中，接受了在数分钟前自己还坚决否认的结论。

让对方不停地说"是、是"

就一个人的心理状态来讲，当他说出"不"字时，他心里也潜伏着这个意念，从而使他所有的器官、腺、神经、肌肉，完全集结起来，形成一个"拒绝"的状态。如果反过来说，当一个人回答"是"的时候，体内那些器官，没有收缩动作的产生，组织处于前进、接受、开放的状态。所以，当一次谈话开始的时候，如果能够诱导对方说出更多的"是"，我们以后的建议或意见，就比较容易获得对方的认同。

运用"是"的方法，纽约一家储蓄银行的出纳员成功地拉住了一位阔气的储户。这个出纳员叫艾伯逊，他是这样介绍情况的：

这人进银行来存款，我按照规定，把存款申请表格交给他，有的项目他马上就填写了，可是有的项目他拒绝填写。这事如果发生在以前，我会告诉那位顾客，如果你不把表格填上，那我就拒绝你的存款要求。很惭愧，我以往都是这样做的。当然，每当说出这种具有权威性的话后，我就会感到很自得。

但那天上午，我就运用了一点实用的知识，我决意不谈银行所要求的，而谈些顾客方面的需要。最主要的，我决定使他一开始就说"是、是"。我说，我的意见跟他完全一样，他既不愿填满表格，我也认为并不"十分"必要。

我对那位顾客说："如果出现什么事情，你有钱存在银行里，你是不是愿意让银行把存款转交给你最亲密的人？"

客人马上回答："当然愿意。"

我接着说："那么，你就依照我们的办法去做如何？你把你最亲近的亲属的姓名、情况，填在这份表格上，如果出现什么情况，我们立即把这笔钱移交给他。"

那位顾客又说："是，是的。"

那位顾客态度软化的原因，是他已知道填写这份表格完全是为他打算。他离开银行前，不但把所有情况都填在表格上，而且还接受了我的建议，用他母亲的名义，开了个信托账户，有关他母亲的具体情况，也按照表格详细填上。

我发觉使他一开始就说"是、是"，我们之间就没有机会为了填表格的事而发生争执，并且顾客就很愉快地依我的建议去做了。

也许真实的说服没这么简单，但这个案例却提供了一个思路。下次当我们被拒绝时，要问一些能够获得对方"是、是"反应的缓和问题。

让客户不停地说"是"，是一种十分有效的手段。它能够使客户在不知不觉中进入你早就计划和安排好的交易之中，从而为你的销售成功增加筹码。我们再来看看这样一个例子：

销售人员小谢在进入真正的销售话题之前，总会随便地与客户谈上几分钟的时间，聊一些很普通的话题。下面是他去拜访林先生时的一段对话：

他一到林先生家，第一句话就是："好整洁的屋子哦！一定是您的太太整理的吧？"

林先生回答："是啊！"

小谢："哇！很可爱的孩子啊！看上去特别机灵，好聪明的孩子啊！"

林先生什么也不说，只是微笑地看着自己的孩子。心里肯定默认了"是"。

小谢："您还养小狗啊！可爱的小狗这么干净，您常给它洗澡吧？"

林先生："我太太常给它洗澡！"

趁着林先生接连地认可了他的话，小谢顺势将话题转入销售，说道："林先生您好！我是汽车公司的销售人员，您叫我小谢就可以了。这个地区的销售工作，由我来负责，我今天带来了一些新款汽车的目录，请您参考一下。"

林先生把目录拿过来道："我正有点想更换汽车呢！我的汽车开了很多年了，发动机好像有点问题了，开起来不是很顺手。"

小谢说道："这里的车有各种款式，也有自己的优点和特色。如果方便，我可以给您具体介绍一下。"

林先生回答："好啊！"

以上案例中，销售员小谢就是运用一些与销售主题不相干的问题，诱导顾客连连说"是"，以创造良好的销售环境，在此基础上很自然地转入销售主题。

销售员在谈话之初，尽量避免让客户说"不"的问题。否则销售就有可能变得很糟。要运用心理战术，让顾客主动地说"是"，并且尽可能让他不停地说"是"，这样就会有助于销售的展开，成功的可能性才会更高！如果上例中的小谢不是那样地提问，而是采取下面的方式，结果又会怎样呢？

小谢："您好！我是汽车公司的销售人员，今天特意为汽车的销售事情来拜访您，能打扰您一段时间吗？"

林先生："汽车？对不起，我有汽车啊，而且我最近也没有什么买车的计划。我今天很忙，再见！"

很显然，如果小谢以这样的问题开始话题，就很有可能得到客户"不"的回答。一旦客户说出"不"，就很难让客户主动说"是"了，销售工作也就陷入了僵局，很难成功。因此，在销售人员拜访客户之前，首先要准备好几个能让客户说出"是"的问题。

先肯定顾客的眼光然后再找理由

对于一些季节变化较快的消费品，比如衣服、鞋、包等更新较快，难免会随着款式的变化而产生库存的问题，公司一般都会为了处理库存而将上季度或者跨年的产品拿出来促销。有的公司因为设计、开发的原因，会将往年的款式拿出来重新包装后投放市场。经常购物的顾客，很可能就会看出来。面对顾客的质问，销售人员应该如何回答呢？

如果你说："我们的新货过两天就到了。"或者是："这些款式今年还是很流行的"，"是的，这是以前的货，就剩下这些了"，这样是无法吸引顾客的注意力的，也不能积极引导顾客成交，是一种非常消极的说法。

其实老款有老款的优点，虽然款式不流行，但是质量稳定，技术成熟，价格也实惠。作为销售人员要学会从不同的角度寻找自己的产品卖点，把它转化为销售的亮点凸显给顾客，引导顾客成交。

如果顾客说："这些都是以前的货了。"销售员不妨这样说："您真是好眼力，一眼就看出来了。不过不管是老款还是新款，关键是是否适合您，是吗？"顾客即使不说，在心里也会回答："说的倒是呢！"

这样的回答，首先肯定顾客的眼光，然后为过去的货品找一个非常有说服力的理由——不管是老款还是新款，关键是是否适合。用提问的方式获得顾客肯定的回答。最后销售人员通过介绍产品的优点，同时引导顾客体验，销售产品的可能性就会很大了。

主动出击，引导全面成交

做生意，有时候会因为一件产品谈不拢而卡壳；有时候，又会因为一件产品顺利成交而带动更大的一笔订单。

在建筑工地，某下水材料推销员与水电安装工程的主管洽谈一笔下水材料生意。

"S311-085的下水管16元一米，卖不卖？"主管漫不经心地问道。

"您开玩笑吧，出厂价都不止16元一米呢？这么便宜，我们怎么能卖啊？"

事实上是，的确S311-085的下水管出厂价都是18元一米，加上送货到工地的运费需要花到18.5元的成本。

于是，由于这个销售员的坚持，这笔生意泡汤了。

再看看下面的一个销售情景：

主管对另外一家的销售员这么问：

S311-085的下水管16元一米，卖不卖？"

销售员知道，建筑工地购置下水材料总共需要的是二三十种不同型号、数目较大的下水管及配件。他在推销S311-085下水管的时候不赚钱，反而亏钱了，但是他可以想尽办法从其他的型号中将利润"补"回来，以保证整体上是赚钱的，为了保证生意得以继续下去，销售员说了：

"主管，那你们还需要别的么？为了保证管道的配套统一，都要用一家的产品才会更好。"

"那么你们S311-085的弯管，是多少钱？"主管问道。

"这个10元钱一个。"

"什么？这个都要10元钱一个？"主管故作惊讶地回答。

"主管，市面上这种型号的弯管您又不是不知道，都要卖到12元一个了。您放心，价钱上面我能便宜您，就便宜您了，就像S311-085下水管一样，16元一米，您上哪儿都找不到这样便宜的货。"

"好吧，10元就10元吧！"

销售员抓住主管因为图S311-085下水管便宜而不愿意轻易放弃这笔生意的心理，在后来的二十多个商品价格上，常常以S311-085下水管作为挡箭牌，顺利挡住了主管讲价的气势，终于在后来商品谈价中取得理想的地位，将生意反败为胜。

聪明的销售员，在掌握了这种"暗度陈仓"的方法后，也可以主动出击，有时候故意将客户了解的第一个商品的价格开得很低，甚至低于成本价，以吸引顾客的注意，然后再在其他商品上增加利润。这样，万一客户只购买你那种低价产品，你就可以说："先生，我很想满足您的要求，但是您知道，我们这里的商品是配套的，您买一种的话，就会让我们其他的商品难以卖出去。所以，请您一起购买了吧！"这样说，不仅是一种引导全面成交的努力，也是一种对单一买卖的婉拒，可令人进退自如，立于不败之地。

不急着排除反对意见，让客户在你的肩膀上哭诉

哭诉是指客人对这笔交易的异议，包括他的借口、实际的原因或想象的理由以及其他推托之辞。

克服异议，就是克服成交的所有阻碍。在排除反对意见时，要记得加入同情的成分。先让客人畅所欲言，提供给他宽阔的肩膀，然后你再做出回应。许多时候，回答客户的异议就好比玩扑克牌时把对家的王牌吃掉一样。你或许回应了客户的反对意见，不过他们会觉得你太直接、太自以为是。而同情的成分，往往具有缓和的作用。

许多成功的推销员都会这一招。比方说："我知道价格可能稍微高了点，不过通货膨胀对我们的影响实在很大。我能够体会你预算的考虑。这样吧，我会提供轻松的付款方式，让我们皆大欢喜。"

用一些"我同情"、"我了解"、"我懂你的意思"、"我也有这种感觉"之类的字眼。这些字眼表示你真的了解，你也很开心，并认同他提出的异议（不论是价格、尺寸、颜色还是款式等），不过你会确保各方面都能令他满意。提供宽阔的肩膀、同情的心态，来解除更多客户的疑惑、犹豫，甚至敌意，而不是无情地指出冷硬的事实。

不轻易否决顾客的意见，不妨多说"是"

推销中说服对方时，一次时间不要太长，一般来说每一次不要超过5分钟。自己若一直长篇大论地说，对方会听得不耐烦，因此要适可而止，给对方预留提出问题的时间，要让对方说话并做出回答。如果对方不提问题而紧闭着嘴巴，可以耐心地问对方："您对这种产品有何看法？请提出宝贵意见。"

和新客户进行商业谈判更是困难，弄不好，对方连产品价格也不问就说："今天就谈到这里吧！"对你下逐客令，但若谈得好就会步步深入。因此初次会谈至关重要，务必要重视。

在客户面前业务员确实不好当。如果说服力不强，对方会打呵欠，太热心了

对方又会觉得你难缠而起反感。因此业务员需要有见机行事的应变能力。经验不足的推销人员也不必担心，你可用热情来弥补。回答对方的问题时，必须首先说个"是"，即使不同意对方的意见，也不要说："不是那么回事。"因为对方一听"不"字就会皱眉头，就该说："是的，好多人都提出过类似这样的问题，事实上……"首先肯定一下对方提出的问题，然后再婉转地、心平气和地说明事实真相，这样一来对方就不会起反感了。

在有的情况下也可以在先回答"是"之后再说："不是那么回事"，对方会感到你这个人很直爽，反而会很喜欢你，这也是博得对方好感的一种方法，请不妨试一试。不过，在采用这种办法之前，一定要根据会谈的气氛和对方的性格而定，不可造次鲁莽。否则，不但不能博得对方的好感，反而会被对方看不起，他们会说："这家伙说话语无伦次、颠三倒四的。"

学会附和对方

在销售人员同顾客的交流过程中，附和对方起着举足轻重的作用，是与客户的粘合剂。因为附和就意味着同意对方的观点，这种在心理学上称为"承认"。当你承认对方的观点是正确的时候，那么在对方的心里就会对你产生一种认同感，从而拉近双方的距离。

韦森先生在没有研究人际关系学之前，他损失了无数应该获得的佣金。韦森是一家服装图样设计公司的销售人员，他几乎每星期都去找纽约某位著名的设计师，这样做已经有3年的时间了。然而，每次这位设计师不但不拒绝见韦森，而且还总是把韦森带去的图案仔细看一遍，但就是不买。

经过了150次的失败后，韦森觉得自己必是过于墨守成规了。所以他决定每星期利用一个晚上的时间，去研究一下人际关系的法则，以帮助自己获得一些新的思想，产生新的热诚。

不久，他决定采用一种新方法。他拿了几张那些设计师们尚未完成的图样，走进那位买主的办公室。这次，他并没有像往常那样请求买主购买这些图案，而是请求设计师提出自己的意见，然后把它完成。设计师把草图留了下来，让韦森3天后去找他。

3天后，韦森又去他那里，听了建议后，把图样拿回去，按照那位买主的意思画完。这笔交易结果如何？不用说这位买主完全接受了。

那是9个月以前的事，自从那笔生意完成后，这位买主又订了10张图样，都完全是照着他的意思画的，韦森就这样赚了1 600多美元的佣金。

韦森过去失败的原因——总是强迫设计师买他认为对方需要的图样。可是现在韦森所做的，跟过去完全不一样了。韦森请设计师提出他自己的意见，使设计师觉得那些图样是自己设计的。现在韦森不用去求他买，他自己也会来向韦森买。

遵照设计师的意见办事，别人怎么说就怎么做，这也是一种赞美方式。听从他人的意见，无形当中就制造了"你很好，你的意见都是对的。你说什么我随声附和就是了"的效果。仔细领会一下，你就会发现，在使用这样的方法时，被附和的一方总会产生被尊重、被崇拜的感觉，在效果上，同直接赞美是一样的。

在饭店里，我们经常会听见服务员这样说："先生，您可真会选，这是我们店里最好的葡萄酒，对那些精于品评美酒的人是再合适不过了。是的，有一点儿贵，不过我想您会喜欢的。您愿意再来一瓶吗？"

这样赞美我们的成熟品味和鉴赏力，我们怎能拒绝？而且价格因素增加了葡萄酒的诱惑力，我们通过向周围人显示有能力消费生活中的奢侈品而使自己的能力表现需求得到了满足。

威廉·詹姆斯曾经明确地指出："人性中最殷切的需求，就是渴望肯定和受到赞扬。"

作家马克·吐温也曾幽默地感慨："一句美好的赞扬，能使我快活上两个月。"

我国清朝有一部叫《一笑》的书，里面记载了这样一则笑话：

古时有一个说客，当众夸口说："小人虽不才，但极能奉承。平生有一愿，要将1 000顶高帽子戴给我最先遇到的1 000个人，现在已送出了999顶，只剩下最后一顶了。"一长者听后摇头说道："我偏不信，你那最后一顶用什么方法也戴不到我的头上。"说客一听，忙拱手道："先生说的极是，不才从南到北，闯了大半辈子，但像先生这样秉性刚直、不喜奉承的人，委实没有！"长者顿时手捻胡须，洋洋自得地说："你真算得上是了解我的人啊！"听了这话，那位说客立即哈哈大笑，说："恭喜恭喜，我这最后一顶帽子刚刚送给先生您了。"

这虽然只是一则笑话，但它却有深刻的寓意。说客能够成功地送出最后一顶高帽子，究其原因，在于他懂得随声附和。在附和的同时，得到了长者的认同，最后终于达到了自己的目的。之所以如此，最主要的原因便在于赞美他人能满足他们的自我。如果你能以诚挚的敬意和真心实意的赞扬满足一个人的自我，那么任何一个人都可能会变得更令人愉快、更通情达理、更乐于协力合作。

老王自从政以来官运亨通，一步步青云直上。很多人对此感到奇怪，因为老王从政这么多年来，并没有做出什么令人瞩目的成就，也没有为广大百姓谋得多少福利，更没有见他有哪个能人当后台，他是怎样一步步地走到今天的位置的呢？

原来老王的成功之道就在于他擅长随声附和，人称"好好先生"。哪个领导发言，老王肯定一连三声"好、好、好"；哪个领导提出意见，老王肯定也是"好、好、好"。谁会不喜欢赞同自己观点的人呢？只有赞同自己的观点，才意味着赞同了自己这个人，因此，几乎所有的上级视察都喜欢让老王陪同，久而久之，老王也依靠这几句"好、好、好"成为了各位领导的红人，升官晋爵就成了理所当然的事了。

将这个道理应用到销售方面，也能收到异曲同工的效果。例如，如果顾客说："这件衣服的颜色很特别。"聪明的销售人员应该说："对对对，你的眼光真是不错，今年就流行这种颜色。"这时，顾客就会心里喜滋滋的，因为自己的观点得到了认同，同时自己又被认为是"比较有眼光的人"，也就不太可能放下一件"有眼光的人"认为"比较好"的衣服了。

人总是喜欢被赞美的，随声附和也是一种赞美的方法，这可能是很多销售人员没有注意到的。抓住这一点，赞美的诀窍也就不再那么难以掌握了。在现实生活中，多数人爱听附和的话。你附和别人的观点，如果恰到好处，他肯定会高兴，并对你有好感。

不少人说自己对人云亦云很反感，愿意接受批评。一旦你信以为真，毫不客气地对他批评，他表面上虽然不一定有所表示，但内心多半是不高兴的。实际上，真正能做到"人告之以有过则喜"的人，是很少的。适当地运用赞美的方法，投对方所好，可以收到意想不到的效果。

第 19 章

量体裁衣因地制宜，因人说话因景说话

对待十分难缠型客户，要以退为进

　　如果你真的遇到了一个特别难缠的客户，没办法，只能以退为进了，这一招有的时候特别奏效。如果你只是一味蛮进，那么，就会犹如逆水行舟不进反退。

　　人总会有犯错误的时候，问题是犯错误之后，要懂得随机应变，要有灵敏的反应，以便挽回劣势，反败为胜。

　　下面是刘涛使用"以退为进"战术的例子。

　　刘涛有一天去烟酒店拜访。

　　这家烟酒店是前次直接加盟的新客户，不过，投的保额很小。由于已成为客户，而今天是第二次拜访，刘涛自然而然比较松懈、随便，以致把原来头上端端正正的帽子都戴歪了。

　　刘涛一边说晚安，一边拉开玻璃门，应声而出的是烟酒店的小老板，虽然是小老板，但年纪已经不小了。

　　小老板一见刘涛，就生气地大叫起来："喂！你这是什么态度，你懂不懂礼貌？歪戴着帽子来拜访你的客户吗？你这个大混蛋。我是信任明治保险，也信任你，真没想到我所信赖公司的员工，竟然那么随便、无礼。你出去吧！我不投你的保了。"

　　听完这句话，刘涛恍然大悟，马上双腿一屈，立刻跪在地上。

"唉！我实在惭愧极了，因为你已经投保，就把你当成自己人，所以太任性随便了，抱歉！"

刘涛继续道歉说："我的态度实在太鲁莽了，不过我是带着向亲人的问候来拜访你的，绝没有轻视你的意思，所以请你原谅我好吗？千错万错，都是我的错，我太鲁莽了。"

小老板突然转怒为笑："喂！不要老跪在地上，站起来吧，站起来吧，其实我大声责骂你，是为你好，我是不会介意的。不过你想如果这个样子拜访别人，别人肯定以为你没诚心。"接着他握住刘涛的双手，说："惭愧！惭愧！我不应该这样对你，咱们是朋友。我也太无礼了。"

两人越谈越投机。小老板说："我向你大发脾气，实在太过分了，我不是投保了5 000元吗？我看就增加到3万元好啦！"

推销员随时都要有心理准备，万一碰到类似的情况，要能及时观察准客户的心理反应，扭转颓势，反败为胜。

对待忠厚老实型客户，要真诚以待

这类客户对待每件事都很认真谨慎，他们不会轻易决定一件事是该做还是不该做。他们对于销售员都有一种本能的防御心理，对于交易也如此，所以这类客户一般都比较犹豫不决，没有主见，不知是否该买，同样，这类客户也不会断然加以拒绝。

这类客户考虑的因素比较多，一般来说销售员很难取得他们的信任，但只要你能够诚恳地对待，他们一旦对你产生了信任，就会把一切都交给你。他们特别忠厚，你对他怎样，他也会对你怎样，甚至会超过你为他们所做的。

这类客户通常情况下很少说话，当你向他们询问问题时，他们只是"嗯""啊"几句应付你。平时听你说话，他们只是点头，总觉得别人说的都对似的，他们一般不会开口拒绝别人。

销售员可以抓住这类客户不会开口拒绝的性格特点促使他购买，只要一次购买对他有利或者觉得你没骗他，他就会一直买你的商品，因为他对你产生信任了。

反之，如果他认为这次你欺骗了他，即使你有十分好的商品他也不会理睬你，因为他认为你不值得信赖，不值得为你这种人承担一丝一毫的风险。

这类客户还有一种通病，就是有时太腼腆了，所以对他们说话要亲切，尽量消除他们的害羞心理，这样，他们才能静下心来听你销售，交易也才能更顺利。而有过第一次成功圆满的交易后，这类客户对于再一次的销售，只要销售员说上几句话，十拿九稳交易就又成功了，他们绝不会寻找理由拒绝你。

这类客户，大多时候提出理由或是反对意见都会有些犹豫不决，他们会担心说出来伤害到销售员的自尊心。因此，销售员在处理他们不愿购买的理由时，一般是等到他们询问之后再有针对性地予以解决。

因此，对这些客户要尽量亲切一些，不要欺骗他们，这样在保持信誉的同时，也可以增加销售员的直接收益。

对待专家型客户，要以守为攻

现代很多推销行业，客户都多少了解一点，特别是保险。有的人一见到保险业务员就开口道："你别说了，我比你知道得多，保险的险种有很多，比如……"说得也头头是道，弄得业务员不知所措，一头雾水，继而只能扭头便走。

专家认为，这类客户，自以为很伟大，就像一个上司正在作报告一样，令你毫无对策。当你向他推销产品时，他表现出一种不屑一顾的态度，总以为你懂的都在他的知识范围内；当你转移话题，将说话的内容转到谈一些层次比较高的事情时，他也不感兴趣；反正，他永远都是"专家"，有时还给你提点儿刻薄的问题，让你下不了台。

这种客户的心理有两种情况：

1. 业务员没有什么了不起

总以为对方和自己有很大的差距，因而在内心产生一种优越感。他们自认为是高一层次的人，对那些他们认为是低一等的人不屑一顾，对保险业务员更是如此。

形成这种心态可能源于非常讨厌业务员，特别是一些登门拜访的。所以他们自己以狂妄的态度来对待业务员，觉得业务员层次低。

2. 不要与这些业务员接近

高高在上的人，不容许别人谈论自己的缺点，同时也将自己的弱点深深地隐藏起来。这一类人，假装对某领域很专业，其实可能只是道听途说，以一种高姿态来对待业务员，意思是我是专家，快点走吧！我都明白，不必再介绍了。

人的气质性格与后天因素有很大关系，你所处的环境对你的性格起着很强的作用。像这一类客户害怕自己掉入你的陷阱，怕被强卖于身，所以不敢让你介绍。他们这是在防卫，不得不用某种方式来进行自我保护，但他们同时也希望能引起他人的注意，希望别人给予他很高的评价。

这一类客户，保险推销员很难对付。他们很难友好地与人交谈，更不必说与他们开开玩笑、说说俏皮话之类的。但是，如果对他们做一番仔细的研究，你会欣喜地发现，这类客户其实是最好对付的一种，只要你采取了恰当的方式。

"你别说了，我来说，你听……"

"好的，我向您请教了！"

当他说完后，你还要加以夸赞一番："哇！你对我们的产品很关注呀！"或"不错，你讲得太对了，你真是专家。"

当客户正陶醉在自大的感觉中时，你可以突然提问题："先生，你所知道的还有什么呢？"他可能还知道，让他接着说。当他说："我不知道了。"这时你就可以发表自己的意见了。

"那好，我站在客观的角度帮你补充几点可以吗？我觉得你对我的产品很感兴趣，应该会听的，你说是吗？"

不让对方回到现实，应继续恭维，让他继续漂在"自高自大"的潮中。

他肯定会回答说："嗯！说吧！"

这样你就算击破了他的第一道防线。

对待自命不凡型客户，要显示自己的专业

这类客户都喜欢夸夸其谈，甚至喜欢吹牛，认为自己什么都懂，别人还没说出观点，他就会打断人家说"我知道"。这种客户一般都非常令人讨厌，但销售员万万不能表露出自己的真实感受，因为对于销售员来说，销售商品、发展同盟才是最终目的。

这些客户常常是在炫耀自己，对销售员总是这样说："你们这些业务，我都清楚。""我以前见过你们这些销售员，他们一个个都从我这儿逃走了，谁也别想赚我的钱。"好一阵炫耀，让人听了有些反感。

不过，这些客户有一个最大的优点，那就是毫不遮掩，心里有什么就说什么，你如果想探询什么消息，就可以找这些客户，他们一定会炫耀似地说给你

听，并且知无不言，言无不尽。但你千万别告诉他们什么内部消息，否则这些内部消息很快就会人尽皆知！对于这类客户即使不能顺利达成交易，也千万别得罪他，也许将来探询消息时你还需要他的帮助。

这些客户时常想在别人面前炫耀自己，表现自己比别人特殊，比别人知道得多。他们难免会由于自己的过分夸张而下不了台，这时，如果你能给他一个台阶下，他们会感激你的，这对于以后你的工作大有益处。

由于这类客户比较善于表现自己，销售员在与他们交谈时，必须尽量显示出自己的专业知识，使他们对你产生敬佩。这样他就会对你产生信任感，并且交易成功率也就很大。

还有一种方法，就是根据他这一种自夸的心理，抓住他说的话，然后攻击他，使他进入你所设的陷阱中，他为了顾全面子，会硬着头皮与你成交的。当他说对你们公司的业务很熟悉，或者他打断了你的销售介绍说明，并且说这些他都知道，也不屑看你带来的商品样品时，你可以这样对他说：

"先生，对于我们的商品，我就不说什么啦，您都知道了嘛！对于它的优点您就更熟悉了，而我们的业务您也是再熟悉不过了，看在这么优秀的商品与服务质量的面子上，您打算选取哪个品种？准备购买多少呢？"

这样一说，由于前面的话是他自己说的，他不能否定，所以为了顾全面子，他就必须考虑与你成交，否则就会感到尴尬。他连一个理由甚至都不能说，否则他就是一个出尔反尔的小人了，而他最不愿意的，就是做一个小人，他甚至自以为是地认为自己非常"君子"。

对于这种客户还有一种特别的销售方法，大致是这样的：你可以让客户觉得你把他看成一个客户的客户。你要表现出对和他成交与否漠不关心的样子，并且不时地对他说："先生，咱们成交与否，我倒不是十分在意，只是想和您交个朋友。况且，我们公司是一个很专业的公司，对于所服务的客户与产品都是有一定条件的，您不想买，大概就不符合我们公司的条件，所以成不成交无所谓，但是我们相识一场，交个朋友还是应该的。"边说边装出一副不在乎的样子。这样一来，会伤了他的自尊心，于是他为了显示自己的特殊，为了显示自己符合这些条件，他会立刻抓住你想与他交个朋友的机会，要你把商品卖给他。

见到这种客户，不要一听他说对你的业务都很熟悉，就胆怯，就不向他说你的专业知识，其实他们只不过是挖空心思在你面前炫耀罢了。他们都是纸老虎，你若怕他们，他们就更凶，就会看不起你，就不可能与你成交了，即使与你成交，他们也觉得那是对你的施舍罢了。

对待夸耀财富型客户，要满足其虚荣心

这类客户与上一类型客户类似，重点并不是夸大自己的知识面广，而是炫耀自己的财富。

这类客户有两种类型：一种是真正拥有一定的财富；另一种则不是，他们只不过崇拜金钱罢了。

第一类客户有钱，但不希望别人奉承他们，他们的主要目标是有个品质好、包装好的名牌商品。所以对这类客户要诚恳地把商品的优点告诉他们，并且对他们的财富怀着一种不在乎的神情。这样客户会对你这种神情产生好奇，然后你在他对你好奇的基础上，加快自己推销的步伐，他与你交易的成功率就增大了。

对于第二种客户，你就必须对他们进行奉承，恭维他们，使他们知道你非常羡慕客户有钱，满足他们的虚荣心。最后为了给他一个台阶下，使他能买你的商品，你就必须再作一些处理说明。你可以这样说："您就先交订金吧！余款以后交，我相信您的付款能力和个人信誉。"这样他会很感激你的。

交易成功后，别忘了说一声："还要请您以后多多关照。"

对于第二种类型的客户，切不可揭露他们的虚伪面具，这样会伤他们的自尊心，使交易产生困难。

对待精明严肃型客户，以推销自己为先

这种客户都比较精明，并且都拥有一定的知识，文化素质比较高，能够比较冷静地思考，沉着地观察销售员。他们能从销售员的言行举止中发现端倪和问题，他们就像一个有才能的观众在看戏一样，演员稍有一丝错误都逃不过他们的眼睛，这种客户总给销售员一种压迫感。

这种客户讨厌虚伪和造作，他们希望有人能够了解他们，这就是销售员应利用的工具。他们大都很冷漠、严肃，虽然与销售员见面后也寒暄，打招呼，但看起来都冷冰冰的，没有一丝热情，没有一丝春风。

他们对销售员持有一种怀疑的态度。当销售员进行商品介绍说明时，他看起来好像心不在焉，其实他们在认真地听、认真地观察销售员的举动，在推测这些说明的可信度。同时，他们在思考销售员是否真诚、热心，有没有对他说谎，销

售员值不值得信任。

这些客户对自己的判断都比较自信,他们一旦确定销售员的可信度后,也就确定了交易的成败。也就是说,销售员给这些客户的不是商品而是销售员自己。如果客户认为你对他真诚,他们可以与你交朋友,他们就会把整个心都给你,交易也就成功了。但如果他们确认你有些造作,他们就会看不起你,会立即打断你,并且下逐客令把你赶走,没有丝毫商量的余地。

这类客户的判断大都正确,即使有的销售员有些胆怯,但很诚恳、热心,他们也会与你成交的。

对付这类客户有两种方法:一是脚踏实地,对其真诚、热心,不但商品品质好,你本身表现也应不卑不亢,温文尔雅,使之无话可说,对你产生信任;二是在某方面与之产生共鸣,使他佩服你,成为知己,因为他们对于朋友都是很慷慨的。具体操作方法就是与他们多谈,特别是多谈一些他们所喜欢的事物,这些都要在洽谈前经过调查,这样他们会认为你与他们有共同的话题,他们就会把你当做知心朋友对待,那交易自然也就成功了。还应当让他们尽量了解你的一些情况,并且告诉他们你的一些隐私,把他们当做朋友看待,这样,他们也会把你当朋友的。

另外,对于这类客户有时也可用严肃的神情与之对阵,但要保持礼貌以及注意分寸,并且大方一点,对于他所要求的,要给予热心的支持。这样他就会认为你比较能干,有才能,会对你产生信赖,这样交易也就成功了。

对待沉默寡言型客户,忌施压催促

这类客户都不爱说话,但颇有心计,做事非常细心,并且对自己的事都有主见,不为他人的语言所左右,特别是涉及他的利益时更是如此。

他们表面看起来都很冷漠,有一种对一切都不在乎的神情,使人难以与之接近。其实他们的内心都是火热的,你只要能点燃他们内心那把火,他们就会把一切都交给你。

这类客户看起来有种让人觉得冷漠的感觉,他们对于销售员不在乎,对于推销的商品也不重视,甚至销售员在进行商品介绍说明时,他也不说一句话,没有什么表情变化,冷淡淡的,其实他们在用心听,在仔细考虑,只不过不表现在脸上和话语中而是在他的脑子里。

他们往往不提问题则罢，一提就会提出一个很实在、并且很令人头痛的问题。这时销售员不能蒙混过关，因为想要骗他们是绝对不可能的。如果你解决不了他们的问题，他们就会立刻停止与你谈话，因为他们本身就是惜话如金。所以销售员要小心地为他们解决问题，要抓住问题的关键所在。只要解答了他们的问题，他们就会立即要求购买商品，使交易成功。

对付这类客户，千万别运用那些施压、紧逼迫问等销售方法，这样对他们一点用也没有，只会令他们生气，令他们对你产生厌恶心理。也不要盲目地夸耀你的商品，因为他们不会听你的，说了也白说，反而会令他们讨厌，他们会自己看商品样品，你只要作一些介绍说明，再解决一些他们提的问题，交易就成功了。

对这类客户，首先在进行销售说明时，要小心谨慎，说得全面一点，绝不可大意，要表现出你的诚恳，好像是你在问他问题。介绍完之后，他会进行一段时间的思考，这时你要闭嘴，等他抬起头之后，会问你一些问题，这时你再回答。你可以顺便说些商品的优点，使他对商品产生更大的兴趣，这样达成交易的可能性就大了。

这类客户也极易与人交朋友，只要你对他诚恳、真心，他也会用同样的态度来对待你，建立起友谊是没有多大问题的。

对待吹毛求疵型客户，要有耐心

有的客户经常吹毛求疵地讨价还价，销售人员必须要吃透这一点。客户通常会利用这种战术来讨价还价。他们往往先是再三挑剔，接着又提出一大堆的问题和要求。这些问题有些是真心的，有的却只是虚张声势。

陈先生的冰箱坏了，急需买一台，为求物美价廉，他采取了吹毛求疵法来还价。在商店里，推销员指着他要的冰箱，告诉他价格为1 500美元。

陈先生说："可这冰箱外表有点小瑕疵！你看这儿。"

推销员说："我看不出什么。"

"什么？"陈先生说："这一点小瑕疵似乎是个小割痕，有瑕疵的货物通常不都要打点折扣吗？"

陈先生又问："这一型号的冰箱一共有几种颜色？"

推销员说："30种。"

"可以看看样品本吗？"陈先生问。

推销员回答说："当然可以。"说着马上拿来了样品本。

陈先生边看边问："你们店里现货中有几种颜色？"

推销员回答："共有22种。请问您要哪一种？"

陈先生指着商店陈设产品里没有的一种颜色说："这种颜色与我的厨房颜色相配，其他颜色同我厨房的颜色都不协调。颜色不好，价格还那么高，要不调整一下价格，否则我将重新考虑购买地点了，我想别的商店可能有我需要的颜色。"

陈先生又打开冰箱门，看了一会说："这冰箱附有制冰器？"

推销员回答："是的，这个制冰器全天24小时都可以为你制造冰块，而且1小时只需要2分钱的电费。"（他以为陈先生会满意这个制冰器）

陈先生说："这太不好了，我孩子有慢性喉头炎。医生说绝对不能吃冰，绝对不可以。你可以帮我把这个制冰器拆掉吗？"

推销员说："制冰器是无法拆下来的，它同冰箱的门安装在一起。"

陈先生说："我知道……但是这个制冰器对我根本没用，却要我付钱，这太不合理了，价格再便宜点？"

陈先生如此这般，其目的不外是：

（1）压价；

（2）表现自己的精明；

（3）为对方的让步创造条件。

经过如此艰苦地讨价还价之后，售货员作了让步，他向其上司交代时，说自己只作了极小的让步，并说这种让步是有理由的。售货员往往会把客户刚才的抱怨作为自我辩解的理由。

换个角度来说，若你是卖方，又该如何抗拒这种吹毛求疵的战术呢？

（1）必须要有耐心。那些虚张声势的问题及要求自然会逐渐露出马脚来，并且失去影响力。

（2）遇到实际的问题，要能直攻腹地、开门见山地和买主私下商谈。

（3）对于某些问题和要求，要能避重就轻或视若无睹地一笔带过。

（4）当对方在浪费时间、节外生枝，或做无谓的挑剔或无理要求时，必须及时提出抗议。

（5）向买主建议一个具体且彻底的解决方法，而不去讨论那些无关紧要的问题。

第 20 章

逆鳞莫触，销售中不能踩的话术地雷

说了不该说的话

经常看到在销售中，因一句话而毁了一笔业务的现象，如果能避免失言，销售员的业绩肯定会百尺竿头，更进一步。也许有人认为不说实话是虚伪，但有时候实话不实说并不是虚伪。话是说给他人听的，销售员的话可以使客户心情舒畅，也可以使客户情绪一落千丈，使客户心情舒畅，于己于人都有好处，销售员何乐而不为呢？

小娟是一名服装销售员。一天，一位穿着一件旧外套的客户走进了店门。看着他身上的破旧外套，小娟就想卖给他一件新外套。小娟心里在想："这人怎么还穿这种破衣服？这还是好几年以前流行的款式，他居然穿了这么多年，这衣服早该当抹布用了。"当然，小娟心里可以这样想，但嘴上却不能这样说，如果实话实说，那肯定会离销售成功越来越远。

如果是一名汽车销售员，当客户问，他那辆旧车可以折合多少钱时，销售员心里想的也许是："这辆破车还能值几个钱？"这可能是大实话，那辆车也许确确实实就是一辆不值钱的破车，它的轮胎也许已经磨损得不像样了，它烧起汽油来也许比柴油引擎还要多，车里的气味也许很难闻，总而言之，它就是一辆破车。但这种大实话销售员绝对不能说，因为这是客户的车，客户可能很爱这辆汽车，毕竟开了这么多年，多少总会有点感情。即便不喜欢这辆车，也只有客户自己有资格来评价这辆车。如果销售员先开口说这辆汽车如何如何糟糕,这无疑是在侮辱汽车的主人,不知不觉中已经伤害了客户的自尊心。这样,还能向客户销售吗?想想这些,销售员还敢说客户用过的东西不好吗?

有时,客户会说自己的东西不好,比如说:"这辆车太破,想买辆新车。"这时销售员也不能跟着附和:"你这车确实够破了,早该换辆新车。"特别是在谈及孩子时,当客户说他的孩子太淘气时,销售员若顺着客户的话说:"是够淘气的",那销售员就休想让客户买产品了,销售员可以说:"聪明的孩子都淘气。"所以通常情况下,销售员在与客户沟通时,不能说以下的话:

第一,直接批评客户。

这是许多销售员的通病,尤其是刚从事销售这一行的,有时讲话不经过大脑,脱口而出伤了客户,自己还不觉得。虽然销售员无心去批评指责,只是想打一个圆场、有一个开场白,而在客户听起来,感觉就不太舒服了。人人都喜欢听好话,人人都希望得到别人的肯定,不然怎么会有"赞美与鼓励让白痴变天才,批评与抱怨让天才变白痴"这一句话呢。在这个世界上,又有谁愿意受人批评?销售员从事销售,每天都是与人打交道,赞美话语应多说,但也要注意适量,否则,让人有种虚伪造作、缺乏真诚的感觉。

第二,攻击性语言。

我们经常可以看到这样的场面:同行业里的销售员用带有攻击性色彩的话语攻击竞争对手,甚至有的销售员把对手说得一钱不值,致使整个行业形象在人们心目中不理想。多数的销售员在说出这些攻击性话语时,缺乏理性思考,却不知无论是对人还是对事的攻击词句,都会造成客户的反感。作为销售员应尽量杜绝,最好是做到闭口不谈,这对销售会有好处的。

第三,过度吹嘘。

不要吹嘘产品的功能!这一不实的行为,客户经过日后的使用,终究会清楚销售员所说的话是真是假。不能因为要达到销售业绩,就夸大产品的功能与价值,这势必会埋下一颗"定时炸弹",一旦纠纷产生,结果就很难圆场。有些销售员确实会这样做,明明是69岁时的保单现金值,却说成是65岁;某种耳疾的治愈率只有72%,但却说成92%。

任何一个产品,都存在着好的一面,同样,也存在不足的一面,作为销售员理应站在客观的角度,清晰地与客户分析产品的优与劣,帮助客户"货比三家",唯有知己知彼才能让客户心服口服地接受产品。给销售员的忠告是:欺骗与夸大其辞的谎言是销售的天敌,它会致使销售员的事业无法长久。

第四，个人隐私。

与客户打交道，主要是要把握客户的需求，而不是一张口就大谈特谈隐私问题，这也是销售员常犯的一个错误。有些销售员可能会说，我说我自己的隐私问题，这样总可以吧。就算只谈自己的隐私问题，不去谈论客户，试问销售员推心置腹地把自己的婚姻、性生活、财务等情况和盘托出，能对销售产生实质性的帮助吗？

第五，不雅之言。

每个人都希望与有涵养、有层次的人在一起，不愿与那些"粗口成章"的人交往。同样，在销售中，不雅之言对销售产品必将带来负面影响。诸如，在销售寿险时，最好回避诸如"死亡""没命了"此类的辞藻。不雅之言会使销售员的个人形象大打折扣，是销售过程中必须避免的。

妄自贬低对手

"同行是冤家"，在销售中遇到竞争对手是一件很正常的事。这时你很可能为了竞争而贬低对手，不过奉劝你千万不要这样做，因为贬低对手只会让客户降低对你的评价。

某公司的董事长正打算购买一辆不太昂贵的汽车送给儿子作毕业礼物。福特牌轿车的广告曾给他留下好的印象，于是他到一家专门销售这种汽车的商店去看货，而这里的售货员在整个介绍过程中总是在说他的车哪些哪些比"菲亚特"和"大众"强。作为董事长的他似乎发现，在这位销售员的心目中，后两种汽车是最厉害的竞争对手，尽管董事长过去没有买过那两种汽车，他还是决定最好先亲自看一看再说。最后，他买了一辆"菲亚特"。

不贬低诽谤竞争对手的产品是销售员的一条铁的纪律。做一名合格的销售员一定要记住：把别人的产品说得一无是处，绝不会给你自己的产品增加一点好处。

销售员除了赞扬对手之外就不应当提到他们。万一客户首先说起竞争商品的情况，你就赞扬它几句，然后转变话题："是的，那种产品很好。但现在还是看看我们的！"完全回避竞争对手，就不会导致客户再去考虑别的商品。销售圈的座右铭似乎应当是："各卖各的货，井水不犯河水。"自然地就会把客户的需求转入自己一方。

不幸的是，按这种观点办事常常不是最佳战略。一个竞争厂家的牌子可能早已在准客户的脑子里占据了重要位置，用回避的办法是难以将它驱除的。可是，有的客户并不愿意主动谈论他们内心宠爱的另一种产品，因为他们害怕销售员会指出他们的偏爱有问题。所以，保持沉默便可平安无事。

这样，如果销售员决心要对付竞争对手，首先就必须设法让客户把心中喜欢的另一种商品讲出来，并听听他对其产品的看法。精明的汽车销售员在刚一开始谈生意时，就要探明竞争对手在客户心目中的地位。为了搞清客户都见过哪些汽车和最喜欢哪一种，这样问："到目前为止，在您见过的所有汽车当中您最喜欢哪个牌子的？"这个问题的答案可以为洞察力很强的销售员提供大量信息。如果客户的回答是"赛车"，那你再向他销售稳稳当当的轿车就是对牛弹琴了。绝大部分汽车销售员都害怕跟头一次买汽车的人打交道，因为销售员们知道，不管你给这类客户提供多么优越的购物条件，他们仍会认为有必要先转一圈看看再说。聪明的汽车销售员都喜欢等客户看过了其他牌子的汽车后再接待他们，这时就有成交的希望了。

毫无疑问，避免与竞争对手发生猛烈"冲撞"是明智的选择。但是，要想绝对回避他们看来也不可能。销售员如果主动攻击竞争对手，将会给人留下这样一种印象：他一定是发现竞争对手十分厉害，觉得难以对付。人们还会推断，他对另一个公司的敌对情绪为什么会这么大，难道是因为他在该公司手里吃过大亏。客户下一个结论就会是：如果这个厂家的生意在竞争对手面前损失惨重，那么他的竞争对手的货就属上乘，我应当先去那里瞧瞧。

用语不慎伤害对方

有一种能使讲话水平进一步提高的方法：一个人在和别人讲话的同时，其声音也能传到自己的耳朵里，就是这样，一面确认自己讲话的声音，一面进行讲话。大脑里有那么块地方，它在不停地确定"好！这个讲法好。""哎呀！讲糟了！"我们可利用这一点，在和客户说话时，一边选择词句，一边对自己所要讲出的话进行控制。

客户当中什么性格的人都有，有的很任性，有的性子急，有的爱发脾气，有的说话带口头语。作为一名销售员，要和各种各样的人打交道，如果老是用自己所固有的一种调子谈话，就无法和所有的人谈得来，弄得不好，会遭"白眼"，使得还没进入商谈就被对方拒绝了。面对上述情况，要不断地检查自己的说法，并很快地及时地做出决策，在冷场之前就迅速地转换话题，使会话顺利地进行下去。

会话往往是反复无常的。在聊天时，讲些有趣的话可使对方捧腹大笑，可是一旦进入商业谈判则往往急转直下，激烈地争论起来。不管在什么场合下都是不允许失言的，如果失去风度，出言伤人，把对方给惹翻了，就会中断交易，造成不可挽回的后果。为此，优秀的销售员在和用户对话时会绞尽脑汁地选择词语。不过讲话时过于恭敬，乱用敬语也不行，要用通俗易懂、朴实亲密的语言，只有这样才能取得成功。

以上所说的看起来好像很难，其实只要有心，谁都能做到，只要多练习多用就能够做到和任何客户打交道都有共同语言。另外，学会了上述方法并使之成为习惯，不仅对用户，对上司，对同事讲话也同样有用。这里再提醒一次：会话时，请注意谈话内容，千万不要伤害对方。

不会掩饰自己的情绪

很多销售人员的失败，都是源于不懂得掩饰自己的情绪。如果客户表现出对商品没有兴趣，销售人员的脸上就会浮现出失望或不耐烦的表情。在与同事和朋友的交往中，往往也不管时间场合、对象是否适当，更不理会讲话的后果，心里有啥就说啥，想怎么做就怎么做。这种直率会让销售人员丧失很多本来有潜力的客户，也容易得罪人，结果自己陷入孤立的状态。

其实，直率是明智的交际准则，直率的人往往给人以一种心胸坦荡、胸无城府的感觉，他们比那些深藏不露、遮遮掩掩的人更令人放心，更容易博得对方的信任和好感。但过分的直率却会起到适得其反的作用，很多人也正是在这一问题上不知不觉吃了大亏。况且销售是一个交际性很强的工作，这个工作需要你时刻笑脸相迎。一个带着不耐烦或愤怒的情绪的推销员肯定会到处碰壁的。

每个人都是有自尊心的，每个顾客都希望自己被当做上帝对待，他们喜欢享受买东西时所受到的友好和尊敬，销售人员的直言快语很容易就变成了挑衅和侮辱，而有些销售人员往往不顾及这一点，也不掂量话的轻重，经常无意中就伤了人。

不要急于求成

有一个商人，到外地去买了一车沉香，运回故乡来贩卖。结果因为沉香较昂贵，所以只有很少人购买。而旁边刚好有一个卖木炭的小摊，因为木炭便宜，一下子就卖光了。

这位商人眼见隔壁摊位的木炭一下子就销售一空，而自己的沉香却卖不出去，心中甚是着急，左思右想，他终于想出了一个办法。

于是他用火将整车的沉香烧成木炭，果真一下子就被大家抢购一空，他也高兴地回家了。

销售的目的并不仅仅是将产品卖出去，而是以合适的价格卖给需要的人，虽然卖出去的目的达到了，但是失去的可能更多。

有一些销售人员的性子太急，做事总是匆匆忙忙的，尤其是在推销的成交阶段。

有一对姓马的夫妇，因为丈夫工作需要，全家搬到一个新的地方居住。刚刚搬到新地方，他们的孩子自然觉得新鲜得不得了，总是喜欢跑出去玩。

有一天，这对夫妇出门了，回来的时候却发现自己的小儿子不见了，这可把他们吓坏了，于是开始分头去寻找。他们还报了警，而且，因为这对夫妇所住的地方不是很大，所以不一会儿就有很多人都帮着找。

但是，就在这么一个节骨眼上，一个不知深浅的推销员却凑到马先生跟前，向他推销保险，当时马先生很生气，没好气地说："拜托，等我把儿子找到再说好吗？"

谁知这位推销员看马先生没有反对便更是喋喋不休，大谈保险的种种好处，还想让他停下来听他讲，这下可把马先生气坏了，马先生忍无可忍地对推销员大吼："你如果肯帮忙把我儿子找回来，那么保险业务的事情咱们日后找个时间再谈。但是，我警告你，你现在要是再跟我提什么见鬼的保险业务，就请你先滚出去！"

推销员被马先生说得面红耳赤，夹着公文包灰溜溜地走了。马先生这才注意到，这个推销员名义上是来帮助自己找儿子，实际上却早就计划好要来乘机做推销，这可把马先生的肺都气炸了。他等推销员走出去，就狠狠地把门摔了一下。最后，在大家的帮助下，马先生找回了自己的儿子。

但是从此以后，马先生很痛恨这个推销员，而且经常给别人讲述这件事情并描绘他的长相，这下推销员的业务就可想而知了。但他怪不得别人，难道还有比他更不谙人情世故的吗?

　　细心是销售人员必须具备的重要品质。急功近利,行事冲动,极易导致推销失败。尤其是在促成阶段,顾客在做出买不买、买多少、何时买等购买决策时,都不是一时冲动,他们需要权衡各种客观因素,如产品特征、购买能力等,同时还要受到主观因素的影响,如心情好坏等。因此,做出购买决策是一个极其复杂的过程,并不是一蹴而就的。在这个时候,销售人员应该给顾客合理的考虑时间,并耐心等待顾客做出决定。

东拉西扯没有重点

　　销售人员在与客户进行沟通时,应该清楚哪些话是该说的,哪些话是不该说的,切不可说起来东拉西扯,没有边际,一定要掌握好洽谈的重点,否则,就很容易偏离你推销工作的主题。

　　客户在与销售人员交谈时,由于自身的需要,往往要对产品进行详细的询问与了解,而客户的这种了解又会具体地反映在产品的某些方面上。比如品牌、价格、安全性、质量、售后服务等,所以销售人员就应该根据这些情况来把握客户所关心的重点,定出接下来的谈话重点,进而对客户进行详细的说明,这是成功销售的一大"法宝"。

　　但在实际的推销洽谈中,有些销售人员却不能够做到想客户之所想、答客户之所问,尤其对顾客特别关心的问题不能给予及时准确的回答,不是充耳不闻、轻描淡写,就是回答笼统含糊、答非所问。究其原因,无外乎以下几点:

　　(1) 粗心大意,忽略了客户所关注的问题;

　　(2) 对客户的问题不够重视,甚至会认为是多余的;

　　(3) 认为客户的问题很简单,泛泛之谈就足以说清;

　　(4) 怕引起客户的疑虑而有意回避。

　　以上任何一种情况的出现都会影响销售工作的成败。泛泛而谈缺乏说服力,不够具体,那么顾客的疑虑就得不到合理的答复,当然也更容易引起对方的警觉。在这种情况下,你想顾客会做出购买决定吗?

　　看看下面这个案例。

　　张先生平时工作比较繁忙,很少有时间照顾家庭。前不久,一次意外事故使她的女儿被暖气中的热水烫伤了,于是他怕家里的取暖设备再出故障,就决定安装一台家用中央空调。针对他的这种情况,请看推销员是如何进行推销的。

推销员对他说:"先生,如果使用中央空调的话,不仅非常舒适,而且也很安全,只是价格稍微贵了点……"

张先生说:"价格贵点倒没什么,不知道这种空调到底能够安全到什么程度?"

"这您放心了,我们中央空调还从没出过事呢,使用过的客户对它都非常满意!我们还负责上门安装和提供其他的一些配套服务。"

"这都好说。"张先生还是不放心,"从来没用过,不知用起来到底怎样,会对孩子有益吗?"

对于上面这位客户,很明显他对产品的要求主要体现在安全问题上,而并非价钱、安装、配套服务等。而那位推销员却没能够及时意识到这一点,只是在安全性之外的问题上盲目地进行说明,没有抓住顾客关注的重点。

销售人员在与客户洽谈时,一定要从顾客的言语表情中判断出他所希望知道的重点,从而进行有针对性的答复,切忌泛泛之谈。

心不在焉注意力不集中

精神涣散、心不在焉是推销中的大忌。如果销售人员在与客户接触的过程中展现出的是一副词不达意、六神无主的样子,就很难使客户对你的产品产生兴趣,他们会认为你没有足够的诚意。因此,在向顾客推销产品时,做到精力集中是相当重要的。

只有做到精力集中,才能及时发现问题,解决问题,而且能够有效吸引对方的注意力,可以很好地控制整个局面,使你处于主动的地位。

关于精力集中这一主题,成功的推销员乔·吉拉德是这样介绍他的成功经验的:

"推销时要精力集中,一旦我的眼睛正视着顾客时,他就一定能够感到我的注意力集中在他身上。我会把别的一切杂念都抛在脑后,我不允许任何想法来分散我的精力。从我和顾客握手、作自我介绍的时候起,就没有什么能把我的眼光从顾客身上移开。

"即使有5辆消防车在旁边呼啸而过,我也不会转过头去。我曾看见别的推销员一听到警报声或撞击声就会冲到窗户边去;我还看见有的推销员在欣赏某位顾客小姐美丽修长的双腿时,眼珠都快鼓出来了!要是我生活在西海岸的话,即使发生大规模的地震,我也不会失去方寸,丢开我的顾客。

"我为什么要如此控制局面呢？首先，这样可以让顾客也能做到集中精力，因为我在观察他的每一个动作，聆听他的每一句话。"

"几年以前，一位年轻的推销小姐请我观察一下她的推销过程，并对她进行指导。'我一定做错了什么，乔，'她说，'可我就是不知道错在哪儿。'

"结果，我发现她在整个推销中没有说错任何话，推销进展也顺利，她自己的自我感觉也不错，可是最终却未能使生意成交。

"'乔，我做错了什么？'她问我，'那人想买一辆新车，而且他也买得起，我的推销似乎也不错，可……我到底哪儿做得不对？'

"'海蒂，你做得对，你做的所有事都对，可是你犯了一个致命的错误。我想你自己肯定没有意识到。'

"'是什么？'她急切地问，'我想知道。'

"'我数了一下，在推销的过程中，你一共看了6次手表。每次看的时候，你的顾客都有些不悦，而且还会沉默一会儿。他们心里一定在想：她的兴趣可能在别的事情上，而不是跟我谈话。好了，就这些。他觉得你想尽快摆脱他。'

"'说实话，我并不在乎什么时间，这只是我的一个坏习惯。你说得对，我不会再那样了。'

"几个星期之后，她已经能够做到精力集中地去做推销了。"

精力集中意味着你对这件事情很重视，对方也就觉得你尊重他，他也就会与你进行思想沟通，愿意接受你的思想，最终使推销成功。所以，你要懂得精力集中就是控制局面的最有效的方法和策略。

开场后直奔主题

销售人员：早上好，张先生，很高兴见到您。

顾客：你好，有什么事吗？

销售人员：张先生，我今天来拜访您的主要目的是给您带来了我们的最新产品——智能A200型设备。我知道，您一定很希望您的企业生产成本降低，收益提升。

顾客：是啊，但你们公司的产品性能怎么样？

销售人员：张先生，这项设备是引进的德国SA技术，它的制造效率是普通设备的2倍，而且比一般设备的单位能耗要低20%。另外，这款产品的操作平台非常人性化，操控性能很稳定，安全性能也非常好。还有就是安装了自检系统，这样就不需要经常安排大量人工来检查，节省了大量的人力成本。您觉得怎么样？

顾客：不错，那这款产品已经应用在哪些行业呢？

销售人员：主要是挖掘机制造、油田开发等领域。

顾客：这套设备大概需要多少钱？

销售人员：仅需要20万元人民币。

顾客：是吗？我知道了。这样吧，你把资料放下。我先了解一下，回头给你电话。

销售人员：张先生，我们公司的设备曾荣获国家设备制造金奖，每年销售量达到5 000万元人民币呢。

顾客：我知道了。我们领导班子需要研究一下，才能给你电话。再见。

销售人员：唔？……

这是一个拜访客户的典型个案。销售人员第一次拜访顾客，他希望顾客对自己的产品感兴趣。这位本分的销售人员遇到一个愿意参与对话的顾客是非常幸运的。但不幸的是，他的行为印证了推销泛滥的时代人们脑海中根深蒂固的销售人员形象，最终他失去了机会。

美国一份关于公众对销售人员评价的调查报告显示，人们最讨厌的销售人员的形象就是：一见面就喋喋不休地谈自己的产品与公司，千方百计想向顾客证明自己的实力与价值。

销售人员失败的一个主要原因往往就是这种情况——被顾客控制了局面。在整个会谈中，顾客成功地控制了会谈节奏，并最终轻松地摆脱了销售人员。为什么会这样呢？就是因为销售人员一直在说！在人际沟通中，尤其在和陌生人的沟通中，是说得少的人控制局面还是说得多的人控制局面呢？显然，是说得少的人控制局面！

本案例是首次拜访，销售人员希望通过陈述自己的公司和产品有多么好来吸引顾客，谈话的焦点一直在自己身上，顾客被置于次要的位置甚至被完全忽略。这样做的结果是顾客心理产生了巨大的购买成交压力。为了释放或抵抗这种压力，顾客会本能地采取质疑的态度，全神贯注地关注销售人员陈述中存在的缺陷。销售人员的陈述一旦停下来，顾客就会开始反击——提问，提出主观的甚至幼稚片面的问题与异议。当然，顾客几乎会本能地问到销售人员最不愿意回答的问题——价格，而价格恰恰是顾客拒绝销售人员最冠冕堂皇的理由。就这样，顾客赢得了对话的控制权，轻易摆脱了销售人员：顾客主观地得出"不需要"的武断结论，或者干脆以"先考虑考虑再联系"之类的话来推托。

那么，是不是不要给顾客提问的机会呢？当然不是，只是当顾客还没有认识到销售人员的真正价值，没有解除心理抗拒时，就让顾客来提问是很危险的。如果销售人员保持沉默，让顾客说又会怎么样？因此，一个聪明的销售人员既不会冷场，也不会一直站在自己的立场上说个不停。

第 21 章

绘声绘色讲故事，用故事将客户引入佳境

用讲故事的方法来介绍

讲故事可以引发共鸣，可以激发兴趣，显得平易，更能深入人心。用讲故事的方法来介绍自己的产品，与客户沟通，能够收到很好的效果。

一客户来到海尔冰箱的柜台前，对海尔的销售人员说："你们的质量有保障吗？"这时销售员倒没有就质量本身说那么多，只是讲起海尔的总裁张瑞敏上任时砸冰箱的故事，一个故事立刻令人对海尔冰箱的质量刮目相看。

像乔·吉拉德、甘道夫、原一平、柴田和子都是讲故事的大师。原一平每次在推广保险的时候，都会讲一个因没有买保险发生意外和死亡的悲痛故事，他的真情感动得客户流下了泪水，这时他便说道："我真的不希望这样的故事发生在我遇到的任何一个人身上，我有责任去帮助他们，我出售的不是保单，我出售的是爱和保障。"就因为原一平讲故事真挚，一次又一次地打动了客户，从而帮助他成交了一个又一个的保单，让他成为了受人尊敬的推销大师，被誉为"推销之神"。

所以各位朋友，不管你今天卖何种产品，你一定要收集那些能令新客户产生共鸣、激发需要的故事。任何商品都有自己有趣的话题：它的发明、生产过程、产品带给客户的好处，等等。销售人员可以挑选生动、有趣的部分，把它们串成动人的故事，以此作为销售的有效方法。所以销售大师保罗·梅耶说："用这种

方法，你就能迎合客户、吸引客户的注意，使客户产生信心和兴趣，进而毫无困难地达到销售的目的。"

为客户编一个属于"他"自己的故事

销售为什么需要讲故事，为什么要将故事讲得浪漫一些呢？因为人都喜欢听故事，尤其是和自己有相似背景的人和事。只要你将这样的故事与产品结合，你就已经成功了一半。

三流的销售摆出产品；二流的销售对产品表达观点，陈述事实；一流的销售则是擅长讲故事，将观点和事实融入故事，提升产品的档次，打动消费者。

你会为客户编一个"他"的故事吗？一个浪漫感人的故事，会让你的产品变得妙不可言，动人心魄！

有一家钻戒公司，为自己的钻戒设计了一个销售广告，集合了文字与影像，编织了一个美丽的故事：一对纯真的情侣，真心相爱，历经磨合，从冬天的白雪，走向春天的繁花，经过夏天的浮华，最终携手迎来秋天的果实！他们坐在秋天的公园里，周围是一片丰收的颜色，枫叶在身边缓缓飘落，代表着成熟与长大。他们含情脉脉地注视着对方，而女孩的手，则似乎无意地放在显眼处。那里，一颗钻戒闪闪发光。旁边写着：两心相系，一生一世！

这是妙到极致的故事广告，利用一个动人的故事，将产品推到大众的面前。用这样一个"她"的故事告诉全天下的男孩：如果你爱她，就去为她买一款这样的钻戒吧！

对销售来说，说服是一件很重要的事。想卖出产品，总要说服客户。

如果你能讲出一个好故事，让故事与产品结合起来，就会给客户留下很深刻的印象。所以，学会讲故事，能够让销售变得很简单。这是销售的秘诀，同时也是销售高手的天赋，他们每个人都是讲故事大师！

为客户讲一个故事并不困难，实际上，这是销售员的日常工作。你需要在平时就注意收集资讯，加大阅读量，并将得到的信息分门别类，存储在大脑中。当你需要时，就把它们调动出来，加以润色，在合适的时机，结合不同的产品，用合适的方式讲给你的客户。

故事销售的好处是什么呢？它可以吸引客户的注意力，故事本身还可以引导出客户的心理需求！这是吸引法则，起源于心理学，百试不爽！只要你想，你就可以为你的客户讲出最具有煽动力的购买故事，让他感同身受，视你的产品为灵丹妙药，并且马上为它付钱，拿着它去追寻属于他自己的完美故事！就像这个成功的钻戒广告！

讲故事需要学习，但是更重要的是练习。从现在开始，就向你的客户讲一个动听的故事。你可以把一款手表的名称，说成是一位帅气王子送给可爱公主的礼物的名称，这份礼物曾经让两个矛盾中的国家和平相处，然后相爱的王子和公主成为两个国家的功臣，并最终得到了属于自己的爱情。于是，这块价值连城的手表就产生了，为的是纪念这段感人的爱情故事。你也可以将你的产品与一个著名的人物联系起来。

只会讲观点的销售不能生存，只能将产品摆出来然后撞大运的销售更是不入流的销售者。要想让自己成为一名销售高手，讲故事的技能是必不可少的。尤其是，为客户讲一个"她"的故事，这关系到你的产品是否能够一下拴住这位消费者！

讲好故事的七大诀窍

真正的营销高手，都是讲故事的好手。讲故事就是为客户设计一个产品的应用情景，让他们看到美好的使用效果。但是，如何将故事讲得引人入胜、妙不可言呢？销售故事有没有什么学之即会、用之即灵的诀窍？

学会讲故事，有七大诀窍：

诀窍1：量身定做

根据客户的身份、地位、收入、年龄、性别、购买目的，以及产品的不同，结合当时的场合和气氛，选择合适的故事进行产品销售。这很重要，如果你讲了一个客户不感兴趣甚至很反感的故事，那么就会弄巧成拙，甚至让客户产生厌烦感。

诀窍2：细节需具体

故事要有具体的细节，让客户可以用心灵触摸到，感受到，从而可以在脑海中模仿，而且在未来的产品应用中，可以进行套用。比如那个成功的钻戒广告，对于场景的设计，要有实用性。如果你让男女主人公坐在云彩上，而不是公园里的长椅上，效果就会大打折扣，因为观众会潜意识里觉得太虚幻了！

使用客户能够涉及的细节，这是故事打动人的基本因素。让你的故事听上去越真实、越特定化、越有现实感，客户就越能够理解和认同。但是也不能太过详细,比如最好不要涉及具体的城市和地点,让大家都有进行想象的空间。还是以钻戒广告为例,如果你说"上海的公园",那么观众的感觉一下就冷淡了很多,难道这款钻戒是专卖给上海消费者的吗?难道只有上海的公园才这么浪漫吗?客户会有这种想象空间被剥夺的感觉,从而产生疏离感。

诀窍3:场景符合真实生活

只有让客户感觉到这是真实的生活,你所讲的才是一个成功的好故事,才能进而让他对产品感兴趣。只有跟客户可能的生活经历联系起来,让他有所触动,并能体验到可操作性,他才会产生强烈的购买欲望。比如一款相机的销售方,设计了一组去全国各大文化景点旅游拍摄的效果图,地点选用了长城、天安门、青藏高原等几处代表性的景点,既让客户看到了这款相机拍摄出的高清图,又让客户对携着这款相机去这些地方实地体验的感觉很是向往,于是就很容易做出购买决定。

诀窍4:偶尔适当的自嘲

在与客户交流时,聊到即兴处,可以偶尔适当地谈论一下自己的困难、糊涂事甚至是无知,衬托出产品的优点。比如当你向客户推荐空调时,你可以说:"我现在还没钱买一台空调,每天回到家,就像热锅里的蚂蚁,别提多狼狈了!拿着扇子,拼命地扇啊!也没感到有一点风!"这种自嘲似的讲述,会起到出其不意的效果,首先,会衬托出空调的重要性,并让客户产生心有灵犀的感觉,因为你把夏天没有空调可用的难堪讲了出来,一下子就能促使他下定决心购买!同时,在你自嘲的时候,还会拉近与他的距离,因为很多客户在这时会在你身上看到他自己的影子。

诀窍5:轻重要有别

故事里的元素,要有轻有重,突出你要表达的信息。故事当然要有趣,但千万别让"有趣"盖过了"产品"的信息。这是一个尺度的问题,有趣的故事要为产品服务,否则故事就对销售毫无价值,你只是讲了一个让客户聚精会神的故事而已。

诀窍6:做到灵活改编

同一个故事,对不同的客户讲出来,就要根据需要做出适当的改变。侧重点可能不同,长短也可能不同,这需要你有随时改编的能力。你可以通过增加细节或改变主人公的身份、故事的情景等重要因素,轻而易举地改编故事,让它适用于眼前的客户。

诀窍7:永远别忘了故事的目的

让故事与销售保持一致,这是永远不能忘记的原则。否则,你的故事就白讲了！换句话讲，你可以让故事吸引客户的注意力，但千万别让客户忽视了你的产品！

用比喻来推销

在保险推销技巧中，喻义行销法不失为一种非常好用而又容易见效的推销方法，它巧妙地运用了日常生活中常见的事物，通过形象生动的比喻，向客户阐释应该及时购买保险的道理。

在中外保险大师推销经历中，我们不难发现此法的妙用。黄伟庆"救生艇"的案例就很精彩。

一次，黄伟庆同莫先生乘坐渡轮去九龙。莫先生在听完黄伟庆的介绍后，微微一笑说："小黄，你看我有必要买保险吗？美国友邦的实力与规模都是一流的，不过我虽然不能和友邦相比，但以我的财力，我可以买下整个友邦公司的三分之一。"

听了这话，黄伟庆当场一愣，眼看船将到岸，头脑中也没理出个头绪，不知该怎样对眼前这位财大气粗的先生再次进行保险说明。忽然，黄伟庆看到了停泊在码头的"伊丽莎白二号"，不觉眼前一亮，面带微笑对莫先生说："莫先生，您见多识广，我有个问题想要请教一下，可以吗？"

"什么问题尽管提出来。"莫先生欣然应答。

黄伟庆指着"伊丽莎白二号"说："您看，那艘巨大的轮船，行驶的时候一定很平稳很安全吧？它应该不会有什么意外发生吧？"

"是的，我看很安全，不会有什么事发生。"莫先生答道。

"那就奇怪了。莫先生，您看，它上面装了足有20条救生艇。既然它很安全，很可靠，那为什么还要准备那么多救生艇呢？那么多救生艇放在它上面，对它来说不是一个很大的负荷吗？这不是多此一举吗？我真想不通，请您告诉我一下其中的道理，好吗？"

莫先生一听就明白了，他再次仔细打量了一下面前的黄伟庆，笑道："小黄，真有你的，明天早上到我办公室来。"

就这样，黄伟庆赢得了一个大客户。

看似简单的比喻帮了黄伟庆一个大忙。很多时候，跟高层客户沟通，直白的讲述未必能收到好的成效，但是寓意深远的比喻却能让客户深刻地体会到其中的道理。

从黄伟庆的经典案例中，我们可以体会到喻义推销法的妙用。喻义推销法最大的特点就在于不需要直白地阐明而道理又表露无遗。

在推销中适时使用恰当的比喻，不仅可以让话语变得活泼生动，还可能带来意想不到的惊喜。

有一位著名的棒球运动员，无论是在运动场上，还是在保险公司销售员的眼里，他都是一个难以攻破的"堡垒"，因为他对保险的事根本不感兴趣。

原一平却攻破了这个"堡垒"。他没唱那些令人生厌的老调，也没对保险好处进行宣传，而是对棒球运动表现出极大的兴趣，听对方大谈棒球。他的倾听，他的插话，他的问题以及他简短的议论，都给这位职业球手留下了深刻的印象。

在一个适当的时候，原一平向球手提出了一个关键的问题："您对贵队的另一位投手川田的评价如何？"

"川田，正是有了他，我才能放手投球的，因为他是我的坚强后盾和依靠，万一我的竞技状态不佳，他可以压阵。"

"请原谅我打个比方，您想过没有，如果把您的家庭比做一个球队，您家里也应该有川田。"

"川田？谁？"

"就是您。"原一平说，"您想想，您的太太和两个孩子之所以可以'放手投球'，换句话说，能无忧无虑地幸福生活，就是因为有了您，您是他们的坚强后盾和幸福的保证，所以您就是他们的'川田'。"

"您的意思是……"

"请原谅我的直率，我是说人有旦夕祸福，万一您有个不测，我们就可以帮您，帮您的太太和孩子。这样，您就可以放心地驰骋球场，无后顾之忧。所以，从这种意义上说，我们也是您的'川田'。"

至此，那位棒球运动员才想起原一平的身份，然而他已经被感动了，因为原一平形象的比喻使他深刻地体会到了他的人身保险与家庭幸福的关系，这场生意当场就成交了。

利用生动又切合客户心理的比喻来说服客户，远比讲一通客户不愿听而又听不懂的长篇大论有效得多。

用故事来渲染枯燥的谈话

约翰刚参加工作不久,就碰上了一位自称永远都不需要保险的医生,他很有钱,同时也很吝啬。

这位医生夸口说有一天他将拥有200万美元。约翰告诉他应该通过保险为他的家人保证收入来源,但他根本不想花这笔钱,认为支付保险金会减少他的储蓄。很明显他不懂保险,他喜欢储蓄、有价证券和定期存款等除保险以外的任何一种金融工具。面对如此固执的客户,约翰需要想办法消除他的偏见,给他提供最好的储蓄方案。

在会谈将要结束时,约翰决定再试一次。约翰说:"您的目标是攒够200万美元,确实很了不起。任何拥有那么多钱的人都不用为养活自己和家发愁,而且不需要再去工作。但是假设您的200万美元是一座40层大楼的顶层,如果您的目标是到那儿,您怎么上去呢?您是爬楼梯呢,还是乘电梯?"没等医生回答,约翰接着说,"您显然属于爬楼梯的这一类人。"

"你说什么?"医生有点恼怒。

约翰却一点儿也不着急:"您现在就像是在爬楼梯。您要爬到200万美元,而不是乘电梯到200万美元。"

医生怒视着约翰,等他解释。

约翰不慌不忙地说:"按照您目前的计划攒钱就像在爬楼梯。当您买高收益率的股票时,您一步三个台阶,但您仍然是在爬楼梯。爬楼梯的缺点是您有可能停下来,您也有可能摔断腿,或者摔死,再也爬不上去。不论您滞留在哪一层,您都实现不了您的目标。您和您的家人该怎么办?"约翰停下来看着这位医生,他仍然沉默不语。

"但是,"约翰接着说,"有了保险,您就不会被困住。免缴保险费如同你受伤后我每次给你按一下电梯按钮,您就上去一层,直到你到达顶层。如果你死了,我就按直达键,直接把你送到顶层。"

这位医生点点头。几分钟后约翰就拿着医生的保险支票离开了他的办公室。

在推销过程中,客户对产品可能已经很了解了,这时再就这个产品谈来谈去只能让客户觉得厌烦。或者这个产品本身不是很有趣,那么大肆宣扬只能增加枯燥无味的感觉。因此,在推销工作中用点儿比喻的方法,可以让客户更加透彻地了解销售员的方案,并最终下决心签单。

下篇　怎么听客户才会说
靠倾听赢得客户

第 22 章

销售成功并非夸夸其谈，倾听可以四两拨千斤

用倾听打开你的销售之门

杰尔·厄卡夫是美国自然食品公司的推销冠军。这天，他像往常一样将芦荟精的功能、效用告诉给女主人，但女主人并没有表示出多大的兴趣。

厄卡夫立刻闭上嘴巴，并细心观察。突然，他看到女主人家的阳台上摆着一盆美丽的盆栽，便说："好漂亮的盆栽啊！平常真是很难见到。"

"没错，这是一种很罕见的品种，叫嘉德里亚，属于兰花的一种。它真的很美，美在它那种优雅的风情。"女主人听到厄卡夫对自己盆栽的赞美，便来了兴致，说道："这个宝贝很昂贵的，一盆就要800美金。"

"什么？800美金？我的天哪！每天是不是都要给它浇水呢？"

"是的。每天都要很细心地养育它……"

于是，女主人开始向厄卡夫讲授所有与兰花有关的学问，而厄卡夫也聚精会神地听着。

最后，女主人说："就算我的先生也不会听我唠唠叨叨讲这么多，而你却愿意听我说了这么久，甚至还能够理解我的这番话，真是太谢谢你了。希望改天你再来听我谈兰花，好吗？"随后，她爽快地从厄卡夫手中接过了芦荟精。

客户在和销售人员交谈时，都希望销售人员能够耐心地听自己倾诉。一个不懂得倾听，而是滔滔不绝、夸夸其谈的销售人员不仅无法得知有关客户的各种信

息,还会引起客户的反感,导致推销最终失败。无论怎样,要想成为一名成功的销售人员就应当谨记,在客户兴高采烈地谈论的时候,最好做一名忠实的听众。当你这么做的时候,你会发现客户已大大提升了对你的认同度。

一般情况下,只要有一个谈话的机会,大多数人都不太愿意听别人说话,而是喜欢让别人听自己说话。还有一种常见的现象是,大多数人喜欢谈和自己有关的事,而不是和对方有关的事情。

可是在推销过程中,绝大多数的时间是销售人员在说,客户只有很少量的说话时间。因此,这样的销售人员总是业绩平平。而那些经验丰富的销售人员,通过实战总结出了一条规律:如果你想提高业绩,就要将听和说的比例调整为7:3,即70%的时间让客户说,你倾听;30%的时间让你用来发问、赞美和鼓励客户说。

"听"比"说"更重要。倾听客户的言谈对推销有下面几点好处。

倾听是对别人的一种尊重

当你聚精会神地听客户谈论的时候,客户会有一种被尊重的感觉,从而能够拉近你们之间的距离。

人们往往对自己的事更感兴趣,对自己的问题更关注,更喜欢自我表现。一旦有人专心倾听对方谈论自己时,对方就会感觉自己被尊重。卡耐基曾说:"专心听别人讲话的态度,是我们所能给予别人的最大赞美。对朋友、亲人、上司、下属,倾听具有同样的功效。倾听他人谈话的好处之一是别人将以热情和感激来回报你的真诚。"

倾听能真实地了解客户,增加沟通的效力

销售人员如果只顾自己一个劲儿地说,而不懂得倾听客户的话,就无法真实地了解客户。那么,双方的沟通就是无效的,你的销售也因此不尽如人意。

倾听才能思考

用心倾听客户说话可以减轻客户的戒备心,使其说出心中真正的想法。同时,你也可以利用倾听的时间想一些对策,从而高效率地解决问题。只有静下心来倾听,你才能从客户的言行举止中冷静地去思考,了解并领悟客户所传达的信息。当你真正了解客户的想法时,你与客户之间的交易才算真正开始。

在你与客户销售面谈时,通过有效地倾听,倾听中思考,可以帮助你寻找客户话语中透露出的真正需求,迅速判断成交的可能性,从而对症下药,增加订单交易量。

总之,适时地让嘴巴休息,学会在倾听中思考,是解决问题的有效方法。

倾听可以帮你了解客户的需求

客户的需求和期望都是由客户自己"说"出来的。销售人员如果不仔细倾听,遗漏客户无意中提供的重要信息,就很有可能错失许多解决问题的关键点。

面对面的销售时,客户冷淡的反应与不屑的眼光对销售人员是一种十分惨重的打击。许多客户在回答销售人员的提问时只会应付式地说几句客套话,这是因为他们不想让销售人员了解他们的需求而致使他们无法脱逃。所以客户会尽可能地敷衍。要摆脱这种困扰,销售人员只有想办法让客户尽可能地多说,并且在提问时引导他说出心中的真实想法。这样无论是对销售工作还是对解决投诉都有极大的帮助。

倾听的百万价值

有一次,法兰克和另一位销售员去见弗朗西斯·奥尼尔先生。奥尼尔先生讲话不多,但为人精明。他早年从事纸张推销,经过多年奋斗成为纸张批发商,后来又开办造纸厂,成为纸张生产与批发业中的领袖级人物。

彼此寒暄几句后,进入正题。一开始,法兰克向他讲解他所拥有的产业与税收之间的关系,可他低着头,不看法兰克一眼。法兰克看不到他脸上的表情,连他是否在听也无法知晓。于是,法兰克只讲了3分钟便停了下来,靠在椅背上等着,接下来是尴尬的沉默。

法兰克那位同事如坐针毡,难以忍受沉重的静默。他担心法兰克失败,便急于想打破僵局。可他正准备说话时,看见法兰克在摇头,便明白了法兰克的意思,没有开口。

这样窘迫地又沉默了一分钟。奥尼尔抬起了头,法兰克没理他,只是悠然地倚在椅背上等他开口。

彼此对视,良久无语。法兰克知道自己必须沉住气,只要等的时间足够长,对方总要先打破僵局。

奥尼尔终于开口了,他平日不善言谈,这次却说了足足半个小时。他说的时候,法兰克尽量不插嘴。

等他说完了，法兰克说："奥尼尔先生，您讲的话对我很有帮助。您告诉我这样一个事实：您比大多数人都有思想。最初，我来的目的是想帮您这位成功人士解决问题，通过与您的交谈，我明白您已经花了两年时间来准备解决这一问题。尽管如此，我还是很乐意花些时间帮您更好地解决这些问题。我下次来时，一定会带来一些新的想法。"

此次见面的开局不好，但结尾却令人满意。奥尼尔对法兰克认真倾听的谦虚态度及独到见解的印象很好，双方后来终于达成了几百万美元的合作项目。

在与别人交谈时，销售员一旦发现对方对自己所说的话心不在焉时，应立刻打住，哪怕所说的话至关重要。所以，保持适度的沉默是销售员应该掌握的成功技巧之一。因为销售员更应该是一个善于倾听的人。一旦说明了意图，销售员就应当闭上嘴巴，等待客户提问，尽快弄清客户的需要，这样才能做到有的放矢，取得交易的成功。

会说的同时还要会听

会说话的人都是会听话的人。不想哇啦哇啦地说个不停而是静静倾听的人很可能是最会说话的人。

在日常交往中，要做到会听是相当困难的。不要说会听，有的人甚至连互相交谈的基本原则都做不到。对方一开口，立刻打断对方，自己却长篇大论地讲个不停。等到对方感到不快而索性不说了，他反而认为对方被自己说服了，因而得意扬扬，这样的人还真不少。通常自己的毛病是不太容易发现的。

日常会话是提高讲话水准的舞台。销售人员应留心别人对话中的一些坏毛病，使之成为警惕自己的好材料。

在和对方的谈话过程中，会听是很重要的一环。这是博得对方好感的一个秘诀。遗憾的是，不少销售人员急于推销商品，把对方讲的话都当成耳边风，而且总是迫不及待地在交谈中问问题或打断对方的话，或申述自己的观点。这些都是不适当的。欲速则不达。如果想使交易成功，顾客滔滔不绝地讲话时就是成功到来的有利时机，你应该为此高兴，立刻提起精神来听，并不时兴趣盎然地说："后来呢？"以催促对方继续往下说，要用好像听得出了神的样子去倾听对方的谈话。

对于喜欢说话的顾客，销售人员只要洗耳恭听，他就会笑容满面，高兴得不得了。在这种情况下,当对方关住话匣子时,紧接着很可能说:"就这么决定了,我们签协议吧!"即使签不了合约,他也会很高兴地等待着您的下一次来访。

就一般的交谈内容而言,并非总是包含许多有用的信息。有时,一些普通的话题对你来说可能没有什么实际意义,但客户的谈兴却很浓。这时,出于对客户的尊重,你应该保持足够的耐心,听客户说下去,切记不要流露出厌烦的神色。

专家统计结果显示,一个人的说话速度大致在每分钟120~180字之间,而人的大脑思维的反应速度却要快得多。所以,在现实中往往会遇到这种情况,很可能客户还没有将话说完,或者客户只是说出了其中几句话,而你就已知道了他的全部意思。这时,由于已经了解了对方的意图,思想也就随之放松了,这种细微的心理变化在你的外表上又往往会表现为一些心不在焉的下意识动作和神情,以至于对客户接下来的言语"充耳不闻"。

而当客户突然问你一些问题和请教你的见解时,如果你一愣神,或者答非所问,客户就会感到十分难堪和不快,觉得自己是在"对牛弹琴",从而就会对接下来双方的沟通工作产生不利的影响。

在与客户接触时,越是耐心倾听客户的意见,销售成功的可能性就越大,因为聆听是褒奖客户谈话的一种方式。对于同一销售人员来说,听客户谈话应做到像自己谈话那样,始终保持饱满的热情与良好的精神状态,并时刻专心致志地注视着客户。当然,如果你确实觉得客户讲得淡而无味、浪费时间的话,可以巧妙地提一些你感兴趣的问题,以此转移对方的谈兴。但是,要注意绝不能随意打断客户的话,应当让他心平气和地讲完,即使他的意见不是新的或不符合实际情况,也要听下去。

倾听的九大原则

有效倾听在销售工作中的作用不言而喻,销售人员必须掌握倾听的原则,使其在与客户的沟通中获取更多的信息。

1. 专注倾听

专注就是用心聆听,人正心亦在。这是有效倾听的基础,也是实现良好沟通的关键。疲惫的身体、无精打采的神态、消极的情绪等都会让倾听失效,还有那些看表、玩手机、摸腰包、拿东西、接电话等行为都是不够专注。要知道,如果不够专注,听得不够认真,客户很快会察觉到,既影响客户的情绪,也影响到对你的信赖感。倾听不仅仅只是听的问题，必须积极、专心，还要借助分析、理解和判断等活动，还需要运用多重感官的综合行为。不仅耳朵要听，而且眼睛要观察，手也要记笔记。

2. 巧妙提问

倾听，往往要和引导性提问结合起来，才能发挥最大威力。为此，销售人员必须学会引导和鼓励客户谈话。为使整个沟通实现良好的互动，更为了销售目标的顺利实现，可以通过适当的提问来引导客户敞开心扉。你可以通过开放式提问的方式使客户更畅快地表达内心的需求，比如用"为什么……""什么……""怎么样……""如何……"等疑问句来发问。在每个阶段，提问都要推动着销售对话的进程。

客户会根据销售人员的问题说出内心的想法。之后，销售人员就要针对客户说出的问题寻求解决问题的途径。这时，销售人员还可以利用耐心询问等方式与客户一起商量，以找到解决问题的最佳方式。

3. 及时回应

客户在倾诉过程中需要得到销售人员的及时回应，如果销售人员不作任何回应，客户就会觉得这种谈话非常无味。点头、微笑、肯定，身体前倾，眼神交流等都是一种回应。我们说"是的""对的""我也有这样的感受""我能完全理解您的心情"等，都能及时表现出你对客户的关注。回应可以使客户感到被支持和被认可，当客户讲到要点或停顿的间隙，适当给予回应，可以激发客户继续说下去。例如：

客户："除了黄色和白色，其他颜色我都不太满意。"

销售人员："噢，是吗？您觉得淡蓝色如何呢？"

客户："淡蓝色也不错，另外……"

4. 准确复述

复述就是倾听时先记住对方说话的重点，然后再复述一遍。这样做，一方面可以向客户传达你一直在认真倾听，另一方面，也有助于保证你没有误解或歪曲客户的意见，从而使你更有效地找到解决问题的方法。例如：

"您的意思是要在合同签订之后的20天内发货，并且再得到5%的优惠吗？"

"如果我没理解错的话，您更喜欢弧线形外观的深色汽车，性能和质量也要一流，对吗？"

复述还会让客户觉得你很重视他，他会很高兴。这样一来，他就不会拒绝你，买单也就不成问题了。

5. 共同分享

很多人都不懂得与人分享的好处。我每次跟人谈话结束的时候，都会讲："今天跟您的交谈让我深受启发，收益很多！"销售沟通中的分享很重要，它能在分手的一刹那给客户留下美好的感觉和回忆。

要善于讲分享的话语，比如可以说"你讲的……对我很有帮助，特别是在……方面我很有触动"等。分享会产生很大的力量，它对下一次成交是一次很大的帮助。

6. 不要打断

随意打断客户谈话会打击客户说话的热情和积极性，如果客户当时的情绪不佳，而你又打断了他的谈话，那无疑是火上浇油。所以，当客户的谈话热情高涨时，销售人员可以给予必要的、简单的回应，如"噢"、"对"、"是吗"、"好的"等。

7. 不要插嘴

销售人员最好不要随意插话或接话，更不要不顾客户喜好另起话题。例如：

"等一下，我们公司的产品绝对比你提到的那种产品好得多……"

"您说的这个问题我以前也遇到过，只不过我当时……"

8. 不要争论

记住，你争赢了也输了，争输了还是输了。客户的话可能有失偏颇，也可能不符合你的口味，但你要记住：客户永远都是上帝，没有人喜欢别人直接批评或反驳自己。如果你实在难以对客户的观点做出积极反应，那可以采取提问等方式改变客户谈话的重点，引导客户谈论更能促进销售的话题。例如：

"您很诚恳，我特别想知道您认为什么样的理财服务才能令您满意？"

9. 不要定义

把别人说话的意思以自己的理解乱下定义，往往容易扭曲原意，会造成很多的误会和冲突。

倾听有法可寻

销售人员要知道与你谈话的客户只会对他自己、他的需要、他的问题最感兴趣，这要胜过你及你的问题上百倍。

你能否成为优秀销售员，最关键的还是要看在实践中的表现。这才真正关系到我们成功与否。我们要学会以下几个倾听的方法：

1. 全神贯注地去倾听

这里所指的倾听，不仅仅是用耳朵去听，也包括要用眼睛去观察对方的表情与动作，用心去为对方的话语做设身处地的考虑，用脑去研究对方话语背后的动机。倾听就是在做到"耳到、眼到、心到、脑到"的前提下，综合地去听。

倾听客户的讲话要集中注意力，细心聆听对方所讲的每个字，注意对方的措辞及表达方式，注意对方的语气、语调、面部表情、眼神动作等，所有这些都能为你提供线索，去发现对方一言一行背后所隐含的内容。

在销售沟通中，我们常常听到这样的说法："顺便提一下……"说话的人试图给人一种印象，似乎他要说的事情是突然想起来的。但是，你要明白的是，他要说的事情恰恰可能是非常重要的，先说这么一句，显得漫不经心，其实不过是故作姿态而已。所以，当你发现一个人常用诸如"老实说""说真的""坦率地说""真诚地说"等类似的语句的时候，往往就是此人既不坦率、也不诚实的时候，这只不过是一种低劣的掩饰罢了。

2. 抛弃先入为主的观念

只有抛弃那些先入为主的观念，才能耐心地倾听客户的讲话，才能正确理解对方讲话所传递的信息，从而准确地把握对方话语的核心，才能客观和公正地听取、接受对方的疑惑与不满。

3. 控制好自己的言行

在倾听对方时，最难也是最关键的技巧，就是要约束、控制好自己的言行。通常人们喜欢听赞扬性的语言，不喜欢听批评、对立性的语言。当听到反对意见时，总会忍不住要马上反驳。似乎只有这样，才能说明自己有理。还有的人过于喜欢表现自己，这都会导致与对方交流时，过多地讲话，或打断别人的讲话。这不仅会影响自己的倾听，也会影响对方的谈兴和对你的印象。所以，在与客户的沟通中，一定不要轻易插话打断对方的讲话，也不要自作聪明地妄加评论。

4. 有鉴别地去倾听

有鉴别地去听必须建立在专心倾听的基础上，因为不用心听，就无法鉴别出客户所传递出来的信息。例如"太贵了"，这几乎是每一位客户的口头禅，言外之意就是"我不想出这个价"，而不是"我没有那么多钱"。如果不能辨别其背后的真正含义，往往就会错把顾客的借口当做反对意见而加以反驳，从而很容易激怒顾客。同时，也让顾客找到了为自己进行辩护的借口，也就会在无形中增加销售的阻力。

所以，只有对客户的谈话内容进行恰当的鉴别，才能摸清客户的真实意图。

只有在掌握了顾客真正意图的基础上，才能更有效地调整谈话策略，从而对客户进行更有针对性的说服工作。

5. 不要因急于反驳客户而结束倾听

即使是在已经明了客户真实意图的情况下，也要坚持听完对方的阐述，而不要因为急于纠正客户的观点而打断对方的谈话。即便是根本不同意客户的观点，也要耐心地听对方讲完。听得越多，就越容易发现客户的真正动机和主要的反对意见，从而有针对性地调整下一步的销售策略。

6. 倾听要配合积极的回应

要使自己的倾听获得更好的效果，不仅要用心地听，还应该有一些反馈性的表示，比如点头、欠身、双眼注视顾客，或重复对方所说的一些重要句子，或提出几个对方关心的问题。这样一来，客户就会因为销售人员如此专心地倾听而愿意更多、更深地讲出自己的观点。

多听少说的艺术

在沟通交流中，销售人员应该让客户多说，自己多听，并保持适当的沉默。雄辩是一门艺术，沉默同样也是一门艺术。通往成功的捷径，就是把你的耳朵借给别人，而不是把你的嘴巴借给别人。

一个善于倾听的销售人员在别人说话时，眼睛会直视对方，表现出自己真的感兴趣，不仅是在真诚地倾听，而且也在全身心地投入，并及时做出反应。

其实，倾听中的沉默也并不是什么新奇的方法。早在两千年前，西塞罗就说过："沉默是一门艺术，雄辩也是。"但是，"听"的艺术却往往被人们忽略了，真正的好听众是少之又少。

几年前，美国最大的汽车制造公司之一正在洽谈订购下一年度所需要的汽车坐垫布。有三个重要的厂家已经做好了垫布的样品。这些样布都已经得到了汽车公司高级职员的检验，并发通告给各厂家，他们的代表可以在某一天以同等条件参与竞争，以便公司确定最终的供应商。

其中一个厂家的业务代表皮特先生在抵达时，正患有严重的喉炎。"当我参加高级职员会议时，"皮特先生在我班上叙述他的经历时说，"我嗓子哑了。我几乎发不出一点声音。我被领到一个房间，与纺织工程师、采购经理、销售经理以及该公司的总经理当面会晤了。我站起来想尽力说话，但我只能发出嘶哑的声音。

"他们都围坐在一张桌子边上。所以,我在纸上写道:'各位,我的嗓子哑了,我不能说话。'

"'让我替你说吧,'对方总经理说。他真的在替我说话。他展示了我的样品,并称赞了它们的优点。于是,围绕我的样品的优点,他们展开了一场热烈的讨论。由于那位总经理代表我说话,因此在这场讨论中,他站在我这一边,而我在整个过程中只是微笑、点头以及做几个简单的手势。

"这个特殊会议的结果是,我得到了这份合同,和对方签订了50万码的坐垫布,总价值为160万美元——这是我曾获得的最大的一个订单。"

"我知道,如果我的嗓子没有哑,说不定我就会失掉那份合同,因为我对于整个情况的看法是不同的。通过这次洽谈,我很偶然地发现,让客户多说话是多么有益!"

本杰明·富兰克林年轻时非常聪明。早年间,他总是想教导人们,给他们指出错误,可这种做法却让人们对他敬而远之。所幸的是,后来他在一个朋友的帮助下认识到了这一点,并改正了自己的缺点。半个世纪过后,当他79岁时,他在那本著名的自传中写下了下面这些话:

"总而言之,在言谈中,用耳朵比起用嘴来,会得到更多。我坚持把沉默当成一种美德来培养。"

第23章

销售不是唱独角戏，要给客户说话的机会

尽量创造倾听的机会

要想营造一种较为理想的谈话氛围，并鼓励客户谈下去，再谈下去，作为倾听方，就需要采取一些策略。

第一，要善于鼓励。倾听对方的阐述需要做好相应的准备，否则，倾听时心不在焉，会让对方觉得你根本就没听，从而会让对方感到不愉快，也会觉得你缺乏合作的诚意。因此，在倾听时一定要给对方造成一种心情愉快、愿意继续讲下去的氛围，其基本技巧之一，就是用微笑、点头、目光等赞赏来表示对客户的呼应，来显示自己对客户谈话的兴趣，从而促使对方继续讲下去。

第二，要善于表示对客户的理解。试想一下，如果在推销谈判中，你侃侃而谈了半天，而对方却一点儿听懂或弄明白了的表示都没有，那么你还有兴致谈下去吗？所以，不妨设身处地地为对方考虑一下，在推销谈判中，当你充当"倾听者"时，一定要注意以"是""对"等答话来表示自己的肯定，在对方停顿下来的时候，也可以用简单的话语来指出对方的某些观点与自己一致，或运用自己的经历、经验来说明对讲话者的理解。有时，还可以适当复述对方所说过的话，这些表示理解的方式都是对讲话者的一种积极呼应。

第三，要善于激励客户讲下去。有时候，适当地运用反驳和沉默，也可以激励客户继续谈下去。当然，这里所说的反驳并不是指轻易地打断对方的讲话

或插话，而是当对方征求你的意见或稍作停顿时，对其进行适度的反驳。另外，根据具体的谈判情况，你也可以保持适当的沉默，因为沉默有时也不等同于承认或忽视，它可以表示你在思考，是重视对方意见的体现，也可能是在暗示对方转变话题。

少说多听：倾听是沟通的开始

教育家卡耐基说："做个听众往往比做一个演讲者更重要。专心听他人讲话，是我们给予他的最大尊重、呵护和赞美。"每个人都认为自己的声音是最重要的、最动听的，并且每个人都有迫不及待地表达自己的愿望。在这种情况下，友善的倾听者自然成为最受欢迎的人。

小李的父亲是位知识分子，为人古板，不喜与人交往，每次小李来了熟人，父亲就独自躲到书房，很少与人打招呼。一次，小李的三个高中同学来到家里。大家一见分外亲热，其中有两位喜欢下棋，闲谈中都是些术语、行话，而另外一位对"黑白世界"一无所知，无聊中去了父亲的书房。这外边三位在棋局上杀得天昏地暗，没去管他。等玩够后，才从书房中把那个同学叫出来，令小李吃惊的是：老父居然送出房门口，还问儿子为什么不留他们吃饭，临行还一再叮嘱：以后有空来玩。在小李的记忆中这是父亲第一次留他的同学吃饭，而且以后还经常问及那位同学为什么不来玩。

小李在惊叹之余，问及同学怎样赢得父亲的欣赏。结果那同学说："没什么呀，你们下棋我不懂，就去你父亲书房，见你父亲在看一本水利方面的书，就问你父亲是否搞水利的，然后就好奇地问长江大桥的桥墩怎么做的，你父亲就开始给我讲解，如何先将一个大铁筒插进去，将里面的水抽干，挖出稀泥，打地基，直到做好干透，再将铁筒抽掉，你父亲在说，而我只是认真听，也没说什么。"

倾听不仅体现着一个人的道德修养水准，而且关系到能否与对方建立一种正常和谐的人际关系。而缺乏倾听不光会让我们显得无知、无礼貌，往往还会导致错失良机。

德怀特·莫罗是一名刚刚出道的外交家，受柯立芝总统之命出任墨西哥大使。"这是一件很困难的差使，"布鲁斯·巴顿说，"墨西哥是山姆叔叔手上最敏感的一个手指头，到那边去做大使是很麻烦的一件事。"鉴于此，对莫罗而言，第一次拜见墨西哥总统卡尔士的表现，是具有历史意义的。

如何给墨西哥总统留下一个良好的印象呢？在这样的紧要关头，莫罗运用了一个策略。莫罗绝口不提起那些应当由大使来负责谈判的严重问题。他只是称赞厨子，多吃了几块饼，点着了一支雪茄，请卡尔士总统给他讲一些墨西哥的情形，内阁对于国家的希望如何？总统所想做的是哪些事情？他对将来有些什么看法？当卡尔士发表意见时，他则在一旁全神贯注地听。结果，第二天，卡尔士总统对一个朋友说，莫罗才是真正会说话的大使。

卡尔士总统的这句话让情绪紧张的墨西哥人、焦急不安的美国人都长长地舒了一口气。

初出茅庐的莫罗如此轻易地折服了卡尔士总统，并非采用了什么特别的策略，只不过让卡尔士总统发表意见，自己洗耳恭听罢了。

很多人认为，倾听不过是一种最基本的沟通手段而已。事实并非如此简单，倾听不仅是一种沟通的手段，更是一种礼貌，是尊重说话者的一种表现，是对说话者的最好的恭维。专注倾听对方说话，可以使对方在心理上得到极大的满足。这正是莫罗成功的秘诀。通过倾听，无形之中，他显示了自己对卡尔士总统的尊崇，让卡尔士总统感受到了充分的尊重。

人人都渴望得到他人的尊重，没有谁会拒绝耐心而专注地听自己说话的人。当你想赢得陌生人的好感时，不要试图多"说"而要多"听"。

某些时候，我们要学会闭嘴

对销售人员来说，懂得在关键时刻让自己闭嘴，这并不是所有人都能做到的。许多销售员都在客户面前眉飞色舞，说个不停，却丝毫不注意客户厌烦的神色。他们也从不判断当时是什么场合，什么氛围，总是努力地向客户讲个不停。

我在销售培训班上，也曾经提出过"关键时刻学会闭嘴"这个问题，然后得到了五花八门的答案：

急于让客户购买；

不知道什么时候该闭嘴，只好继续说下去；

担心客户转移注意力，或生怕客户打消购买的打算；

也想闭嘴，但那得是交易完成之后……

知道什么该说，什么不该说，什么时候说，什么时候不说，这是销售人员应该具备的最基本的销售常识。有时你需要向客户展示你的风趣动人的表达能力，有时你却需要沉默不语，倾听客户的意见，让他自己做出选择。

有一位美国的保险销售员，这一天，他接待了一位女士，没用任何技巧，也没说几句话，就做成了一笔大生意：这位女士为她的11个儿子买了11项储蓄保险。因为她的先生刚刚遭遇车祸去世，心情低落，所以这位销售员自始至终都扮演了一个倾听者的角色，耐心地听她讲述自己的遭遇和需求。中间只是偶尔安慰她几句，更多的时候他都在沉默，一脸严肃，充满对她的同情与尊重。

直到最后，这位女士停止了讲述，他才建议她购买这些保险，并简洁直接地告诉了她理由：即使她未来没有固定收入，孩子的教育和未来也不至于无以为继。女士马上就接受了他的建议，为她的每个儿子都买了一份储蓄保险。

销售员从这笔生意中获得的佣金，是过去他三个月的收入。后来，他在公司的营销会议上，对同事们说："我没想到，沉默的作用会是如此之大。"

闭口沉默是你遇到特殊客户时应该采取的态度，如果那位保险销售员面对这位女士夸夸其谈，丝毫不理解她刚失去丈夫的哀伤的心情，那么结果很可能是导致客户的不悦和反感，这笔生意也就泡汤了！

有些销售员，为了避免在客户面前出现失误，或者客户突然间走掉，只好不断地说话，说了又说，说个没完。这其实是一种语言轰炸，会让客户产生厌烦不安的情绪，反而容易赶走本来可能成交的客户。

不敢说话的销售员卖不掉产品，但是说话太多的销售员会叫客户害怕。

20世纪最伟大的科学家爱因斯坦，有人问他成功的秘诀是什么。爱因斯坦回答："成功就是X加Y再加Z。X是工作，Y是开心，而Z则是闭嘴！"

这是大师留下的至理名言，造物主为什么给我们两只耳朵和一张嘴？就是让我们多听少说，该闭嘴时就闭嘴。

如果你有所疑惑，在说什么与何时说之间掌握不住正确的尺度，那么就记住这个销售员的闭嘴法则：

1. 如果你不知道说什么，那就让自己真诚地倾听；
2. 永远不要在客户说话的时候写东西；
3. 任何时候，都不要排斥和打断客户的说话，这是一种愚蠢的行为；
4. 自己不懂的问题，不要假装内行，闭嘴才是最佳选择。

孔子说："知者不失人，亦不失言。"聪明的销售员，应该好好体会这句话，不要在客户的面前失言。一场成功的销售就像一个好的电视节目，有美妙的画面，还有悦耳的音响。音量太小不行，音量太大，太刺耳，也会把人吓跑。当需要你沉默的时候，你不妨安静下来，思考一下客户到底在想什么。

倾听客户话语，尊重客户需求

经朋友介绍，重型汽车销售人员乔治去拜访一位曾经买过他们公司汽车的商人。见面时，乔治照例先递上自己的名片，说："您好，我是重型汽车公司的销售人员，我叫……"

才说了不到几个字，商人就以十分严厉的口气打断了乔治的话，并开始抱怨当初买车时的种种不快。如服务态度不好、报价不实、内装及配备不精、交接车的时间太久等等。

客户在喋喋不休地数落着乔治的公司和当初提供汽车销售服务的销售人员时，乔治只好静静地站在一旁认真地听着，一句话也不敢说。

终于，商人把以前所有的怨气都一股脑儿地发泄了出来。这时，他才发现，眼前的这名销售人员好像很陌生。于是，商人便有点不好意思地对乔治说："小伙子，你贵姓呀？现在有没有一些好一点的车？拿一份目录来给我看看，给我介绍介绍吧。"

当乔治离开时，他兴奋得几乎要跳起来了，因为他已经拿到了两台重型汽车的订单。

从乔治拿出产品目录到商人决定购买的整个过程中，乔治说的话加起来也不超过10句。重型汽车交易成功的关键，是由那位商人道出来的，他说："我是看到你非常实在，有诚意又很尊重我，所以我才向你买车的。"

倾听是一种礼貌，是一种尊重讲话者的表现，是对讲话者的一种高度赞美，更是对讲话者最好的恭维。

每个人都希望获得别人的尊重，受到别人的重视。当销售人员全神贯注地听客户讲话时，客户一定会有一种被尊重和被重视的感觉，双方之间的距离也因此会被拉近。

因此，在适当的时候，让你的嘴巴休息一下吧，多听听客户的话。当你满足了客户被尊重的需要时，你也会因此而获益的。

不给别人说话的机会，永远拿不到订单

一个只会说话，而从来不愿意静下心来听别人说话的人，即使你说得再多，

再精彩，也不会得到别人的认可，更不可能得到别人的尊重，因为你从来没有用"听"来了解对方，熟悉对方，从而进行心与心的沟通。这种人就算口才再好，也是枉然，被别人认为是一个无知的人。

作为一名销售人员，你可以滔滔不绝，可以口若悬河，但是一定要给客户说话的机会。我们常说："听比说更重要。"是的，耐心地听对方说话，这不仅是一个人自身修养和素质的体现，更是对客户的重视和尊重。

聪明的人会发现，一旦你成为说话主角，你不但不会变得主动，反而会变得更加的被动。因为你一直在唱"独角戏"，没有给客户说话的机会，从而忽略了客户内心真实的想法。不明白客户的真实想法，我们又如何对症下药呢？

有一个中年人，不喜欢自己年老的父亲娶来的继母。感觉这个女人并不是真的爱自己的父亲，只是为了父亲的钱才和父亲结婚。他对很多人说了自己的想法，很多人也信以为真。不久，他说的话也传到继母的耳中，好几次继母都想在他面前把事情讲清楚，可是，他从来不给继母任何解释的机会。

后来，他的父亲去世了，他就离开了原来的家，和妻子、儿子搬到城里居住，从此再也不理那个让他讨厌的继母了。但是继母没有怪他，而是一直给他打电话，让他回老家一趟。可他总是以"太忙"为借口来推辞继母。他的妻子也劝他，让他去看看继母，毕竟是陪父亲走了几十年的女人，也算得上是自己半个母亲。他认为继母让他回去的目的，无非是为了向他要赡养费，于是就让人捎了些钱回家。

可是他的继母说她不需要钱，哭着求人帮忙打电话让他回去，但是，他铁了心，一直没有回家。他认定继母是缠上他了，嫌自己给的钱太少，于是从心里更加厌恶继母。

他决定彻底摆脱自己的继母。所以，买房子的时候，就特意买了顶层，他认为这样他的继母就爬不上来了，反正她这个乡下老妪也不会搭电梯。

但是，有一天，他的老继母还是找上门来了，他开门的时候，老继母上气不接下气地倒在门口，看到他的一瞬间，她笑了，她拿着一张存折对他说："孩子我对不起你，我是你的亲妈，但是在你小的时候，没有尽到抚养你的义务，这存折里有十万块钱，我老了，用不着，你留着给孩子读书用吧。"说完，继母就晕倒在地上。他赶紧把继母送往医院，但是一切都晚了。

后来，他听知情的人说，这个继母其实是他的亲生母亲。他以前的母亲是父亲的第一个老婆，因为没有生育能力，父亲就和其他的女人生了一个儿子，儿子出生后，那个女人就从此消失了。父亲一直感觉自己对不起第二个女人。当自己的第一个老婆去世之后，父亲就决定把这个女人接回来，然后和她一起度过自己的余生，这个女人就是他现在所谓的"继母"。

为了不打乱儿子正常的生活，父亲并没有告诉他事情的真相，希望他能够从母亲对他的态度上悟出什么！而他这个儿子却枉费了父母的一片真心，最后也只能带着无限的忏悔和遗憾度过自己的余生。

试想一下，如果他不那么固执，如果他给继母一个与他说话的机会，如果他肯听继母的哪怕一句话，他就不会为自己的人生留下如此的悔恨！

在现实生活中，无论是你的亲人、朋友或是自己的客户，我们都应该给他们一个说话的机会，只有学会冷静地对待问题，你才能知道事情的真相，才能了解别人内心真实的想法。

不给别人说话的机会，你永远不知道对方想说什么，更不知道他内心真正的想法和需求，自然也就拿不到订单！

要把耳朵而不是嘴巴借给客户

一位推销电器的年轻人，来到一所农舍前叫门。听到敲门声后，对方只将门打开一条小缝，当她看到来人像销售员后，猛然把门关紧了。销售员再次敲门，敲了很久，她才又将门打开，仍然是勉强地开了一丝小缝，而且，还没等对方说话，她就不客气地破口大骂。

虽然事情比想象中的艰难得多，但销售员不想放弃。他决定换个法子碰碰运气。他改变口气说："太太，我看您是误会了，我来拜访您并不是来推销东西的，我只是想向您买一些鸡蛋。"

听到这儿，这位妇女的态度稍微温和了一些，门也开大了一点。销售员接着说："您家的鸡长得真好，它们的羽毛长得真漂亮。这些鸡大概是多明尼克种吧？您这儿还有储存的鸡蛋吗？"

这时，门开得更大了。

这位妇女问销售员："你怎么知道这是多明尼克种鸡？"

销售员知道自己的话已经打动了妇女，他接着说："我家也养了一些鸡，可是像您家养的这么好的鸡，我还没有见过呢？我家饲养的来亨鸡，只会生白蛋。太太，您应该知道，做蛋糕用黄色的鸡蛋比白色的鸡蛋要好一些。我太太今天要做蛋糕，所以我跑到您这儿来了……"

妇女一听这话，心里暗暗高兴，她迅速转身到屋里取鸡蛋。

销售员只有跟着客户的兴趣走，才能将谈话继续下去。销售员利用这短暂的时间，迅速看了一眼周围的环境，他发现院子角落有一整套务农设备，等妇女出来的时候销售员对她说："太太，我敢肯定，您养鸡赚的钱一定比您先生养奶牛赚的钱要多。"

这句话说得妇女眉开眼笑，心花怒放，因为她丈夫一直不承认这件事，而她总想把自己的成就感与别人分享。

于是她对销售员的戒心解除了，她把销售员当作知己，带他参观鸡舍。参观时，销售员不时地发出赞叹。两人畅所欲言，互相交流养鸡方面的常识和经验，他们越来越像认识已久的朋友。当妇女谈到孵化小鸡的麻烦和保存鸡蛋的困难时，销售员不失时机地向妇女成功推销了一台孵化器和一台大冰柜。

上面这个案例的关键点就在于：如果销售员不是引导这个妇女自己做出决定的话，根本没法把电器产品卖给这个她！给他人说话的机会，有时比自己唠叨不停更有价值。著名作家陶勒斯·狄克曾经说过："要把耳朵而不是嘴巴借给别人，这才是通向成功的捷径。对别人说他不感兴趣的话毫无意义，你应该说能不能多告诉我一点儿？"

在销售过程中，销售员应鼓励客户说，听取他们的意见直至理解他们的观点，包括他们的需求和顾虑。如果要成为销售行业中杰出的人，销售员一定要在倾听方面多下工夫。

不要把销售沟通变成一场独白

一位中年男顾客走进了瓷砖超市，四处看看。尽管这位客人的衣着很简单，但富有经验的老板知道，这位顾客很可能是做跟工程有关的工作，这种人要是一下订单就是大买卖，于是让店员好好接待。

店员询问顾客的购买意向时，对方只是简单地说"看看"。于是店员只得尽可能详细地向顾客介绍店内的产品，过程中顾客也只是随口答应，并没有说什么。

20分钟后，顾客空手出店，什么也没买。

案例中店员把与顾客的销售沟通变成了自己的一场独白，尽管也费了很多心力，但却未能打动顾客，这次沟通是失败的。事实上，在销售中，店员有一项最重要的工作就是让顾客开口说话，与店员形成互动。

与顾客说话，就是与顾客沟通思想的过程，这种沟通是双向的。我们自己在说话的同时要引导顾客多说话，通过顾客的话，我们可以了解顾客对你所介绍东西是不是喜欢。要知道双向沟通是了解顾客有效的工具，不要一人在那里滔滔不绝、喋喋不休、唾沫横飞、口若悬河地一吐为快，全然不顾顾客的反应。

一些店员抱怨在销售对话中自己总是感到被动，原因就是沟通中你总是在说，而你的顾客总是在沉默或不停地发问。顾客一直提问，是在探你的底牌。其实你不一定知道顾客真正关心的是什么、主要的问题在哪里，因为你只说不问。

顾客和你谈话，是期望你可以在专业方面给出建议。你应当像医生一样，对现状进行诊断，而诊断的最好方式就是有策略地提问，诱导顾客开口。

一般的店员通常滔滔不绝地说一大堆之后，就用陈述句结尾了。这时候顾客的表现通常是"好，我知道了，我再看看"或"我考虑一下再说"等。如果你在陈述完后紧接着问："您觉得如何呢？"或"这个产品您能接受吗？"

这样做效果会好很多，顾客至少不会冷冰冰地拒绝你，提问给了顾客阐述其想法的机会。

回应的一般形式。顾客的回应实质上是一种信息反馈，在一般的销售沟通中，各种信息类型的影响力为：情绪语言是30%~40%；肢体语言是50%~60%。

情绪语言。所谓情绪语言是当顾客感觉到痛苦或兴奋时，通常在对话中会通过一些字、词表现出来，如"太好了"、"真棒"、"怎么可能"，"非常不满意"等，这些情绪性字眼都表现了顾客的潜意识导向，表明了他们的深层看法，我们在倾听时要格外注意。一般而言，在成交的那一刻，顾客做决定是感性的。所以每当顾客在对话中流露出有利于成交的信号时，都要抓住机会，及时促成。

此外，店员要注意沟通中少用"我"、"我们"、"我认为"等主观性较强的语言，这些字眼很容易使顾客反感，应多用极具亲和力的"您"，这样也能促成顾客开口。如果你发现顾客在高频度地使用"我"、"我认为"等词语时，你一定要注意倾听，并适当控制和引导。因为这样的顾客一般主观性强，喜欢发表自己的观点。这样的顾客不太容易被打动，但你只要对他表示欣赏并建立信任关系，双方一旦成交，这将是非常理想的忠诚顾客。

当然，还有一些常用的词语，换一个说法往往效果大不一样。例如，顾客很不喜欢"买"和"卖"这两个字，如果换成"拥有"顾客的感觉就会好很多。当你希望顾客购买你的产品时，你说："阿姨，当您购买了我们的这款空调之后……"你的顾客会非常敏感，这意味着你要从他的钱包里掏钱了。更好的说法是："阿姨，您知道吗？当您拥有了我们为您量身推荐的这款空调之后，您将享受到它特有的非凡感受，对老年人尤其适用。"听话要听音，当顾客在沟通时一再强调"买"或"卖"等字眼的时候,你要注意了,这样的顾客可能还未真正了解产品的真实价值,他们只是假装对产品感兴趣。

肢体语言。肢体语言是非常重要的交流方式,这一点前文已经有过描述,这里不再重复,只介绍一下辨析肢体语言的技巧和方法。在销售对话过程中,常见的积极肢体语言有:歪头、手脸接触、吮吸、屈身前倾、手指尖塔形、拇指外突等;消极的肢体语言有:假装拈绒毛、拉扯衣领、缓慢眨眼、腿搭在椅子上、缓慢搓手掌等。顾客在销售沟通中总是习惯"言不由衷"的,我们要懂得通过无意识的肢体语言把握顾客的心理动态,审时度势,做出正确的判断和对策。

当店员的努力获得顾客的回应时,店员还要判断顾客回应的真假以及顾客的真实意图。通常情况下,店员可以通过以下两种方式获得问题点。

1. 渗透性提问

所谓渗透性提问就是说排除顾客的回应,再进一步深入提问。举例来说:当顾客给出意见后,店员可以马上追问一句:"除此之外呢?"提问之后马上停止,然后让顾客说。顾客一开始说出的理由通常不是真正的理由,当你说出"除此之外"之后,顾客都会沉思一会儿,谨慎地思考之后,最后说出他为什么要拒绝或购买的真正原因。

2. 诊断性提问

在确认顾客真正的问题或需求时,可首先利用诊断性提问限定范围,确立具体细节,如:"您是需要柜式空调还是壁挂式空调?"接下来再用相同的方法,进一步缩小"包围圈"。如:"那么,柜式空调您是喜欢哪方面的功能呢?"

第24章

认真地倾听，认真倾听胜过一味地推销

学会倾听，做一名好听众

自然赋予我们人类一张嘴、两只耳朵，也就是让我们多听少说。善于倾听，是销售人员迈向成功的第一步。

法兰克是一家人寿保险公司的销售人员。有一次，法兰克做完演讲回到家里，打算要做两件事：一是继续推销人寿保险；二是向人们讲述自己的感受。

法兰克打电话给费城牛奶公司的总裁。这个总裁以前跟法兰克做过一笔小生意，他很愿意接受法兰克的再次拜访。法兰克刚坐下，他就递过一支烟来，说："法兰克，说说你的巡回演讲吧！"

"完全可以，不过我更想知道您的近况。您现在忙什么呢？家人好吧？生意红火吗？"

总裁便和法兰克聊起了自己的生意和家庭。后来说到一种名为"红狗"的纸牌新玩法，法兰克以前从没听说过这种玩法。此时，法兰克虽有意跟他讲自己巡回演讲的事，但听他谈"红狗"谈得起劲，法兰克也跟着乐了。

当法兰克要离开时，总裁说："法兰克，我们公司打算为工厂管理人员投保，你说28 000美元够不够？"

此次拜访，法兰克自始至终没提到保险的事，却意外地得到了一份订单。这让法兰克很高兴。

从事销售的人不要太忙于说话，而是要学会倾听，做一名好听众，并适时说出一两句有建设性的话，这时你与客户的心灵就相通了。

认真倾听，跟随客户的情绪

情绪同步是指销售员能快速进入客户的内心世界，从对方的观点、立场看问题、感受事情。

做到情绪同步最重要的是设身处地。

张某是进口啤酒公司营销部的副总，有一次，他们公司进口一种新啤酒。在扩大市场的过程中，有一个开了10家连锁饭店的潜在大客户，张总想把新啤酒销售给这个客户，他多次去拜访这个老板，每次都是无功而返。对方不是态度很冷淡，就是敷衍了事。

这次，他再度尝试去拜访这位客户，当他走进对方的办公室时，还没来得及问候，这个客户就很生气地一拍桌子说："你怎么又来了，我不是告诉过你我最近很忙，没有空吗？你怎么那么烦人，你赶快走吧，我没有时间理你。"

一般人遇到这种情况，都会心里很不舒服，但张总不但没有心里不舒服，而是马上想到了"情绪同步"这4个字，所以他立刻用和客户几乎一样的语气说："陈董，你怎么搞的，我每次来都发现你的情绪不好，你到底为了什么事情烦心？我们坐下来谈谈吧！"

说完之后，那个客户马上平静了下来。张总见了之后，也改变了说话的口气，很和气地说："陈董，怎么回事呢？我来拜访了你四五次，每一次都看到你的情绪不是很好，你是不是有什么烦心的事啊？我们一起聊聊。"

这时候，那个客户也用类似的语气说："张总，我最近实在是烦死了。为什么呢？你知道我是从事连锁餐饮行业的，好不容易花了很多时间培养了3个分店经理，因为我今年下半年计划开3家分店。现在一切准备就绪了，但这3个分店经理却都让我的竞争者给抢走了。"

张总拍拍他的肩膀，说："陈董啊，你以为只有你才有这么烦心的人事问题吗？我也和你一样烦恼呀。你看看，我们最近不是有新的产品要上市吗，前几个月我好不容易用各种方法招来十几个新的销售员。我每天尽力地培养他们，想把我们的市场打开。结果才一个月多的时间，十几个新的销售员走得只剩下了五六个了。"

接下来的几分钟，他们互相抱怨，现在的员工是多么难培养，人才是多么难找……讲了十几分钟后，张总站起来说："陈董，既然我们俩对于人事问题都比较头痛，咱们也先别谈什么啤酒的事了。正好我车上带了一箱新的啤酒，你先尝一尝，不管好喝不好喝，过两个星期，等我们两人都解决了人事问题后，我再来拜访你。"

那个客户听了后就顺口说："好吧！那你就先搬下来再说吧。"就这样，他们就握手互道再见了。

张总最后谈成了这笔生意吗？当然谈成了。在谈话的过程中，他根本没有从头到尾地推销他的产品。事实上他花了大部分的时间和这个老板沟通，这就是所谓的情绪同步。

作为销售员，每天都要保持活力，笑容常挂在脸上，碰到客户时一定要兴奋。可为什么有时不奏效呢？因为你所碰到的对象，未必也是一个常常笑容满面，很兴奋、很有行动力的人。当销售员发现这个客户比较严肃、循规蹈矩、不苟言笑时，若要和他进一步沟通，就需要和他在情绪上保持一致。假如碰到一个比较随和、爱开玩笑的人时，销售员在情绪上也要和他同步，这样一来，推销自然就会更有效果。

有效倾听：听见、听清和听懂

倾听对人际交往至关重要，但在与人交谈和沟通的过程中，有的人能够做到倾听别人的谈话，但过后再问他究竟听了对方讲了些什么，却又说不清楚。这样的人只能说是在听别人的讲话，而不是有效倾听。

有效倾听首先应该是用心地聆听对方的谈话，不仅要听，更要听得清、听得懂。如果对方在一旁大谈特谈自己的经历和故事，而你却心不在焉，一边听一边在想着其他的事，那么就没有达到倾听的目的和效果。这样的听就算不上是倾听。

美国教育家戴尔·卡耐基在《人际关系》一书中，叙述了一个他亲身体验的小故事。一次，卡耐基同一位名人在晚餐会上交谈。席间，卡耐基自始至终只是充当了一个听名人讲话的角色。事后，名人却向晚餐会的主持者赞扬说"卡耐基是一个非常善于交谈的人"。得知此事后，卡耐基不禁大吃一惊说："我只是很认真地听他讲话而已。"

富有魅力的人大多是善于倾听他人言谈的人。真正善听人言者比善言者更能感动对方，更能唤起对方的亲近感。

平日我们也常听到有人抱怨，或者我们自己也一直在抱怨："为什么表达自己是那样的难。我总是那么笨嘴笨舌的，不善言谈，所以无法很好地与别人相处，人际关系也就总处理不好。"不善言谈的人，亦是不善倾听他人言谈的人。因为他在交往中过于在意自己的行为，总是不断地惦念着：一定不能让对方笑话自己，要把话说得漂亮些，否则就得不到对方的认同。另一方面，他又为自己的说话达不到那种理想程度而感到十分苦闷。这样，当然也就不会聚精会神地倾听对方的说话了，免不了忽视对方，很难真正在听别人讲话，而只是随便地点头附和，心不在焉地听听而已，有时甚至不等对方把一段话说完就迫不及待地自己说了起来。这是一种只要求对方听自己说话的单方面的交谈方式。

方小姐在某保险公司从事外勤工作已20年了，是个经验非常丰富的行家。就是在公司众多外勤人员中，她的成绩也一直是出类拔萃的。她在劝客户上保险时不采用劝说的方法，这正是与其他外勤人员的不同之处。后者通常的做法是在客户面前摆上好几本小册子，然后向他们说明到期时间和应收金额，并口若悬河地以一种非常熟练的语调反复地讲述客户在投保后，将能得到多大的好处。

而方小姐却与此相反，这样的话一句也不说。她总是从对方感兴趣的话题说起，稍许谈谈自己在这方面的无知和失败的体会。对劝说投保一事素存戒心的对方因为她谈的是自己喜欢的话题，这样便在无意中跟着她谈了起来。之后她总是听着，并为对方的讲述而感到钦佩和惊叹。对方却不知不觉地倾吐了内心的烦恼，谈了自己对将来的理想和希望。方小姐依然还是专心地听着。直到最后，自己才主动地说出投保的想法："这么说，还需要适当地投保啊！"

方小姐是一个善听人言的高手。不过，在此可以断言的是：她并不是因为生意上的缘故而装出一副倾听对方言谈的样子的。与此相反，方小姐在这段时间里甚至忘记了工作，诚心诚意地极其认真地听对方讲话。也正因为如此，对方才会对她敞开心扉，吐露真情。即使在旁人看来，他们之间的对话像是单方面的，但实际上，这二人进行着心灵上的交流和沟通。

要做一个善听人言者，这比任何一个雄辩者都要更吸引人，同时也是搞好人际关系的最有效的手段。

那么，怎样做到有效倾听呢？

1. 全神贯注地倾听

倾听时要精神集中，神情专注。为表示自己注意倾听，要多与对方交流目光，别人讲话时要适时点头，并发出"是"、"对"、"哦"等应答。但不要轻易打断别人的谈话，也不要随便插话，若非插话不可，要先向对方表示抱歉，并征得对方同意，如"对不起，我可以提个问题吗?"或"请允许我打断一下。"

2. 不随意插话和妄下论断

交谈中要尊重对方的观点，即使你不同意别人的看法，也不要轻易打断别人的谈话。如确有必要，需等人家讲完后再阐明自己的观点。特别是对方还没有充分地把自己的意思表达清楚的时候，不要轻易表态，乱下断语，也不要挑剔批评。否则会让人感到你有一种优越感，影响交谈的进行。

3. 耐心倾听

交谈中要注意控制自己的情绪。有时会因为对方过长的发言或自己不感兴趣的话题而感到厌烦，这时要学会控制自己的情绪，不要使之表露出来，要耐心听他把话讲完，这是对讲话人的尊重。特别是对方有意见的时候，要耐心倾听，给对方提供宣泄自己不满的机会。

静静地倾听，敞开自己的心扉

人们在倾诉时态度不同，表现形式各异，有的主动，有的消极，这就要求销售员应主动并善于"倾听"才行。通过倾听，双方的思想可以互相交流，客户会把内心的问题、想法、意见和要求毫无保留地向销售员倾诉。

某公司曾遇到了一个凶狠、不讲理的客户，这位客户对公司的工作人员破口大骂，还威胁要投诉该公司。于是这家公司派出了一位最善于倾听的员工去见这位难对付的客户，果然客户一见到工作人员就大声地训斥他，并抱怨该公司的服务不到位，而这名工作人员只是静静地倾听，并不时报以同情和理解的目光，此后还连续两次上门听他发泄不满的情绪，就在他第四次上门的时候，那位曾经暴怒的客户已经把他当成了朋友。

这位工作人员正是运用了倾听的技巧，凭借他的耐心、尊重解决了公司和这位客户之间的矛盾。

谈话是双方面的，甚至是多方面的。要做一次好的商谈，不能只是讲，还要善于听，不仅要把自己的话讲好，还要善于听别人的话。

倾听客户内心的想法，与客户进行心理沟通

有一位销售员上门为客户推销化妆品，谁知女主人说："我不需要什么化妆品。"

"有什么理由吗？"

"让我说原因有点困难，况且我也不想说给你听，你也解决不了我的问题。"

"那倒不一定，您不妨说出来看看。我推销的这种产品确实不错，很适合您这个年龄段的人使用，几乎就是为您设计的。"

"我都老了，也没有什么心情打扮自己，请到别处推销吧。"

"我看您心中肯定有什么不愉快，是受委屈了吧？您买不买产品不重要，但这种心态可不好，这会影响您的工作、生活，也会影响您的健康。人不管遇到什么挫折都要勇于面对，要笑着生活才对，您说是吗？"

听到这样劝慰的话，客户流下了眼泪，她把自己心中的苦恼向她认为值得信赖的销售员和盘托出。原来她在一次机关减员中被裁了下来，几次应聘也没有结果，心中觉得十分苦恼，根本无心梳妆打扮，此时一听到销售员来推销化妆品，更是触动了她的心病，便不友好地加以拒绝。

销售员听客户说完后，便现身说法，说自己也是一位下岗女工，刚下岗时很想不通，找工作也是四处碰壁，她的邻居是一家著名推销公司的工作人员，很热心地鼓励她，于是她便开始了推销生涯，现在她从事这项工作已有两年了，逐渐适应了新的工作，也取得了一定的成就。

经过这一番沟通，这个销售员不仅成功地做成了这笔生意，后来她们还成为了很好的朋友。有经验的销售员都很善于与客户进行心灵沟通，在买卖过程中搭建两方心灵沟通的桥梁。

人是有理智有感情的高级动物，不同的消费者有不同的情况。要想加强销售员和客户的感情交流，心灵沟通非常重要。客户的年龄、性格、职业、教育程度、收入水平不同，因此要求销售员有较强的人际交往能力和机动灵活的处事方法，从客户的实际情况出发，从感情上征服客户，感情上融合了，交易也就变得顺畅多了。

倾听有效，与客户心灵相通

从事销售的人不要太忙于说话，要学会倾听，做一名好听众，并适时说出一两句有建设性的话，这时你与客户的心灵就相通了。倾听是销售人员与客户实现良好沟通的重要手段，让客户多说，自己多听，是销售人员必须掌握的技巧。

倾听是一门学问。作为一名销售人员，应懂得如何去倾听，包括倾听时机的选择，倾听中的礼节，倾听中应做的反应及对客户的引导等。

也许你是不想让客户觉得你不礼貌，才假装倾听，希望给客户留下好的印象。然而事实上，假装倾听很容易被客户识破，让他产生不被尊重的感觉，并会为自己对不值得的人浪费时间而勃然大怒。假装倾听对你自己也是一种损失，因为你可能会漏听重要的信息，并且会影响你与客户之间的关系，你的信誉也会因此而一落千丈。

倾听必须要做到全神贯注，并辅助以适当的表情、动作或简短的回应语句，这样才可以激起客户继续谈话的兴趣。如果客户在倾诉过程中得不到销售人员的回应，就会认为谈话毫无意义。你的回应表明了客户的谈话正受到关注，从而使他有兴趣与你继续沟通和交流，你也因此可以获得更多的客户需求信息。

倾听是为了给客户更多的谈话时间，这能使客户感受到被尊重，反过来就会更加信任尊重销售人员。销售人员认真倾听的态度会给客户留下良好的印象，所以在谈话未完成之前，不要随意打断客户的谈话。除此之外，更不要不顾客户的喜好另起话题。

认真倾听客户的谈话也需要你在适当的时机进行提问。提问可以表明你是在认真思考客户谈话的内容，从而让客户有受到重视的感觉，并能引导客户说出自己的想法和相关信息。同时，提问还可以让销售人员对客户提供的一些信息进行准确性核实，并及时调整你的销售计划。

良好的倾听礼仪既可以显示出自身的涵养，又能表现出你对客户的尊重。例如：表情自然地将身体略向前倾；和客户保持视线的接触，不东张西望；点头、微笑表示赞同等，这些都需要销售人员在实践中不断地学习、积累。

倾听是销售人员与客户实现良好沟通的重要手段，让客户多说，自己多听，是销售人员必须掌握的技巧。

对客户的话要找到兴趣点

在销售中有一种最简单的销售方法就是：聆听。"雄辩是银，倾听是金"这句话更是销售中的名言警句。在和客户沟通的过程中，如果你对客户的话感兴趣，并且有急切听下去的欲望，那么你的订单就会不请自来。就算客户在下订单之前，出现了短暂的沉默和犹豫，你也千万不要用自己的话来打破这片沉默，而是给他足够的思考时间。相反，如果在客户还没有做出决定之前，你总是口若悬河地说服客户或者自作主张地帮客户下订单，这样你就会打断客户的思路，让客户感觉你目的性强，没有站在他的角度思考问题。这样，客户就会放弃购买的决定，然后无情地离开，到时候让你后悔到吐血。

张健是一家网络公司的销售员。他在营销行业打拼了半年多了，却没有拿下一份订单。而和他同时进入这家公司的刘伟却平步青云，仅用了三个月的时间就从一名普通员工做到了销售部经理的位置。张健很疑惑，自己每天早出晚归，拼死拼活地工作，却收获甚微，刘伟很少出门拜访客户，每天只是轻松地打几个电话，订单就源源不断。

终于，张健鼓足勇气，走进经理办公室，将自己的疑惑告诉了李经理。李经理给小王倒了杯水，让他坐下。李经理说，我给你讲一个故事吧，这是我的亲身经历：

"有一天，我去一家大型化工厂进行业务销售。我见的第一个人是一位很年轻的领导，大概三十出头。我觉得这个人这么年轻就走上了领导岗位，肯定有他的特殊才能。我试着与他攀谈，在聊天的过程中，我觉得自己的心情非常愉快，认为这是一个值得交的朋友。而那位年轻领导，对我的印象也相当不错。奇怪的是，向来目标明确的我，在和他聊天的时候竟然完全忘了自己的使命，和他聊的内容天南海北，全是和我的目标无关的话题。

"那位年轻的领导是一个'海归'，在国外学的是经济专业，非常喜欢聊中国的经济。我虽然不怎么精通，但是却很感兴趣。他在我面前讲得相当投入，虽然他说出的很多专业术语我都不懂，但是我却像着了魔似的，非常急于听到他讲自己对中国的经济现状、对化工产业的现状的看法。聊完的时候，天早已黑了，我起身离开厂区的时候，才发现自己把任务忘得一干二净。当时也十分懊恼，后悔自己不该只去倾听客户的兴趣，而忘了自己的工作和使命。

"第二天，我刚到公司，就接到了一个电话，是那个年轻领导打来的。他很爽快地说：'昨天和你聊得非常开心。谢谢你让我有一次把自己的建议和观点说出来的机会，这让我的心里不再感到压抑。你下午把合同带来吧，我们建立长期的合作关系，我相信和你合作一定很愉快。'

"后来我才知道，这个年轻领导是那个化工厂的副厂长，由于他的理念和观点太过超前，不被老厂长接受，他常常因为没有施展自己才华的机会而郁闷不已。正是因为遇到了我，让他有了痛痛快快地阐述自己观点的机会，所以认为终于遇到了知己。因为我们志趣相投，除了在工作上的合作，我们还很快就成为了无话不谈的朋友。后来，他又帮我介绍了很多的业务。"

听到这里，张健茅塞顿开，恍然大悟……

有经验的营销人员都知道，对客户的话语保持一种无限的好奇心，时刻保持着一种不听不爽的激情，与客户进行心与心的交流，做到这些，我们有时候得到的就不仅仅是眼前的交易。由于我们的真诚和人品被客户所认可，潜在利益也会接踵而来，我们再不用东奔西跑，订单就会不请而来！

在和客户沟通的时候，一定要让客户感觉到，你不是在应付他，而是在全神贯注地听他说话。你可以用手托着自己的腮帮，表现出对他谈话的陶醉，为了表明你正在听他说话，你需要适时地发出一些惊叹的声音，比如"天哪"、"太棒了"、"太不可思议了"等，这可以说明，你对他充满崇拜和敬仰。在某一事情上，就算你真的比他精通，也不要表现出自己无所不知，而是时不时地问一个弱智的问题，来满足他们的成就感。当你让他的嘴巴爽快了之后，他就会对你产生一种留恋的感觉，为了让自己具有继续和你交流的机会，他就会主动地签单！

时刻尝试着侧耳倾听你的客户，时刻保持着对客户谈话内容的浓厚兴趣，努力让自己做到这些，订单就会不请自来。

如何进行有效的倾听

销售员有多么能说并不是最重要的，关键是要学会说话。说话的技巧包括说和听，其中听比说更重要。一个善于倾听的人，一定会成为一名很好的销售员。

在客户面前，销售员要尽力向他们全面介绍商品的优点，这固然是必不可少的。但是，倾听对于销售员同样有着重要的作用。销售员不但要促使客户说话，而且在客户开口说话后，还要学会倾听，这时就不要再过多说话了。有的销售员出于先天的原因，性格内向，不爱说话，面对客户，有时心里有好多想说的话，却无从开口,只好默默倾听,可是他们的业务并不是想象中的那样无法开展,恰恰相反,他们的业绩还不错。这就是因为他们能够倾听客户的想法,客户也愿意同这样的人打交道。

倾听是一项值得开发的技巧,善于倾听的人,在社交场合与事业上都会占有优势。据有关专家调查,在20种销售经理人的特质与能力中,排在前两位的是:倾听和沟通能力。在工作时间内,销售将其70%~80%的时间用于做沟通工作,而其中的主要活动就是倾听。因此,倾听是一名成功的销售员应该具备的最重要的素质。然而,很多销售员很少致力于学习发展这种技巧,不知不觉地就忽略了这一重要的交流功能。平均而言,作为听者,人们只有35%的效率。有效倾听的缺乏往往导致错失良机、产生误解、冲突和拙劣的决策,或者因问题没有及时发现而导致危机。

有效的倾听技巧与单纯的专心倾听是不同的。反馈或释义能够使推销员和客户之间沟通的意思更加准确和清楚,因为这种技巧能够显示出具有强烈欲望的推销员发现自己是否完全理解了客户的意思。有效的倾听也可以说是一种有选择性的倾听。

当我们有效地倾听时,就在对听到的东西进行消化、综合、分析,并理解其中的真实意思,以及哪些东西没有说到。良好的倾听,意味着对说话人所说的内容获得了完整、准确的理解。倾听的目的,不仅在于知道真相,而且在于听众能够自己理解出所有事实,并且评估事实之间的相互联系,进而努力寻找信息所传达的真正含义,这样的倾听才是富有意义的。推销员自我设定倾听的目标,不但可以为自己明确倾听方向,而且也有利于自己专心倾听。有组织的倾听,有助于推销员快速而完全地从客户那漫无边际、毫无章法的谈话中跳出来,抓住客户谈话的重点,达到自己倾听的目的。

有效的倾听是可以通过学习而获得的,认识自己的倾听行为将有助于你成为一名高效率的倾听者。

"尼尔拉克姆模式"的倾听法

有经验的推销员总是先向顾客提出一些试探性问题,引导对方说出真正的想法,并且顺其自然地做出符合你所向往的行动。

这是英国行为心理学家尼尔拉克姆在进行销售成功行为模式的研究中发现

的。试探性的问题主要包括四个方面。只要你向对方提出那四个问题,就会在不知不觉中牵动被说服者的思绪朝着你预期的方向发展。以下就是一名成功的汽车推销员对"尼尔拉克姆模式"的具体应用实例。这名推销员采取了如下步骤:

以掌握劝说对象现况为目的的发问。如:"你现在开的是什么车呢?""大概开了多少年?""车况如何?"

质疑性问题。透过询问现况获得的情报,可以进一步探询出对方对于现状的不满和问题所在,从而唤起对方潜在的需要。比如你可以这样问道:"现在开的车是否非常耗油呢?""从车的年代型号来考虑,有没有担心过它的安全性?"

暗示性发问。企图扩大或加深对方对于眼前所遇困扰的不满意程度,透过暗示性发问,进一步提醒有可能发生的其他问题,好比:"天天开车上下班,每个月的支出是否偏高呢?""安全性不好,如果万一出了问题怎么办?"

解决性问题。为了明确套出对方潜在的畏惧和需求所在,可以提出相关的解决办法及暗示其重要性问题。比如你可以这样问道:"你有没有想过换一辆比较不耗油的车,以减少每月的支出呢?""安全性能好的车体一般都配有安全气囊,开这种车上路就再也不用提心吊胆了!"

透过以上四层询问法,假如你已促使对方潜在的需要意识明朗化,成功地让他意识到解决问题的方向和重要,并且一气呵成地突显出你的说服内容的特征、长处以及对他的好处等,那么你的成功就近在眼前了。

最后,你得按照自己的意念规划出一个大致路线,让你和你的劝说对象循着这条路线走下去。而这一切并非是你强加给对方的意志,反而是经过他自己考虑所成的决定。透过这种模式虽然提高了对方的自主性,但是最终他仍会做出你所期望的行为。

人们通常会将过去说过的话、经历的事总结成经验,而不会轻易地遗忘,同时将所吸收的语言转变成行为的可能性极高。这种"经验谈"当然也属于劝说技巧之一。倘若你有办法让你想说服的对象脑海中不知不觉产生与你劝说内容相符的想法,并掌握到使用该种方法的窍门,就已获得了攻无不克的利器!

第25章

耐心地倾听，坚持到客户说完最后一句话

面对烦躁不安的客户，聆听是个好办法

倾听是一种非常重要的沟通交流方式，只有让客户痛痛快快地说出自己的观点和意见，你才能与其进行更深层次的沟通。客户的抱怨，不是需要你的激烈争辩才能化解的，这样只能让客户更加烦躁和不满，从而使矛盾激化。尝试着静静地聆听客户的暴怒，你会发现，这是解决争端最有效的方法。

有一名客户怒气冲冲地冲进了一家按摩器代理店，把一台颈椎按摩器扔到柜台上，对着店里的工作人员王磊大声喝道："你们都是骗子，你们卖给我的按摩器是假的，根本没有任何效果。"

王磊很客气地请客户坐下，然后心平气和地说："先生，您能具体说一下您遇到的问题吗？"

"我上个月颈椎感到不舒服，同事告诉我是长时间坐着办公的结果，建议我去买一个按摩器多给自己按摩一下就行了。我就来你们按摩店，听了你们的忽悠以后，花了五百多买了一台颈椎按摩器。谁知道，你们是骗子，我都用了一个多月了，可我的颈椎还是没见好转。你们都是骗子。"客户越说越激动。

王磊赶紧给客户倒了一杯茶，然后边问"先生，您买的是这款按摩器吧？"边拿起客户扔在柜台上的按摩器。

"是的。"

"先生，您是从事什么工作的呢？"

"我在银行工作。"

"那您每天用多长时间来按摩呢？"

"20分钟。"

"先生，那我现在给您按摩一下，您感觉一下好吗？"王磊拿起按摩器给客户按摩起来。20分钟后，客户感到非常舒服。

客户十分好奇地问道："为什么你按摩的时候很有效果呢？"

"先生，请问你在按摩的时候打开磁震动开关了吗？"

"磁震动开关？没有啊！"

"先生，您看，就是这个小红色按钮，您忽略了这一点，您买的这款可是磁震动按摩器，如果您没有打开磁震动开关，怎么会有效果呢？"

那位客户满脸歉意地说："真不好意思啊。你看我刚才太冲动了。"客户这才明白，不是按摩器本身的问题，而是自己的使用方法不当。

王磊很自然地和客户攀谈起来："我能理解您的心情，曾经有一位客户也出现过和您一样的情况，他也是忘了这个特殊的按键了。用了一周之后，没有任何效果，就来找我算账，骂我们是骗子。当时我也非常生气，就和他争吵起来。最后闹了个不欢而散，问题也没有解决。"

没错，解决问题的态度和方式非常非常重要。有时客户难免会因为对产品专业知识的缺乏犯一些错误，也会因为一些沟通上的误解大发脾气，这个时候，如果不经过大脑的思考，和客户硬碰硬，即使最后你辩论赢了，你的形象也会在客户心中大打折扣。为什么不试着认真聆听客户的抱怨，从客户的抱怨中找到问题的根源，从而再去寻找解决问题的办法呢？

在面对客户的抱怨和烦躁情绪的时候，如果能够做到下面的几点，你就可以了解客户抱怨的真相，从而驾驭客户的情绪。

用心聆听客户的话。一旦客户对你产生了抱怨的情绪，情绪过于激动、烦躁不安，甚至说了一些难以入耳的话，这个时候千万不要对客户做任何的解释，更不要和客户争辩，而是静静地聆听，等他把抱怨和不满都发泄出来，情绪安静下来的时候，再询问他事情的原因。这个时候，你可以一言不发，但是要用一些肢体语言来证明你在听他说话，并表现出对他的理解和关心。比如，用眼睛平视客户，并时不时地对客户的话点头表示肯定，让他知道你不是在敷衍他，而是在认真地听他说话。

明确客户表达的意思。客户一旦把烦躁和抱怨发泄完毕，情绪就会缓和下来。对于客户反映的问题，如果你还有不明白的地方，千万不要不懂装懂，而要确定一下客户要表达的真正意思。比如，你可以说："我还是有点不太明白您的意思，能不能麻烦您再解释一下？"在提问的时候，尽可能地使自己的口气委婉，为了避免让客户产生"被质问"、"被否定"、"被瞧不起"的感觉，一定不要强行打断客户的话，或者用"但是，请您等一下"之类的语言来和客户对话。在说话时，要面带微笑。

站在客户的立场上来解决问题。客户的抱怨有时是小题大做，因为一个不起眼的小问题而抱怨不休，此时，你千万不要因为不重要就把问题放在一边，而应全力以赴地解决问题，让客户意识到你对他的重视。

大家都知道，一只发狂的老虎，让它不伤害你的唯一的办法，就是让它安静下来，其实一个处于烦躁情绪中的客户，就是一只"发怒的老虎"，你只有用心聆听，才可以使他烦躁不安的情绪得到宣泄。

尊重客户，不随意打断他的话

大多数销售人员认为，想让客户购买产品，靠的就是自己的嘴皮子。他们在推销的过程中滔滔不绝地说着，几乎不给客户一点说话的机会。客户好不容易插上一句话，销售人员马上就迫不及待地反驳或讲解。

销售人员："先生，通过观察贵厂的情况，我发现你们自己维修花的钱比雇用我们干还要多，是这样吧？"

客户："我也认为我们自己干不太划算。我承认你们的服务不错，但你们毕竟缺乏电子方面的……"

销售人员："对不起，请允许我插一句……有一点我想说明一下，任何人都不是天才，修理汽车需要特殊的设备和材料，例如真空泵、钻孔机、曲轴……"

客户："是的。不过，你误解了我的意思，我想说的是……"

销售人员："我明白您的意思，就算您的部下绝顶聪明，也不能在没有专用设备的条件下干出有水平的活来……"

客户："但你还没有弄清我的意思，现在我们负责维修的伙计是……"

销售人员："现在等一下。先生，只等一分钟，我说一句话，如果您认为……"

客户："你现在可以走了。"

销售人员几次三番打断客户的话，这是推销中的一大忌。如果采用上述这种对话方式，推销是根本没有希望的。

销售人员应谨记多听少说的原则,切不可随心所欲,随意打断客户的话。销售人员应当心平气和地听客户把话讲完,即使他的意见不符合实际的情况,也要听下去,然后才能发表自己的看法。

让客户充分表达自己的想法,即使你知道他下一句要说什么,也不要试图打断他。对待客户要有礼貌,要认真听他说,尽可能做出反应,给予巧妙的而非狡诈、装腔作势的回答。只有当销售人员表现出对客户及其谈话内容的兴趣时,才会赢得客户的信任。

即使你对客户的话不感兴趣,也要耐心听完

俗话说:"酒逢知己千杯少,话不投机半句多。"当你听到客户在谈论一些和你的业务毫不相干的东西时,比如客户跟你讨论你并不喜欢的NBA或抱怨现在的物价又涨了,你总会表现出不耐烦的情绪。如果你真的碰到这样的客户,我劝你静下心来,耐心地听客户的倾诉,也许,当他把话说完以后,你们就真的成为了无话不说的知己,那么他购买你的东西也就是顺理成章的事情。

一个手机连锁公司来学校招聘手机销售人员,经过层层选拔,最终只剩下了两个非常优秀的人,小王和小李,但是公司的录用名额只有一个。

从各方面的考核来看,二者的能力都旗鼓相当,两人都在学校担任学生会干部,都有很强的组织能力和口才,而且都在大学期间做过不少兼职工作。究竟舍谁取谁?负责应聘的韩经理开始犯愁了。万般无奈之下,韩经理将这一情况报告给了公司的聂总。

聂总想了想说,让他们两个都来前台试试吧。

在公司的安排下,小王和小李来到了公司的销售前台,他们的考核标准是看谁先卖出第一部手机。

韩主任刚刚说完考核标准不到5分钟,就进来一位穿着十分考究的中年人,他径直走到前台,先站在了小李的柜台前。

"先生,请随便看吧,如果需要的话,可以拿出来试一下。"小李很热情地说。

"哦,我想看一下摩托罗拉E2型号的手机。"

"噢,对不起,您要的那款手机已经停产了,我们这里没有货。"小李表示抱歉地说,"不过我可以帮您推荐另一款更好的款型,摩托罗拉E6型号的手机,这款手机卖的非常火。"

"什么？停产了？你不知道，我看到我的一个同事正在用这款手机，感觉相当不错，是周杰伦代言的音乐手机。你知道吗？我的同事非常喜欢他的手机，你知道都到了什么地步了吗？我给你讲一下，都笑死我了……"这个中年人滔滔不绝，但是却离买手机的话题越来越远。

小李对中年人说的东西没有任何兴趣，他只想赶快卖出自己的第一部手机。很快，小李就对这个客户的话表现出不耐烦的样子。中年人看此情景，就知趣地走开，来到小王的柜台前。

中年人故伎重施，但这次，小王却一直微笑着听着，没有任何不愉快的表情。中年人很高兴。

中年人对小王说："小伙子，恭喜你，你被录取了。欢迎你加入我们的团队。"说完，中年人又走到正感到吃惊的小李面前说："不是你不够优秀，而是作为一名销售人员，你缺乏足够的耐性。"

这时，韩经理走出来对中年人说："聂总，姜还是老的辣。"小李没有输在自己的先天素质上，而是输在了自己的后天修养上。

一位营销人员，如果没有足够的耐心，就不能用心地听完客户的倾诉；没有足够的包容心，就不能达到与客户的心灵沟通。每个人都希望自己的倾诉得到别人的肯定，尤其当一些客户在和你沟通时，往往因为他的目标不够明确，不知不觉中就使交谈的主题偏离了你销售的目的，这个时候一定要不急不躁，耐心地倾听客户的谈话。要记住：你对客户耐心的倾听，不仅是对客户的尊重，更是自己素质和修养的体现。

如果你总是对客户的话"充耳不闻"或者"答非所问"，就会让客户感觉你不够尊重他，从而使原本很可能成交的一单生意泡汤了。

即使客户说的是你不感兴趣的话，甚至是一些批评、指责你的话语，都要让自己静下心来，耐心地倾听。你只有让客户对你的服务满意，让客户感觉你在乎他说的每一句话，他才会满足你的口袋，心甘情愿地购买你的产品！你一定要明白，对客户耐心，最终受益的不只是客户，更是你自己！

耐心地倾听，化干戈为玉帛

路简从商店买了一套衣服，但很快就失望了：衣服会掉色，她的衬衣的领子也被染了色。她拿着这件衣服来到商店，找到卖这件衣服的售货员，想向她介绍事情的经过，可是她没做到——售货员总是打断她的话。

"我们卖了几千套这样的衣服，"售货员声明说，"你是第一个找上门来抱怨质量不好的人。"她的语气似乎在说："你在撒谎，你想诬赖我们，等我给你点厉害看看。"

吵得正凶的时候，第二个售货员走了进来，说："所有深色礼服开始穿时都会褪色，一点办法都没有，特别是这种价位的衣服。这种衣服是染过的。"

路简差点气得跳起来。她想："第一个售货员怀疑我是否诚实，第二个售货员说我买的是二等品。真气人！"

于是，她控制不住自己的情绪，愤愤地对那两个售货员说："你们把这件衣服收下，随便扔到什么地方，见鬼去吧！"

路简将衣服甩在售货员的身上，愤怒地离开了。周围引来许多观看的人，议论开去。

因为服务员没有耐心，直接导致了利益冲突的激化，最终两败俱伤的结局。结果路简没能解决衣服的问题，商场的信誉也受到严重的损伤。然而在另一个相似的场景，却出现了另一种结果。

顾客："你卖给我的这台复印机不好。"顾客的语气是强硬的。

业务员："听到您这么说，令我感到很遗憾。它究竟是哪里不对劲呢？"业务员并没有被顾客强硬的态度惹怒，而是站在顾客的立场上，抱着解决问题的态度耐心地与顾客交流。

顾客："它老是发生故障。"

业务员："我也很遗憾听到这一点。您所指的故障，是需要更换部分零件，或是只要修理就行了？"

顾客："别在那儿啰嗦。我不管您如何称呼它，反正只要是机器不能动，我就说它是故障。"在短时间内，顾客并没有被业务员的友善感化，他依然希望通过用强势压倒对方，让自己取得优势。

业务员："好，我明白您的意思，您所指的故障发生频率有多高？"业务员就需要这样的素养，他可以用耐心收纳任何的愤怒。

顾客："我不知道，大概是每隔几星期吧。"以柔克刚是很好的策略，它可以让不满的顾客说出问题所在。

业务员："每隔几星期？的确相当多。"适当地赞同对方的话语，可以表明自己友善的态度。

业务员："您认为大约多少张呢？我是指每印100张，1 000张或10 000张便发生故障吗？"交流的最终目的是为解决问题服务的。顺利、圆满地解决方案有赖于认真、仔细地寻求问题的根源所在。

顾客："我想大概10 000张左右吧。"

业务员："我可以理解这的确令您很不高兴，尤其是当您正在进行重要工作的时候。可是不管您信不信，就这个价格范围内的机器来说，每隔10 000张的修理几率十分少见。事实上，消费者基金会曾经调查5万元以下的复印机——那比您的机器贵了一倍半，平均损坏的间隔只有3 000张，而您所拥有的机种在消费者基金会的调查中，平均最高比率是7 000张，您的机器性能比那些机器优良了将近50%。"事出有因，只要找到问题所在，问题便可以合理解释。

顾客："把你这份推销口才用在别人身上吧！总之，这台机器损坏的次数超出它应有的程度。"当顾客对产品不满意时，他总能找到理由，即使那样的理由看起来有些无理取闹。

业务员："这么办吧，如果服务上的记录是，每隔不到10 000张便发生故障而需要修理，那么我就以您当初购买它所付的金额向你买回来。可是在我们更进一步地说下去之前，我想知道更多关于您的抱怨。最常造成故障的原因是什么？挤纸？漏印？"业务员并没有被顾客的言辞激怒，他耐着性子设法找出问题的深层次原因。

顾客："呃，有几次是挤纸，漏印的情形不太多，有时候机器就是不能动，此外，纸经常皱成一堆。"在业务员的耐心劝导下，顾客慢慢软化，开始配合起来。

业务员："是只有在印双面的时候，还是连印单面的时候也会这样？"

顾客："主要是印双面……大概是只有在印双面的时候吧！"

业务员："噢！如果在您购买这台机器之前我曾和您谈过话就好了。老实说，它并非设计用来做大量的双面复印，难道我们的推销员没有告诉您这一点吗？"

顾客："没有。不过，我也不记得是否曾提及我将会使用大量的双面复印，所以我想这也不能怪他。"交谈顺利地进行着。现在的顾客已经不是刚来时的不满，甚至开始检讨自己的过失，帮推销员开脱职责。

业务员："我很抱歉，对于不能令您满意的双面复印问题，恐怕您所拥有的机种将无法表现得比目前更好。因此这里是我给您的建议：先去瞧其他价格贵五成的机种，再回到我这里。假使您发现一台优于你目前持有的机种，而我又无法向您提供比那台更佳的机器，那么我就以全额向您买回我的机种，如此便解决了这个问题。同时，我很希望能请您到展销室看看我们目前拥有的一些机器，或许价格比您的贵了一点，但性能也相对地提高很多。我想我可以向您介绍一台将符合您一切需要的复印机，万一我错了，我愿意立刻买回您现有的机种。等你参观过其他复印机后,和我通电话,我们再安排会面?"问题总是有解决的方案的,尊重顾客,给顾客提供多种选择,能更好地取得顾客的信赖。

顾客:"呃,此刻我实在不觉得有必要去看看其他机器。你看起来像是个讲道理的人,而且我认为我们相处得还不错。就让我到你们的展销室参观一下吧。"一个有耐心、又友善的业务员的推荐,顾客是可以信任的。

业务员:"太好了,让我们安排个会面时间吧!下星期二早上如何?"

顾客:"太好了。我希望那天我能找到一台合适的机器。"

就这样,在业务员耐心的处理下,一个满怀敌意的产品使用者被软化了,这不仅维护了公司的声誉,顺利有效地解决了双方的矛盾,做到让消费者满意,而且还做成了另一笔生意。

只要有耐心,再挑剔的客户也会被你折服

对待客户要有耐心,切勿急躁。面对客户翻来覆去的比较不耐烦,对其五花八门的问题含糊应对,只是一味地追求快点一锤定音,这些都是错误的做法。这些做法只会招致客户的反感,认为我们只是为了赚他的钱,而不是为他提供他真正需要的产品和服务。所以面对这些情况,我们坚信帮助客户也是帮助自己。只有去发现客户的需求,耐心帮其解答疑惑,给客户最好的产品和最真诚的服务,最终愉快的完成交易,才是我们要做的。

挑剔型的顾客对于促销员介绍的产品这个也不是,那个不是,不相信产品会有产品说明所说的那种效果。尽管你介绍的都是真实情况,他也认为你是在说谎骗人,往往对促销员介绍的产品抱不信任的态度。

对待这类顾客不要加以反驳,不能反感,更不能带"气",要耐心的去听他讲。同时要求促销员要对产品的完整知识有足够的了解,对产品的可能缺点也要深入掌握,以应付顾客的提问。

下面的两个服务人员都是比较称职的:

11点30分,海洋动物表演结束了!此时正是午饭时间,陆陆续续从表演场走出的游客顿时将"极地加油站"围得水泄不通,买烤肠的、买烤鱼片的络绎不绝。

突然,人群中传来一位游客不满的抱怨声。原来,由于点餐的人太多,经营部员工苏连连没有及时和一位站在跟前的顾客打招呼,引起了这位顾客的不满。

所以在点餐的时候就很挑剔，一会儿嫌烤肠烤的颜色不好；一会儿嫌饮料冰加的不够；一会儿嫌速度太慢了。对于顾客的种种为难，苏连连都微笑应答，但顾客依然没有消除不满，甚至要求把食品送到他的座位处，虽然此时正是最忙的时候，但苏连连没有拒绝。正要送食品时，苏连连发现收银机旁边有一个黑色的包，这个包正是刚才那位挑剔的顾客的。苏连连想都没想就立刻把包还了回去，当那位顾客看到她拿着包面带微笑地走来时，终于也笑了，他很不好意思地说："太谢谢了"。短短的几个字，我们能够看出顾客心里的温暖，苏连连用自己优异的服务赢得了顾客的满意。

工作中我们会遇到各种各样的顾客，不管遇到怎样挑剔的顾客，都要用真诚的微笑和真诚的心来对待，让微笑成为一个友好的信号。其实，很多时候，矛盾、意见，都归结于消费者的不了解，要多解释，多沟通，多一点耐心。

"顾客就是上帝"一直是维护客户关系的要求，在IT界更不能例外。面对不同层次、不同素质的顾客，销售人员都要笑脸相迎。虽然绝大多数的"上帝"还是通情达理的，但难伺候的"上帝"也为数不少。

王静，曾是沈阳中天电子工程有限公司赛博笔记本电脑专卖店的一名普通店面销售人员，现在已经是这家专卖店的店长了。凭着2年的店面销售经验，多数情况下她可以把难缠的顾客"摆平"，但她表示，自己也并非"全能"。

"大部分顾客的素质还是挺高的，不过，也难免有少数难缠的，几个月前我就遇到一个。"王静说，"有位顾客买了一台笔记本电脑，没几天就回来要求换，原因是笔记本电脑屏幕上有一个亮点，我二话没说就给她换了一台。可是没几天她又来了，说还是有亮点，这次我依然给她换了。就这样一来二去，换了好几次，最后换到我们库里没有那种型号的笔记本电脑了。我对那位顾客说等来货再给她换，可她却说我是找借口不想给她换，又是要找领导，又是要找消协。其实按照相关标准，笔记本电脑屏幕有一个亮点是允许的，但在当时，我意识到无论说什么这位顾客都不会信，再解释下去，很有可能使矛盾激化，所以我采取了沉默的办法，请这位顾客打消协的电话。通过沟通，顾客了解了真实情况，以后就没有再来换笔记本电脑。"

少数顾客的不可捉摸和挑剔总是让销售人员费尽脑筋。对待顾客的不合理要求，许多销售人员感到手足无措：接受不合理要求，公司就要蒙受损失；不接受要求，顾客认为服务得不好，还可能因此失去顾客，对公司同样不利。

王静认为，要有耐心，"心理学家认为，顾客的投诉多数属于发泄性质，只要得到店方的同情和理解，消除了怨气，心理平衡后事情就容易解决。"

销售的目的是盈利，不仅是金钱的盈利，也是信誉的盈利。面对形形色色的顾客群，销售人员要想将产品卖出去，首先就要了解顾客，懂得顾客的消费心理，赢得消费者的信任。

用心听对方说话，不要急于否定客户

在销售过程中，你是否因为急于反驳否定客户的观点失去生意呢？下面我们来看一个例子。

小吴从事电子零部件的批发生意，主要是向一些代理商推荐新款的电子产品。有一款新型的电脑刚刚上市，在价格上只比旧款贵了200多元，但是在配置上要比旧款强出很多，而且使用寿命也有所延长。小吴极力向代理商推荐这款产品，并告诉他产品是如何如何的好，多么多么地受消费者欢迎！但是客户考虑到他们地区的客户消费水平有限，就决定先进货10台试验一下，如果市场反响好，再多进一些。但是小吴考虑到向他们那送货比较麻烦，就强烈要求他一次要20台，并举出其他代理商的销售情况来说服他，小吴和客户激烈地讨论了很长时间。

结果最后客户一台机器都不要了，而且很生气地说："以后不要再让我看到你，我们之间再也不可能合作！"听到客户的话，小吴感到很委屈，让他多进一些，也是为了他好，为什么他就不领情呢？反把我的好心当成驴肝肺。回到公司之后，小吴认真分析了自己失败的原因，发现原因出在自己的身上。当他提出先试卖10台新型机器的时候，自己不应该强烈反对他的想法，毕竟他们那个区域的消费水平，他比我了解得更清楚。之后不久，小吴的一个同事也向那个代理商推荐了同一型号的电脑，并答应了他的要求，第一次给他10台试卖，如果市场反响好，再多进一些。

不到一个星期的时间，那种新款的电脑就一卖而空，代理商给同事打电话，一次就进货100多台。现在，仅仅这一家代理商，一个月就有几百台的销量。

虽然小吴后悔不已，但是为时已晚。如果当初小吴接受代理商先试卖10台机器的要求，现在每个月多卖出几百台电脑的人，就不是他的同事，而是小吴。既然那个代理商具有如此大的销售能力，他还能够代销其他的电子产品，这样算下来，小吴将增加一个很大的订单，但是现在说什么都已经来不及了。

试想一下，如果你正在和一个人谈话，对方不但不专心听你说话，反而总是和你辩论不休，把所有的精力都放在思考如何反驳你的观点上了，你会不会觉得心里很不爽呢？

没错，在和人交谈的过程中，最怕的不是对方没有用心听你说话，而是他在听，但是精力却不放在听上，而是在思考如何发表自己的意见，如何反驳你的观点。倾听，需要全身心地投入，需要认真聆听对方的观点，此时，你千万不要打断对方的观点，更不能想着如何去反驳别人。

营销人员更是如此，如果你在每次倾听客户话语的时候，都要和客户争辩不休，这样你不但不能抓住客户说话的重点内容，还会使客户对你产生反感。

在聆听客户谈话的时候，做到耐心认真，让客户说出自己最真实的想法，给客户说出自己观点的机会，不要一听到客户的观点和自己不一致，就开始反驳。就算是客户错了，也不要当面反驳，而是有礼貌地给客户台阶下，如果你懂得尊重客户，给客户留足面子，客户就会感激你、喜欢你，自然就会买你的东西，这无论是对客户，还是对销售人员自己，都不失是一种两全齐美的选择！

友好地"反驳"顾客的意见

在一家鞋店，顾客挑剔地对老板说："这双鞋子后跟太高了。"老板再拿出一双递给她，她说："这种式样我不喜欢。"老板又拿出一双，她又莫名其妙地说："我的右脚比较大，很难找到合适的鞋子。"这时，老板才开口说了一声："请等一下！"便转身进到里面，拿出另外一双鞋子说："我想这双鞋子您一定会满意，请您试穿看看。"顾客半信半疑地试穿那双鞋子，果然如老板所说的那样鞋子令她非常满意，于是高兴地说："这双鞋子好像专为我做的一样。"买下带回去了。

以上例子说明：一个业务员要想获得成功，必须正确对待和处理顾客的异议。在处理异议时至少要遵循以下四个原则：

第一，要听顾客讲完。

顾客不断地提出异议，其实就为你提供了说服他的资料。刚才所说的那位鞋店老板，就深谙这种道理，尽量让对方说出她想要说的话，等她把心中所想的全部显露出来，丧失提出问题的资料时，就会按照己方的意愿进行，而成功地卖出适合顾客的鞋子。如果顾客说了几句，业务员就还以一大堆反驳的话，不仅打断了顾客的讲话而使顾客感到生气，而且还会向对方透露出许多情报。当对方掌握了这些信息后，业务员就处在不利的地位，顾客便会想出许多拒绝购买的理由。

结果当然就不可能达成交易。

第二，不要跟顾客争论。

这包含着很深刻的含义，顾客提出异议意味着他需要更多的信息。一旦与顾客发生争论，拿出各种各样的理由来压服顾客，业务员即使在争论中取胜，也会彻底失去成交的机会。

第三，突破异议时不要攻击顾客。

业务员在遇到异议时，必须把顾客和他们的异议分开，也就是说，要把顾客自身同他们提出的每一个异议区别开来。这样，你在突破异议时才不会伤害到顾客。要理解顾客提出异议时的心理，要注意保护顾客的自尊心。如果你说他们的异议不明智、没道理，你就是在打击对方的情绪，伤害他们的自尊心，尽管你在逻辑的战斗中取胜，但你在感情的战斗中却失败了，你不可能获得成功。

第四，要引导顾客回答他们自己的异议。

成功的业务员总是诱使顾客回答他们自己的异议。有一句推销格言："如果你说出来，他们会怀疑；如果他们说出来，那就是真的。"顾客提出异议说明在他们的内心深处想购买，业务员只要引导他们如何购买就行了。在本文的例子中，鞋店老板就成功地运用了这条原则。只要你在这方面努力，给顾客时间，引导他们，大多数顾客会回答他们自己的异议的。

第 26 章

不要只听你想听的，重要的是要听客户想说的

倾听顾客的心声

多听少说的道理大家都知道，但是在生活当中，能够做到"善于倾听"的，真的是少之又少。交谈中，渴望被倾听的一方往往会因为一些情况不愉快。比如大家都有一肚子话要说，沟通起来是各说各的，都说了很多，但是根本就没说到一起去，反而会因为一些根本就不矛盾的观点争得面红耳赤；你说的口干舌燥，他好像是在认真听你说，然而他一开口，说的全都是跟你刚才讲的风马牛不相及的东西，搞得你一下子很沮丧；对方特别好说，你刚想开口，她就将音调提高几度，搞得你兴致全无。

优秀的服务人员要善于掌握人性的弱点，让顾客畅所欲言，不论顾客的称赞、说明、抱怨、驳斥，还是警告、责难、辱骂，都要仔细倾听，并适当有所反应，以表示关心和重视。因为顾客所言是"难以磨灭的"，服务人员可以从倾听中了解到顾客的购买需求，又因为顾客尊重对那些能认真听自己讲话的人，愿意去回报。因此，倾听——用心听顾客的话，不论对导购新手还是老手，都是一句终身受用不尽的忠告。

沟通的时候就需要自己能够尽量站在对方的角度，去思考和揣摩他说的每一句话的意思。能够做到这样并且能够经常做到这样，就不仅仅需要一些"技术"，而是自己在内心里真正尊重沟通的对象，真正将自己放在与对方平等的地位。

学会并善于倾听其实是很容易的事情，只要你用心，在别人讲话时，给予他人以充分的尊重，那么你也将会得到更多的尊重，与人交流也会变得更愉快。

作为销售人员，经常会面对各种不同类型的顾客，几乎所有顾客都会对货品有一些不满或抱怨。遇到这种情况，首先要有耐心，尽量不要与顾客正面对峙，更不可争吵。面对顾客的生气、抱怨要认真倾听。不要提高嗓门，也不要作负面反应或负面设想。顾客总是认为他们是正确的，需要做的是要让他们认识到是他们自己错了。若遵循这三点，大多数情况不会难以解决。

其次，与顾客一起找出问题的关键所在。只要顾客有意见，就让他提出来，这是改进服务质量的重要手段。面对顾客的抱怨或意见时，请把握以下原则："理解顾客，换位思考"。

一位顾客在选购传真机时，抱怨到"哎呀！这东西的价格太高了。"并且怀疑"它真的值那么多吗？我有没有必要非买这么贵的东西？"

促销员巧妙地为顾客算了一笔账，陈列了"费用不高"的理由："您说得不错，现在一下子要拿出一笔钱来的确是一个不小的负担，但是您想想看，这种东西不是用一两年就会坏的，只要您使用方法正确，用上10年也绝对没问题。我们就以5年来算，实际上您1年只需花1 200元，再除以12个月，每月只需要100元；换言之，每天只要3元，这也不过是您每天抽一两支烟的钱，这样算起来不是很便宜吗？而且，它可以给您带来多大的方便呀，这项投资的回报可高呢！"

顾客听了，觉得你说得很有道理，就会决定买下传真机。

有一些倾听抱怨的小经验，供大家参考：

1. 任何时候都应让顾客体会到你的认真态度，并且对顾客的抱怨进行调查。

2. 顾客并不总是正确的，但有时为了让顾客冷静下来，"让顾客正确"是有必要的，也是值得的。

3. 一定范围内，顾客的抱怨是难以避免的，但作为营销人员要意识到，这种抱怨并不是对自己的指责。

4. 为了能正确判断顾客的抱怨，营销人员应该站在顾客的立场上来思考问题、看待顾客的抱怨，通常来说顾客的抱怨是由一些微不足道的原因引起的。

5. 顾客在发怒时，情绪一般是很激动的，这时顾客对销售员流露的不信任、不重视或轻率的态度特别敏感。因此，销售人员应保持冷静。

6. 在你未认识到顾客说的话不真实之前，不要轻易下结论，即使顾客是错的，也不要直接责备顾客，等顾客自己意识到了，问题就可以迎刃而解了。

7. 在处理顾客的无理抱怨时，不管顾客的抱怨是否有道理，都应保持真诚合作的态度。这并不意味着你已接受了顾客的抱怨，而是表示他的抱怨已引起了你的足够重视。即使顾客言语粗鲁,你仍表现出友好的态度,这样可以避免争执。

8. 不要向顾客提出不能或难以兑现的承诺,以免引起进一步的纠纷。

善于倾听客户的意见和建议

客户的意见和建议是企业创新的源泉。通过倾听,我们可以得到有效的信息,并可据此进行创新,促进企业更好地发展,为客户创造更多的经营价值。

当然,还应要求企业的销售人员能正确识别客户的要求,正确地把信息传达给产品生产者,以最快的速度生产出最符合客户要求的产品,满足客户的需求。

宫守毅是青岛市某化工厂的工人,1997年8月下岗后来到一家小区的农贸市场,摆摊卖起了冷冻肉食品。夏末秋初是青岛天气最热的时候,他每天上的货很快就化冻了,有的卖到下午就开始变味,如果再招上苍蝇,就更加无人问津。算上减价处理和扔掉的货物,宫守毅经常干亏本的买卖。观察了几个月后,善于动脑筋的他给海尔集团写了一封信,建议生产一种适合农贸市场使用的台式副食品保鲜柜,既能保鲜,又能防止苍蝇和灰尘污染食品。接到信后,海尔冷柜总公司用一个月的时间拿出了样机,并摆在了宫守毅的摊位上。接下来的几个月里,宫守毅又帮助海尔总结新产品使用过程中的利弊,并提出了自己的意见和建议。在海尔和客户的共同努力下,"小海牛"副食保鲜柜终于面市,解决了许多客户食品保鲜的难题。

"小海牛"批量生产的第一天,海尔冷柜总公司特别要求宫守毅作为嘉宾参加首发式,以感谢他的协助与支持。

海尔集团董事局主席张瑞敏认为:出色的公司不仅是在服务、质量、可靠性和开拓市场方面比别人强,它们还善于听取客户意见。这些公司之所以在质量、服务等方面这么强,很大程度上还是由于他们注重客户需要,善于倾听客户的意见,并把客户请到公司里来。

张瑞敏曾为洪秀銮女士出版的《优质服务——抱怨是最好的礼物》一书写了推荐序。他写道:海尔集团创立16年间,能把一个年销售额仅348万元人民币、资不抵债的小厂,发展到年销售额超过400亿元人民币的国际化公司,就是靠了解抱怨、化解抱怨,不断为客户提供优质服务获得的。客户的怨言对企业是良药忠言,企业要视抱怨为黄金、为礼物。

张瑞敏在序中最后写道:其实能根据客户的抱怨不断改善工作,是真正增加了企业的资产。从狭义上看，企业的资产是厂房、设备、资金等硬件。但从广义上看，企业永恒的资产是指那些忠诚于本企业品牌的客户，谁拥有更多高忠诚度的客户，谁就拥有了更多的资产。反之，不仅失去了市场，资产也会成为负债，以致资不抵债。

客户的抱怨是最好的礼物。客户抱怨的内容，正是企业工作改进的方向。

在山东济宁一个农家院里，海尔集团产品经理看到了这样的一幕：夫妻两人正抬着洗衣机往院子里走，"小心点，别碰着洗衣机！"妻子一边小心地走，一边提醒丈夫。在水井旁，两人小心翼翼地放下洗衣机。妻子把地上的一大堆衣服放进洗衣机，丈夫则用手压泵从水井里往洗衣机里压水。

经理走上前和夫妻两人聊起了家常。"我们这儿没有自来水，每次洗衣服都得把洗衣机抬到院子里，洗完再抬回去。抬进抬出的太麻烦，还免不了磕磕碰碰。瞧，这是以前不小心磕的，都生锈了。俺邻居家塑料外壳的就好。"妻子抱怨着。

"一次洗这么多衣服？"经理看着一大堆衣服，问道。

丈夫说："家里人口多，农活又忙，攒一块儿洗还省事，这洗衣机我都嫌小了呢！"

于是，聪明的海尔人开发了洗得净、大容量、全塑外壳的洗衣机，非常受农村消费者的欢迎。

善于听取客户的声音是企业进行产品开发，改进服务，赢得市场的根本。有许多企业的销售人员不善于听取客户的意见，也就不能根据客户的需求创新和服务。有的企业虽然每天都在接触客户，也建立了这样或者那样倾听客户声音的渠道，但对客户的意见和建议仅仅停留在一个较低的层次上，只满足于对一些具体事情的处理上，没有提高到为企业开拓市场服务这个层面上来，对客户的需求和想法常常是做一番"对不起，我们暂时没有这种产品"的解释，虽然也是听了，却称不上"善听"。

市场源于需求，需求来自客户。企业要开拓市场，很重要的一项工作就是要善于听取客户的意见和建议，摸清客户在想什么，需要什么。把客户的想法和需求琢磨透了，就会针对这些想法和需求，开发出功能完善的产品，为客户提供满意的服务，从而在激励的市场竞争中找到好的卖点。

有时候眼见未必为虚，耳听未必不是实

一个真正的倾听者，不仅要懂得用耳朵倾听，更是用心来听。在面对一个人，一件事物的时候，千万不要被眼前的假象所迷惑，不要让自己眼前所见的东西占据自己的内心，而是要用自己的心去倾听。在倾听的过程中，要做到眼到、耳到、心到。用心去听，让自己的耳朵打开客户内心之门，这样，我们才能够在销售中立于不败之地。

果果和莉莉是一个村的，同时也是从小玩到大的好朋友，高中毕业后，同时应聘到省会一家大商场珠宝专柜当实习营业员。经理告诉她们："你们俩长的都十分漂亮，而且冰雪聪明，都很适合做珠宝销售工作，但我们只需要一名销售员，给你们一个月的时间，谁的营业额高，谁留下。"作为一名实习员工，她们俩都想用自己的实力证明自己，得到这份不错的工作。

一个星期过去了，果果的口才好，能说会道，会说一些客户喜欢听的话，而且她懂得随衣挑人，专挑那些穿着比较高档的客户。她的努力没有白费，营业额是3万元，而莉莉却不像果果那样见到客户就滔滔不绝，也不会挑客人，她喜欢微笑着静静地倾听客户说话，她的营业额只有区区1万元。

两个星期过去了，果果的营业额是5万元，莉莉的营业额是2万元。

三个星期过去了，果果的营业额是8万元，莉莉的营业额是3万元。

转眼之间，一个月的时间结束了。还有半个小时就要下班了。而此时果果和莉莉的营业额相差悬殊。果果心中暗喜，自己马上就要获得这份工作了。虽然她心里为自己高兴，同时也为莉莉感到惋惜，觉得莉莉的嘴太笨了，不会说话，也不会挑人，要是她能有自己的能力，也就不会输了。

果果正在窃喜之时，一个衣着普通，头发花白的老者向她走来。果果凭借自己的经验，从衣着来看，这个客户是个没钱的主。不过她并没有因为来者的身份而感到失望，反而很热情地向他销售一些比较低档的珠宝。

果果滔滔不绝地给老者介绍那些廉价的钻石，不给老者说话的机会。果果想凭借自己的经验做成这单生意。

老者没有说话，只是静静地听果果的介绍。果果看老者没有买的意思，激情立即消失殆尽："先生，要买赶快买，我们快下班了。"老者没说话，而是静静地来到了莉莉所在的柜台。

"先生，请慢慢看，喜欢了可以拿出来看看。"莉莉仍然是这种处事风格。给客户充分的时间看。

"我想看看钻戒。"老者说。

"请随我来这边,钻戒在这边,您慢慢看。"莉莉将老者带到钻戒专柜。"您买钻戒是想送给您的亲人吧?"莉莉微笑着问了一句。

"嗯,送给我老伴。年轻的时候没有钱送给她。明天是她60岁生日,想给她补回来。小姑娘,你看哪一款适合呢?你给我推荐一下,我要最好的。"老者边看边笑着说。

"那就要一款经典的吧,既代表您的心意,也具有纪念意义。您说呢?"莉莉拿出了一款经典的钻戒。"您看这款您满意吗?三颗钻石镶嵌在心形的白金钻戒上。很别致,很有纪念价值。"

"不错。我就要这款。"老者很满意,"我想我老伴也会喜欢的。"老者说着就拿出自己的银联卡。

这款钻戒的价钱是5.1万元。最后莉莉的营业额是11万元……

莉莉就这样笑到了最后,她不是靠自己的口才,也没有靠什么心计,而是坦诚地对待客户,用一颗心对待每一位客户,用心去倾听客户的需求。她没有相信自己的眼睛,而是用自己的倾听扭转了战局。一颗倾听的心能够带给我们更多的惊喜。

我们的倾听,不但给了客户好的印象,而且在和客户的交流之中让客户找到了"归属感"。有了你耐心真诚的倾听,客户就不会把自己的内心掩饰起来,而是把自己内心真实的想法告诉你。这个时候,我们也就不必再像"算命先生"那样,去算客户的"生辰八字"了。

很多成功的营销人员不是靠自己的处心积虑来获得客户的需求的,而是靠倾听让客户自己主动地"送上门来"。客户内心的需求,在你耐心倾听的过程中逐渐浮上水面,毫无保留地呈现在你的面前。这样,你就可以在对客户的需求了如指掌的情况下有的放矢,自然也就轻松地成交!

当你面对一个个形形色色、穿着各异的客户时,千万不要以着装来判断客户的层次,这样会丢掉很多能够成交的客户。从现在开始放弃"耳听为虚,眼见为实"的误区,在客户面前,要更相信自己的耳朵,在耐心倾听的过程中,不要再犯"不知者不成交"的错误。相信自己用耳朵听到的往往比用眼睛看到的东西更可靠更真实!

不要只顾着自己的想法，要倾听客户想说的

在和客户交流的过程中，客户刚刚说了几句和产品主题无关的话，你就开始变得不耐烦了，试图把客户拉回销售的主题，相信这样的销售者，客户绝对不会买账，既然你对客户都不真诚，傻子才会把钱掏给你来赚！要知道，客户不是不愿意花钱，而是愿意把钱花在自己信任的销售者手中。作为销售人员，在和客户交流时，不要只听那些对自己有用的东西，更要学会听客户想说的东西，当你对客户足够了解的时候，你们之间也就真的成为无话不谈的好朋友，客户自然也就会心甘情愿地买你的东西。在沟通的过程中，客户得到了倾诉的满足，而你也达成了成交的目的，各得所需，何乐而不为？

老李的太阳能热水器销售公司最近碰到了一件相当棘手的事情，一名客户痛骂其公司售出的热水器，声称非要退货，还列出了多项罪名，欲将公司告上法庭。老李亲自登门去解决了好几次，可那位先生没什么文化，很不讲道理，说话很难听，每次老李刚想跟他解释，他就开始牢骚满腹、骂骂咧咧，让老李甚感头痛，没有耐心再听下去。就这样拖了三个月的时间，事情发展得越来越糟糕！

最后，公司的一位业务员小王，登门拜访了这位暴躁凶悍的客户，并顺利地解决了问题。老李在欣赏小王的能力的同时，很好奇小王是怎样将这个难缠的客户摆平的。

小王谦虚地说："我也没做什么特别的事，在拜访这位客户的时候，我唯一所做的事就是，专注地听对方将满腹牢骚倾泻出来，并一再地点头称是。"在听那位客户说话的时候，小王并没有和客户争辩，也没有表现出不耐烦或者轻视的态度，而是认真地听他说话，并不时地点头微笑，表示对对方观点的肯定。最后终于明白，这个客户的热水器并没有出现任何毛病，而是因为他有一个邻居只花了不到1 000元就买了一台热水器，而自己的热水器花了将近3 000元，他认为自己吃亏上当了，所以强烈要求退货。这个时候，小王立即拿出本公司的销售宣传册，不急不躁地向客户解释说："您买的这款太阳能热水器，所有的材料都是美国进口的最新材料，不但加热快，而且寿命长，更重要的是，它有一种特殊的过滤作用，能将自来水中的漂白粉等有害物质过滤了，减少自来水中有害物质对皮肤的刺激和伤害。"

听完小王的解释，那位先生笑着说："早告诉我呀，我总认为和别人一样的

东西，却多花1 000多元，这不是明摆着坑人吗，原来是这样的！"

从此之后，这位客户再也不吵着要退货了，而是逢人就夸这家太阳能公司的销售人员服务态度好，还主动给小王介绍了不少客户。

小王的成功不是偶然，而是自己本身素质的体现：足够的倾听和耐性。在客户遇到麻烦的时候，他并没有像老李那样，对客户的问题不耐烦地躲避和敷衍了事，而是让自己静下心来认真倾听，了解客户内心的声音，在了解客户真正的想法之后，真诚地为客户解决问题！

听并不难，但是做到把客户的每一句话都听进心里确实有一定的难度。在销售的过程中，学做一个可以容纳"百川"的听众，并且把对客户的尊重和诚意表现在脸上，这样你将会有很多意外的收获！

倾听不仅是一个销售者素质的体现，更是对客户尊重的表现。我们可以想象，有哪个客户忍心拒绝对自己真诚而尊敬的人！在客户说话的时候，无论是你喜欢听的，还是不喜欢听的，都要认真地倾听，这在无形中就赢得客户的心，客户自然也就心甘情愿地掏出自己钱包里的钱！

诚然，客户也有不对的地方。客户常常把自己"当做上帝"，有各种理由来向销售人员无理取闹。这个时候，千万不要和客户一争高低输赢，最明智的做法就是学会包容，以平和的心态来面对客户的对和错，真诚地倾听客户的心声。

做个好听众，从倾听中了解客户的需要

在和客户沟通的过程中，不要老想着自己能够赚到多少钱，而是要想想你为客户做了多少事情。在倾听的过程中，了解客户内心最真实的想法，当你站在客户的立场上思考问题，并为他做出让步的时候，客户自然就会签下订单。这也是你整个销售过程中最想达到的目的。

王军是一家机床设备的代理商。有一天早晨他接到了客户刘先生的电话，告诉他自己的工厂急需两台设备，需要他来厂里报价，越快越好。王军放下手中的电话，就开始准备谈判所需要的合同和资料，一个小时之后，王军就赶到了客户的工厂。客户对王军这种守时的精神很赞赏，然后就开始谈判购买设备的事情。经过一个半小时的谈判，客户对王军的产品相当满意，但是在价格上却和他发生了争议。

这个客户是王军的老客户，所以在最初谈价格的时候，就已经把价格压到最低：一台设备是230万元，两台自然就是460万元，设备安装之后的一周内付款。客户给的价钱是430万元，货到一周之后付清。但是这已经是最低价了，如果按照客户说的430万元，不但自己赚不到钱，而且还要向里面倒贴进23万元。

这个时候，客户开始犹豫起来，有些不好意思地说："王先生，你看这样可以吗？我先要一台，剩下的过一段时间再说。"

眼看马上到手的生意要出意外，王军的心里有些不高兴，但是又不好意思表现出来，于是就有一搭无一搭地和客户聊了起来。聊着聊着，就聊到厂子最近发展的事情，客户相当感慨地说："自己创业真不容易呀，我辛辛苦苦地打拼了四五年，挣的钱又全投了进去。这不，工厂的规模在逐渐扩大，需要的投入也多了起来，我本来准备引进4台设备，现在因为资金的周转问题，也只能先引进1台设备。如果现在谁能够借我500万元，周转两个月的时间，我就太感激他了！"

王军突然想到了公司有一条规定：对于公司内的老客户，设备汇款的时间可以延后两个月。王军灵机一动，接着客户的话颇有感触地说："是呀，自己创业确实不容易，公司里的事情，样样都需要您亲自打理。如果您真的是因为资金周转的问题，影响了公司的发展，那真是划不来的事情。刘总，您看这样如何，设备您先用着，汇款的事情，我向公司申请一下，尽量给你延缓两个月的时间。"

刘总听到王军的提议后兴奋不已，对王军非常感激。第二天王军就派人把设备送到了刘总的工厂。两个月之后，刘总准时地把460万元汇到了王军公司的账户，并且给王军打电话说："真的感谢你的帮助，让我度过了资金周转的困难期。最近我还需要增加两台设备，这次全是现款。"

可以说，王军能够拿到这样一批订单，所有的功劳都在他对客户的倾听上。如果在客户确定购买1台设备之后，他没有及时地和客户聊天沟通，而是拿到1台设备的订单之后，就急匆匆走人，相信他不可能在短短两个月的时间内卖出4台设备。在谈判过程中，王军主动提议让客户延后两个月付款，对客户进行了让步。但是正是这种方法，让原来一台设备的订单变成了4台。在这次谈判中，他不但没有吃亏，反而赚得更多，他得到的不仅仅是物质上的回报，更是在人情上留住了客户。

客户和销售人员经常会在价格和付款方式上争执不休，甚至因为这种争执，让即将到手的生意丢掉，这是得不偿失的事情。此时，你需要让自己变得灵活起来，不要在这些问题上死死地僵持，而要给客户留有一定的缓和余地。比如，你如果在价格上不能够给客户让步，可以在汇款方式上有所妥协，如果你在汇款方式上没有缓和的余地，可以在产品价格上有所优惠。只要你懂得适当地向客户妥协，就可以以退为进，把客户抓得更紧。

及时领会客户的每一句话

成功的推销人员深知良好的倾听和沟通能力是其取胜的法宝。多数人想当然地认为倾听是一种与生俱来的技能。他们错将听见某人说话当作倾听行为。通常，他们最多吸收25%的谈话内容。实际上，倾听是有目的的听觉。这是一个相当积极的过程，人们必须专心倾听说话者所说的内容。

虽然能言善辩是一位优秀推销员必须具备的重要能力之一，但是，成功的推销员不仅仅是一位口齿伶俐的说客，而且也是一位出色的听众。

推销员良好的倾听的两个主要目标，就是要告诉客户：自己非常专心地倾听他们的说话，而且也完全了解客户所说的意思。最好的办法就是在倾听时尽量不要分心，更不要假意倾听。

在必要的时候要对客户表现出同情心。

推销员在专心倾听时，可以不时地作些反应性回答，比如"噢，是的""你是对的""我知道你的观点"，或"当然"，等等。这些用词都是你在倾听时偶尔插话的关键词，这样，客户就会觉得你真的在听他的话，而且相当赞同他的看法。另外一些更加具体的反应性回答包括"这一点对你很重要，不是吗？""我能想象出你当时的感受""我想多了解一些事件的细节"。

要向客户表示你已经了解他们的心情，可以对客户说："我明白你的意思""很多人这么看""很高兴你能提出这个问题""我明白了你为什么这么说"，等等。

学会倾听其实是一件很容易的事情，只要销售员用心，在别人讲话时，给予充分的尊重与肯定，那么销售员也将会得到客户更多的尊重，与客户交流也会变得更愉快。尊重客户的需求，才能让销售员赢得发言的权利。

每个人都有自己的立场及价值观，因此，销售员必须站在对方的立场，仔细地倾听他所说的每一句话，不要用自己的价值观去指责或评断对方的想法，要想办法引发客户的共鸣。

在倾听时，不仅要听客户的言辞，还要剖析言辞中所蕴涵的真正含义，把握客户的心理，从而洞悉其需要什么、关心什么、担心什么。只有了解客户的心理，销售才会更有针对性。不论是客户的称赞、抱怨、驳斥，还是警告、责难，都要仔细地聆听，并适时做出反应，以表示销售员的关心与重视，这样才能赢得客户的好感，进而达成交易。

当客户所说的事情，对销售可能造成不利时，销售员听到后不要立刻反驳，可先请客户针对事情做更详细的解释。

点头或者微笑可以表示销售员赞同客户说的内容，表明销售员与说话人意见相合。客户会体会到被认同的喜悦，这有利于今后的销售。

全神贯注地听，不要边听边做小动作。人们总是把乱写乱画、胡乱摆弄纸张或看手表解释为心不在焉——即使销售员很认真也是如此。在客户说话时，销售员若左顾右盼，不停地看表，翻手头的资料，或做别的小动作，销售员这笔生意估计也要泡汤了。

销售员明明没兴趣的事，就别问这问那。虽然销售员是顺着人家说的事问下来，但问得太深入，反而会让对方失去谈下去的意愿，当然，也就谈不上沟通了。

销售员的肢体语言同样向客户传送着各种信号。要做一个活跃的听众。如果客户认为销售员不感兴趣，他会中止谈话。销售员要频繁地注视着对方，作记录、坐得笔直、不断点头，以使对方知道销售员听明白了他说的是什么。

销售员对客户所说的话可能和他真正的意思有出入。"我们的计算机系统对于现在的需求来说足够了，"可能会被理解为对新系统没什么兴趣。为了进一步弄清楚，销售员可以问，"这意思是不是说您对现在的系统完全满意了呢？"这就使该客户有机会说。"也不完全是，现在是足够了，但它没有给将来的扩展留下太多的空间。"通过确认销售员是否理解了对方的回答，销售员就会发现客户的需求，并且为下一步的工作创造了机会。

胸怀宽广的销售员能包容客户发泄心中的不满，倾听客户的心声。对于销售员来说是一种难能可贵的品质。因为只有善于倾听客户心声的销售员才会拉近与客户之间的心理距离，从情感上赢得客户。倾听是一种极为重要、有效的激励方法，它能促进客户主动对公司做出贡献，使公司获得更高的工作效率。要是销售员不能聆听客户的心声，客户就会因不被重视而失去购买兴趣。

站在对方的立场，倾听对方的需要

如何关注对方的利益呢？最简单的方法，就是使自己站在对方的立场，审视对方的主张与立场，然后问一下自己：如果站在这样的立场上，我需要什么？

某大学计划加强其中文系管理，教务主任决定新设三个客座教授的职位，打算请中国知名的作家来担任。他列了一份包括数十位作家的名单，一一发函邀请他们来应征教授的职位。为了增添这份工作的魅力，校方给了丰厚的工资，并且享有种种优厚待遇。过了一个月，应征的作家寥寥无几，而且都是名单上排名最末的几位。

于是教务主任征得上级的允许，又增加了其他优待条件，但作家们依然不是拒绝，便是毫无回音。某机构接受大学的委托调查这一状况。某机构打电话给其中几位未曾答复的作家，立刻明白原因所在。虽然他们的说法不一，但意思相同。原来问题出在"应征"两字上。这些教授在社会上都是有实力、有地位的人，有没有这份工作对他们来说影响并不是很大；即使有兴趣，最后还是很有可能被淘汰，这对他们的声誉和地位都是一种挑战，他们完全没必要去冒这个险。教务主任却有不同的看法，"应征"这个字眼不具任何负面含义，甚者他们认为被列为"应征"的候选者也相当的光荣，最起码很多人连被邀请的资格都没有。另外，教务主任按常规的思维认为应聘者看中的应该是能够得到的待遇，而这其实正是"有头有脸"的教授所不屑的。

后来，教务主任放弃寻找应征者的想法，改为选出他最想要的三位作家，分别"邀请"他们"接受"客座教授的职位，结果其中一人答应，而另外两人因已有了其他工作而婉拒。于是教务主任又另行邀请其他人，终于凑足三个名额，而且均是当初名单上的前几名作家。如果教务主任未能及时明了他与作家们之间价值观的差异，恐怕便无法有如此圆满的结局。

那么谈判者应该如何确定什么是对方的敏感处而避免触及？如何明白对方真正重视的是什么呢？

美国著名的麦凯公司在它处于创业阶段的时候，为了扩大公司的规模，决定修建一座现代化的新厂房。扩建厂房的预算出来了，需要25万美元，但当时公司手头只有17.5万美元，因为公司方面没有出具可靠的担保，于是银行拒绝了麦凯公司的贷款请求，公司经理哈维·麦凯为此伤透了脑筋。他冥思苦想，终于想出了一个办法。

麦凯找到一个在当地非常有实力的建造商，对他说："我保证，如果你以17.5万美元替我把厂房盖好，我会成为你最好的业务员。在未来的5年之内，我会充分利用我的人际关系，替你找到至少五桩大生意。我有不少朋友正处在类似我的发展阶段，而我是他们中间第一个采取行动的人，而他们正在作壁上观，希望我为他们摸索出一条可行之路，好省下他们的力气，得到现成的经验。所以，一旦我的厂房能够顺利建成，他们对我会言听计从。你想想，五桩生意可比赚我一桩好得多。"

建造商仔细权衡之后，不由得心动了，但他还是与麦凯进行了一番讨价还价。首先，他要收20万美元，其次，要麦凯先替他找两桩生意。建造商的条件比筹集25万美元的资金要容易得多，于是麦凯痛快地答应了他的要求。协议顺利地达成了。麦凯借建造商之力，既节省了一大笔资金，又成功地建好了新的现代化厂房。麦凯的公司从此蒸蒸日上，而他本人也成为世界著名的企业家。

只有真正明白了对方想要的是什么，你才能更好地销售，才能顺利地谈判成功。

第 27 章

善听大于善辩，与客户争辩导致倾听功败垂成

不要和顾客争吵

销售人员永远不要显得比顾客高明，即使是顾客错了，也不要与其争吵。因为，争辩不是销售的目的，销售人员占争论的便宜越多，吃销售的亏就越大。

欧哈瑞现在是纽约某汽车公司的明星销售人员。他怎么成功的？以下是他的说法："如果我现在走进顾客的办公室，而对方说：'什么？怀德卡车？不好！你送我我都不要，我要的是何赛的卡车。'我会说：'老兄，何赛的货色的确不错。买他们的卡车绝对错不了。何赛的车是优良公司的产品，业务员也相当优秀。'"

"这样他就无话可说了，没有争论的余地。如果他说何赛的车子最好，我说不错，他只有住口。他总不能在我同意他的看法后，还说一下午的何赛的车子最好吧。接着我们不再谈何赛，我就开始介绍怀德的优点。"

"而当年若是听到他那种话，我早就气得不行了。我会开始挑何赛的错；我越批评别的车子不好，对方就越说它好；越是辩论，对方就越喜欢我的竞争对手的产品。"

"现在回忆起来，真不知道过去是怎么干销售工作的。花了不少时间在争辩，却没有取得有效的成果。"

一句销售行话是："占争论的便宜越多，吃销售的亏越大。"销售不是向客户辩论、说赢客户。客户要是说不过你，他可以不买你的东西来"赢"你啊。不

能语气生硬地对客户说："你错了"或"连这你也不懂"。这些说法明显地抬高了自己，贬低了客户，会挫伤客户的自尊心。

　　对于那些过于敏感的客户，要尽量避免直接或间接对他们做出可能冒犯的评语，即使如"有点""可能"这类有所保留的语气，都会让他们心乱如麻，因此言谈时慎选你的用词，指出事实就好。尤其要让他们了解你只是针对事情本身提出意见，而不是在对他们做人身攻击。针对他们过度的反应，你不要也跟着乱了阵脚急于辩解，那可能会越描越黑，只要重申事情本身就好。提出意见时也同时指出他们的优点，以及表现出色的地方，以建立他们的自信心。

　　作为一名优秀的销售人员，应具有3~5分钟时间内与一个原本陌生的客户建立一见如故感觉的亲和力。只有交易双方在十分融洽的环境中，双方都不好轻易否定对方从而不让对方说"不"。销售不是口若悬河，让客户没有说话的余地。没有互动，怎么可能掌握客户的需求呢？

　　对于一些"为反对而反对"或"只是想表现自己的看法高人一等"的客户，若是你认真地处理，不但费时，还有可能旁生枝节，客户提出一些反对意见，并不是真的想要获得解决或讨论，你只要面带笑容地同意他就好了。你要让客户满足表达的欲望，然后迅速地引开话题。

　　人有一个通病，不管有理没理，当自己的意见被别人直接反驳时，内心总是不痛快，甚至会被激怒。心理学家指出，用批评的方法不能改变别人，而只会引起反感，批评所引起的愤怒常常引起人际关系的恶化，而被批评者依旧不会得到改善。当客户遭到一位素昧平生的销售人员的正面反驳时，其状况尤甚。不要对客户的反对意见完全否定，不管是否在议论上获胜，都会对客户的自尊造成伤害，如此要成功地商洽是不可能的。屡次正面反驳客户，会让客户恼羞成怒，就算你说得都对，也没有恶意，还是会引起客户的反感，因此，销售人员最好不要开门见山地直接提出反对的意见，要给客户留"面子"。

　　永远不要和客户争辩。因为那样的话，客户会产生抵触情绪。客户不是我们的敌人，而是未来的合作伙伴，销售的目的是为了达到双赢，而不是要辩得对方理屈词穷。人性中都有希望被人肯定的一面，希望通过表达自己的意见达到展示自我价值的目的，我们的客户也一样。人的潜意识里都有需要尊重、理解和表现的心理，所以不要常常把客户的意见当成是恶意的挑剔，也不要与客户展开激烈的争辩。即使需要"辩"也应该是亲和式的交流，让对方在愉快的心情下接受你专业的引导。

不与客户争辩,输赢不重要

我们每个人都知道,"客户就是上帝"。如果你和客户争辩不休,就是对"上帝"的不尊敬。永远不要和客户争辩对与错!这是一个很简单的真理。

世界上的人形形色色,客户也是一样,所以销售人员和客户之间常常出现矛盾或者争执。这个时候,千万不要和客户力争输赢,更不可以怠慢或者谩骂你的客户!

你可能会说,我当然不会有意找客户的麻烦,但是如果遇到蛮不讲理或者无理取闹的客户怎么办?

在任何情况下,都不要与客户进行争辩,就算你真的在争执中胜了客户,可是结果呢?你得到的结果却是生意的终止。这就好比一对恋人发生口角,如果一味地争个对与错,高与低,伤了对方的同时,自己也会受伤。一旦这种情况发生,就没有实际上的"赢"与"输"了,剩下的只有"双输"了。

释迦牟尼说过:"恨永远无法止恨,只有爱可以止恨!"误会不可能通过争辩来解决,而是需要一定的包容和谅解来解决的。面对争执,我们首先应该做的就是肯定对方,其次,用类似"但是—可是—然而"等词作一转折,将对方的思维引导到我们需要的道路上来……这样,对方就可以自己想通问题,结果当然是"双赢"!

作为销售人员,无论何时都不要忘记:在与客户的争辩中,无论你胜与负都是负。如果你在争辩中失败了,那你是真的败了,如果你胜了,却把对方的意见指责批得体无完肤,甚至是凌驾于客户之上,那结果仍然还是失败。一个真正成功的销售人员,是绝不会与自己的客户进行争辩的,即使是最细小的争执也要避免——要知道,人类的思想,可不是那么容易改变的。

一个成大事的人,绝不会与人处处计较,以耗费自己的时间和精力为代价,和他们进行毫无结果的辩论和争执。争执不单单是某一方受伤,最终的结果往往是两败俱伤。

任何时候都不要试图和客户一争高低,否则,你输了是输了,赢了也是输了!与客户的争辩中,无论你是输还是赢,最终总是输给客户!

善听比善辩更重要

倾听是一种礼貌，是一种尊敬讲话者的表现，是对讲话者的一种高度的赞美，更是对讲话者最好的恭维。倾听能使对方喜欢你，信赖你。

倾听是销售的好方法之一，销售员通过倾听能够获得客户更多的认同。你可以从以下3个方面锻炼你的倾听技巧。

1. 培养积极的倾听技巧

站在客户的立场专注倾听客户的需求、目标，适时地向客户确认你了解的是不是就是他想表达的，这种诚挚专注的态度能激起客户讲出他更多内心的想法。

2. 让客户把话说完，并记下重点

记住你是来满足客户需求的，你是来带给客户利益的，让你的客户充分表达他的状况以后，你才能正确地满足他的需求，就如医生要听了病人叙述自己的病情后，才开始诊断。

3. 掌握客户真正的想法

客户有客户的立场，他也许不会把真正的想法告诉你，他也许会用借口或不实的理由搪塞，或为了达到其他的目的而声东击西，或别有隐情不便言明。因此你必须尽可能地听出客户真正的想法。

掌握客户内心真正的想法，不是一件容易的事情，你最好在听客户谈话时，自问下列的问题：客户说的是什么？它代表什么意思？他说的是一个事实，还是一个意见？他为什么要这样说？他这样说的目的是什么？从他的谈话中，我能知道他的需求是什么吗？从他的谈话中，我能知道他希望的购买条件吗？

你若能随时注意上述3点，相信你必定能成为一位善听者。

微笑应对抱怨，切莫争辩

顾客始终正确，这是个非常重要的观念，有了这种观念，就会有平和的心态来处理顾客的抱怨。应该认识到，有抱怨和不满的顾客是对企业仍有期望的顾客，对于顾客抱怨行为应该给予肯定、鼓励和感谢，并且尽可能地满足顾客的要求。顾客与企业的沟通中，因为存在沟通的障碍而产生误解，即便如此，决不能与顾客进行争辩，那样的话会失去顾客与生意。

当顾客投诉或抱怨时，不要忽略任何一个问题，因为每个问题都可能有一些深层次的原因。顾客抱怨不仅可以增进企业与顾客之间的沟通，而且可以诊断企业内部经营与管理所存在的问题，利用顾客的投诉与抱怨来发现企业需要改进的领域。

比如，一个顾客在某商场购物，对于他购买的产品基本满意，但是他发现了一个小问题，提出来替换，但是售货员不太礼貌地拒绝了他，这时他开始抱怨，投诉产品质量。但是事实上，他的抱怨中，更多的是售货员服务态度问题，而不是产品质量问题。

对于顾客的抱怨应该及时正确地处理，拖延时间，只会使顾客的抱怨变得越来越强烈，顾客感到自己没有受到足够的重视。例如，顾客抱怨产品质量不好，企业通过调查研究，发现主要原因在于顾客的使用不当，这时应及时地通知顾客维修产品，告诉顾客正确的使用方法，而不能简单地认为与企业无关，不予理睬，虽然企业没有责任，这样也会失去顾客。如果经过调查，发现产品确实存在问题，应该给予赔偿，尽快告诉顾客处理的结果。

对于顾客的抱怨与解决情况，要做好记录，并且应定期总结。在处理顾客抱怨中发现问题，对产品质量问题，应该及时通知生产方；对服务态度与技巧问题，应该向管理部门提出，加强教育与培训。处理完顾客的抱怨之后，应与顾客积极沟通，了解顾客对于企业处理的态度和看法，增加顾客对企业的忠诚度。

企业员工在处理顾客的抱怨时，除了依据顾客处理的一般程序之外，要注意与顾客的沟通，改善与顾客的关系。对于顾客的抱怨要有平常心态，顾客抱怨时常常都带有情绪或者比较冲动，作为企业的员工应该体谅顾客的心情，以平常心对待顾客的过激行为，不要把个人的情绪变化带到抱怨的处理之中。

俗话说"伸手不打笑脸人"，员工真诚的微笑能化解顾客坏情绪，满怀怨气的顾客在面对春风般温暖的微笑中会不自觉地减少怨气，与企业友好合作，达到双方满意的结果。

在处理顾客的抱怨时，应站在顾客的立场思考问题，"假设自己遭遇顾客的情形，将会怎么样做呢？这样能体会到顾客的真正感受，找到有效的方法来解决问题。大部分情况下，抱怨的顾客需要忠实的听者，喋喋不休的解释只会使顾客的情绪更差。面对顾客的抱怨，员工应掌握好聆听的技巧，从顾客的抱怨中找出顾客抱怨的真正原因以及顾客对于抱怨期望的结果。

聆听顾客抱怨时，积极运用非语言的沟通，促进对顾客的了解。比如，注意用眼神关注顾客，使他感觉到受到重视；在他讲述的过程中，不时点头，表示肯定与支持。

这些都鼓励顾客表达自己真实的意愿，并且让顾客感到自己受到了重视。当不是自己的过错时，人们不愿意道歉。为使顾客的情绪更加平静，即使顾客是错的，但道歉总是对的，一定要为顾客情绪上受的伤害表示歉意。顾客不完全是对的，但顾客就是顾客，他永远都是第一位的。

一定要发自内心地向顾客表示歉意，不能口是心非、皮笑肉不笑，否则就会让顾客觉得你是在敷衍他，自己被玩弄。当然，也不能一味地使用道歉的字眼儿来搪塞。

当道歉时，最大的诱惑之一就是说"我很抱歉，但是……"这个"但是"否定了前面说过的话，使道歉的效果大打折扣。差错的原因通常与内部管理有关，顾客并不想知晓。最经典的例子是，当一家餐厅说到"我很抱歉，但是我们太忙了"，"谁在乎？"之类的话时，往往会被人认为是在推卸责任。

要为情形道歉，而不是去责备谁。即使在问题的归属上还不是很明确，需要进一步认定责任承担者时，也要首先向顾客表示歉意，但要注意，不要让顾客误以为公司卖场已完全承认是自己的错误，我们只是为情形而道歉。例如可以用这样的语言：

"让您不方便，对不起。"

"给您添了麻烦，非常抱歉。"

这样道歉既有助于平息顾客的愤怒，又没有承担可导致顾客误解的具体责任。要用自己最真诚的微笑去面对顾客的抱怨，切实地去处理问题，服务人员的存在完全是为了服务顾客，因此，企业和服务人员都有责任和义务帮助顾客消除他的抱怨，使顾客重新感到满意。在面对抱怨的同时，服务人员尤其不要慌张，要很冷静、很有自信地处理问题，坚信问题能够得到圆满的解决。

第28章

沉默是金，客户的语言在静静倾听中哗哗流淌

沉默比夸夸其谈更有力量

大多数销售人员都因为一心急于说服客户，改变客户的想法，一逮着机会，就滔滔不绝说个没完，丝毫不留给客户表达自己想法的机会。本案例中的销售人员就是犯了这个错误。事实上，真正想要让客户心悦诚服地接受你的产品，最好的方法就是要让客户充分地表达自己的想法。

在客户娓娓细说自己的想法时，即使你对他的观点颇不认同，也应该抑制住自己心中的冲动，万万不能半途插嘴，打断客户的话。毕竟，此时此刻客户真正关心的并不是你的想法如何，而是要一心一意将自己的想法毫无保留地表达出来。销售人员大唱独角戏，只会把客户赶走。

有些销售人员知道的不多，说的却比谁都多。王婆卖瓜，自卖自夸。有一次，通用电气公司的副总裁说："我们在总公司的会议上投票表决销售人员为什么会失去推销机会，结果75%的人认为原因是销售人员说得太多。"

"多言之客以耳闻，少言之客以口问。"销售人员与客户面谈时要多用耳朵听，用嘴巴问，切忌喋喋不休。

一个工厂生意清淡，工厂主想改行，于是打算变卖自己的旧器材。他心想："这些机器磨损得很厉害了，能卖多少算多少吧，能卖到4万元最好了，如果别人压价压得狠，3万元我也咬牙卖了。"

终于来了一位买主，他在看完机器后，从剥落的油漆说到老化的性能，再到缓慢的速度，挑三拣四地说了一大通，几乎没有停过。工厂主知道这是压价的前奏，于是耐着性子听对方滔滔不绝的埋怨。

买主终于转入正题："说实话，我不想买，但要是你的价格合理，我可以考虑一下，你说个最低价吧！"

工厂主静静地思索着：忍痛卖了还是不卖？就在他沉默的那3秒钟里，他听到了一句话："不管你想着怎么提价，首先要说明的是，我最多给你6万元，这是我出的最高价。"

沉默是推销行业里广为人知的规则之一。作为一个销售员，在与客户谈判时，要善于保持沉默，因为沉默可以给对方和自己留有余地。

有一次，贝德加去拜访颇有名气的家具批发商乔治·戴蒙先生。在6小时的商谈中，贝德加说话的时间竟不到5分钟。

贝德加第二次约见戴蒙时，特别安排在午餐后，会谈从下午2点开始，然而，当戴蒙的司机在6点来敲门时，他们仍谈性正浓。

在这两次拜访中，贝德加实际上只用了30分钟介绍保险，却花了9个小时聆听这位老先生冒险刺激的实业家生涯。从自己如何白手起家，如何闯出一番大事业，却在50岁时因合伙人负债而破产，以及他如何经过不断的努力才东山再起，获得了不凡的事业成就。似乎已多年没有人愿意花那么长的时间，听这位老人细数陈年往事，戴蒙显得很兴奋，在他倾诉时，眼睛中流露着少有的感情。

乔治从头至尾仔细聆听他的故事。最后，为了保护他的事业，戴蒙为他的儿子投了10万元的寿险。

如果销售员非常留意且欣赏客户的谈话内容，会使客户感觉受到尊重，推销自然也能水到渠成。

多用耳朵，少用嘴巴

一天，纽约的一位成衣制造商赖特打电话给他投保的保险公司，要求停保他那笔10 000元的保险。这张保单在当时的现金价值只有5 000元，他却要公司付现，好几名业务员都建议他继续保下去，可是赖特退保的态度依然很坚决。

这时，业务经理正与朋友高登聊天，一名销售人员进来请他签下付给赖特的5 000元现金支票。

他一边签支票，一边摇头说："这些纽约保户，真拿他们没办法，既顽固又不讲理。"

高登问道："到底出了什么事？"

"这位老兄真是个麻烦的家伙，他大吵大闹地要把保单退掉，坚持把现金收回去。"

"我明天要去纽约，顺便给您送去这张支票如何？"

"老兄，您这是在给自己找麻烦呀！他在电话里的口气就好像要杀掉我似的。不过，如果您要代送这张支票，我们当然求之不得。只是给您一句忠告：不必浪费时间去说服他。"

高登当即打电话给赖特，几经交涉之后，终于谈妥了见面的时间。

高登来到赖特家，他前脚刚踏进客厅，赖特就伸手要支票，并大声说道："你们这些人就是这个样子，谈、谈、谈，不停地谈。你知道我等这一笔钱，等得有多急吗？我告诉你，我已经等了三个星期啦！我没有时间跟你穷磨蹭。"

接着，赖特开始大骂以前所有来过的销售人员，就连高登也被一起骂了进去。高登仔仔细细地听着，有时候甚至还点头附和。高登的表现终于让愤怒中的赖特渐渐平息下来。高登意识到赖特的确是急于用钱，他必然有财务上的问题，所以才需要这一大笔现金。

高登说："赖特先生，我完全同意您的看法，实在抱歉，我们没能提供最好的服务。我公司实在应该在接到您的电话后24小时内，就把支票送来。可是有一点我不得不说明的是，在这时候如果您停保，那对您将是个很大的损失。我可以花几分钟的时间，告诉您该怎么做才两全其美吗？这是您要的钱，请收下！"

赖特仍愤愤不平地说："你说得不错。我要退保，就是为了要拿到这5 000块钱周转我的资金。你们公司就是不能爽爽快快地把钱退还我。哼！既然支票已经拿来了，你可以走了。"

可是高登不但没有转身就走，竟还提出一个让赖特大吃一惊的建议。

"您只要给我5分钟的时间，我就告诉您如何不必退保，而且还能拿到5 000块钱。"

"别使诈！你们这些人休想再骗我！"赖特嘴上虽然这么说，但是脸上已露出好奇的表情。他开口问道："你的那套把戏又是什么？"

高登便耐心地对他说："如果您把保单做抵押向本公司借5 000块钱的话，所付的利息也只有5%而已，而且利息支出可以抵销税费。假如您所付的税率是5%，那真正的利息只有2.5%，所以您大可以留下这张保单。何况在这种情况下，如果您发生什么意外的话，我公司仍然付5 000块赔偿金给您的家庭。这样您不但可以拿到钱救急,还可以拥有您的保险。"

赖特倒不失为一个拿得起放得下的人。他说:"我从来搞不懂你们那些规定到底是怎么一回事,不过这会儿我倒很愿意照您的建议去做。"

高登耐心地倾听最终为公司挽回了一份保单。

但是,高登并不以此为满足。两个月以后,高登再次拜访赖特。这一次,高登竟然卖给赖特一份20万元的保险,以及两份抵押保险和一份意外险。这一切都是高登花时间去倾听保户的诉说而换来的。

一个成功的推销员需要花时间听客户发表意见。因此销售员在准备会谈内容的时候,不妨多设计一些问话来让客户说话,而不是从头至尾都是自己在唱独角戏。

轻松诙谐的自嘲也是一种幽默

我们说雄辩是银,又说沉默是金。这是销售人员应因人、因事、因时做出灵活多变的反应能力,以同一种型号的钥匙去开启同一型号的锁。在销售中,自嘲往往具有奇妙的作用,它是机智应变语言的重要内容之一。

所谓自嘲,即自我嘲弄。然而,醉翁之意不在酒,表面上是嘲弄自己,而潜台词却另有韵味。因此,自嘲在交谈中具有特殊的表达功能和使用价值。在谈判中,对方往往会提出不合理的要求,或者故意出难题刁难。如果你明言拒绝,可能会让人难堪,也可能会激怒对方,使谈判进入僵化状态。而运用自嘲,委婉拒绝,既表达了自己的拒绝意图,又会使对方乐于接受。

有一次,林肯在某个报纸编辑大会上发言,指出自己不是一个编辑,所以他出席这次会议,是很不相称的。为了说明他最好不出席这次会议的理由,他给大家讲了一个小故事:

有一次,我在森林中遇到了一个骑马的妇女,我停下来让路,可是她也停了下来,目不转睛地盯着我的面孔看。

她说:"我现在才相信你是我见到过的最丑的人。"

我说:"你大概讲对了,但是我又有什么办法呢?"

她说:"当然你生就这副丑相是没有办法改变的,但你还是可以待在家里不要出来嘛!"

大家为林肯幽默的自嘲而哑然失笑。

在谈判中,当对方有意无意地触犯了你,把你置于尴尬境地时,借助自嘲摆脱窘境,是一种恰当的选择。

20世纪50年代初,美国总统杜鲁门会见十分傲慢的麦克阿瑟将军。会见中,麦克阿瑟拿出烟斗,装上烟丝,把烟斗叼在嘴里,取下火柴。当他准备划燃火柴时,才停下来,对杜鲁门说:"我抽烟,你不会介意吧?"

显然,这不是真心征求意见,在他已经做好抽烟准备的情况下,如果对方说他介意,那就会显得粗鲁和霸道。

这种缺少礼貌的傲慢言行使杜鲁门有些难堪。然而,他看了麦克阿瑟一眼,自嘲道:"抽吧,将军,别人喷到我脸上的烟雾,要比喷在任何一个美国人脸上的烟雾都多。"

由此可见,当令人难堪的事实已经发生,运用自嘲能使你的自尊心通过自我排解的方式受到保护,并且,还能体现出说话者的大度胸怀。

有一位作家是位有名的辩才。在文坛会议上,如果是其他人发言,台下通常显得十分嘈杂,但只要他一开口,会场必定会鸦雀无声。某次他在会议中被请上台发言,上台后他却一言不发,待全场安静之后,他才抓住机会说了句话:

"到底是哪些家伙吵得很哪!静一静吧!"听众一听马上就被他滑稽的表情吸引住。

在这位作家的演讲会场上,若是台下听众有吵闹声,他便故意将音量放低,或故意不出声,那些听众反而会想"他到底在说些什么"或"他为什么不说话"而将注意力集中过来。相反,听众声音越吵,你的声音也更大,即使你口沫横飞,听众也无动于衷。

同样的道理,当一对一时也是如此。如果一方拼命在高谈阔论,而对方却毫无反应,或在看报纸爱听不听时,你越是拼命说,越是收不到效果,而一定要使用技巧,巧妙地使对方居于下风,他才会听你说话,若是你不改变方式,对方就会一直将你的话当耳边风,渐渐变得更为冷淡。

在说话过程中,你不妨突然把音量放低,或是沉默下来,这样客户反会洗耳恭听。

第29章

会倾听
能让客户的抱怨烟消云散

尊重客户,倾听抱怨,真心安慰

客户抱怨的主要原因是产品问题和服务问题。对抱怨的客户采取有效的策略如耐心倾听、诚恳交谈、迅速处理、总结分析、提高产品和服务质量等,可以化解客户的怨气并为你赢得更多信誉。

李先生在他订的酸牛奶中发现了一小块玻璃碎片,于是他愤怒地前往牛奶公司去投诉。

李先生冲进牛奶公司的总经理办公室,怒斥道:"你们哪里是牛奶公司,简直是要命公司!只顾着自己多拿奖金,都掉进钱眼里了!你们把我们消费者的生死都置之度外,没有一点社会责任感!典型的奸商!"

经理听到这些话,并没有过激地表示,他说道:"先生,究竟发生了什么事情,请您告诉我,好吗?"

"你看看,这就是你们干的好事!牛奶里喝出了玻璃碎片,如果出了什么事,你们这就是谋杀!"说完,李先生把一瓶牛奶用力地放在办公桌上。

经理拿起牛奶瓶一看,说道:"怎么会搞成这样!人吃了这东西是会要命的,要是把这东西吃到肚子里去,后果不堪设想!"他立即拉住李先生的手,"请您快告诉我,您家人有没有误吞玻璃片,或者被它划破口腔,我现在就送他们到医院治疗。"

听经理这么说，李先生的火气显然消了些，并表示没有人受伤。

经理这才放心了，擦擦汗珠。然后对李先生表示歉意，并愿意赔偿李先生的损失。同时表态，以后将杜绝这种事情的发生。最终，李先生的火气全消了，满意地离去。

在很多时候，客户的投诉并不是什么坏事。他们因为产品的问题做出失望、泄气、发怒、烦恼等表现，是因为他们之前对产品抱有信心。当产品出现问题时，他们看重的可能不是问题解决的方法，而是公司或者销售人员对他们投诉的态度。如果销售人员能够尊重他们，认真倾听他们的抱怨，并适当做一些安慰和劝说，很多问题就迎刃而解了。

多年前，纽约电话公司不得不想办法去安抚一位曾凶言恶语咒骂接线员的客户。例如，客户会歇斯底里地威胁说："我要毁掉你们的电话线路。我不仅不会支付你们费用，我还要揭露你们，因为那是不合理的。"

客户果然说到做到，他不仅写信给报社，去公众服务委员会投诉，而且多次向法院起诉这家电话公司。最后，公司派了一名经验丰富的公关调解员前往客户家中交涉。

调解员来到客户家中，礼貌地说："您好，我是电话公司的，请问我能为您做些什么？"

客户一听说调解员的身份，气就不打一处来。立马破口大骂，说出了很多难听的话。

调解员并没有开口，无论对方说什么，他都静静地听着。他不仅认真地倾听着，还不断地点头称是，对客户的"冤屈"表示同情。

在第一次拜访中，客户毫无顾忌地说了许多难听的话，调解员静静地听了将近3个小时。以后他又多次去客户那里，同样是静静地听对方诉说。

在第四次拜访即将结束时，调解员已经是这位客户正在创办的一个组织的主要会员了。客户自己将这个组织称为"电话用户权益保障会"。然而，直到现在，这名调解员依然是这个组织的唯一会员。

在这几次拜访中，调解员始终都在倾听客户的谈话，并且赞同他所谈的每一件事，这使得客户变得几乎友善起来。在前三次拜访中，调解员并没有提到自己的目的。直到第四次，他使这件事情有了完美的结局。客户付清了所有的欠费，并主动撤销了他向公众服务委员会的投诉。

显然，这位客户自认为是在为公益而战，是在保障公众的权利，但他实际上是在追求一种自重感。他通过挑剔和抱怨得到的这种自重感，一旦从电话公司的代表那里得到满足，他所有的抱怨也就立即消失了。

这就是倾听的力量。只要让客户说出他们心中的抱怨，并对他们的经历表示同情，你就可以赢得他们的心。所以，如果你想接近客户，让客户喜欢你，就请记住这项原则：学会倾听，做一个善于倾听客户抱怨的销售人员。

用心倾听可以平息客户的怒气

张先生在一家百货公司里买了一套西服，但是因为上衣褪色，导致他的衬衫领子都染黑了。于是，张先生将这套西服带回百货公司，找到卖给他西服的销售人员，并说明有关情况。可是话还没有说完，就被销售人员打断了。

销售人员反驳说："这种衣服我们已经卖出了好几千套，这还是第一次有人来挑毛病。"

销售人员的态度让人难以接受。他那充满火药味的话好像在责怪张先生是在故意找茬。两个人正在吵得不可开交的时候，另一名销售人员也加了进来。他说："所有的黑色衣服起初都会褪颜色的，那是很自然的事。这种价格的衣服，都会褪色的，那是颜料的关系。"

张先生马上意识到：第一名销售人员怀疑他的诚实，而第二名销售人民却暗示他买了一套劣质货。这时候，张先生再也不能忍受了。正要教训他们时，销售部的经理走了过来。经理制止了争吵，要张先生说明缘由。他静静地听张先生从头至尾讲了一遍事情的经过，没有插一句话。接着，经理又站在张先生的立场，与那两名销售人员辩论。他不仅指出张先生的领子显然是被西服弄脏的，并且坚持说不能让客户满意的产品，他们就不应该出售。

最后，他坦率地对张先生说："您希望我如何处理这套衣服？您说什么我们都可以照办。"

张先生几分钟以前还想着无论如何也要退掉衣服，但他现在却回答说："我只想听听你的意见。我想知道这种情况是否是暂时的，或者有没有什么办法可以解决。"

听了张先生的话，经理建议他将这套衣服再试穿一个星期。经理说："如果到那时候您仍不满意的话，我们一定会给您换一套您满意的。给您添麻烦了，我们感到非常抱歉。"

张先生听了经理的话，满意地走出了百货公司。一星期后，那套衣服再也没有什么毛病，张先生也完全恢复了对百货公司的信任。

其实，经理成功的关键在于，他能够认真地倾听张先生的不满。

可见，善于倾听起到了无形中褒奖对方的作用，仔细认真地倾听对方的谈话是尊重对方的表现，能够耐心地听对方诉说，就等于告诉对方"您说的东西很有价值""您是一个值得我结交的朋友"，对方的自尊心得到了满足，你们之间的交流也会因此变得格外顺畅。

当客户表现出不满时，企业应该迅速去了解客户的心理，这就要求销售人员学会倾听、安抚和平息客户怒火的技巧。

以诚恳、专注的态度听取客户对产品和服务的不满。在这个过程中，销售人员要专注于客户，使客户感到企业对他们的意见非常重视，必要时销售人员还应在倾听时拿笔记下客户所说的重点。这些虽不能彻底安抚客户，却可以平息客户的怒火，防止事态进一步恶化。

国内某空调厂家在接受客户投诉时，两名接待人员在客户陈述的过程中聊起了"足球"，导致客户更加不满。客户认为厂家对消费者漠不关心，一怒之下将事情在媒体上曝光，使得厂家的产品再也无法打入市场。

确认自己理解的事实是否与客户所说的一致，并站在客户的立场上替客户考虑，不可心存偏见。每个人有每个人的价值观和审美观，很可能对客户来讲非常重要的事情，而你却感到无所谓。因此，你的认识与客户所述的内容可能会有偏差。这时，你一定要站在客户的立场上替客户考虑，同时将听到的内容简单地复述一遍，以确认自己能够正确把握客户的真实想法。

要让别人赞同自己的观点，争辩是毫无意义的，重要的是要掌握微妙的倾听技巧。在销售过程中，你的倾听能使客户觉得他受到了重视，从而有效地拉近你与客户的距离，并让客户对你产生一种信赖感，这有利于顺利地解决你与客户的争端。

让客户高兴起来——巧妙处理客户异议

虽然客户的异议并不让人感到愉快，但如果销售人员理解异议的必然性，心境也许就会平和许多。销售的过程本就是一个从"异议—同意—异议"的循环过程，每一次交易都是一次"同意"的达成，而合作必然会带来新的问题和额外的要求，这就是异议。

客户的异议，其实说明了他的兴趣、关注和顾虑，寻找其背后的原因将有利于销售人员知道解决问题的关键点所在，从而制定相应的策略。产生异议的原因通常有如下三种：

1. 理性因素

通常客户会基于本身的经济状况、使用情况和对同类产品及技术的了解而表达对产品的不认可，如不合适、价格过高等。但更多的时候，是因为信息不充分或缺乏经验而产生错误的理解，这时候销售人员能否提出真实有说服力的解释就尤为重要。

2. 情感因素

很多异议都是出于情感和心理上的不满和恐惧，如客户会在采购过程中在乎别人（特别是上级和同事）的看法，同时也会考虑到是否影响在下属心目中的威望。如果客户所在组织正处于动荡期或其本身地位不稳固，这时会对一些意想不到的风险和麻烦特别敏感。

3. 策略性原因

客户也会寻找不存在的缺陷或扩大小的不足来进行策略性的试探，增加自己手中的砝码，最常见就是寻求价格上的减让和在谈判中争取主动。面对异议时心情急躁、不舒服是正常的，但显然应调整态度让客户感觉你"明白并尊重他的异议"。因为只有客户感到被尊重，异议被重视，相信你会全力解决问题的时候才会和你交流，说出心里话，并提供更多的资料。诚挚地倾听和热情地回应是良好态度的要件。

销售人员可以从几个方面来表明诚意：

勇于承担："是我们的责任……""这是我的错……"；

站在客户的立场："您这样考虑是很正常的，不过……"；

保证马上行动："我这就给经理打电话""我一回去就……"；

说明答复或解决问题的时间："最迟明天下午四点钟前我会给您满意的答复"。

即使是面对一些无理取闹、情绪化的异议——"这个包装太难看了""你们公司太小气了吧"，或者客户提出的反对意见和眼前的交易扯不上直接的关系，并不是真的想要获得解决或讨论时，销售人员也需要面带笑容地同意。对于一些"为反对而反对"或"只是想表现自己的看法高人一等"的客户意见，销售人员只须以诚恳的态度对待，迅速引开话题就行了。如：微笑点头，表示"同意""在听您的话"，或者说"您真幽默""嗯！真是高见！"

此外，掌握一些处理客户异议的一些技巧，也是非常必要的。

1. 坦诚面对缺点

在"坦率但不草率"的基础上，努力淡化客户对产品缺点的注意和在意程度，具体的做法是：表示了解该缺点——把焦点转移到总体利益上—重提前面讨论中客户已接受的利益，淡化缺点——询问是否接受。一般来说，销售人员可以通过以下方法来淡化缺点：

（1）突出客户最优先需要的利益。

（2）指出产品更高质量要求代表着更高的代价，牺牲产品的某些质量换取的是低廉的价格。

（3）突出竞争对手不能提供的利益。

例如：客户说："你们产品价格太高了。"销售人员："价格是有点高，但一分钱一分货，我们的质量也是最好的。对于贵公司来说，性能的稳定性不是更重要吗？"

客户抱怨："这款手机功能真是强大，设计很新颖，可惜体积大了一点。"

销售人员："您说的很有道理，确实大了一点。但强大的功能肯定需要更多的硬件配置，至少屏幕就需要大一倍，如果太小，您使用就不方便了。"

2. 太极法

太极法取自于太极拳中的借力使力，就是你一出招我就顺势接招再返招的办法。太极法的基本做法是，当客户提出一些不购买的异议时，这正是销售人员认为您要购买的理由，也就是销售人员能立刻把客户的反对意见直接转换成他必须购买的理由。这就是借力使力的太极法。

太极法处理的异议多半是客户不十分坚定的异议，特别是客户的一些借口，太极法最大的目的就是让销售人员能够借处理异议的机会，引起客户购买的注意。例如：

一个经销店的老板说："你们这个企业都把太多的钱花在广告上，为什么不把这个钱省下来，作为我们进货的折扣，让我们多一点利润那多好呀。"

销售人员却说："就是因为我们投下了大量的广告费用，客户才会被吸引到指定的地方去购买我们的品牌。这不但能够节省您销售时间，同时能够顺便也销售其他商品，您的总利润还是扩大的吧？"

3. 补偿法

补偿法，也就是当客户提出他的一种反对或异议的意见时，有事实根据的，你应该承认并且欣然接受，强力地否认事实是不智的行动。千万不要去否认，你要给客户一个补偿，让他感觉到心理的平衡，也就是让他产生一种感觉，这种感觉是产品的价格跟销售是一致的感觉，价格与销售价值、这个售价是一致的。给他的感觉就是产品的优点对客户是重要的，产品没有缺点对客户而言是较不重要的。世界上本来就没有十全十美的产品，当然要求产品的优点越多越好，但这不

是真正影响客户购买与否的关键。事实上它的优点不是特别多,也就是说补偿的方法就是能够有效地弥补产品本身的弱点。例如:

客户说:"你这个皮包设计的颜色非常好,令人耳目一新,可惜啊这个皮子品质不是最好的。"

销售人员说:"先生,您真的眼力特别好,这个皮料啊,的确不是最好的,若选最好的皮料的话,这个价格可能就要比现在这个价格高出好几倍呢。"

4. 微笑地反驳法

我们已经特别强调,不要直接反驳顾客,否则容易陷入与客户的争辩,往往事后会懊恼。所以,即使有些情况你必须使用直接反驳法时也一定注意直接反驳的技巧,态度要诚恳,要对事不对人。千万不要伤了客户的自尊心,要让客户感觉到你是专业和敬业的。同时,在反驳客户时,必须始终面带微笑,让客户感觉到你是真诚地、礼貌地对待他,尽可能地取得他的谅解。例如:

客户买房子时说:"你这个公共设施占总面积太大了吧。"

"您大概有所误解,这次推出来的花园楼房公共设施占总面积的18%,一般大厦占的是19%以上,我们比那些还要低呢。"销售员微笑地说。

客户说:"你们企业的售后服务风气不好,电话报修总是姗姗来迟。"

销售人员仍然微笑地说:"您说的一定是个别现象,有这种情况发生我们感到非常遗憾,我们企业的经营理念就是服务第一,企业在全省各地都有售后服务部,我们都是以最快的速度来为客户服务,以实现电话叫修的承诺。"

在客户的抱怨中让自己学会倾听

父亲欲对一对孪生兄弟作"性格改造",因为其中一个过分乐观,而另一个则过分悲观。一天,他买了许多色泽鲜艳的新玩具给悲观孩子,又把乐观孩子送进了一间堆满马粪的车房里。

第二天清晨,父亲看到悲观孩子正泣不成声,便问:"为什么不玩那些玩具呢?"

"玩了就会坏的。"孩子仍在哭泣。

父亲叹了口气,走进车房,却发现那乐观孩子正兴高采烈地在马粪里掏着什么。

"告诉你,爸爸。"那孩子得意洋洋地向父亲宣称,"我想马粪堆里一定还藏着一匹小马呢!"

乐观者在每次危难中都看到了机会，而悲观的人在每个机会中都看到了危难。不同的销售人员对待客户抱怨的心态也是不同，正如同上面的故事一样，悲观的人对客户的抱怨的态度就会比较消极，甚至于抱怨公司的产品、客户的挑剔、同事的拖拉，等等。而乐观的人就会从客户的抱怨中发现商机，挖掘到属于自己的"宝马"。

海尔集团在国内市场制胜的法宝就是，把产品开发建构在用户回馈之上，而并不单纯依赖市场调查。所以，海尔在海外的产品定位策略很难简单地归结为面向低端或高端市场，而是竭力导向成为同消费者最贴心的企业。例如，海尔销售人员亲临美国的学校宿舍，观察大学生们是如何使用冰箱的。大学生们抱怨宿舍空间太小，冰箱的存在让狭小的空间更为拥挤。在拥挤的空间内，学生们在两台冰箱之间架起一块板子充当临时书桌。对于客户们的抱怨，海尔的销售人员迅速做出回应，回到公司后专门提交了一份冰箱的改革建议，公司采纳后专门设计了可以用作折叠式电脑桌的小冰箱，给了这些学生客户意想不到的惊喜，在学校里畅销一时。

广义上说，创新可分为两种：技术推动式与用户拉动式。前一种是在领先研究的基础上推出新产品，这种方式的成本比较高，许多企业在发展时都无法负担这种高成本的产品。后一种则是在不依赖于专门的科学突破的情况下，通过与客户互动，发现解决客户问题的办法。这种成本相对较低，而且与客户互动，让客户参与公司的产品创新，会给客户一种成就感，这类客户往往会成为企业的忠实客户。

2004年元月底，张云推销出了他这个月的第200台电暖器。客户是一个坐在轮椅上的残疾人，当时对产品相当满意。可是第二天，他便怒气冲冲地打电话给张云，不停地抱怨电暖器"耗电量大、加热慢、不保温"等等。张云以坚定地口吻回答道："请您稍等，我立即来处理。"张云迅速地赶到他家，先仔细检查了电暖器，确定不是产品质量问题后，便很专注地聆听客户的抱怨，态度十分谦逊温和。原来，由于客户行动不便，一直是坐着轮椅在房间内走动。电暖器摆在客厅，他要想取暖就必须坐到客厅里，而当他想回卧室或书房时，就无法使用电暖器了。移动电暖器，对健康人而言不是什么难事，但对他来说就很难做到。张云找到了问题的症结后，立即回到公司，找到生产部门请他们在电暖器底部加上几个滑轮，这样移动电暖器就只需轻轻一推了。当第二天张云拿着装了滑轮的电暖器出现在客户面前时，客户十分惊讶，继而感动得泪花盈眶。张云此举不但赢得了顾客的心，而且还为公司开发了一种新产品——带滑轮的电暖器。这种新式的电暖器一投入市场，便一销而空，给公司带来了巨大的利润。

那么，在处理客户投诉的过程中有什么技巧或原则吗？当然有。

原则一：不要人为地给客户下判断。

客户是因为信赖你，觉得你可以为他解决问题才向你求助的。

原则二：换位思考，站在客户的立场上看问题。

如果你晚上睡不着，你是怨恨自己吗？你会说床不好，或者是环境太吵闹或者其他。你的顾客也一样，你只是他们的发泄对象，并不是你得罪了他们。

原则三：坚持以下的利益原则，让公司赚钱，不赚不赔，少赔为赚。

悉心处理客户的抱怨

销售成交后，并不意味着客户对产品百分之百的满意。有的时候，产品经过一段时间使用以后，客户会发现许多地方和购买产品时的想象不完全是一回事，于是，有的客户向你提出抱怨，有的客户会要求维修，有的客户会要求更换产品，有的客户会要求退回产品。不管属于哪种抱怨，你都必须学会娴熟地处理客户的抱怨，否则不但会出现"煮熟了的鸭子飞了"，甚至造成你的声誉扫地。

我们先来看看房主是如何处理房客抱怨的，然后再进一步具体讨论如何处理客户的抱怨。

某楼房自出租后，房主不断地接到房客的投诉。房客说，电梯上下速度太慢，等待时间太长，要求房主迅速更换电梯，否则他们将搬走。

已经装修一新的楼房，如果再更换电梯，成本显然太高；如果不换，万一房子租不出去，更是损失惨重。

房主想出了一个好办法。

几天后，房主并没有更换电梯，可有关电梯的投诉再也没有接到过，剩下的空房子也很快租出去了。

为什么呢？原来，房主在每一层的电梯间外的墙上都安装了很大的穿衣镜，大家的注意力都集中到自己的仪表上，自然感觉不出电梯的上下速度是快了还是慢了。

如何处理顾客的抱怨呢？一般需遵循以下五项原则。

1. 平息顾客的怒气

从心理学讲，愤怒是人处在压力之下的一种常见的反应，有时候愤怒的情绪过于强烈，就会表现出来。在实验室里，动物会因为过度拥挤或得不到想要的东西而变得暴躁不安。人在气急时，很可能把怨气发泄在别人身上，倒霉的往往是无辜的旁人。所以不难理解，尽管顾客的愤怒根本与产品质量无关，有时只是他的心情不佳，便将怨气撒在新买的产品上。

　　对于这种情况，我们可以借鉴中国武术太极推手（利用对方的力气取胜）的原理来处理顾客愤怒。太极推手讲究的是不与对手的力量硬碰硬，而是巧妙地躲开对手的千钧之力。销售人员能运用这种方式来处理顾客发怒的尴尬局面，就会挣脱个人情绪的影响，平心静气地对待愤怒的顾客，圆满地解决问题。但是，平心静气并不是说无动于衷，而是说不要被顾客激怒，要始终保持理智和冷静。

　　如果处理得当，愤怒的人会逐渐平静下来。但是如果有人企图控制他们，或对他们粗暴无礼，他们的脾气会越来越大，不闹个天翻地覆决不会停止。我们当然不希望事情发展到这种地步。最好是运用太极推手的方法，顺着顾客的脾气，转移他们的怒气。

　　平息顾客愤怒的第一步就是耐心地听完顾客的话，不要打断或插话，否则会使已很紧张的局面再度恶化。既然他们有话要说，那就让他们把话说完，不要立刻着手解决问题。如果实在憋不住非要说点什么，最好是顺着顾客的话来说，帮他顺气。

2. 关心顾客

　　面对心烦意乱的顾客生气时，销售人员可以表示对对方很关心。试想，对方在生气，却有人不识相地冲他傻笑，会让他更气愤。然而若对他表示出关心，与他沟通也不难。有一次，一位顾客喝牛奶时发现了一小块玻璃，当时他怒不可遏，立即给上门推销牛奶的销售员打电话："你们难道只顾赚钱，置订户的生命于不顾？""你们考虑过没有，这块玻璃吃到肚子里是会出人命的！"接电话的销售员并没有以牙还牙，与之争辩，而是异常关切地问道："那碎玻璃是否伤着了您？舌头喉咙有没有事？是否现在有必要上医院检查检查？"当得知顾客并没有受伤时，销售人员才转忧为喜地说："那真是不幸中的大幸，要是老人或者小孩子喝到这瓶牛奶，后果就不堪设想啊！"销售员这一番关怀的话语，使顾客心中的怒气一下子消了下去，双方的气氛缓和了许多。于是，顾客给牛奶公司提了一连串的建议，采取什么样的措施防止此类事故的再发生，彼此之间的商讨越来越融洽，最后一场可能爆发的厂方与顾客之间的纠纷得到了圆满解决。

3. 审慎言谈见机行事

　　经验告诉我们，如果能恰如其分地遣词造句和见机行事，就可以跟任何人谈任何事情。在与愤怒的顾客打交道时，这一点尤为重要。

　　让我们来观察一下航空公司的空中服务人员。我们很少看到他们对乘客发号施令，他们不会开口就语气生硬地说"你必须……"，"你一定要……"，而常常和颜悦色地说"我需要……"或"我们需要……"，然后才委婉地说出他们想做什么。乘客憋在狭小的空间里心情本来就很烦躁，他们可不想激怒乘客。通常空中小姐会对乘客说："如果您愿意坐在位子上等候……"等，这种客气话乘客听了感觉非常好。

例如以下这些欠妥的话也会让顾客躲得远远的：

自作聪明地企图猜测顾客的心理："你并不是真的想要那个颜色（尺寸或款式），对吧？"

编理由说服顾客："你大概忘记插电源了。"

跟顾客耍花招，企图以"那有什么"来搪塞顾客："才这样你就觉得很糟！告诉你，上次有个客人也……也没见他像你这样……"

指责顾客："你早就应该知道……"

威胁顾客："要是你不……的话，你的问题会越闹越大。"

诸如此类的话会让顾客觉得很难堪，他们因此而不愿再光顾。

也不要轻易对顾客说"不"，顾客不会买账的。"不，我们今天没办法给你做。"这话会让顾客觉得在拒绝他。"我们可以在明天为您办理这事。"这就好多了。"不，绝对不可能。"这话说得太绝对了，不给顾客一点余地，也就是不给自己余地。而应说："让我想想，有没有办法做到。"说话总要留余地，这样说听起来感觉就好多了。

4. 言行有序转危为安

要消除愤怒的顾客的敌意，就得设法对他们友好，从而使顾客愿意与销售人员合作。伙伴关系能使顾客的不满得到平息，做到这一点就要处理妨碍顾客满意的任何事情。

要想与顾客建立伙伴关系，关键还是在"你一言我一语"的学问中，举例说明如下：

"让我们好好想想，我们该怎么做才能共同解决……"

"我理解您的心情，但我很乐意与您共同努力来解决这个问题……"

"这样吧，我们会为您……"

"如果您这样做……那我也这样做……"

除了使用贴切的字眼之外，还要注意各种有助于和顾客建立伙伴关系的行为，其中包括：

调查："让我们来弄清事情到底是怎么回事。"

建议："我们最好这么做。"

向顾客询问或倾听他们的意见："来吧，跟我说说事情究竟是怎么发生的，我也很想知道。"

分析："别着急，我们可以一步一步慢慢来。"

确认："我这样理解对吗？您看我想的是不是完全正确？"

要想建立伙伴关系，还不能把顾客推给别人撒手不管，除非确有必要。顾客最怕被人推来推去，因为这样每次他都得把事情经过讲一遍。如果必须找别人来解决这个问题，就一定要向顾客保证，自己会再来确认他是否对问题的处理情况感到满意。

5. 以真诚和顾客交朋友

如果目的只是要解决顾客的投诉，那么可以就事论事地解决问题，这种方式也许奏效。但如果想让难缠的顾客成为伙伴，就得表现出人情化的一面。

如果顾客说了什么损人的话，伤了我们的心，可以告诉他们我们很难过。如果不知道下一步该怎么办，就在顾客面前虚心承认："我自己搞糊涂？！我不知道该怎么做。不过我会理清头绪的。"让顾客有机会知道，跟他打交道的也是人，不是机器，也是要讲究情面的。实际上，顾客并不希望我们是万事通，对每件事情都非常精通，但他希望能优先考虑到他。

如果要向顾客道歉，态度一定要真诚。顾客经常觉得对方的致歉毫无诚意，不过是应付他们，这是一种自我防御的本能，要让"对不起"真正发挥作用，就要告诉顾客：企业在管理方面还不到位，请求对方包涵。顾客有什么事可以直接找自己，并向其保证一定尽力。以诚心感动顾客，恳请他们再次惠顾。

倾听顾客的抱怨，让顾客转怒为喜

在销售活动中，客户通常对一些大件商品和高档商品的质量问题担心。客户总是利用辛勤工作，节俭生活，好不容易攒下的钱来购买他们所需要的高档耐用商品，因而如果在购买前或者购买中或者购买后使用时发生的任何一点点质量欠佳事故，得不到妥善解决，都会给客户带来沮丧，甚至抱怨及投诉。针对这种实际情况，销售人员一方面要及时提供商品的质量保证服务，使客户在商品质量出现不尽如人意的问题时，能够及时得到检修或予以退换，这种售后服务可以弥补由于个别质量事故造成的客户抱怨和舆论压力。

某国产名牌鞋专卖店发生过这样一件事：一次一名顾客怒气冲冲地找到店

长，说："我在你们店花300多元买了一双鞋，没穿几天开胶了，要来退，售货员不给办！你们就是说一套做一套，骗完钱了事！整天说什么顾客是上帝，我看就是挂在口头，贴上墙面上的空话！"

店长也很不高兴，情况都没说明白怎么就开始人身攻击了。于是勉强压下火气说："这位先生，我们的保修票据上说得很清楚，开胶了只能修不能退！"

没想到顾客更火了，喊着要去找消费者协会投诉，找媒体曝光你的品牌。店长也不示弱，干脆"据理力争"，最后这位顾客嘴里嚷骂着出了店门。

客户投诉一旦处理不当，会引致不满和纠纷。其实从另一个角度来看，客户投诉是最好的商品情报，销售人员不仅没有理由逃避，而且应该怀抱感激之情欣然前往处理。

同样的面对客户投诉问题，下面这位销售员处理的就比较巧妙。

顾客："怎么回事，刚买的衣服还没穿，底下就有一个小口子，质量这么差，给我换一件好的！"

销售人员："真不好意思，您是我们的老顾客了，只要是衣服的质量问题，我们一定会负责。不过，您带回去的时候并没有这样的状况出现，而且就像您所说的，问题确实属于您在穿着衣服的时候没有注意而导致的，所以这样的问题不属于质量问题。非常抱歉，不过您如果愿意的话，我可以为您马上缝补好，保证和其他的地方看上去一模一样。现在把衣服拿给我处理吧。"

顾客因商品质量出了问题要求换货，销售人员首先应对商品进行检查，如果不是人为原因造成的事故，可以调换；如果是顾客使用不当造成商品损坏，销售人员应视情况而定，能给予修复或补偿的尽量帮助顾客修理完善，这样既避免了调换，也让顾客认为你的售后服务很完善。

在处理和解决顾客投诉时，要态度诚恳、语言婉转；多询问少解释，绝不能争论或辩护，要站在顾客的角度看问题。同时，也要把握好处理原则，为顾客考虑，有问题了为客户解决，但不是企业的责任也不能因此给企业带来更大损失。

处理客户投诉，不仅要找出症结所在，弥补客户需要，同时必须努力恢复客户的信赖。

处理投诉的用语要注意，因为此时客户的情绪一般比较激动。

在处理客户的投诉问题时，一定要把握好以下的原则，否则，就会出现"过犹不及"的局面。

1. 以诚相待但不可轻易许诺

以诚相待是我们的基本态度，粗暴、怠慢只会激化矛盾，扩大事态。但以诚相待，善待客户，并非等于对顾客的任何要求都要满足，一味取悦顾客，只会招致欺骗之嫌。你要相信：如向顾客动之以情、晓之以理，会得到大多数顾客的理解与配合。

2. 客观分析但不可轻下结论

顾客的投诉是多种多样的，一定要区别对待，把握产生投诉的根本原因，用委婉的表达方式阐明自己的观念，这样使顾客觉得你同他是站在同一立场分析、解决问题的，可为处理投诉起到良好的铺垫作用。

3. 适度灵活

在处理顾客投诉时，既要坚持原则又要灵活机动，弹性处理，使两者矛盾统一起来，有些货品的退还和小礼品的赠送，可能有一定的经济损失，但这损失是在预算控制内。为长期赢得顾客，这种近期损失是可以接受的。但过度的灵活，可能失去原则。

4. 分清主次，有的放矢

在处理投诉时，宜粗不宜细，为一些枝节问题而争论不清，只会偏离主题，而且是缺乏冷静、不分主次的表现。正确的做法是耐心倾听顾客投诉，抓住问题的要害，采取有效的措施加以解决。不要在没搞清顾客有什么要求的前提下，侃侃而谈，将自己的概念、处理结果强加在他们身上，令其无所适从。在日常接到顾客投诉时，作为推销人员，首先就要学会倾听，这是成功沟通的前提。

第 30 章

聆听弦外之音，听出客户话语背后的潜台词

找出客户异议背后的真实意图

当客户真正对你的产品产生兴趣而又拿不定主意是买还是不买时，他们就会提出相应的异议，这些异议可能正是他们将要购买的一种信号。如果推销员对此处理得当的话，随后的成交就很有希望。

实际上，很多反对意见的背后都潜藏着客户渴望了解更多信息的真实意图。下面就是一些这样的例子：

异议：我不觉得这价钱代表着"一分价钱一分货"。

真实意图：除非你能证明你的产品物有所值。

异议：这尺寸看起来对我不大合适。

真实意图：除非你能证明我穿上大小、长短正合身。

异议：我从未听过你的公司。

真实意图：我愿意买你的货，但我想知道你的公司是否有信誉、值得信赖。

异议：我正在减少开支，所以我不想买任何新产品。

真实意图：除非你能使我确信你的产品真是我需要的，不然我是不会掏钱购买的。

异议：我只想四处逛逛，看看有没有什么别的合适产品。

真实意图：你要是能说服，我就买。否则，我就当是在散步。

客户们表达出的异议或许是出于各种不同的考虑，如果你找不出他们的真正用意，那你就会错过很多本来有可能成交的生意。

保罗是一名股票经纪人，他正试图推销ATR公司的5 000股股票。而他的潜在客户吉姆刚巧是他的邻居和好朋友。一开始，吉姆就对保罗提出了相左的意见，他说他只会对那些盈利的公司进行投资。

"ATR公司的股票今年下跌了五个百分点呢。"吉姆说。

"是的。"保罗赶紧回答说，"不过，它们的股票不会再贬值了。我们的股市分析家估计这些股票明年会上升八个百分点。"

"我不相信，除非我亲眼看到。那家公司已经有两年零三个月没有盈利了。"吉姆又说。

那么，吉姆表示出这种异议的真正原因到底是什么呢？原来，他的一个外甥也在推销股票，迫于对方的压力，他准备让外甥做他们的经纪人。但是，他又不想伤害保罗的感情，因为他们已经合作了20年之久。吉姆一味推托说明了他不知道如何去拒绝老朋友而不至于伤面子。可想而知，在这种情况下，即使保罗使出浑身解数，也是不可能说服吉姆的，因为他所说的一切都和吉姆的真正意图毫不相干。

也许辨别客户异议的最好办法就是当你提供肯定确凿的答案的时候，去留心观察对方的反应。一般说来，他们要是无动于衷的话，那就表明他们没有告诉你真正的异议。

另外需要注意的是，当客户对你提出一系列毫不相干的异议时，他们很可能是在掩饰那些真正困扰他们的原因。如果你懂得"要是不想购买的话，没有人会提出如此之多的真正异议"，那你就可以提一些问题，以便揭示出客户内心的真实意图。

心有灵犀：用心体会话中味

我们跟初次见面的人说话交流时有一种情况非常令人尴尬，那就是说者有心，听者无意。一方费尽心机，磨破口舌，而另一方总是不明白对方真正的意思，结果是听的着急，说的更着急，极度尴尬。当然了，我们这里所说的"意"，指的是"言外之意"。

毫无疑问，我们是需要"言外之意"的。毕竟在很多时候，我们说话不能太直接、太明了。比方说，批评人时不能伤了人的自尊；给领导提建议不能让人觉得我们比领导都能干；面对别人的提问，我们有难言之隐，但也得让人有个台阶下；事情紧急，但涉及商业机密，只有我们的亲信才能明白的"暗语"是最好的选择……

在一部反映清代官场上和珅与纪晓岚"斗法"的电视剧中，有这样一段情节：和珅为了躲开纪晓岚的监督，在赴江南考场监考之前，给江南考场的几位主考官写了这样一封信，信中说："书中自有颜如玉，书中自有黄金屋。"按理说，这些话都是古人的圣言，没什么特别的地方，但是用在特定的场合下，就另有深意了。当然，江南考场的主考官们是深知其意的。

这个例子虽然举得有些不太地道，但我们应该明白，在"说"的过程当中，"言外之意"往往具有不可替代的作用。

当然，要能听得懂"言外之意"，你自己必须首先是一个能够熟练而巧妙地运用"言外之意"的人。

例如，如果我们是上司，在一个非正式的场合我们的一个下属说起他工作量大、任务重，平时加班也干不完，等等。下属的这些话意味着什么呢？可能有的人认为下属在叫苦，由此可能要说一大通要吃苦耐劳、无私奉献的客套话，还有20世纪50年代的人们如何艰苦奋斗的"故事"。结果可想而知，那个下属气得七窍生烟，有可能愤然离去。

其实这个下属只是顺便反映一下情况，让领导知道他工作得辛苦，希望肯定和承认他在工作中的地位和作用。如果我们能体察其意，说些得体的安慰话，表示一下作为领导者对部下辛苦工作的关心和肯定，那位下属肯定非常高兴，而且有可能更加卖力地工作。由此可见，了解说话者的意图是何等重要。

"说者有心，听者无意"是一种尴尬，"说得巧妙，听得聪明"是一种艺术，其间的界限判若云泥，看你怎么理解，怎么把握了。当然了，首要的一点，是你千万不能小看了它。

因此，听话者要能听出"字里行间的意思"，听话者要对说话者的感觉产生反应，而不是只理解他的表面意思。

有一天，一个妇女开着车到城里去，突然，有一只轮胎漏气了。她停下车来，虽然她可以自己换轮胎，可是她希望有人停下来帮助她，因为她穿得漂漂亮亮的要赶赴一场宴会。不久，一个年轻人停下车，并走过来问："车胎漏气了吗？"假如这个妇女听到的仅仅是这"语言文字"的内容，她可能会生气起来，说出类似下面的话："笨蛋！任何人一看都知道是车胎漏气了！"

如果她这样回答的话，势必会激怒那个热心帮忙的年轻人，而必须自己动手换车胎了。然而，她很聪明地体会到年轻人话里的意思是："我知道你有麻烦，我能帮助你吗？"于是，她得到了年轻人的帮助，避免了自己换车胎的苦恼。

俗话说："听话听声，锣鼓听音"，这个"声"指的就是言外之意。同样的话对于不同的人来说有不同的含义，因此，在与陌生人交谈时，我们要尽力揣摩对方话语中所隐含的意义，以做到应对自如。

细心聆听：知晓对方的弦外之音

每个人在说话的时候都是有一定目的的，在与陌生人的谈话中，他的语言习惯与特点会透露出什么信息？他为什么要提这个问题？他为什么总说这个词语？他说这句话是他的本意吗？有没有什么话外音？等等，找出对方要表达的意思，我们就可以采取相应的对策了。

在与人的交谈中，正确地理解对方谈话的意图是非常重要的一件事。因为在人际沟通中，有很多现象是隐藏的，比如对方讲话含蓄，不直接告诉我们，而是采用迂回策略，拐着弯暗示，这时，就需要我们有较强的理解能力。

理解能力对于人际交往而言，是一个重要的前提条件。假如不具备一定的理解力，不明白对方的意思，那么其余一切沟通都无从谈起。如果我们的猜测不准确的话，还很容易产生误会。

有一天，一个中年男人到一家零售店里买剃须刀。"先生，"店员很有礼貌地说，"你想要好一点的，还是要次一点的？""当然是要好的，"顾客有点不高兴地说，"不好的东西谁要？"店员就把最好的一种剃须刀拿了出来。

"这是最好的吗？""是的，而且是牌子最老的一种。""多少钱？""680元。""什么？为什么这样贵？我听说，最好的才200多元。""200多元的我们也有，但那不是最好的。""可是，也不至于差这么多钱呀！""差得并不多，还有十几元一个的呢。"

那位顾客一听，面露不悦之色，掉头想离去。

这时店老板急忙赶了过去。"先生，你想买剃须刀是不是？我来介绍一种好产品给你。""什么样的？"老板拿出另外一种牌子来，说："就是这一种，请你看一看，样式还不错吧？""多少钱？""186元。""照你店员刚才的说法，这不是最好的，我不要。""我这位店员刚才没有说清楚，剃须刀有好几种牌子，每种牌子都有最好的货色，我刚拿出的这一种，是同一种牌子中最好的。""可是，为什么与那种牌子差那么多钱？""这是因为制造成本的关系，你知道，每种品牌的机器构造不一样，所用材料也不同，所以在价格上会有出入。至于那种品牌的价钱高，主要还是它的牌子老，信誉好，而且它可以更换充电电池，适合在外旅行时用。"顾客痛快地买下了这个剃须刀，愉快地离开了。

店员错在没有摸清顾客的真正心理。他一进门就要最好的，这表明他优越感很强，可是一听价钱，他嫌太贵，这可能与他的经济实力有关。顾客把毛病推到店家头上，是因为他不肯承认自己舍不得买。而老板明白顾客的心理，在不损伤他优越感的情形下，让他买了一种较便宜的货。

这位老板之所以销售成功就在于他善于倾听，能从对方的谈话中巧妙地听出对方的弦外之音，打探出对方的虚实，进而达到自己的目的。讲真话需要两个人：一个人说，另一个人听。

在工作中，听懂老板和领导的弦外之音更显得十分重要。

当上司询问你"还好吗"或者"工作顺利吗"，绝大部分时间，他们并非想仔细探究你目前的状况，而是表现友善（但不是太过友善），并希望你的问答是"一切都很好"。他们并不想听到诸如工作中的不顺利、无法解决工作上遇到的问题、因失恋而心情不好或者昨晚的醉酒还没醒，等等。

你的上司也许经常会关心你的情况。因为他们喜欢借着问东问西来了解你的工作状况，或者他们闲来无事只好随口问问，又或许他们已经察觉你出了什么问题。最安全的方法是：进一步问得更明确些："您的意思是？"这比起你劈头就开口说话要好得多；否则，你该回答一些不会造成问题的答案。

你一定免不了和上司聊聊电影，或者下班时一块儿去喝一杯，而这样的关系确实让你觉得像朋友间的相处，但别忘了对方是你的上司，拥有随时可以辞退你的权力。这也是为什么在星期一早上，上司问候你"周末过得好吗"时，你都必须不露痕迹地表现出已经收心，现在正忘情于工作上的样子，尽管昨晚玩得多疯，还是得三缄其口。

和上司讨论问题的最好时机，绝非等他开口问候你之后。当上司问候你时，你最好礼貌地回答自己在任何方面都很好。

可见，上司的问话，有时并不需要你直接的答案，而是从问话中含有着更深一层的含义。作为下属，应该准确判断并领会这种弦外之音的具体指向。

交谈中能听出客户真实的想法

很多营销人员都将所有的精力放在如何将产品销售给客户这一方面,从而忽视了客户投机取巧的心理意图。在和客户交流的过程中,一定要听懂客户话语中最原始的信息,而不是改造后的信息,你一旦被客户制造出的购买假象所迷惑,你的生意就可能损失惨重。

在一次营销过程中,菁华陶瓷彩绘厂就因为自己的疏忽大意,缺乏辨别客户原本意图的防范之心,结果误入了客户设计的圈套,使自己跌进生意的陷阱之中。

一天,一个自称身居日本的外籍华人来到菁华陶瓷彩绘厂的营销部门,对接待人员说,自己是日本的工艺品代理商,想代理他们厂的陶瓷彩绘在日本销售,并提出了2000万元的购买意向。营销部门很久都没有接到这么大的业务了,这突如其来的喜悦让接待人员喜上眉梢,他们立即向厂部传达了这一喜讯。

第二天,在厂方接待的晚宴上,代理商托言要向日本客户介绍陶瓷彩绘的基本知识,所以想参观陶瓷彩绘的工艺制作过程。唯恐丢了这笔大生意,厂方代表没有多想便应允。

在厂方众人的陪同下,日本代理商参观了整整一天的时间。代理商的要求近乎苛刻,他不但仔细地察看了陶瓷彩绘制作的全过程,而且还逐字逐句地倾听厂部人员做出的解释,在接连发出赞叹、不断举起相机"咔嚓、咔嚓"拍照时,还不断询问技术熟练的操作工,凡是不清楚的地方都会一一向技术人员请教。代理商的这一举动没有遭到厂部任何人的怀疑和反对,反而称赞日本人做事认真。

经过一番谈判,代理商满载而归,从此一去不复返,留下的那张2000万元的购买意向书,自然就成为一张没有实现的空头支票。让人不可思议的事情是,半年以后,标有英文字样的"日本制造"的陶瓷彩绘,在韩国、新加坡等国的市场上市。由于他们的产品价格低廉,而且质量也不比菁华陶瓷彩绘厂的产品差,所以他们迅速占领了国外几乎所有的陶瓷市场。直到此时,厂部的营销人员才猛然醒悟,可一切都已为时晚矣。

菁华陶瓷彩绘厂在这次的营销过程中,一味地想着销售自己的产品,想着把这单生意做成,而完全没有对客户伪装的信息进行辨别和警醒。其实,当客户提出某种要求时,我们一定要认真听客户的每一句话,从中找到他的真正意图。

每一单生意的背后都有可能隐蔽着一个阴谋和陷阱。作为一名营销人员,我们要时刻保持清醒的头脑,避免在销售的过程中,中了客户的奸计,却还傻乎乎地被蒙在鼓中。千万不要把客户当成一个只会掏钱的傻子，说不定他就是你不久之后的竞争对手，正在偷取你的商业机密！

要想辨别客户话语中的真假，方法相当简单，你只需要将客户所说的每一句话都听进心里，并用你的大脑对这些信息进行快速的过滤，提取出客户话语中的重点部分。然后再从这些重点的话语中辨别哪些信息是真的，哪些信息是用来迷惑你的！

客户说"我想到别家再看看"怎么办

当销售人员刚刚向客户将产品的每项优点都解释清楚之后，客户却说："我想到别家再看看。"这实在是很令人气馁的事。不过，在面对这种情况时，优秀的销售人员会利用各种技巧，转变客户的看法，当场完成销售。

1. 强调产品的品质

当客户说出"我想到别家再看看"这句话时，首先要分辨出他想到别家看的究竟是什么？是价格，是质量，还是服务？只有在弄清楚这一点后，才能对症下药。如果客户是出于价格的因素，就可以这样对他说："先生，每个人都希望买到物美价廉的商品，您到别的公司去看，他们的价格可能真的比我们的价格低。但是，我可以打包票地说，绝没有第二家能以这个优惠的价格来给您提供这么高质量的商品和优良的售后服务了。"

在说完这句话后，最好给客户留下足够的反应时间。因为你所说的都是实话，客户几乎没有办法来反驳这个事实。那么接下来，你就可以这样对客户说："先生，您不认为以这个价格来购买我们的产品和服务，是一种很划算的交易吗？"

因为你的产品的品质和服务确实符合这样的价格，你的客户如果不是故意刁难，应该不会做出否定的回答。然后，你可以继续问："先生，购买商品时肯定要考虑价格，但它并不是首要的。有时多花些钱来获得真正想要的优质产品，绝对是值得的，您说是吗？就像有些公司的采购人员只是致力于从供应商那里尽量获得最低的价格，而并不考虑产品本身的质量和以后的服务。我们知道，有时低价位产品产生的问题往往比它能够解决的问题还要多。而那些资深的采购人员更愿意获得最高品质的产品，而不是那些低价位的产品。先生，我想您肯定不会为了贪图那一点便宜，而不顾产品质量的好坏和服务的优劣吧？您肯定会为了您的长期利益着想，对吗？"

2. 对客户的要求表示理解

某客户需要买一台笔记本电脑，以便生意上的沟通能够更方便、更快捷。他跟销售人员通了电话，听完介绍后，他说想再到别家问问。

在这种情况下，就应该设法让客户说出他真正反对的理由。此时，销售人员可以用下面的办法：

销售人员："先生，跟您一模一样，很多客户在购买我们的笔记本电脑之前，想再到别家比较比较。我肯定您也一样想以手头现有的钱买到最好的笔记本电脑，以及最好的售后服务，对吗？"

客户："那当然是肯定的啦。"

销售人员："您可不可以告诉我，您想看些什么或者比较些什么呢？"

客户："……"（这时他说的第一句和第二句话，应该都是真正的反对理由——除非他只是想摆脱你）

销售人员："在您跟别家公司做完这些方面（一个个说出来）的比较之后，发现我们的最好，我想您一定会回来跟我购买的，对吗，先生？"（好了，这会儿是让客户说出打算的时候了）

3. 不妨摆出一种高姿态

"不好意思，我只是想试一下，我想到别家再看看。"

"既然您对这种商品的效用有点疑虑，我现在就给您比出效果来。您看，这是50元的，我们现在来跟这100元的比一下（做演示）。您看这效果是明显的不一样。如果您还是不相信的话，也可以再到别家问问，反正我的商品不怕试，也不怕比。即使您到别家去，也还是会再来的。"

在这里，销售人员就是向客户摆出一种高姿态：我们公司的东西不论在质量方面，还是价钱方面都是最棒的，您随便到哪家问，与哪家比，都是还会回来购买的。在实际的销售中，这种方法是比较有效的。客户一听销售人员这样说，很可能就不再犹豫。

怎样应对"改天再来"的客户

在销售过程中，你可能经常会遇到这样的客户：

"请您改天再来吧！我今天不买。"

"我现在不需要，过几天再说吧！"

通常情况下，进行这般推辞的客户，都属于下面两种类型的人：

第一种类型：感觉敏锐，能照顾对方的立场，很讲究礼貌；

第二种类型：优柔寡断，不能给予对方明确的答复。

1. 对付第一种类型客户的方法

这种客户看起来沉静且易于接近，但事实上，要说服他们得花费相当多的工夫。在经过双方的简短交谈后，如果对方"请你改天再来吧"的意愿仍然未变，那你就要改变策略了。

"冒昧打扰您了，真是抱歉。那么，我就改天再来拜访您吧。"

第一次拜访的时候，吃客户的"闭门羹"是很平常的事。所以，还要再接再厉进行第二次拜访。但如果第二次得到的答复仍同第一次一样，这笔生意成功的希望也就不大了。

2. 对付第二种类型客户的方法

当这种类型的人在推辞的时候，你要虚心地接受其意见：

"喔，是这样的啊，也难怪，现在物价上涨，谁买东西都要计划一下的。"

如果你接着说"不过……"，那么其效果就会大打折扣。遇到这种情形，经验丰富的销售人员应该这么说："考虑？这是当然的，一台空调几千元，再怎么样，也不能随随便便就决定买。国家相关部门曾经作过一项统计，统计结果表明，在咱们这里76%的家庭都有空调，这倒是相当惊人的。"

"76%"这个数字，无形之中会使客户产生"那我家就包括在剩余的24%里头了"的心理，从而引起客户购买的欲望。

总而言之，访问客户要按实际情况而定，或是"坚持到底"，或是"适时告辞"。当然，最"保险"的方法莫过于先将商品的说明书交给客户，经过两天之后，再去拜访。

第31章

听不等于不说，倾听中要运用的插话技巧

倾听中说出自己的不懂

俗话说：知之为知之，不知为不知，此为知也。营销人员不是神仙，也不是圣人，我们也只是普通人，不可能明白客户说出的每一句话。当你不明白客户的意思时，千万不要自作聪明，不懂装懂，然后按照自己的理解来猜测客户的意思，希望自己的猜测能正中客户的下怀。其实，这往往会让你误解客户的意思，甚至会闹出笑话！

如果你实在听不懂对方所说的意思，只需要做一件最简单的事就行，问一句："您的意思是……"这句话给客户传达了一种积极讯号：一是你在认真地听他诉说，二是你对他所说的事情很感兴趣。客户听到你问这句话时会很高兴，他们会认为自己终于遇到了一个能够和自己交谈的人，但他不知道，他正在随着你的问话，一点一点将自己的内心需要告诉你。

老A是公司里最受客户好评的销售人员。他总能受到客户的奖励。经常有客户打电话来公司，表扬他文明、高雅、有气质、博学、多才、有胆识。公司的人都很好奇，为什么老A在跟客户谈任何话题的时候，好像都无所不知，总能和客户谈得十分投机。终于在一次公司的客户联谊会上，同事们发现了他的秘密。

那天晚上，公司在市里最大的酒店举行客户联谊会，公司的很多老客户都来了，当然也来了许多新客户。一个同事发现老A和一位刚刚有业务来往的客户坐

在一处角落里。出于好奇，他远远地注意了一段时间。他发现那位客户一直在说，而老A好像一句话也没说。他只是有时笑一笑，点一点头，仅此而已。一小时后，他们起身，互相碰了杯酒，起身告辞。

第二天一早，公司经理接到那位新客户的电话，又是夸奖老A的。那位同事很是奇怪，见到老A时禁不住问道："昨天晚上我在酒店看见你和新客户在一起的情景。他好像完全被你吸引住了。你是怎么抓住他的注意力的？"

"很简单。"老A说，"经理把那位客户介绍给我，我只对他说：'您对我们这个行业有什么看法？'"

'它的前景很好，中国未来几年里这个领域将会开辟一片新的天地。'客户告诉我。

'您的意思是……您能详细地跟我谈谈吗？'我说。

'当然。'他回答。我们就找了个安静的角落，接下去的一个小时他一直在谈论我们公司的业务领域前景。

"我知道今天那位新客户打电话给经理，说他很欣赏我的才华，说很想再见到我，认为我是一个有才华、有意思的谈伴。但说实话，我整个晚上没说几句话。

"我只是一味地问他：您的意思是……'"

对他人说："您的意思是……"这足以让一般人激动好几个小时。因为你将你的真诚和兴趣主动地向客户表白，这不但拉近了与客户的距离，更能进一步引导客户说出自己心中的需求，一箭双雕，何乐而不为呢？

很多人抱怨自己很难和客户沟通，很难了解客户的内心需求，疑惑和不解总是充斥于销售者与客户之间。其实，最复杂的问题的答案往往最简单。当你对客户的话充满疑惑的时候，只需真诚地向客户问一句："您的意思是……"一切问题都迎刃而解了。

在销售中，学会正确地向客户提问，会让自己少走很多弯路，这不但让客户认为你对他的话感兴趣，同时也让你在客户面前留下良好的形象。我们在与客户的沟通中，时刻要保持主动，而不是被动，这就需要我们有效提问。"您的意思是……"，一个看似简单的问句，足以让你了解到客户更多的信息，从而就将谈话的主动权掌握在了自己手中。

会倾听,让客户感到满足感

弗兰克林·贝特格是美国著名的寿险推销人,他在《从失败到成功的销售经验》一本中介绍自己的成功经验时是这样说的:

"您是怎么开始您的事业的?"这是一个我曾经问过无数次的问题。通常人们会说:"说来话长了。"每当人们说起他们是如何开始的,遇到了什么困难,又是如何克服的,我总是感到很着迷,我觉得那些故事都很浪漫,但是对讲述者来说,他们的感觉更浪漫。他们都愿意别人听听他所经历的一切,并想以此来鼓励你。如果你真的感兴趣,认为他们的经验对你有益,他们就会告诉你所有的细节。

"您是怎么开始您的事业的?"这个问题似乎还真有点儿魔力。通过提这样的问题,经常可以使那些忙得不可开交的人停下来与我谈话。我来举一个例子,罗斯是个大忙人,他对销售员的态度是:离他远点儿。

下面就是我第一次与他见面时的谈话。

贝特格:先生您好,我是保险公司的销售员贝特格,您认识吉米·沃克先生吗?(把吉米·沃克先生亲笔签名的名片递给他)是他介绍我来的。

罗斯:又是一个销售员。

贝特格:是的……

罗斯:你已经是今天第10个销售员了。我还有很多事要做,不可能花时间听你们这些销售员说话,别再烦我了,我没有时间。

贝特格:我只打扰您一会儿,请允许我做个自我介绍。我这次来只是想和您约一下明天的时间,如果不行就晚些时候也行。您看是上午还是下午?我只要20分钟就够了。

罗斯:我说过了我根本没时间。

贝特格:(用了整整一分钟仔细看他正放在地板上的产品)您生产这些?

罗斯:是的。

贝特格:您做这一行多长时间了?

罗斯:哦,有22年了。

贝特格:您是怎么开始做这一行的呢?

罗斯:(仰身靠在椅背上,神态可亲)说来话长了。我17岁就到一家工厂干活,在那里我没日没夜地干了10年。后来自己就开了现在这家公司。

贝特格:您是在此地出生的吗?

罗斯：不是，我在瑞士出生。

贝特格：那您肯定是在年龄不大的时候就来了。

罗斯：我离开家时只有14岁，曾在德国待了一阵。后来到了美国。

贝特格：那您肯定是带了大笔资金来这儿开拓事业的。

罗斯：（微笑着）我以300美元起家，干到现在，达到了30万美元。

贝特格：参观您这些产品的生产过程肯定是件很有意思的事。

罗斯：（站起来走到我身边）不错！我们为自己的产品而感到骄傲。我相信这些产品在市场上是最好的。你愿不愿意跟我到工厂里走走，看看这些产品是怎么生产出来的？

贝特格：太想了。然后，罗斯先生将手搭在我的肩膀上陪着我一起去参观工厂。

第一次和罗斯先生见面我并没有向他卖出任何保险，但在那以后的16年里我向他卖了19份保险，还向他的儿子们卖出了6份保险。我不但赚了不少钱还和他成了好朋友。

销售员要多赞扬客户，因为人们最关心的是他自己。多谈论他们感兴趣的东西，鼓励他们多说话，专心倾听，满足他们的自豪感，真诚地对待他们，总之，销售员要站在客户的立场上考虑问题。

适当的时候说出自己的想法

当你感觉到对方仍对他原来的想法保持不舍的态度，其原因是尚有可取之处，所以他反对你的新提议，此时最好的办法，就是先接受他的想法，甚至先站在对方的立场发言。

为什么要这样做呢？因为当一个人的想法遭到别人一无是处的否决时，极可能为了维持尊严或咽不下这口气，反而变得更倔强地坚持己见，排拒反对者的新建议。若是说服别人沦落到这地步，成功的希望就不大了。

某家庭电器公司的推销员挨家挨户推销洗衣机，当他到一户人家里，看见这户人家的太太正在用洗衣机洗衣服，就忙说："哎呀！这台洗衣机太旧了，用旧洗衣机是很费时间的，太太，该换新的啦……"

结果，不等这位推销员说完，这位太太马上产生反感，驳斥道："你在说什么啊！这台洗衣机很耐用的，到现在都没有故障，新的也不见得好到哪儿去，我才不换新的呢！"

过了几天，又有一名推销员来拜访。他说："这是令人怀念的旧洗衣机，因为很耐用，所以对太太有很大的帮助。"

这位推销员先站在太太的立场上说出她心里想说的话，使得这位太太非常高兴。于是她说："是啊！这倒是真的！我家这部洗衣机确实已经用了很久，是太旧了点，我倒想换台新的洗衣机！"

于是推销员马上拿出洗衣机的宣传小册子，提供给她做参考。

这种推销说服技巧，确实大有帮助，因为这位太太已被动摇而产生购买新洗衣机的决心。至于推销员是否能说服成功，无疑可以肯定的，只不过是时间长短的问题了。

一般来说，被说服者之所以感到忧虑，主要是怕"同意"之后，会不会发生意想不到的后果；如果你能洞悉他们的心理症结，并加以防备，他们还有不答应的理由吗？

至于令对方感到不安或忧虑的一些问题，要事先想好解决之道，以及说明的方法，一旦对方提出问题时，可以马上说明。在适当的时候提出自己的想法，要让自己的想法说进对方的心坎里，让他欣然接受。善于观察与利用对方微妙心理，是帮助自己提出意见并说服别人的要素。

使用一些语言技巧处理客户的异议

根据不同客户的反对意见，销售人员应选择相应的处理方式，并加以解释和说明。这种回答和解释的过程实质上就是说服的过程。在这个过程中，销售人员绝对不能把反对意见变为对销售有影响的负面效应，失掉销售时机。

1. "是"—"但是"法

以"是"的回答来接受客户的意见，接着用"但是"的方式来陈述反对的意见。

例如："您刚才说睫毛膏用上去比较干，是的，如果您每次使用之前来回拉动几下，就可以让膏体充分附着在杆上，那样就不会感到干了""我理解您的感觉，不过……"

2. 先发制人法

当客户可能要提出某些反对意见时，最好的办法就是自己先把它们指出来，然后采取自问自答的方式，主动消除对方的异议。这样不仅能避免客户反对意见的产生，而且推销员坦率地指出商品存在的某些不足还能给客户一种诚实、可靠的印象，从而赢得客户的信任。但是，推销员千万不要给自己留下绊脚石，要记住：在主动提出商品不足之处的同时，也要给客户一个合理、圆满的解释。

例如，"您现在可能在考虑压力是否过大了，不过您不必担心，这个安全阀的作用正是防止压力过大的。"

3. 询问法

从客户的反对意见中找出让对方误解的地方，再以询问的方式来征询意见。

例如，一位客户正在观看一把塑料把柄的锯，问道："为什么这把锯的把柄要用塑料的面而不用金属的呢？看起来像是为了降低成本。"

推销员："我明白您说的意思，但是，改用塑料柄绝不是为了降低成本。您看，这种塑料是很坚硬的，和金属一样安全可靠。您使用的时候是喜欢又笨重、价格又贵的产品呢？还是喜欢用既轻便、价格又很便宜的呢？"

4. 引用比喻法

这是指通过介绍事实或引用比喻以及使用展示等（如赠阅宣传资料、商品演示）手法，用较生动的方式消除客户的疑虑。

例如，针对客户的疑惑："一张好好的脸上抹那么多层化妆品，那还不抹坏了呀！"推销员可以这样回答："您看藏在很多层衣服里面的皮肤，因为衣服阻隔了大部分的阳光照射和空气中的粉尘、污垢，不容易受到伤害，所以就细嫩。但是面部皮肤就不一样了，它会经常受到阳光的曝晒导致黑斑的产生，皮脂腺分泌出的油脂沾上了空气中的粉尘和污垢之后，就很容易阻塞毛细孔，使皮肤产生黑黄色素、面疱、粉刺和过敏等问题。所以我们应该给面部皮肤穿上相对较厚的'衣服'。"

化解客户的拒绝，让他主动答应见面

销售员与客户沟通时，一定要善于发现客户的弱点，然后借力打力，让客户的说法不攻自破，最后说服客户同意你的意见和请求。

莎莎："李经理您好！"

客户："你谁啊？"

莎莎："我是实战家企业管理顾问公司的学习顾问刘莎莎，您就叫我莎莎吧。"

客户："有事吗？"

莎莎："是这样的，我们公司最近推出了一套提升企业绩效的咨询顾问计划，专门针对像您这种刚从国企转型过来的民营企业，您看什么时候方便与我们的咨询师见个面呢？"

客户："我最近都很忙，肯定没时间见面，这样吧，你先把资料传真过来吧。"

莎莎："我知道您一定很忙，我也不想耽误您更多的时间。传真固然是一个非常好的方法，不过我们的资料内容非常多，里面还有大量图片信息，若是发传真的话会很不方便。而且您自己看既浪费时间，又无法迅速理解，还不如让我们的咨询师当面给您做介绍呢！我保证只需要借用您10分钟的时间！您看是明天上午还是下午呢？"

客户："这样啊，你的嘴还真能说，我的业务员要都能像你这样能说就好了……那就明天下午吧。"

莎莎："李经理您太过奖了！不过我们的沟通能力也是由我们公司的专职培训师训练出来的呀，如果我们合作了，相信您的业务员会比我棒好几倍呢！那您看明天下午几点见面呢？2点可以吗？"

客户："早一些吧，就1点半吧。"

莎莎："好的！祝您天天开心！李经理再见！"

客户："再见！"

在电话邀约过程中，我们经常会遇到客户要求我们将公司资料或者产品介绍用传真或E-mail的方式发给他们的情况。很多业务员在这时，都会暗自开心，以为遇到了一位对我们有兴趣的好客户。

请大家一起来回忆一下，在这么多年的销售经历中，到底有多少客户曾要求你发传真给他们？10个？50个？100个？还是1 000个？无论答案是多少，到底有几个人接到传真后就乖乖地回电话给我们呢？

根据我们对许多业务员的调查发现，客户要求发传真的，特别是陌生客户，回电率大约是1%，但是回电话过来然后与我们成交的概率差不多只有不到1/10。所以让我们发传真的人，只有极少数是真想了解信息，而大部分人真正的意思是"你以后再也不要来麻烦我了"，也就是另外一种拒绝，而且让你很难推辞。因此，今后若再有人要求你发传真或E-mail，请你千万别沾沾自喜。

你可以像莎莎那样采用以下四个步骤：

（1）告诉客户我们资料很多，并且有图片，不方便发传真。

（2）告诉客户如果由他自己看会很浪费时间，还不如我们上门讲解来得快。

（3）告诉客户我们上门拜访只会借用他很短的时间。

（4）最后不给对方喘息机会就直接用选择式提问，确定见面时间。

第32章

小习惯引发大纰漏，丢掉倾听中的恶习

重视客户的想法

有一名营销人员叫王琳，做事情的态度很不踏实，喜欢在别人面前耍小聪明，而且还很自以为是。

一次，公司派王琳去一家公司洽谈业务，这家公司是个大客户，对公司的业务发展起着决定性的作用。

在去谈判之前，王琳做了充足的准备，了解了有关这家公司的所有信息，然后就信心满满地出发了。

到了这家公司后，王琳很兴奋，因为这家公司看起来相当的有实力，从装修到员工的精神面貌都十分不凡。王琳暗下决心，这次谈判，只准成功，不准失败。

但是，当王琳来到这家公司的业务部，却发现接待他的是一个女孩子。这个女孩看上去相当年轻，最多不过25岁。王林的第一反应就是，这个女孩子不是主事人，没有发言权。刚进这家公司时那种高度紧张的心立即放松了下来。看到坐在自己面前的这个女孩如此年轻漂亮，王琳就开始想入非非："如果这个女孩子是自己的女朋友该多好啊。"

女孩很热情地接待王琳，并问他有什么需要帮忙的。王琳这才意识到自己过于失态，不应该这么对女孩，但是又觉得跟女孩子说业务上的事是在白白浪费自己的时间。于是，小王故作姿态，假装很认真地在听女孩讲话，心里却关注着办公室里的装修。

王琳有一搭没一搭地和女孩聊着,而且时不时地打断女孩子的话,一会儿对这个办公室里的红木办公桌发表一下自己的见解;一会儿谈起办公室里颜色搭配的改进,就是没有用心听女孩子讲话。

女孩子看得出,王琳只是在假装听自己说话,其实他的心思根本没有放在业务的洽谈上。女孩子笑了笑说:"先生,您可以走了,我们公司从此不再和你公司合作。"

王琳一听这话,才回过神,莫名其妙地问:"为什么这么说,我要见你们刘总。"

女孩说:"我是她的女儿,今天专门负责接待你的。"

王琳此时再后悔也于事无补了。

在这次洽谈中,小王耍自己的小聪明,以貌取人,给自己安了一双"假耳朵",表面上是在听对方说话,心思早已跑到其他的地方去了!

销售并不是仅仅靠嘴巴来说服客户,而是要用心倾听客户真正的需求,如果你真想赢得客户,就需要将自己的"假耳朵"摘掉。一定要记住,没有一个客户是真正的傻子,如果你用敷衍的态度来倾听客户的话,这让客户感觉到你根本不尊重他,客户自然也就不会选择和你合作,合作失败也是天经地义的事情。

专心听对方说话,不要三心二意

在一个古老村落里,有一位非常受人尊敬的老者。他有一种特殊的能力,用手摸着一颗水晶球,就能在一分钟内将一件还未发生的事情预测出结果,而且百测无失。他借此为村里避过了很多的灾难,渡过了很多难关,也救了无数人的性命。

上帝知道了这位老者的事迹后,决定对其进行奖励。上帝把老者叫到身边,对老者说,你有什么愿望,我可以满足你。

老者说,我在一分钟内只能预测一件事情,不能同时预测几件事,所以,我希望有一种能在一分钟内同时感知多件事的能力。

上帝一想,这是好事,于是同意了老者的请求。

老者很高兴,认为自己可以为村里的繁荣做出更大的贡献。

一天夜里,忽然一阵大风吹灭了油灯。老者有种不祥的预感,村子里要出大事。老者在黑暗中拿出了水晶球,水晶球里立即出现了村子里被龙卷风破坏的景象,紧接着是村东头的老王的屋子被风刮倒的景象,然后是洪水泛滥淹没整个村落的景象，最后是一片汪洋大海。在这短短的一分钟里，老者将每一件即将要发生的事情都预测了出来。但由于时间有限，每一个场景的时间只有短短的十多秒。接下来具体会发生什么事情却无法得知。

老者感觉到了事情的严重性，立即穿上衣服准备出去通知全村的人逃离。可是，就在老者准备出门的一瞬间，一阵大风吹过，老者的房屋瞬间毁塌，老者再也没有出来。

第二天，整个村落变成了一片汪洋大海。

上帝看到这个场景，很是后悔。如果将水晶球的一分钟全部用来预测老者遇难的过程，给老者一个提示，老者就不会死去，整个村落也就不会被大水淹没。

这个故事告诉我们：人的精力是有限的，用有限的精力去完成一件事不难，困难的是用有限的精力来做多件事，结果只能是一件事也没有做好。

对于销售人员来说，"一心二用"是和客户交谈中最忌讳的事情。每个人的大脑里都装了太多和工作无关的东西，比如亲人、朋友、娱乐、休闲等，如果在和客户交谈的过程中，仍然想着这些事情，这在无形中就会分散你的注意力，使你很难做到全神贯注地倾听客户的谈话。

其实我们在做任何一件事情的时候，都要让自己做到"一心一意"，而不是"三心二意"，否则，将会承担严重的后果。试想一下：一个表演杂技的演员，如果他在表演飞车的时候，不能够做到"一心一意"，而是一边飞车，一边想着自己这个月的收入是多少，再工作几年就可以拥有自己的房子！可想而知，最严重的后果是：一不小心，他就会从飞车上摔下来丧命。对这个杂技演员来说，如果不能够做到"一心一用"就等于是玩弄自己的生命。作为一名销售人员，虽然"一心多用"不至于使你丧命，但是却足以让你失去赖以生存的衣食父母——客户。

和客户沟通的时候，你最应该做的事情是认真倾听客户所说的每一句话，并不时地对客户点头表示认同，千万不要一边听客户说话，一边考虑自己的事情。如果你总是一边听客户说话，一边开小差，往往会对客户的话一知半解，当客户对你提出问题的时候，你也常常是答非所问，这是每一个客户都不想受到的待遇。

不能让自己全身心地投入到和客户之间的谈话中，这是很多销售人员成交失败的最大原因。就像热恋中的一对男女，彼此都希望对方的眼里只有自己，如果你总是吃着锅里还看着碗里，和这个约会的时候，心里还想着另一个人，你这种"脚踏两只船"的行为很快就会被对方揭穿，自然你的结局也就是被两个人同时抛弃。

要想赢得客户，并最终让客户买单，这就需要你做到"一心一意"。在和客户沟通的时候，让自己做到心无杂念，千万不要一边听客户说话，一边考虑自己的事情。

和客户交谈要听到最后，不要轻易下结论

人人都需要他人的倾听。只要我们具有一颗爱心、耐心，很容易便会发现那些需要倾诉的人会不知不觉地就将自己的心灵向你敞开。

孔子带着弟子们一起周游列国，到达陈国的时候，因为兵荒马乱，已经断粮好几天了，不得不以野菜充饥。在危难之中，孔子从某一个角落里寻到了半斤白米，于是吩咐学生颜回煮饭充饥。半个时辰之后，孔子走向厨房，看颜回是不是已经把饭煮好，刚好在这个时候，孔子隔着门缝看到颜回正在用手抓着饭，向自己的嘴中填。在孔子心中，颜回是一个声望很高的学生，但是他的这一举动让孔子对他非常失望，但是为了给颜回留一点面子，孔子装作什么都没有看见，悄悄地回到自己的房间。过了一会儿，颜回请师傅孔子用餐，孔子告诉他说："先祭了祖先再吃。"颜回一听师傅的话立刻下跪道："锅里的饭我已经用手抓过了，恐怕不能够祭祀祖先了。"

孔子听了徒弟颜回的话，心中露出一丝惊喜，认为颜回虽然偷吃了饭，但是还算诚实。颜回接着说："房子已经很久没有人住，房梁上落满了灰尘，在揭开锅盖的时候，这些灰尘就落在了锅中，污染了上面的一层米饭。为了不浪费这来之不易的粮食，我就把沾了灰的饭给吃掉了。"

听了学生颜回的话，孔子为自己猜疑学生的行为而倍感惭愧，于是轻声感叹道："了解一个人真的太难了，在完全了解别人之前，千万不要轻易下错误的结论。"

就连圣明的孔子，还有错怪好人的时候，更何况是我们一介平民。所以，在和人交往的过程中，无论是用耳朵听，还是用眼睛观察，在还没有完全了解一件事情的真相之前，不要对事情过早下结论，凡事要多看、多听、多思。

有不少销售人员，在和客户沟通的时候，常常犯同样的错误。比如，在和客户聊天时，刚刚听客户说了几句话，就认为自己对客户了如指掌，开始急着对客户销售产品，希望客户尽快地下订单。在没有听客户说完最后一句话之前，千万不要盲目地对客户销售产品，因为这个时候你还没有彻底了解客户，根本不知道他们真正的想法和需求。如果你盲目地对客户的话或行为下结论，往往会过犹不及，不但没有成功地拿到订单，还会把有可能成交的客户吓跑！

要想完全去了解一个人，一定要耐得住性子，切忌盲目地给别人下结论，对别人的行为进行毫无根据的猜测。否则往往会因为你的妄动，而把彼此的关系搞僵，或因为你的猜疑冤枉别人的好心。

每个人心中都有一个故事，不管这个故事是悲是喜，都是隐藏在他们心中最深处的。每个人都具有倾诉的欲望，希望找到一个愿意听自己倾诉的人。客户将自己的心扉打开，倾诉自己心中的故事，无疑是对你的信任。但是，如果一名销售人员没有足够的耐心去听完客户的故事，就过早地下结论，客户就会认为你不尊重他，也就会停止对你的倾诉，自然也不会购买你的产品。

记住：在与客户沟通的过程中，只有耐心地听客户把自己的故事讲完，真正地走进客户的心中，才能抓住客户内心的那根绳，让客户始终跟着你走！

在和客户交谈时，不耐烦的表情坚决不能出现

现在的社会，好像所有的人都越来越忙，不是忙着考证，就是忙着挣钱，不是挣钱就是忙着升官。很少有人能够耐下心来听别人唠叨几句。就算偶尔聊天，也具有很强的功利性和目的性，而且每个人都无法真正地耐下性子听别人说话，在攀谈的过程中，总是你说你的观点，我发我的议论，每个人都想一吐为快，满足自己倾诉的欲望。

倾听，最考验的就是一个人的耐心。在销售中，遇到的客户素质不同，性格也不一样。有些客户喜欢滔滔不绝，但是你又不知其所云；有些客户喜欢说一些和主题无关的废话，让你感到心里厌烦，甚至有一些客户会无缘无故地向你发一堆牢骚。当你碰到这样的客户的时候，千万不要一走了之，而是学会耐心地倾听，也许正是你这不经意的付出，就换来了一个大的订单，或者是遇到一个可以在事业上助你一臂之力的贵人！

有一对夫妇走进了一家丰田4S店，想要买一辆车。销售员小吴热情地接待了他们。这对夫妇转了半个多小时，最后，妻子挑中了一辆红色的。可是就在付钱的时候，丈夫突然觉得没必要买一辆那么贵的。丈夫就对妻子说："16万，有点没必要，你再重新考虑一下，挑一辆稍微便宜的。"

妻子一听老公的话，面容立即发生了一百八十度的转变，愤怒地嚷道："给

我买辆16万的车你就嫌贵了，你在外面包二奶，给她买套房子的时候，你怎么不嫌贵呢？那时候你怎么就不心疼钱了？"妻子越说越生气，两眼狠狠地盯着自己的老公。

丈夫一看妻子发火了，面子上有些挂不住，半开玩笑半认真地说："当着外人的面，别说这些，多难听，让人笑话。都已经过去了，还提它干什么。"

妻子仍然不依不饶："我告诉你，对你来说是过去了，可是对我来说却永远都过不去。我永远不会忘了那个狐狸精。"

丈夫道歉："好了，别闹了，咱们买还不行吗！"

妻子说："我还不买了呢！"

丈夫知道妻子这是故意无理取闹，不想在这丢人现眼，转身离开，留下了妻子一个人在这儿。

妻子看着丈夫离去的身影，立即泪流满面，一边擦眼泪，一边对小吴说："小姑娘，你以后找老公，千万别找有钱的。男人一有钱就会变坏。"

接着，她就开始不停地向小吴诉苦。小吴很反感，认为这种家丑完全没必要说给外人听。小吴有些不耐烦了，皱着眉，想找个借口离开，忽然抬头看到了店里的一则标语："永远都要耐心对待客户。"小吴立即换了一副笑容，耐着心听这位女士的倾诉。

女士泣不成声："小姑娘，你知道吗？刚开始我要嫁给他时，我家里人死活都不同意，嫌他家里穷。但是我就看上了他对我的好，义无反顾地嫁给了他。结婚后，我们夫妻一条心，靠着自己的努力开了属于自己的公司。可是公司一旦做大，他的应酬也就多了，更学会了玩女人，更可恨的是，还在外面包了个大学生，你说我的命苦不苦……"

这位女士一直在对小吴哭诉，小吴始终耐心地听着。直到这位女士把心中的怨气都发泄完，情绪才平静下来，然后拿出了一张金卡："小姑娘，感谢你能耐心听完我的遭遇，我从来没有这么痛快地倾诉过。小姑娘，就看你这份耐心和真诚，这车我买了。还有，去我公司干吧？每月给你开5 000块。你看怎么样？"小吴喜出望外，没想到耐心地听客户的倾诉还能得到这种意外的惊喜！

作为一名销售人员，很多时候，考验的并不是你的销售能力，也不是你的口才，而是你是否具有倾听客户说话的耐心。无论客户的话有多长，无论你对客户说的话有多么不感兴趣，你都要做到耐心地把客户的话听完，这样你就很容易在销售中成功。

耐心倾听，关键在于心里装着客户，真正地尊重客户，用心地为客户服务。如果你缺乏耐心，不要说为客户服务了，就连听完客户的讲话都是一件困难的事情。这样，客户也就不可能从你的手中购买东西。切记：不要将自己的不耐烦表现在脸上，即使你不喜欢，也要笑着把话听完。

在没有理解对方的意思的情况下少发表看法

经理把李刚叫到办公室，问他这几天的销售情况怎么样，有没有遇到什么问题。正好李刚这几天在业务上有一些苦恼，他就把前天的一次营销失败的经历告诉了经理。

前天，李刚去一家房地产公司销售自己公司的装饰材料。当李刚见到那位房地产老总的时候，感到非常意外，因为无论从长相上还是气质上，都看不出来他会是一位老总，反而更像是一名农民工。李刚心想，这位一定是个没有学问的主，能蒙则蒙，反正只要能卖出去东西就行。于是，李刚的心思就放在了如何去说服他上。和这位老总一交谈，李刚更发现，这人根本没有一点心机。李刚总觉得他的想法过于简单，总能被自己猜到。

他还没说话，自己就知道他下面的意思是什么。于是，李刚滔滔不绝，连蒙带骗地把这位老总想知道的、想了解的问题都说完了。当李刚自认为一切都在自己的掌控之中时，老总却毫不留情地拒绝了他。这让李刚百思不得其解。

经理听完之后，没有说什么，而是让秘书拿来了一枚鸡蛋。

经理拿着鸡蛋，若有所思地问李刚："这是什么？"

李刚说："鸡蛋。"

经理接着又问："你认为这个鸡蛋是生的还是熟的？"

李刚说："不知道。"

经理笑着说："谁都能一眼看出这是一枚鸡蛋，但是谁又能一眼看得出这枚鸡蛋的生熟呢？这就如同客户，在你第一眼看上去的时候，你可能认为他对你的产品一无所知，但是，你能真正明白他到底是一个行家还是一个外行呢？这个时候，不要总用自己的想法来猜测对方还没有表达出来的意思，而是要认真地倾听客户所说的每一句话，来分析客户话中的意思，以此来判断客户的真正意思。"

李刚恍然大悟："原来自己输给客户的真正原因并不是自己太笨，而是因为自己总想表现得比客户聪明。"

经理拍了拍李刚的肩膀说："记着，给客户说话的机会，永远别去用你跳跃的思维去猜测客户还没说出来的想法。只有这样，你才能成功。"

营销人员在倾听的时候有什么要注意的呢？要克服以自我为中心，要克服自以为是，不要总想占主导地位，不要使你的思维跳跃得比说话者还快，更不要试图去理解对方还没有说出来的意思。不要打断对方的谈话，要让对方把话说完，不要匆忙下结论，不要急于评价对方的观点，不要急切地表达建议。

在倾听的过程中，要仔细倾听对方都说了些什么。在倾听的过程中，要时刻问自己是不是有偏见或成见，它们很容易影响你的注意力，同时，尽量不要把精力放在边倾听边琢磨他下面将会说些什么上。这是每一个营销人员都应该注意的大忌。

在倾听客户说话的时候，不要总是以自我为中心，不要总是试图说出对方还没有说出来的意思，只有用心倾听客户，你才能真正地了解客户，只有知己知彼，你才能够屡战屡胜，成功地取得好业绩！

多多检讨，多多倾听

业务员陈彬把检讨说成是成功之父，此话不为过。

时常检讨自己，树立新的目标，在研究如何成功之前，我们一定要了解，一般人为什么失败。陈彬从失败到成功，都在研究失败的原因，时时刻刻检讨自己。

陈彬幽默地说："其实我追求的是我最恨的成功，我一直在摆脱可爱的失败。因为失败对我最亲近，它每次都在给我力量，所以我对它永远难以释怀。"

所以，不妨在和陈彬分享成功的同时，先来见见成功之父——检讨。为什么很多人会失败？

1. 缺乏目标

一般人失败的第一个主要的原因，就是缺乏目标。成功后的陈彬常问来求教的青年："你想不想成功？"每次来求教的人都说："想呀！我都快想疯了，真想和阁下一样，但是，想归想，做什么还拿不准呢！"陈彬听后觉得很奇怪，因为一个想要成功的人竟然没有设定目标。古稀之年的陈彬露出依然独具魅力的婴儿般的笑容说："小伙子你希望自己很优秀，我很欣赏你，我很想和你一起讨论你如何成功，同时，我觉得有行动才有结果，思想才是原因。希望你回去后，找出自己要做什么，我才能不遗余力地和你分享成功。"

所以，人想成功必须找准自身定位，有明确的目标。

2. 不愿意对自己负责

陈彬遇到失败从不找借口，而一般人的通病便是说客户不行，导致自己的业绩下降。其实，真正的原因都是不愿意为自己负责。

检讨自己，为什么天天抱怨别人？为什么不先看看自己？自己是否认识自己？很多问题应该自己细细考虑。

3. 没有立刻行动

谈了这么多失败原因后，陈彬认为导致个人失败的最大原因，就是没有立刻行动。陈彬通常想拜访客户都是马上行动，而失败者却是明天再去，后天再去，或者今天好累，先睡个觉，先休息一下，先喝杯茶再说，总之他总是帮自己找一大堆借口。要相信，借口与成功无缘。

陈彬获得成功正是因为从不和借口交往。

4. 检讨自己的限度

此外，陈彬认为一个人无法成功的最大障碍，就是害怕"被拒绝"，进而害怕失败。其实，保险业务员遇到的拒绝最多。有一次，陈彬在演讲会上问一个年轻的业务员："请问你一天最多拜访几个客户？""7个。""哦！是吗？能不能更多呢？"陈彬追问道。这个业务员正在思索，突然陈彬从兜里拿出一把玩具枪，对准这个青年人的头："50个可以吗？"这时这个业务员没反应过来，只觉得有一把枪对着自己的头，慌张地回答："当然，当然可以。"

陈彬的演讲当时轰动了，特别是这一段经常被别人模仿。

其实，每个人都要为自己设立一个限度，不断更新目标。千万不要在外界压迫下工作，那样你的业绩是会原地不动的。

5. 检讨时间管理

陈彬觉得一般人都缺乏时间管理的习惯与观念，他们每天都在浪费时间，不知道对自己而言，什么才是最有生产力的事情。

陈彬观察过许多业绩不好的业务员，他们的工作习惯是，早上大概9点出门，9点半到办公室，然后，整理资料到10点，喝杯牛奶到10点半，而后再跟朋友聊天，11点才开始打电话，这时顾客大部分都已不在了，所以，11点半就准备要吃饭，到了下午觉得太累，先睡个午觉，然后就抱着反正明天再拜访也无所谓的心情，就这样结束了一天的工作。一个月下来，他说："咦！怎么回事？为什么收入这么少？"陈彬分析，只因为他们都把时间花在休息和聊天上了！他们工作的时候想到玩，玩的时候就忘掉工作，有这样的习惯是没有办法成功的。

只有努力工作，合理分配时间的业务员才能成为精英。

陈彬从"乞丐"到"天王"，就是靠不断地检讨自己，继而才成为一代"推销之神"。

第33章

察言观色，在倾听中把握成交的契机

从客户谈话中掌握有用的信息

很多营销人员在营销过程中总是抱怨，客户对自己的产品没有兴趣，对自己要求过于苛刻，抱怨自己在营销的过程中无从下手，处处失败。其实，只要你用心倾听客户的话，并从这些话中筛选出对自己有用的信息，你就会在销售的过程中处于有利的地位。

单单是客户话语中蕴涵的无尽的意思，就值得我们倾听，倾听他们内心种种需求和欲望；倾听他们对你的态度和意见；倾听他们对你的商品的意见和建议；倾听他们未来的购买意向……只要你用心倾听，总能得到一些对自己有用的信息。如果你能够运用技巧，旁敲侧击地诱使客户说出自己心中真实的想法和需求，你的销售就已经成功了一半。

李会营师范大学毕业后，不甘于过平凡的数学教师的生活，决定自己下海做生意。可是他思索再三却不知道做什么生意好。于是就找到已经在装修生意上小有成就的同学史鹏飞，说要去他的公司磨炼一段时间。就这样，李会营来到史鹏飞的公司，做了一名最底层的营销人员。

李会营在工作上十分勤奋、认真，不像其他销售人员那样，仅仅是凭着一张嘴不停地向客户销售商品，试图通过客户对产品的无知来说服客户就范。在和客户沟通的时候，他很少说，而是拿着一个本子，很细心地听客户的意见，一边听一边将客户的话记录在本子上,到了晚上再细细琢磨研究。同事都认为他这是多此一举。但李会营坚持下来了。三个月后,李会营记录了满满十个笔记本。他充分地发挥了自己的数学优势,将客户的意见进行统计汇总,然后再进行推断。

第四个月,李会营觉得时机成熟了,就向他的朋友请辞。自己回家开了一家液态涂料装饰公司。

一年半过去了,液态涂料风靡整个装饰市场,李会营成了真正的大赢家。当李会营开着奔驰车来请同学史鹏飞吃饭的时候,史鹏飞很吃惊,他不敢相信眼前的李会营能够那么快地发家。酒过三巡,史鹏飞问出了自己心中最大的疑惑:"会营,你是怎么发现液态涂料会在未来成为一种家装趋势呢?"

李会营猛干了一杯说:"没什么其他的方法,一句话,多听听客户的心声,从客户的话语中发现商机。"

史鹏飞这时才对李会营一年半之前用本子记录客户的话的行为恍然大悟。

原来,李会营从客户的话语中了解到,大多数客户在考虑家装涂料时,都会考虑涂料里含不含甲醛,而现在大部分的涂料里都含有甲醛,而且颜色太过呆板。李会营从网上搜索发现,液态涂料是一种绿色产品,可以根据客户的要求涂成各种不同的图案。李会营瞄准商机,从而取得了成功。

客户的话语可以向我们传达很多信息,可以给我们很多帮助。它就像是游戏中的金币,谁获得的越多,谁获得的奖励也就越多。只有愚蠢的营销者才会让客户的话语从自己的耳边白白溜走。聪明的营销者是不会放过客户话语中蕴涵的无穷的意思的。

对一名营销人员而言,客户的话语是一张通往藏宝之地的藏宝图,只要你读懂了,并按照它的方向走下去,你就会找到那个取之不尽、用之不竭的藏宝之地。

在倾听时学会让客户跟着自己的思路走

任何事情都存在主要矛盾和次要矛盾,同样,在客户的需求上,也有主要和次要之分。当你在与客户打交道的时候,如果能够发现并抓住客户内心最主要的需求,然后再把这些需求和你自己销售的产品结合起来,这样一来,销售成功也就是水到渠成、顺理成章的事情!

电信局的老处长退休了,换了一位新处长。一家电信公司的几位销售代表多次拜访，想和该局继续进行合作，但都没有成功。原因是这位新处长想要进行革新，彻底摆脱前任留给他的任何东西。

在众人都一筹莫展的时候，新来的业务员刘盼说让他去试试。出人意料的是，刘盼见过那位处长后的第三天，那位处长就主动打来电话和该电信公司继续合作。

很多同事都去和这位处长谈过，都被他拒绝了，只有这个新来公司的刘盼，甚得电信局新处长的青睐，所有的同事都很好奇，问刘盼到底是用什么方法迷住那位处长的。刘盼说："我并没有什么过人之处，我只是用了一种最笨的方法，先听他说，然后在听他说话的过程中，找到了一个牵着他'牛鼻子'的方法，让他跟着我走。"

原来，刘盼没有像其他业务员那样，一味地说服该处长使用自己公司的产品。而是先介绍了自己公司的产品在电信局的使用情况，并询问处长对自己公司的产品和服务有什么新要求。局长对公司给予了很高的评价，不过这显然是一些不实际的客套话。

刘盼接着问处长能不能在未来电信网络建设上提些宝贵意见。这位处长在网络建设方面有自己新颖独到的计划和想法，在交谈的过程中，处长提出了要用更高端的纳米交换机代替现在的低端交换机。刘盼问处长打算多久实现这个计划。处长说大概需要两年完成。

刘盼接着问处长认为哪个牌子的纳米交换机比较合适呢？局长说了一个信誉和知名度都很好的牌子。

刘盼在这个时候话锋一转，极尽言辞赞美处长的新计划高瞻远瞩，是划时代的、是造福后代的，不但改变了我们城市的电信现状，还为未来的电信发展开辟了一条新的道路。处长很高兴，认为遇到了知己，更是将自己的新计划全盘托出。刘盼耐心倾听，并把所有的谈话内容都一一做了笔录。

回到家里，刘盼立即上网搜索处长说的那家纳米交换机厂的情况，连夜写了份报告，第二天交到了公司老总的办公桌上。公司凭借自己的实力，用两天的时间就争取到了该纳米交换机在该市的独家代理权。

没有办法，处长要想实现自己的计划，只能还和该公司合作，只能无奈地给公司打电话要求续约。刘盼一改营销策略，不再一味地去满足客户的需求，而是反其道而行之，去找客户的弱点，他知道，有时候与其跟着客户走，不如牵着客户走。刘盼抓住了处长的"牛鼻子"，成功地达到了自己的目的。

很多人认为营销人员在营销的过程中是被动的。这种想法是错误的。只要你能用心地倾听客户说的每一句话，并善于思索，就可以从中找出客户的弱点，进而抓住客户的"牛鼻子",牵着客户走,这个时候,你就可以在销售的过程中变被动为主动,让客户不得不按照你的思路行事。在和客户交谈的时候,找到客户的"牛鼻子",并牢牢地抓住,到时候,他不想跟着你走都不可能,这就是成功销售的制胜法宝。

在和客户交谈的过程中,不要受到客户的牵制,而是想办法让自己处于主动地位。当自己找到客户的"牛鼻子"并牢牢地抓住之时,就是销售成功之时。

察言观色,在倾听中找到成交的机会

在产品销售的过程中,销售人员是一个不可替代的角色。你不要企图守株待兔,期望客户主动告诉你他们的需求,你的工作就是诱导并鼓励客户开口说话,在他说话的过程中,让自己做到用心倾听,尽可能多地了解客户的信息,然后用自己敏锐的判断力来发现成交的信号,并准确无误地把握成交的时机。

有一家汽车公司,准备出一款新车型,想要选用一种皮料,来装饰汽车的内部。经过筛选,有三家公司进入了汽车公司的考虑之中。三家皮料厂都向汽车公司提供了自己的样品。汽车公司董事会经过研究,决定请每一个厂商派一名代表,进行产品功能的讲解说明,然后决定与哪家公司签约。

三家厂商的代表都如约而至。但是,其中一名业务代表临时患了喉炎,无法长时间讲话,只能请汽车公司的采购部主任代为说明。

其他两个竞争者都滔滔不绝地介绍自己公司产品的优点、特点和市场竞争力。他们说完以后,由汽车公司各个部门的主管进行提问解答。

患喉炎的业务代表不能多说话,只能静静地听各个部门对另外两个谈判代表的提问。

在倾听中他发现,在皮料的所有问题中,汽车公司最看重的是"皮料的透气性好不好",这个问题就是能不能成交的关键所在。汽车是奢侈品,每一个客户都希望得到最高级的享受,所以对皮料的透气性能要求得相当严格。而他所在的公司最近刚从德国引进了一种新技术,可以对皮料进行技术上的处理,极大地增强了皮料的透气性。于是他告诉替自己进行产品说明的汽车采购部长,在进行产品介绍的时候,着重讲解皮料的透气性能,并且指出,如果能够达成合作的协议,还可以根据汽车公司的需求,对皮料进行特殊处理,保证每一个买汽车的客户都能够满意!

最终这位不能说话的代表获得了1万张牛皮、总金额相当于800万元的订单，这是他有生以来获得的最大的一笔订单。正因为他不能够张口说话，所以从倾听中找到了问题的根本，也从中抓住了成交的关键机会。

在公司的表功大会上，这位谈判代表说，自己是因祸得福，如果不是因为自己患了喉炎，绝对不可能拿到这笔大单。以前和客户沟通的过程中，他总是滔滔不绝，从来不会对客户进行察言观色，更不会去揣摩客户内心真正的想法和需求，因此也就没有做成过如此大的生意。

每个人都知道如何去倾听。如果倾听真的是一种与生俱来的能力，就如同吃饭和饮水那样简单，那为什么我们常常会在倾听中走神？又为什么对别人所提供的信息只留下一些模糊的印象呢？

原因在于大多数人并不把倾听视为一种重要的能力进行训练。倾听对于大多数普通人来说也许并不算什么，但对营销人员来说，学会倾听，并在倾听中准确把握成交的时机却是销售工作中必备的能力。

营销人员不仅要了解客户的目的、意图、打算，还要及时掌握不断出现的新情况、新问题。要想得到这些，就必须认真倾听，察言观色，在倾听中找到最适合成交的机会。倾听带给你的不仅是金钱，更是一种成功的机遇。

倾听中抓住成交信息，获得成交主动权

在与客户谈判时，我们要随时注意观察客户的表情和肢体动作的变化，我们称之为成交信息，从中判断出客户的真实想法。

赵琳从公文包里拿出各类装载机的宣传资料单，给客户一一介绍……

赵琳："这是LW600K，这是ZL60G，这是……"

客户忽然拿起其中一台装载机的宣传单页饶有兴趣地看了起来。

赵琳立刻停止对其他产品的介绍："哦，这是LW800K轮式装载机，是我们卖得最好的机子了。不知道您都注重机器的什么方面呢？"

客户："没什么特别要求，你给我介绍一下吧。"

赵琳："好的，这台机器是我们系列产品中的主导机型，采用全方位动力传动系统……我想请问，您在使用装载机时，考虑最多的是节能还是装载体积呢？"

客户："节能当然是首先要考虑的。"

赵琳："那么我们这台机器是您最理想的机型了，它是我们众多机型中最节能的。一年平均节能……"

客户认真而仔细地翻看着单页,忽然很舒服地将身体靠回椅子上,扬起手中的宣传单页轻松地道:"这台要多少钱?"

赵琳:"现在正在搞优惠,只需要您一次性投资16万,您就可以把一台既省油节能,又动力强劲的装载机带回家了。"

客户:"还能再优惠些吗?"

赵琳:"价格已经是最低了,这样吧,等您确认了订单,我再送您一桶价值380元的机油吧。"

客户:"好的。"

当客户对某件产品感兴趣时,立刻对之进行详细介绍。在做产品介绍时,别忘了询问客户的兴趣点,寻找"樱桃树"。随时关注客户,注意发现成交信息。

此案例中,客户表现出来的其实是内心的决定:购买!请问如果你提前了解了这一重要信息,对你而言会有什么好处?没错!就是在价格上面可以不用让太多!你会变得更有底气,因为你知道客户对产品是满意的。

对于普通人来讲,其心理活动通常都会通过表情、动作等肢体语言表现出来,除非他是心理学家,或者是一名职业演员,否则他不会去有意识地掩饰自己的表情、情绪,特别是在突然下一个决定,或者忽然看到自己非常喜欢的物件时,总会下意识地流露出一些信息。只要我们懂得做个有心人,随时注意观察,并懂得对这些肢体语言做大概的分析和判断,那么你就会很容易把握住客户的心理活动,及时采取一些积极有效的措施,以获得谈判的主动权。

捕捉到成交信息后,不要失去成交的机会

小郑是一家二手房交易公司的业务员,今天下午的任务是带一对夫妻去看一套郊区临湖别墅。

小郑:"陈先生陈太太,看下来的感觉如何呢?"

陈先生:"嗯,还可以,就是不知道价格如何呢?"

小郑:"价格我们当时已经和您打过招呼了,这套别墅是独门独户,而且后面还有一个私家小码头,可以直接停靠小快艇。风景你们刚才也看过了,还有这豪华的欧式装修,因此价格可能会高一些。"

陈太太:"那到底要多少钱呢?"

小郑:"折算下来是每平方米1.2万,按300平方米计算,大约只需要你们投资360万就可以马上拥有一套这么漂亮的别墅了。"

陈先生与陈太太相互交换了一下眼色,小郑表面轻松,其实内心非常警觉,他发现陈太太的嘴角有一丝不易察觉的微笑,还有一个略点头的动作。虽然这两个动作都很隐蔽,但终究逃不过小郑这双敏锐的眼睛,小郑心里暗暗高兴。

陈先生:"这个价格太高了吧,市中心的高档住宅目前也只卖一万多每平方米,而这套房子离市区又这么远,附近都没什么配套设施,怎么还卖这么贵啊?"

小郑:"哈哈!陈先生陈太太,我相信你们买这样一套别墅也不是因为它购物方便吧?肯定是希望享受这大自然清新的空气,以及这迷人的风光吧?而这套别墅正因为它背后就是湖泊,前面又有一片小树林……"

这时,夫妇两人又交换了下眼色,两人都忽然放松了下来。小郑知道,促成交易的最好时机到了,他缓缓从公文包内抽出一份购房协议,放在了夫妇两人面前的桌子上。

小郑:"最近来看这套房子的人挺多的,其中有一对也是和你们一样的年轻夫妇,所以我建议你们赶紧签一个意向性协议,否则可能就只有后悔的份了。"

成交信息有很多种,作为一名优秀的销售员,要注意随时观察客户的一举一动。捕捉到成交信息后,销售员要加快成交步伐。

倾听客户的购买心理,促成交易

销售员在寻找客户的时候,除了要搞清楚他有没有购买能力,还要搞清楚他有没有决策权力。

有的人经济条件很好,但是他没有决策权。就像在一个单位中,钱都在出纳那里,但是决策权却在领导那里,销售员会找出纳推销产品吗?美国著名的金融大鳄摩根有一句很有名的话:"你要找美国政府办事,最有效的办法是找美国总统。"这句话对于从事销售的人来说同样适用。

在公司里,具有决策权的肯定是老板,但在家里情况就不一样了。如一家人中,一般购买电器等大物件的时候,具有决定权的多半是男人,但是如果购买家用的物品,恐怕女主人就有决定权了。所以销售员明确不同的人所掌握的决定权不同很重要。

一家三口在某电子市场选购电脑。导购员热情地迎上去打招呼:"你们需要买一台什么配置的电脑呢?"

父亲对儿子说:"你看一下需要什么电脑。"

导购员很聪明,他发现这个孩子的目光总是盯着那些高价位的电脑,而他的父母却只在低价电脑旁转悠,显然他们的意见还没有达成一致。这位聪明的导购员估计到,孩子比较追求时髦,追求高品位,想要一台高配置的电脑,而他的父母却比较节约,大概是希望他买一台价格低廉的就可以了,孩子左右为难,既想要高性能的电脑,又怕父母不给自己买。

导购员对孩子的父母说:"这种电脑虽然价格低廉,但是性能也会比较一般,年轻人对电脑的要求比较高,如果玩游戏、上网的话,配置显然不够。如果以后对硬件再进行升级,反而容易造成浪费。"

一席话说得孩子面露喜色。导购员又转过身来对孩子说:"这种电脑虽然配置比较高,但一般的学习、娱乐还用不着,而且售价有些贵,买它可能会有点浪费了。"之后,她指着一台中间价位的电脑,对他们说:"你们看看这台电脑怎么样?它的配置足以满足你学习、玩游戏、上网的需要,同样有硬件升级的空间,而且价格也适中,比较适合您家购买。"

这位导购员的一席话说得有情有理,各方面的需求都照顾到了——既满足了孩子追求高配置的要求,又满足了父母想要节省的愿望。最终,顺利地达成了这笔交易。

这位导购员的聪明之处就是准确地找到了购买的平衡点:父母掌握着钱袋子,既想节约,又不愿让儿子失望;孩子呢,既想要一台高性能高配置的电脑,又怕掌握着财政大权的父母不给买,所以两者共同掌握决定权。导购员准确地找到了他们的平衡点,满足了双方的不同需求,使自己的销售取得了成功。

准确判断客户的想法和态度

产品的销售过程实际上就是销售员与客户心理较量的过程,谁先洞析到对方的心中所想,谁就能在这场较量中占得先机,谁就有较大的胜算。

一个成功的销售员,往往初与客户相见,便能敏锐地看穿客户的所想所需,能有针对性地把资讯提供给客户,使客户的心理得到满足,有利于交易的成功。比如有些客户心中有购买意愿,但却存有某种疑虑,迟迟不肯签单,有经验的销售员会马上洞析其疑虑所在,会用诚恳、有说服力的事例来感动客户，赢得生意。

在销售的过程中，最重要的是你必须了解客户心中的想法，以及他所采取的态度。

在交谈开始时，客户所采取的态度，一般可分为下列四种情形：第一，虽然他想购买此种商品，但他仍在意价钱的高低，他正等待你告诉他确实的价格。第二，虽然他想买，而且他也知道商品的价格，可惜的是，他无法如期付款。因此，他希望你能说明商品的支付条件及方式。第三，尚未决定，不知道自己是否将购买，他正等待你做更深入的说明。第四，根本不想买。以上所述四种心理是一般客户最基本的想法及感情，而这里所谓的感情就是客户最初的怀疑、担心及兴奋等情绪的外在表现。

接近成交阶段时，他更想知道你下一句要说些什么，他想了解你将使用何种手段来达成交易。

当销售员作完示范说明或商品介绍时，客户一定会询问有关商品购买及其他疑问，这就表示他已对商品产生兴趣。

客户的态度及想法当然关系到你的工作，而客户总是在找不买的理由，这一点你必须谨记在心。

对客户来说，当他应允说"我买了"，即表示他必须负担责任与义务，因此，他宁可选择"不买"。他绞尽脑汁在找寻拒绝购买的理由，这样他就不必花掉辛苦赚来的钱。

而对销售员来说，在进行商品说明时，客户的态度非常重要。因此，若要圆满达成交易，你必须有所计划，尽可能找些具有利用价值的情报，透过语言，传达到客户的心中。

客户心中对销售员总是存着怀疑与抗拒。他不希望被人欺骗，因此，你必须以亲切的态度赢取他的信任。

客户在交谈过程中，总是随时武装着自己，防御销售员下一步可能采取的行动。所以，在这一阶段，你必须先松弛他的紧张。客户在倾听商品说明时，有时会感到患得患失，虽然他口中询问着有关商品的问题，但心中仍然犹豫不决。有时候，在商品说明进行中，客户会流露出想购买的情绪，但临成交时，他便又考虑再三，戒备心理也再次升起。在这种情况下销售员必须向客户提出问题，让他表达一下自己的意见，使交谈气氛保持愉快而热烈，这样才有助于成交。

密切注意成交信号，伺机而动

所谓成交信号，是指顾客在推销面谈过程中所表现出来的各种成交意向。成交信号的表现形式十分复杂，顾客有意无意中流露出来的种种言行都可能是明显的成交信号。成交是一种明示行为，而成交信号则是一种暗示行为，是暗示成交的行为和提示。实际推销工作中，顾客往往不首先提出成交，更不愿主动明确地提示成交。为了达到自己所提出的交易条件，或者为了杀价，即便心里很想成交，也不说出口，似乎先提出成交者一定会吃亏。正如一对有心相恋的情人，谁也不愿先说出内心的真情，似乎这样就会降低自己的身份，顾客的这种心理状态是成交的障碍。不过，好在"爱"是藏不住的，顾客的成交意向总会通过各种方面表现出来，业务员必须善于观察顾客的言行，捕捉各种成交信号，及时促成交易。在实际推销工作中，一定的成交信号不仅取决于一定的推销环境和推销气氛，还取决于顾客的购买动机和个人特性。

下面我们列举一些比较典型的实例，并加以分析和说明：

1. 直接邮寄广告得到反应

在寻找顾客的过程中，业务员可以分期分批寄出一些推销广告。这些邮寄广告如果能得到迅速的反应，就表明顾客有购买意向，这是一种明显的成交信号。

2. 顾客经常接受业务员的约见

在绝大多数情况下，顾客往往不愿意重复接见同一位成交无望的业务员，如果顾客乐于经常接受业务员的约见，这就暗示着这位顾客有购买意向，业务员应该利用有利时机，及时促成交易。

3. 顾客的接待态度逐渐转好

在实际推销工作中，有些顾客态度冷淡或拒绝接见业务员，即使勉强接受约见，也是不冷不热，企图让业务员自讨没趣。业务员应该我行我素，自强不息。一旦顾客的接待态度渐渐转好，这就表明顾客开始注意你的货品，并且产生了一定的兴趣，暗示着顾客有成交意向，这一转变就是一种明显的成交信号。

4. 在面谈过程中，顾客主动提出更换面谈场所

在一般情况下，顾客不会更换面谈场所，有时在正式面谈过程中，顾客会主动提出更换面谈场所，例如由会客室换进办公室或者由大办公室换进小办公室，等等。这一更换也是一种暗示，是一种有利的成交信号。

5. 在面谈期间，顾客拒绝接见其他公司的业务员或其他有关人员

这表明顾客非常重视这次会谈，不愿被别人打扰，业务员应该充分利用这一时机。

6. 在面谈过程中，接见人主动向业务员介绍该公司负责采购的人员及其他有关人员，也是明显的成交信号

在推销过程中，业务员总是首先接近有关具有购买决策权的人员及其他有关要人，而这些要人并不负责具体的购买事宜，也很少直接参与有关具体购买条件的商谈。一旦接见人主动向业务员介绍有关采购人员或其他人员，则表明决策人已经做出初步的购买决策，有关具体事项留待有关业务人员进一步商谈，这是一种明显的成交信号。

7. 顾客提出各种问题要求业务员回答

这表明顾客对推销品有兴趣，是有利的成交信号。

8. 顾客提出各种购买异议

顾客异议是针对业务员及其推销建议和推销品而提出的不同意见。顾客异议既是成交的障碍，也是成交的信号。

9. 顾客要求业务员展示推销品

这表明顾客有购买意向，推销员应该抓住有利时机，努力促成交易。

抓住八个促成交易的信号

有家培训公司的一位销售人员，跟一个客户谈了好长时间，始终没有签下订单。让人意想不到的是，客户主动打电话到公司提出培训的要求。这让人百思不得其解，为什么他不和天天见面的销售人员签合同，偏偏要自己打电话来公司呢？

终于有一次，该公司老总和对方闲谈时提到这个问题。对方哈哈大笑："搞销售的那个小伙子很不错，要不是他讲得那么好，我也不会来找你。问题是，不是我不和他签单，而是他不和我签单。我已经数次表示了签合同的意向，可他硬是没反应过来。你想想，他不和我签，还继续讲解，我能不烦么，当然也算是和他开个玩笑！"原来，问题出在这位销售人员缺乏敏锐"嗅觉"，险些错失了一笔生意。

有些销售人员各个环节都处理得很好，却功亏一篑，没能拿到订单。事后自己也觉得很冤，费了大半天的口舌，为什么没能成功？通常是因为这个销售人员没有发现客户成交的迹象。客户已经愿意购买商品了，销售人员还在那里喋喋不休，就很容易错过成交的机会。有些客户甚至通过你介绍的信息，从别处购买了需要的商品。

有时候，客户表面上拒绝了你的产品，实际上在内心已经同意和你成交。他们表面上拒绝，是因为他们对掏钱可能还有迟疑。对于这种情况，有经验的销售人员会立即打消客户的这种成交迟疑。

客户的购买信号很多，但很少有直接的表述，这需要销售人员观察、把握这些暗示的语言动作，以有利于成交的快速进行。下面列举的就是一些成交的信号。

1. 时而看着销售人员，时而看着说明书

有时候，客户会看看销售人员，再看看说明书。为什么？其实，客户心里在想：还有什么问题，我赶快问，看看说明书再挑一挑，挑出个毛病不就可以再降点价嘛。这是人在选商品时固有的一种心态，实在挑不出问题了，那就掏钱了。

2. 开始大发感慨

有些客户突然就开始大发感慨了："哎呀，小伙子呀，我真说不过你！""真拿你没办法了。"这是好征兆，说明对方对销售人员个人已经认可了。我们要做的，就是要主动提出促成，直接跟他说："先生，您看是使用现金结账还是用信用卡结账？"

3. 向周围的人寻求看法

有些客户想要成交的时候，往往会开始寻找周围的伙伴们，征求他们的意见："你们看如何？""怎么样？还可以吧？"为什么呢？任何人做出决定都需要他人的支持，这是在寻找认同。很明显，他的心中已经认同了。

4. 大肆评论你的产品

客户大肆地评论你的产品（不管是正面的还是反面的）或者目光一直追随着你的产品。

5. 突然开始杀价或对商品提毛病

出现这种情况，有很多销售人员第一反应是生气，接着会很纳闷——刚才不是说得好好的吗？怎么就忽然开始挑毛病了？有些急脾气的销售人员甚至会因此和客户吵起来。其实，他是想最后的一搏，即使你不给他降价，不对商品的所谓毛病作更多的解释，他也会答应你的。因此，千万不要生气，因为你就要成功了！

6. 喃喃自语，皱着眉头宛若难以决策的样子

就要交钱了，当然痛苦。所以，客户表现出这副样子也在情理之中。这时候，你要赶快再添一把火，主动催促成交，让他尽快摆脱痛苦，享受成交后的快乐。

7. 褒奖其他公司的商品，甚至列举商品的名称

这犹如此地无银三百两，既然别家商品如此好，他又为何与你费尽这些周折呢？

8. 开始探询产品背后的好处

对方问及市场反应如何、品质保证期、售后服务、交货期、交货手续、支付方式、保养方法、使用注意事项、价格、新旧产品比较、竞争对手的产品及交货条件、市场评价等，未必是坏事。如果他根本不想达成这项协议，又何必枉费如此多口舌问这些问题呢？这些都是客户没有其他问题的一些信号。它表明客户已经接受了产品，只要你有足够灵敏的嗅觉，就会顺利成交。培养敏锐的嗅觉，要多磨炼，要多揣摩，多回想和客户洽谈的场景，细细体会，看哪一位客户曾经流露出了购买的意向？有多少次是因为自己不够敏锐而错失良机？只要你随时想着、念着、自我训练着，用不了多久，成交的信念便会融入你的思维，融入你的气质，融入你生活的点点滴滴，你就能敏锐地捕捉到成交的机会。

成功金版——高端珍藏经典畅销书系

《金融史其实很有趣》
65.00元 16开

《私营企业降低成本的157个绝招
防止亏损的92条措施》
55.00元 16开

《绩效考核与量化管理全方案》
55.00元 16开

《薪酬设计与员工激励全方案》
55.00元 16开